Tomada de Decisão Para Leigos

Folha de Cola

Em um ambiente comercial com complexidades e incertezas, excelentes habilidades de tomada de decisão são fundamentais. Funcionários, clientes e outros tocados pelas ações de uma empresa respondem àquilo em que confiam — uma tomada de decisão ética nos negócios tornou-se uma qualidade estratégica. Saiba como comunicar as decisões com eficiência, como tomar decisões mais rápidas e mais informadas dinamicamente, e como incorporar seus valores básicos na tomada de decisão.

Onze Perguntas que Ajudam Você a Comunicar as Decisões com Eficiência

Quando você estiver comunicando uma decisão, precisa saber se comunicou a mensagem básica com sucesso. Você também deseja que todos na equipe compartilhem uma compreensão de quais são os resultados-alvo para que, no caso de algo inesperado acontecer, todos saibam o que fazer. O pior momento para descobrir que você e sua equipe não estão na mesma página é depois de ter comunicado uma decisão e incumbido sua equipe com a implementação dessa decisão.

As falhas de comunicação ocorrem quando:

- O objetivo da decisão, sua finalidade e o que será realizado não são comunicados com clareza.
- As expectativas não ficaram claras. Você tem expectativas sobre como deve ser feito e como deve ser, mas falha em levar em conta as visões e as preocupações dos funcionários e de outros envolvidos.
- As palavras usadas significam coisas diferentes para pessoas diferentes e são facilmente mal interpretadas. (Como comunicador, é sua responsabilidade aprender quais palavras funcionam e quais não funcionam.)
- A comunicação não acontece com bastante frequência, portanto, as correções em andamento são presumidas que ocorrerão, mas são perdidas.
- Você e as outras pessoas supõem que a comunicação foi efetiva.

Comunicar sua mensagem com eficiência é uma questão de confirmar se todos compreendem o objetivo ou a finalidade da decisão, assim como o que é esperado. É especialmente importante quando você está comunicando a implementação de uma decisão importante. Para oferecer uma direção clara à sua equipe, comece tendo objetividade sobre o que está passando em sua cabeça.

Para Leigos: A série de livros para iniciantes que mais vende no mundo.

Tomada de Decisão Para Leigos

Folha de Cola

Responder a estas 11 perguntas permite dar uma mensagem clara:

Estas 11 Perguntas...	...Têm estes Benefícios
1. O que é ser completo?	Saber as respostas para estas perguntas permite a você comunicar a mensagem com eficiência para sua equipe.
2. Qual é o resultado e por quê?	Fazendo isso, você permite que eles (1) improvisem de modo independente quando há necessidade de se adaptar e (2) incorporem novas oportunidades para chegar ao objetivo quando elas surgirem — sem ter que ter sua permissão, o que diminui a velocidade das coisas.
3. Quais são suas expectativas para o que acontece em seguida?	Resumir os parâmetros ajuda a esclarecer as expectativas e os limites para um pensamento independente ou criativo.
4. Há algo que você não deseja que sua equipe faça?	
5. Há algo que você deseja especificamente que sua equipe faça?	
6. O que poderia dar errado possivelmente? Ou "E se" isto ou aquilo acontecesse?	Antecipando o inesperado, você reduz o risco enquanto se prepara simultaneamente para ele.
7. Se algo desse errado, o que você esperaria que os membros da equipe fizessem?	
8. Quando você espera que sua equipe, grupo e qualquer outra pessoa envolvida no processo de implementação se comuniquem com você?	Mantenha sua equipe informada sobre novas determinações para que ela não fique trabalhando no escuro. Compreenda quando ela precisa mantê-lo informado sobre como a implementação está progredindo, com notícias boas ou ruins.
9. Qual retorno você precisa para ficar atualizado sobre o que está acontecendo?	
10. Como você deseja ouvir sobre as surpresas inesperadas — por telefone, e-mail ou nas reuniões de atualização do projeto?	
11. Se você fosse a pessoa que ouve sua mensagem, ao invés de dá-la, o que mais gostaria de saber?	Colocar-se no lugar de sua equipe permite transformar um vago senso de direção em algo mais claro e específico. Você também pode identificar as informações relevantes necessárias para se comunicar em todo o projeto.

Para Leigos: A série de livros para iniciantes que mais vende no mundo.

Tomada de Decisão para LEIGOS

Tomada de Decisão para LEIGOS

por Dawna Jones

ALTA BOOKS
E D I T O R A
Rio de Janeiro, 2016

Tomada de Decisão Para Leigos
Copyright © 2016 da Starlin Alta Editora e Consultoria Eireli.
ISBN: 978-85-7608-959-9

Translated from original Decision Making For Dummies © 2014 by John Wiley & Sons, Inc. ISBN 978-1-118-83366-7. This translation is published and sold by permission of John Wiley & Sons, Inc., the owner of all rights to publish and sell the same. PORTUGUESE language edition published by Starlin Alta Editora e Consultoria Eireli, Copyright © 2016 by Starlin Alta Editora e Consultoria Eireli.

Todos os direitos reservados e protegidos por Lei. Nenhuma parte deste livro, sem autorização prévia por escrito da editora, poderá ser reproduzida ou transmitida.

Erratas: No site da editora relatamos, com a devida correção, qualquer erro encontrado em nossos livros, bem como disponibilizamos arquivos de apoio se aplicável ao livro. Acesse o site www.altabooks.com.br e procure pelo título do livro desejado para ter acesso a erratas e/ou arquivos de apoio.

Marcas Registradas: Todos os termos mencionados e reconhecidos como Marca Registrada e/ou Comercial são de responsabilidade de seus proprietários. A Editora informa não estar associada a nenhum produto e/ou fornecedor apresentado no livro.

Impresso no Brasil — 1ª Edição, 2016

Vedada, nos termos da lei, a reprodução total ou parcial deste livro.

Produção Editorial Editora Alta Books **Gerência Editorial** Anderson Vieira	**Supervisão Editorial** **(Controle de Qualidade)** Sergio de Souza **Produtor Editorial** Thiê Alves	**Design Editorial** Aurélio Corrêa **Marketing Editorial** marketing@altabooks.com.br	**Gerência de Captação e** **Contratação de Obras** J. A. Rugeri Marco Pace autoria@altabooks.com.br	**Vendas Atacado e Varejo** Daniele Fonseca Viviane Paiva comercial@altabooks.com.br **Ouvidoria** ouvidoria@altabooks.com.br
Equipe Editorial	Carolina Giannini Christian Danniel	Jessica Carvalho Juliana Oliveira	Renan Castro Silas Amaro	
Tradução Eveline Machado	**Revisão Gramatical** Barbara Azevedo	**Diagramação** Joyce Matos		

Dados Internacionais de Catalogação na Publicação (CIP)

J76t   Jones, Dawna.
         Tomada de decisão para leigos / por Dawna Jones. – Rio de
     Janeiro, RJ : Alta Books, 2015.
     400 p. : il. ; 24 cm. – (Para leigos)

     Inclui índice.
     Tradução de: Decision-making for dummies.
     ISBN 978-85-7608-959-9

         1. Tomada de decisão. 2. Solução de problemas. 3. Motivação
     (Psicologia). 4. Economia - Aspectos psicológicos. I. Título. II.
     Série.

                                                CDU 658.012.46
                                                CDD 658.403

Índice para catálogo sistemático:
1. Tomada de decisão   658.012.46

(Bibliotecária responsável: Sabrina Leal Araujo – CRB 10/1507)

Rua Viúva Cláudio, 291 — Bairro Industrial do Jacaré
CEP: 20970-031 — Rio de Janeiro
Tels.: 21 3278-8069/8419 Fax: 21 3277-1253
ALTA BOOKS   www.altabooks.com.br — e-mail: altabooks@altabooks.com.br
E D I T O R A   www.facebook.com/altabooks — www.twitter.com/alta_books

Sobre a Autora

Dawna Jones acredita que o negócio pode ser melhor para as pessoas que querem e gostam, e para o planeta que sustenta todos nós. Quando não explora o mundo ou aproveita as ótimas atividades ao ar livre, ela pode ser encontrada em seu website: `www.FromInsightToAction.com` (conteúdo em inglês). Seu podcast comercial *Evolutionary Provocateur* está em `http://www.Management-Issues.com` (conteúdo em inglês) e no iTunes. Ela hospeda regularmente webseminars de inovação comercial, trocando ideias com o munto inteiro sobre locais de trabalho mais saudáveis e restaurando o cuidado com a natureza.

Dedicatória

À minha filha, Lindsay Henwood, com gratidão por seu apoio leal e absoluto encorajamento, e a todos os agentes de mudança que corajosamente mantêm a verdade em seus corações.

Agradecimentos da Autora

Escrever o livro *Tomada de Decisão Para Leigos* foi uma aventura de cooperação com o gerenciamento e a comunidade de inovação comercial, reunindo experiência e história que tornam tangíveis os conceitos neste livro. E mais, muitas outras pessoas forneceram especialização e inspiração, mas eu gostaria de agradecer particularmente ao Dr. Rollin McCraty, cientista e pesquisador; Joseph Bragdon, autor do livro *Profit for Life*; Andy Haydon, especialista em segurança e saúde ocupacionais; e Andy Allen, CEO da RJ Allen, Inc. Uma menção especial vai para Jack Barnard, que deu conselhos incessantemente.

Obrigada também a Bill Gladstone e Margot Hutchison da Waterside Literary Agency, à editora de aquisições da Wiley, Stacy Kennedy, e à valiosa contribuição da editora de projetos Tracy Barr, que conduziu e forneceu uma orientação valiosa. Finalmente, meus profundos agradecimentos aos amigos próximos e à família por sua paciência.

Sumário Resumido

Introdução **1**

Parte I: Apresentando a Tomada de Decisão **5**
Capítulo 1: Pressões Gerais nos Tomadores de Decisão 7
Capítulo 2: Os Principais Ingredientes para Decisões Efetivas 19
Capítulo 3: A Cultura da Empresa e a Tomada de Decisão 33

Parte II: Conhecendo e Crescendo Sozinho como um Tomador de Decisão **49**
Capítulo 4: Aumentando Seu Negócio Desenvolvendo a Si Mesmo 51
Capítulo 5: Elevando o Autoconhecimento e o Conhecimento
  Organizacional para Ter Melhores Decisões 67
Capítulo 6: Aprendendo com os Erros e as Consequências Não Intencionais 79

Parte III: Intervindo: A Tomada de Decisão Prática **95**
Capítulo 7: Compreendendo a Tomada de Decisão Intuitiva 97
Capítulo 8: Criando a Base para Todas as Decisões 115
Capítulo 9: Fundamentos: Percorrendo o Processo de Tomada de Decisão 135
Capítulo 10: Cuidando de Vários Tipos de Decisões Comerciais 167
Capítulo 11: Explorando o Kit de Ferramentas da Tomada de Decisão 183
Capítulo 12: Fortalecendo as Relações com Funcionários e Clientes 199

Parte IV: Tomando Decisões em Vários Papéis **219**
Capítulo 13: Tornando-se um Tomador de Decisão Mais Efetivo 221
Capítulo 14: Tomando Decisões como um Gerente 243
Capítulo 15: Tomando Decisões como um Empreendedor ou
  um Pequeno Proprietário 255

Parte V: Aplicando as Habilidades da Tomada de Decisão em Desafios Específicos **267**
Capítulo 16: Usando a Mudança para Conseguir Realização Pessoal 269
Capítulo 17: Facilitando as Reuniões Participativas de Tomada de Decisão 283
Capítulo 18: Tomando Decisões sobre Parcerias e Joint Ventures 305
Capítulo 19: Definindo Padrões Éticos 321

Parte VI: A Parte dos Dez 339

Capítulo 20: Dez Dicas para a Tomada de Decisão em Situações Incertas 341
Capítulo 21: Dez Maneiras de Melhorar a Tomada de Decisão 347
Capítulo 22: Dez Segredos por trás da Tomada de Decisão Ética 353

Índice 359

Sumário

Introdução *1*

Sobre Este Livro 1
Penso que... 2
Ícones Usados Neste Livro 3
Além Deste Livro 4
De Lá para Cá, Daqui para Lá 4

Parte 1: Apresentando a Tomada de Decisão *5*

Capítulo 1: Pressões Gerais nos Tomadores de Decisão 7

Tomando Decisões em um Mundo em Constante Mudança 7
    O chão que muda sob seus pés 8
    Avaliando o que essas mudanças significam para você 11
Abraçando a Incerteza e o Inesperado 12
    Aumente a integridade e conte a verdade 13
    Observe o que está acontecendo nos limites inovadores 13
    Não limite o planejamento a uma tarefa anual 14
    Torne o processo de tomada de decisão baseado em valores ... 14
    Cultive o aprendizado e a curiosidade 14
    Invista em seu crescimento pessoal e profissional 15
Aumentando a Integridade e a Ética das Decisões Comerciais 15
    Superando fatores que levam a decisões antiéticas 16
    Planejando um ambiente de tomada de decisão saudável 17

Capítulo 2: Os Principais Ingredientes para Decisões Efetivas ... 19

Distinguindo Diferentes Tipos de Decisões 19
    Decisões estratégicas 20
    Decisões táticas 21
    Decisões operacionais e de linha de frente 21
Identificando os Diferentes Estilos da Tomada de Decisão 21
Reconhecendo o Ambiente do Local de Trabalho e a
    Cultura como uma Força 23
    Mapeando sua empresa na curva de inovação 23
    Considerando as estruturas organizacionais da empresa 25
    Avaliando a saúde do local de trabalho 30
Desenvolvendo o Tomador de Decisão: Crescer ou Não Crescer? 31
    Conhecendo a si mesmo 31
    Evitando as tentações que obstruem as decisões acertadas 31

Capítulo 3: A Cultura da Empresa e a Tomada de Decisão..... 33
Reconhecendo a Importância da Cultura da Empresa................................34
    Prestando atenção nas forças invisíveis..34
    Avaliando a mentalidade de sua empresa..36
    Localizando vícios na cultura da empresa 37
Criando Locais de Trabalho com Alto Desempenho
para a Tomada de Decisão..38
    Prestando atenção no foco de longo e curto prazos...........................38
    Usando um design inteligente para agilizar a tomada de decisão 39
    Prestando atenção nas relações de trabalho.......................................41
Avaliando o Risco e Seu Impacto na Tomada de Decisão......................43
    Compreendendo como os humanos percebem o risco 43
    Trabalhando com o risco em um mundo complexo 46

Parte II: Conhecendo e Crescendo Sozinho como um Tomador de Decisão 49

Capítulo 4: Aumentando Seu Negócio Desenvolvendo a Si Mesmo 51
Conectando o Crescimento Pessoal à Tomada de Decisão Efetiva 51
    Explorando a vulnerabilidade como uma qualidade da liderança ...53
    Tendo compaixão pelo ego..54
    Utilizando as emoções para uma tomada de decisão efetiva 55
Reconhecendo como as Crenças Influenciam a Tomada de Decisão 57
    Examinando suas crenças: Elas limitam suas opções? 57
    Compreendendo como você percebe o critério, intuição e visão 60
    Reconhecendo a inclinação oculta ou o preconceito..........................60
Medindo o Conforto Pessoal com o Conflito e a Ambiguidade 62
    Usando o conflito a seu favor..62
    Compreendendo as respostas clássicas para o conflito....................64

Capítulo 5: Elevando o Autoconhecimento e o Conhecimento Organizacional para Ter Melhores Decisões 67
Compreendendo como Você Toma Decisões..68
    Tomada de decisão instintiva..68
    Tomada de decisão subconsciente 69
    Tomada de decisão baseada em crenças...69
    Tomada de decisão baseada em valores...70
    Tomada de decisão orientada em valores...71
Compreendendo o Valor de uma Inteligência Mais Profunda 71
    A ligação entre seu coração e cabeça na tomada de decisão............72
    Colocando este conhecimento para trabalhar....................................72
Reduzindo o Estresse para Tomar Decisões Melhores..............................73
    Gerente, gerencie a si mesmo 74

Gerenciando o gerente.. 75
Maneiras práticas de reduzir o estresse nas relações de trabalho 76

Capítulo 6: Aprendendo com os Erros e as Consequências Não Intencionais 79

Engajando-se na Aprendizagem Reflexiva 79
    Identificando os pontos cegos no processo de tomada de decisão... 80
    Aprendendo com os erros e os desastres da decisão....................... 80
Transformando o Retrospecto em Previsão 81
    Monitorando a implementação e avaliando o risco........................ 81
    Prevendo os efeitos acidentais de uma decisão 83
    Ouvindo o retorno dos principais fornecedores e clientes.............. 84
    Implementando com sabedoria as ideias dos outros...................... 85
    Parando para ver o geral... 86
    Superando os problemas persistentes com aquisição 88
Construindo o Caráter e a Credibilidade através de Erros e Falha................. 91
    Aceitando a responsabilidade pessoal.. 91
    Separando o bom julgamento do julgamento dos outros.................. 91
    Comunicando-se de modo autêntico... 92
    Reinventando sua autoidentidade.. 93

Parte III: Intervindo: A Tomada de Decisão Prática 95

Capítulo 7: Compreendendo a Tomada de Decisão Intuitiva ... 97

Obtendo a Pura Verdade sobre a Intuição.. 98
    Definindo a intuição... 98
    Separando o mito do fato 98
    Sabendo como a intuição difere do impulso e do medo 100
    Compreendendo as vantagens da tomada de decisão
    intuitiva no negócio... 102
Compreendendo como a Intuição Funciona... 103
    Processando os dados que chegam 103
    Formando padrões a partir de dicas.. 104
Construindo Seus Poderes Intuitivos.. 105
    Identificando suas forças intuitivas — a mecânica 105
    Melhorando sua inteligência intuitiva.. 108
    Descobrindo os procedimentos que interferem na intuição............ 110
    Removendo o risco da opressão.. 110
Equilibrando o Racional com a Intuição 111

Capítulo 8: Criando a Base para Todas as Decisões 115

Revendo o Básico das Decisões Acertadas... 115
    Identificando a finalidade... 116
    Vendo à frente: Esclarecendo o ponto final 118
    Determinando o tempo: Por que agora?.. 120

Avaliando o compromisso: O seu próprio e de seus colegas............ 124
Calculando o risco e o impacto de não fazer nada........................... 126
Decidindo Quem Decide.. 128
Levando em conta o estilo de gerenciamento e o
ambiente de trabalho... 128
A responsabilidade para onde? Autoridade e responsabilidade...... 129
Investigando os Modelos da Tomada de Decisão.. 130
Restabelecendo decisões de cima para baixo:
O estilo de comando e controle... 131
Usando o consenso... 132
Construindo uma Equipe para uma Tomada de Decisão Participativa..... 134

Capítulo 9: Fundamentos: Percorrendo o
Processo de Tomada de Decisão......................... 135

Esclarecendo a Finalidade da Decisão.. 135
Identificando o motivo da decisão... 136
Adotando uma abordagem tática ou estratégica............................. 136
Descortinando: Obtendo Todas as Informações Relevantes..................... 137
Fazendo sua pesquisa... 137
Ganhando alguma distância para ser objetivo................................. 138
Prestando atenção nas diferentes perspectivas............................... 139
Separando o fato da especulação.. 140
Incluindo os sentimentos como informação..................................... 140
Sabendo quando você tem o bastante.. 141
Filtrando e Classificando os Dados: Análise.. 142
Conduzindo sua análise... 142
Avaliando criticamente seus dados... 143
Fazendo suposições intencionalmente... ou não.............................. 144
Estabelecendo e pesando os critérios... 145
Evitando a paralisia da análise... 148
Gerando Opções... 150
Evitando a armadilha de uma única opção....................................... 150
Ampliando o leque de opções utilizando a
criatividade dos outros... 150
Verificando suas principais opções... 152
Avaliando os Riscos Imediato e Futuro... 153
Identificando os riscos.. 153
Considerando a resposta ao risco das pessoas................................ 154
Mapeando as Consequências: Sabendo Quem É Afetado e Como........... 156
Tomando a Decisão.. 156
Comunicando a Decisão Efetivamente.. 157
Implementando a Decisão... 158
Reunindo seu plano de ação... 159
Decidindo o que é importante: A métrica... 160
Definindo as prioridades... 162
Aprendendo com o processo de implementação............................. 162

Tomada de Decisão no Piloto Automático: A Intuição em Ação 164
Entendendo a tomada de decisão intuitiva 164
Vendo mais de perto a intuição em diferentes situações 165

Capítulo 10: Cuidando de Vários Tipos de Decisões Comerciais 167

Decisões Visionárias: Entendendo a Direção e o Foco 167
Decisões Estratégicas: Indo Daqui para Lá 168
Tomando decisões estratégicas de alto nível 169
Aplicando o pensamento estratégico nos objetivos de baixo nível 170
Ajustando sua estratégia quando necessário 172
Decisões Operacionais: Buscando Eficiências 172
Indo até os funcionários da linha de frente para ter ideias 172
Tomando decisões operacionais: Coisas a considerar 174
Decisões Financeiras: Elevando e Protegendo Seu Negócio 175
Assegurando as finanças 175
Sustentando o fluxo de caixa 176
Evitando os cinco erros financeiros mais comuns 176
Decisões para a Solução de Problemas: Chegando à Raiz dos Problemas 177
Descobrindo e endereçando a causa básica 177
Cuidando dos problemas com criatividade 178
Tomando Decisões de Parceria e Joint Venture 179
Determinando se é para buscar uma joint venture ou uma parceria 180

Capítulo 11: Explorando o Kit de Ferramentas da Tomada de Decisão 183

Adotando uma Abordagem que Obtenha Engajamento e Resultados 183
Diferenciando entre autoridade e poder 184
Capacitando uma força de trabalho mais engajada 185
Engajando-se em Métodos Formais de Tomada de Decisão 186
Usando a negociação para tomar decisões mutuamente aceitáveis .. 186
Buscando consenso 187
Usando Ferramentas de Tomada de Decisão Participativa 189
Ferramenta Graduações do Acordo 190
Votação de ponto para medir a opinião e o progresso 193
Visualizando as consequências, relações e ideias:
Mapeamento mental 196

Capítulo 12: Fortalecendo as Relações com Funcionários e Clientes 199

Melhorando o Bem-Estar no Trabalho 200
Desde funcionários contentes até clientes leais:
Criando um efeito propagador 200
R. J. Allen Construction, um exemplo 201
Reconhecendo o Cliente como um Agente de Mudança 203

Mantendo os olhos fora das tendências..203
Conversando com os clientes...204
Reconectando o Negócio com o Serviço ao Cliente 204
Fechando a lacuna para conectar seus clientes....................................205
Entrando na cabeça do cliente: Mapeamento da empatia................206
Usando a mídia social para obter retorno...208
Focando no que é importante para o cliente....................................209
Promovendo a Comunicação com Clientes e Funcionários.....................210
Estabelecendo a intenção e o valor..210
Calculando os benefícios da comunicação......................................212
Definindo os objetivos de suas interações.....................................213
Entrando nos Métodos para Reunir Informações.......................................214
Ferramentas e técnicas para a consulta formal................................214
Estabelecendo canais informais para reunir informações 217

Parte IV: Tomando Decisões em Vários Papéis............... 219

Capítulo 13: Tornando-se um Tomador de Decisão Mais Efetivo 221

Aumentando Seu Jogo: Transição entre as Decisões
    Específicas da Área e Estratégicas...222
    Destacando as decisões estratégicas..222
    Evitando os perigos do microgerenciamento................................225
    Indo da especialização em uma área para trabalhar
    em várias funções 228
Mostrando o Caráter Através da Tomada de Decisão.............................230
    Espelho, espelho na parede: Vendo a si mesmo de perto................230
    Usando os momentos de definição para construir o caráter 231
    Lidando consigo mesmo quando as coisas dão errado....................232
Melhorando Sua Tomada de Decisão Tornando-se um Líder Melhor 234
    Diferenciando entre liderança e autoridade..................................234
    Usando seu poder para o bem..235
    Sendo um líder bom o bastante para fazer perguntas difíceis..........235
Criando Locais de Trabalho Seguros e Estáveis......................................236
    Adaptando seu estilo de gerenciamento.......................................237
    Dando passos para melhorar a qualidade do ambiente de trabalho....238
    Sendo o líder que você espera ver nos outros 240

Capítulo 14: Tomando Decisões como um Gerente 243

Reconhecendo o Papel de Mudança do Gerente 243
    Adotando seu papel como agente de mudança.............................244
    Adaptando seu estilo de gerenciamento.......................................246
Escolhendo Seus Estilos de Liderança e Gerenciamento..........................249
    Vendo os estilos de liderança 250

Usando a autoridade efetivamente: Diferentes
estilos para diferentes situações..251
Lidando com as expectativas não atendidas 253

Capítulo 15: Tomando Decisões como um Empreendedor ou um Pequeno Proprietário 255

Conhecendo o que Faz Você Funcionar..256
Identificando suas qualidades de empreendedor............................256
Conseguindo clareza em seus valores e fundamentos filosóficos....257
Desde Ser Instintivo até Estabelecer Sistemas.................................259
Indo da multitarefa para construir uma equipe 260
Decidindo como o trabalho é feito 261
Tendo consciência de seu processo de tomada de decisão............262
Dando Passos Quando a Emoção Acabou......................................264
Etapa 1: Descobrindo o que você deseja..264
Etapa 2: Verificando onde está seu negócio 265
Principais perguntas quando você ainda não pode decidir............266

Parte V: Aplicando as Habilidades da Tomada de Decisão em Desafios Específicos................. 267

Capítulo 16: Usando a Mudança para Conseguir Realização Pessoal....................................... 269

Reinventando-se após um Contratempo.......................................269
Mudando sua mentalidade após um contratempo.........................270
Dando os primeiros passos para um novo futuro 271
Conseguindo Clareza sobre Sua Paixão, Finalidade e Direção 272
Usando um painel de visão para ter clareza 272
Testando seu comprometimento com uma decisão: Visualização..275
Fazendo do meu jeito? Escolhendo seu caminho 275
Fortalecendo Sua Resiliência...277
Avaliando seu estado de espírito pessoal......................................277
Vendo sua vida inteira como uma lição na liderança 281

Capítulo 17: Facilitando as Reuniões Participativas de Tomada de Decisão.. 283

Esclarecendo Seu Papel em uma Reunião.....................................284
Distinguindo entre facilitar, moderar e presidir..............................284
Soltando a ligação com um resultado específico...........................286
O Básico da Preparação da Reunião 286
Estabelecendo a finalidade da reunião 286
Identificando os motivos para se reunir..287
Montando um plano essencial..287
Escolhendo uma estrutura de reunião formal ou informal 288

Montando um Plano de Reunião para Decisões
   Complexas ou de Alto Risco 289
      Etapa 1: Estabelecendo o objetivo e a métrica gerais 289
      Etapa 2: Juntando uma estrutura para a reunião 290
      Etapa 3: Atribuindo tarefas na preparação para a reunião.............. 290
      Etapa 4: Estruturando a reunião com um plano de reunião 291
Realizando uma Reunião Produtiva... 293
      Ficando na mesma página com uma visão geral.............................. 294
      Mantendo a reunião nos trilhos: Lidando
         com a dinâmica do grupo 295
      Ferramentas para Ajudar a Facilitar e Gerenciar as Reuniões 299
      Mesa redonda estruturada: Uma ferramenta
         para reunir as perspectivas.. 300
      Ferramentas de colaboração visual e de grupo para as reuniões 300

Capítulo 18: Tomando Decisões sobre
Parcerias e Joint Ventures 305

Compreendendo as Diferentes Estruturas da Parceria............................ 306
      Vendo as parcerias 306
      Examinando as joint ventures... 306
Determinando o Benefício Mútuo 307
      Pensando por meio do potencial da parceria................................... 308
      Mapeando os ganhos e o valor nas joint ventures 309
      Avaliando a adequação 312
Finalizando o Acordo 316
Comunicando-se de Modo Produtivo durante o Empreendimento............ 317
      Focando na confiança 317
      Usando o conflito a seu favor... 319
Testando a Confiança, Coragem e Cooperação
   Quando as Coisas Ficam Difíceis... 320

Capítulo 19: Definindo Padrões Éticos 321

Definindo a Ética Comercial 321
      Vendo a ética no negócio.. 322
      Caindo em desgraça: Práticas antiéticas do negócio 323
Compreendendo as Pressões que Levam a Decisões Antiéticas 325
      Pressões externas: A natureza inconstante do negócio 326
      Pressões internas: Condições de trabalho e relações.................... 327
      Eliminando as condições que levam a brechas na ética................. 328
Definindo Padrões Formais e Informais... 330
      Desenvolvendo um código de ética formal...................................... 330
      Estabelecendo um código informal 332
Preocupações Comuns: Lidando com Cadeias de
   Fornecimento, Saúde e Segurança... 335
      Reduzindo os perigos do local de trabalho...................................... 336
      Construindo a cadeia de fornecimento para padrões éticos 337

Parte VI: A Parte dos Dez 339

Capítulo 20: Dez Dicas para a Tomada de Decisão em Situações Incertas 341

Verifique as Suposições 341
Estenda Sua Zona de Conforto 342
Faça Perguntas Profundas 342
Aprenda com o Passado 343
Ouça Profundamente 344
Mude as Perspectivas 344
Vá da Inércia para a Ação 345
Preste Atenção no que Seu Coração Diz 345
Adote o Imprevisível 346
Trabalhe com o Risco de Modo Diferente 346

Capítulo 21: Dez Maneiras de Melhorar a Tomada de Decisão ... 347

Encontre a Calma Interna 347
Saiba Quando Seguir os Planos e Quando Criar em Conjunto ... 348
Mantenha Sua Mente Ágil 348
Foque na Missão 349
Inove pela Ruptura 349
Utilize Sua Intuição 350
Aprenda com os Erros 350
Mantenha a Mente Aberta 351
Equilibre a Intuição com o Racional 351
Preste Atenção no Local de Trabalho 352

Capítulo 22: Dez Segredos por trás da Tomada de Decisão Ética 353

Os Funcionários se Sentem Respeitados e Felizes 353
As Relações São Baseadas em Confiança 354
O Foco Está na Realização Coletiva 354
As Coisas Certas São Recompensadas 355
A Mínima Conformidade Não É Suficiente 355
Um Bom Caráter É Importante 355
Todos Lideram 356
Os Princípios e os Valores Guiam a Ação 356
A Atenção É Dada à Cultura do Local de Trabalho 357
A Confiança É o Valor Fundamental 357

Índice 359

Introdução

Dê uma olhada nos resultados de qualquer empresa e verá a eficiência de sua tomada de decisão. Uma pessoa precisa apenas testemunhar nossos problemas globais — tais como, diminuir a biodiversidade e a falta de engajamento dos funcionários — para reconhecer as consequências das decisões do passado. Expandir a proficiência da tomada de decisão requer uma percepção de evolução profunda junto a uma consciência maior em um nível pessoal e organizacional. Sem conseguir ver a imagem geral, os tomadores de decisão não podem aproveitar as forças invisíveis para alcançar a prosperidade.

Como o ambiente comercial mudou de previsível para incerto e de simples para complexo, uma transformação é necessária no modo como as decisões são feitas, individualmente e dentro das organizações. Como ele redefine seu papel na sociedade, o negócio deve restaurar a confiança com seus funcionários e clientes. De modo pessoal, profissional e organizacional, é hora de ter acesso a todos os seus recursos criativos e inteligências para que você possa tomar as decisões necessárias para iniciar sua empresa para ter sucesso nesse mundo em constante mudança.

Neste livro, além dos critérios na intuição — um componente-chave, mas geralmente negligenciado, da boa tomada de decisão — pensamentos e ideias dos proprietários comerciais inspiradores, há histórias de start-ups inovadoras e ferramentas convencionais e de colaboração. Em grande parte, você descobre como pode participar da criação de um mundo novo e rejuvenescido de trabalho e de um mundo inteiro.

Sobre Este Livro

Os tomadores de decisão, no dia a dia, lutam com as informações que dominam e a definição de prioridades em condições dinâmicas. Para complementar, os humanos são seres complexos com muitas inclinações ocultas e imperceptíveis. A tomada de decisão é claramente uma arte e uma ciência.

No livro *Tomada de Decisão Para Leigos*, forneço abordagens tradicionais e muito inovadoras para uma tomada de decisão. Eu desmistifico alguns dos mistérios sobre a intuição, inclinação e tomada de decisão racional, enquanto mostro como você adota uma abordagem mais inteligente para a tomada de decisão. Por exemplo, provavelmente nenhum outro tópico gera mais diversidade de opinião do que a tomada de decisão, especialmente quanto ao papel da intuição. As principais escolas de negócio ensinam uma tomada de decisão racional, apesar da pequisa mostrar que não é tão eficiente e até os empreendedores reais contam com sua intuição respaldada por dados. Você pode descobrir como usar a intuição para melhorar sua capacidade de perceber as situações com mais precisão e tomar decisões em ambientes dinâmicos, e lidar com a complexidade e incerteza com confiança.

As ferramentas, habilidade e perspectivas neste livro oferecem maneiras para os tomadores de decisão, como você, desenvolverem a tomada de decisão. Fazendo isso, você terá mais confiança em quem é e o que traz para o processo de tomada de decisão. E se você tiver confiança em excesso como um tomador de decisão, espero que tenha alguma humildade para que possa aceitar ideias diversas e aparentemente opostas, para se tornar mais flexível em sua abordagem.

Nada neste livro é sobre o pensamento do tipo *ou-ou* e as informações incluídas atendem a cada pessoa de modo diferente. Não só você encontrará informações que o ajudarão a endereçar os desafios particulares da tomada de decisão que enfrentará no momento, mas também encontrará informações que o ajudarão a crescer como um tomador de decisão.

Como todos os livros *Para Leigos*, o material é organizado em uma estrutura de fácil acesso. As seções separadas e os parágrafos que acompanham o ícone Papo de Especialista oferecem informações divergentes que enriquecem, mas não são essenciais para a compreensão.

Também estabeleci algumas convenções. Primeiro, diferencio entre a inteligência do cérebro (sua aptidão mental/intelectual) e a inteligência do coração, uma ideia comum nas tradições orientais, que acredita que a inteligência do coração é o caminho para o conhecimento inato. Em segundo lugar, uso a palavra *intuição* para indicar sua inteligência maior. Não é um poder místico, é uma ferramenta poderosa. Neste livro, mostro a ciência e o valor da intuição.

Finalmente, você pode notar que alguns endereços da Web estão divididos em duas linhas de texto. Se você estiver lendo este livro impresso e quiser visitar uma dessas páginas Web, simplesmente digite o endereço exatamente como ele aparece no texto, fingindo que a quebra de linha não existe. Se estiver lendo o livro como um e-book, ficará fácil — simplesmente clique no endereço da web para ir diretamente para a página.

Penso que...

A maior suposição que fiz ao escrever este livro é que você deseja saber como se tornar um tomador de decisão melhor. Algumas outras suposições feitas incluem as seguintes:

✔ Você notou que os resultados das decisões atuais têm um alto custo e deseja minimizar as consequências negativas das decisões.

✔ Você reconhece o valor do autocrescimento e pode também desejar algo mais do que repetir os mesmos ciclos sempre.

✔ Você está no negócio ou se importa muito com o papel que o negócio representa na sociedade e na modelagem do mundo no qual vivemos.

✔ Sente que seu local de trabalho está impedindo sua habilidade ou de sua equipe ao tomar boas decisões e deseja estratégias que possam usar para criar um ambiente que promova uma tomada de decisão acertada.

Ícones Usados Neste Livro

Assim como as placas em uma estrada, os livros *Para Leigos* usam ícones para indicar certos tipos de informação. Mantenha os olhos abertos para estes símbolos.

Este ícone aponta para um conselho, palavras de sabedoria e dicas que ajudam a escolher com mais cuidado o que é certo para sua situação.

Este sinal ajuda você a saber em que focar. Ele destaca os pontos importantes e específicos a lembrar.

Este ícone indica informações que, embora sejam interessantes e informativas, não são absolutamente necessárias para se tornar um tomador de decisão melhor. Sinta-se à vontade para pular estas partes.

Sem nenhuma surpresa, este ícone indica as armadilhas em potencial, uma dinâmica não antecipada ou respostas com as quais você pode ter que lidar durante o processo de tomada de decisão.

Uso este ícone para destacar as experiências de empresas reais. Algumas servem como inspiração; outras como lições para o que não fazer.

Além Deste Livro

Você pode acessar a *Folha de Cola Online* e eventuais erratas através do endereço: www.altabooks.com.br. Procure pelo título do livro/ISBN.

Além disso, forneci muito material bônus em http://www.dummies.com/webextras/decisionmaking (conteúdo em inglês).

De Lá para Cá, Daqui para Lá

O bom do livro *Para Leigos* é que ele é completamente intuitivo. Vá para as páginas que você precisa quando necessitar delas e confie em seus instintos para guiá-lo. Veja o Sumário para obter os tópicos gerais ou o Índice para ter um conteúdo mais específico. Vá para um capítulo que chame sua tenção (talvez, você esteja curioso sobre como comunicar uma decisão que acha ser impopular), então, encontre um capítulo que inclui informações sobre as quais você é cético (intuição e tomada de decisão — as duas coisas não são mutuamente exclusivas?). Por que adotar essa abordagem? Por dois motivos: Primeiro, ficar com a familiaridade é o inimigo da tomada de decisão acertada; isto lhe dará uma chance de balançar seu próprio pensamento voluntariamente. Em segundo lugar, qualquer coisa que você leia, encontrará informações detalhadas que poderá aplicar em sua tomada de decisão hoje.

Aplique o que você lê e veja o que acontece. Ficando melhor, um tomador de decisão mais eficiente inicia uma decisão por vez, assim como transforma seu negócio para atender as necessidades de um mundo novo e interconectado no qual todos nós vivemos.

Você também pode encontrar mais informações em alguns outros livros comerciais *Para Leigos* como *Liderança Para Leigos* (Editora Alta Books) de John Marrin; inclusive *Leading Business Change For Dummies* de Christina Tangora Schlachter e Terry Hildebrandt; *Emotional Intelligence For Dummies* de Steven Stein; e *The Leadership Brain for Dummies* de Marilee Sprenger — todos publicados pela John Wiley & Sons, Inc e ainda sem tradução para português. Nenhum desses livros é requerido, mas todos oferecem ferramentas complementares, habilidades e visão que podem promover seu crescimento como um tomador de decisão.

Parte I
Apresentando a Tomada de Decisão

Nesta parte...

✔ Descubra como as mudanças globais e sociais estão transformando o modo como as decisões são tomadas, resultando em decisões aparentemente simples sendo muito mais complexas do que você pode ter imaginado previamente

✔ Diferencie entre decisões estratégicas, táticas e operacionais

✔ Melhore sua tomada de decisão desenvolvendo níveis mais altos de consciências pessoal e organizacional

✔ Aprenda como o ambiente do local de trabalho e a estrutura da empresa afetam as decisões

✔ Encoraje um ambiente que leva a decisões de alta qualidade

Capítulo 1

Pressões Gerais nos Tomadores de Decisão

Neste Capítulo
- Identificando as forças que colocam pressão nos tomadores de decisão
- Trabalhando em um ambiente de tomada de decisão complexo e incerto
- Restaurando a integridade ética para o negócio
- Criando culturas comerciais para tomar melhores decisões

As decisões estão sendo tomadas o tempo inteiro, a cada minuto de todo dia e a maioria delas é tomada automaticamente, sem muito pensamento intencional. Forças sutis, porém predominantes, influenciam a precisão de cada decisão. A maioria dos tomadores de decisão não tem consciência dessas forças, embora seu impacto tenha consequências enormes nos sucessos das empresas e nas vidas das pessoas. Com cada decisão, pequena ou grande, que você e eu tomamos, modelamos a experiência de vida e, com mais ousadia, o propósito do mundo.

Neste capítulo, mostro como as pressões gerais estão forçando os tomadores de decisão comerciais a se engajarem no pensamento de ordem superior para verem as coisas de várias perspectivas e aceitarem a incerteza do medo e a complexidade. O mais importante, você descobre como a adaptação a essas mudanças permite que você se torne um líder orientado a finalidades — alguém que lidera pelo exemplo, inspira confiança em seus funcionários, cria um ambiente de trabalho mais saudável e faz com que todos trabalhem juntos em direção ao sucesso.

Tomando Decisões em um Mundo em Constante Mudança

Embora acreditar que sua situação ou sucessos da empresa estão além de seu controle possa ser mais fácil do que encarar a alternativa, a verdade é que as experiências — sua e de sua empresa — são modeladas pelas decisões momento a momento. Infelizmente, no negócio, muitas dessas decisões são tomadas sob pressão porque os fogos contra os quais você tem que lutar todo dia podem distrai-lo, não deixando que você veja a situação de uma perspectiva diferente. Quando você está sob pressão, as rotinas — até as ineficientes — podem parecer uma tábua de salvação.

Para avançar, você precisa dar um passo para trás a partir desses padrões de rotina para que possa ter uma compreensão e ver as oportunidades que estava negligenciando.

O chão que muda sob seus pés

Suas crenças guiam quais perguntas você faz quando avalia uma nova situação e como vê as informações descobertas. Elas também agem como um filtro para as ideias que informam sua realidade. No negócio e na vida, descartar o que não se encaixa é natural. Mas no final, também o torna resistente à mudança. Afinal, você não pode mudar o que não pode ver.

Nesta seção, resumo as tendências gerais que impactam os negócios atualmente, explico como as crenças tradicionais sobre como a negociação é feita colidem com a realidade atual, e mostro o que significam para você, como um tomador de decisão, para que possa selecionar quais crenças manter e quais mudar.

A confiança na inteligência, ao invés da força

A primeira grande mudança é a confiança crescente na inteligência (engajar-se em um pensamento de ordem superior), ao invés da força (sobreviver a qualquer custo), ao trabalhar com os recursos naturais e o potencial humano. Segundo a antiga mentalidade, os recursos são ilimitados e o desperdício é considerado aceitável, apesar das ineficiências. Como a contribuição da natureza para a economia é difícil de contar, a melhor solução é omiti-la ou rejeitá-la como uma externalidade. A nova mentalidade diz que os recursos da natureza não podem ser contados, mas eles contam.

O erro do antigo modo de pensar está ficando mais evidente. Uma estimativa de 1997 calculou a contribuição anual da natureza para a economia em US$33 trilhões!

As empresas que valorizam a contribuição da natureza são bem mais lucrativas do que aquelas que não. Várias start-ups que crescem rapidamente e muitas empresas privadas e semiprivadas em muitos setores — até além dos setores mais óbvios, como a tecnologia limpa — entendem prontamente esse conceito e estão progredindo com rapidez. Empresas globais, tais como a Novo Nordisk (`http://wwwnovonordisk.com`), Canon (`http://www.canon.com`) e Unilever (`http://www.unilever.com`) são exemplos. A B-Lab sem fins lucrativos (`http://www.bcorporation.net/what-are-b-corps/the-non-profit-behind-b-corps`) certificou mais de 1.000 empresas como B-Corps em 33 países. A B-Corps deve passar por padrões rigorosos de desempenhos social e ambiental para fornecer aos consumidores um relatório transparente. Você encontra essas empresas listadas em `http://www.bcorporation.net`. Todos os sites citados possuem conteúdo em inglês.

O surgimento de redes profissionais dentro e além dos limites de uma empresa

A segunda grande mudança afeta como os funcionários são vistos. Hoje, o desempenho comercial é capacitado por redes profissionais que existem dentro e além dos limites de uma empresa. Essas redes profissionais, engajadas em conseguir um objetivo compartilhado, estendem-se bem além do controle do gerenciamento interior e, como resultado, requerem uma mudança no estilo de gerenciamento. Com a tecnologia como um desorganizador maior de como o trabalho é feito, o trabalho entre colegas em todo o mundo pode agora ocorrer com rapidez e de modo colaborativo em um instante em um hangout do Google, chamada via Skype ou aplicativo personalizado em seu dispositivo móvel.

A antiga crença de que os funcionários são substituíveis e têm que ser informados constantemente sobre o que fazer está dando lugar à crença de que as pessoas são informadas e desejam contribuir com seu talento. O movimento crescente para criar ótimos ambientes de trabalho — locais que exploram o potencial e a criatividade das pessoas, convidam e honram suas contribuições, respeitam e valorizam-nas como pessoas e contam as saúdes social e ambientam como sendo essenciais — é um resultado natural da compreensão de que boas decisões e um ótimo trabalho vem de funcionários engajados que trabalham bem juntos e se sentem bem com suas realizações. As decisões éticas são um resultado natural de um local de trabalho saudável. Um bônus duplo!

Quando o local de trabalho e as condições de gerenciamento tornam difícil, se não impossível, para os funcionários contribuírem de modo significativo, seu talento é reprimido quando eles são forçados a se encaixarem em papéis preconcebidos, uma situação que cria doenças relacionadas ao estresse que custam às empresas nos Estados Unidos $300 bilhões anualmente. Infelizmente, os locais de trabalho têm sido lentos ao se ajustarem, como mostra a estatística de desengajamento do funcionário. Todavia, quando as habilidades de liderança ficarem mais profundas e mais universais (o Capítulo 13 informa como desenvolver essas habilidades), a saúde do local de trabalho e — basicamente — as decisões do local de trabalho irão melhorar.

A percepção em mudança do papel do negócio

A terceira grande mudança é a percepção em transformação do papel do negócio. A visão tradicional tem sido que a única finalidade do negócio é ser um mecanismo econômico para ganhar dinheiro. A nova perspectiva é que o negócio é uma parte integral da sociedade e um subconjunto do sistema ecológico maior e que ele pode ser uma força eterna. Essa finalidade pode ser conseguida quando as empresas engajam seus funcionários em uma finalidade maior, uma que vai além do mero lucro.

Essa mudança tem ocorrido em grande parte devido ao tamanho dos problemas que demandam soluções, junto com um desejo profundo de significado e finalidade. Endereçar esses problemas demanda imaginação, colaboração e o nível mais alto de inovação inspirada sempre conseguida pela humanidade. Neste clima, o negócio usual não é uma opção.

O antigo modo de fazer as coisas promove o pensamento "ou/ou": *ou* lucro *ou* fazer o produto (serviço), *ou* o ambiente *ou* a economia. Esse tipo de mentalidade limita a capacidade das empresas em localizarem oportunidades para se adaptarem às novas realidades que surgem. Portanto, não pense em termos "ou/ou". Ao contrário, insira a palavra *e*: lucro *e* fazer o produto; ambiente *e* economia. Vê como esse pequeno ajuste permite ampliar seu pensamento?

As empresas que reconhecem que fazem parte da sociedade e têm, além de seu papel de ganhar dinheiro, uma responsabilidade com o ambiente, suas comunidades etc., são mais lucrativas. Suas relações com funcionários e clientes é genuína e confiável; elas cuidam do ambiente porque é a coisa certa e inteligente a fazer, e encontram maneiras criativas de incorporar as responsabilidades social e ambiental nos esforços para ter lucro. Seu conforto com o trabalho em situações imprevisíveis e complexas lhes dão a vantagem.

O surgimento da mídia social

Uma mudança no modo como as pessoas se comunicam e acessam as informações nos leva à quarta grande mudança. A mídia social e a tecnologia móvel estão mudando como os consumidores e funcionários adquirem informações e contribuem com sua carreira ou como o consumidor compra. Resumindo, a tecnologia atual torna extremamente fácil obter informações de modo rápido nos limites políticos e geográficos. O efeito é uma perspectiva ampliada.

Antes da mídia social e da tecnologia moderna, os negócios seguiam um modelo no qual produziam produtos (ou serviços), então, forçavam os consumidores a comprarem. O objetivo era fazer qualquer coisa necessária para competir e vender. Hoje, contudo, a mídia social e a conectividade global permitem ao consumidor responsabilizar rapidamente as empresas pelas consequências de suas decisões.

Assim, os consumidores agora são agentes de mudança. Eles selecionam quais empresas suportar usando aplicativos, como o Buycott (`http://www.buycott.com` — conteúdo em inglês), que permitem comprar produtos que refletem seus princípios e eles são leais às empresas cuja ética e valores alinham-se com os seus. (A Buycott é muito clara: para usar o aplicativo, você escaneia um produto e o aplicativo informa qual empresa está por trás da marca e cruza as referências dessas informações com as causas que você identificou como sendo importantes.)

Provavelmente não é a mídia social nem a tecnologia que salvarão a civilização, mas os donos de negócios podem usá-la como uma ferramenta para restaurar a transparência e confiança nas práticas e decisões comerciais. Você pode usá-la para conectar seus clientes e funcionários, construir, aperfeiçoar a reputação de sua marca e promover o serviço ao cliente fornecendo interações e respostas do cliente significativas para os comentários dele.

Capítulo 1: Pressões Gerais nos Tomadores de Decisão

Os negócios não são os únicos que precisam ser cuidados quanto ao alcance da mídia social. Os funcionários aspirantes precisam ter consciência também. Os recrutadores e futuros empregadores geralmente veem as páginas do Facebook para saberem quem são realmente seus candidatos. Os relatórios de status que avisam sobre como você desperdiçou uma indicação porque o Sol estava brilhando, como uma pessoa se saiu, colocam você na lista negra dos principais recrutadores.

A necessidade dos funcionários em fazerem o trabalho que importa

A quinta grande mudança no ambiente comercial é de fazer o trabalho unicamente para conseguir uma proteção financeira para fazer o trabalho que importa. Essa mudança desafia a antiga ideia de que os funcionários são um bem não muito diferente dos outros itens de linha no orçamento e farão o que você disser com medo de perderem seus empregos.

Ao contrário, os funcionários (e clientes) hoje desejam ser agentes de mudança. Eles não ficam mais presos nos locais de trabalho que não funcionam; eles podem trabalhar em qualquer lugar e fazer o trabalho recompensador que adoram. Eles mudam de trabalho, mudam de carreiras e iniciam seus próprios negócios. As gerações mais jovens, em particular, adaptam-se facilmente, acreditando de modo inerente que podem conseguir qualquer objetivo; elas desejam um trabalho que lhes permita ser verdadeiras com seus valores e ser capazes de, como foi dito, "colocar-se por inteiro no trabalho". As empresas que reconhecem essa mudança buscam engajar os funcionários e remover as barreiras culturais embutidas que obstruem a colaboração ou a inovação.

Uma pesquisa de 2013 conduzida pela Aspire, uma empresa que fornece treinamento executivo e desenvolvimento para mulheres, descobriu que 78% das profissionais da empresa não estão colocando suas visões nas reuniões de diretoria; ao contrário, estão considerando deixar suas posições atuais para iniciarem suas próprias empresas.

Avaliando o que essas mudanças significam para você

Como as seções anteriores deixaram claro, o ambiente de tomada de decisão comercial mudou. Seguir um modelo "negócio de sempre" não trará para você os resultados que costumava trazer. Se sua empresa está para se adaptar a um novo clima comercial, como você toma as decisões deve mudar para refletir as novas realidades. Considere o seguinte:

- **Fazer mudanças no papel do supervisor:** O papel dos gerentes é ir de um modelo no qual o chefe controla o desempenho individual e da equipe para um modelo no qual o papel do chefe é permitir e dar apoio às equipes que se auto-organizam para conseguirem um objetivo compartilhado. Nesse mundo novo, os chefes devem mostrar um nível mais alto de liderança: você deve saber como e quando dar um passo para trás, deve ficar curioso e ser capaz de estimular a curiosidade e a criatividade em seus funcionários, e deve estar comprometido em remover os procedimentos e os processos que bloqueiam o trabalho em equipe.

- **Mudar o modo como você trabalha com os funcionários:** Os tomadores de decisão devem aceitar um estilo colaborativo de trabalho com os funcionários. A colaboração libera o conhecimento e o talento de um modo que facilita a criatividade e a solução de problemas. Quando apresentadas a um objetivo ou problema, por exemplo, as equipes colaborativas não são confinadas por um processo rígido; ao contrário, elas podem adaptar-se e ajustar-se, quando necessário, a situações dinâmicas.

Aceitar um estilo de trabalho colaborativo requer uma mudança na mentalidade quanto à sua relação com seus funcionários e como o poder deve ser usado. Ao invés de exercer poder e controlar seus funcionários, você trabalhará *com* eles. Você também colocará mais confiança em si mesmo e nos outros, com base em uma convicção genuína de que as pessoas desejam trazer o melhor de si mesmas para a vida, e seu trabalho é ressaltar o melhor nelas. Ao fazer isso, você também descobrirá talentos ocultos e conseguirá realização pessoal também.

- **Melhorar o modo como você gerencia o risco:** Aqueles que se afastam dos papéis de gerenciamento tradicional são mais capazes de gerenciar a exposição ao risco. Ter consciência de que forças maiores estão no trabalho dá uma vantagem e capacidade de ajustar-se.

Se você conta com um estilo de gerenciamento do tipo comando e controle, pode facilmente se tornar complacente. Afinal, alguém que pensa que está no controle geralmente não sabe quando o perdeu. As tendências do mercado e as empresas pretensiosas com diferentes abordagens podem mudar fundamentalmente o ambiente comercial e deixar você e sua empresa afundarem.

Um ótimo recurso para as maneiras de integrar práticas inteligentes em cada aspecto de sua empresa é o livro *Embedded Sustainability: The Next Big Competitive Advantage* de Chris Laszlo e Nadya Zhexembayeva (Stanford Business Books).

Abraçando a Incerteza e o Inesperado

Os humanos tendem a ficar apreensivos quanto — e alguns com completo medo — à incerteza. Todavia, a incerteza é geralmente o catalisador que o permite expandir suas habilidades de liderança, ampliar seu pensamento comercial e melhorar sua tomada de decisão. Se você aceita a incerteza ou tenta ocultá-la, uma coisa é certa: o ambiente de tomada de decisão comercial mudou. Ele é mais complexo, imprevisível e ambíguo do que nunca. Nesta seção, compartilho algumas coisas que você pode fazer para lidar mais facilmente com a incerteza.

Capítulo 1: Pressões Gerais nos Tomadores de Decisão

O acrônimo *VICA* encapsula as novas condições operacionais para a vida e o negócio: **v**olatilidade, **i**ncerteza, **c**omplexidade e **a**mbiguidade. Aceitar essa realidade diferente dá uma vantagem. Ao invés de evitar a mudança, você pode estender para ter um potencial maior.

Aumente a integridade e conte a verdade

A combinação dos valores sociais que mudam com a conectividade ficou possível com a mídia social e os consumidores e clientes são capazes de responsabilizar você e sua empresa de modos que eram praticamente impossíveis apenas há 25 anos. Como resultado, os negócios devem ser honestos, deixar claro quando os erros são cometidos e funcionar para conquistar a verdade não apenas de seus clientes, mas também das comunidades nas quais eles fazem negócio.

Observe o que está acontecendo nos limites inovadores

Estar no negócio hoje significa estar em alerta o tempo inteiro! Se você estiver contente e muito seguro, há chances de que está procurando ameaças em locais familiares — e não onde elas realmente existem. As start-ups inovadoras — não seus concorrentes tradicionais — são aquelas que podem mudar o terreno da noite para o dia.

Se você está procurando abordagens inovadoras para gerenciar ou informações sobre organizações sem chefes, verifique o seguinte:

- **The Self-Management Institute (www.self-managementinstitute.org — conteúdo em inglês):** Tem ferramentas práticas para operar empresas horizontais (ou seja, sem camadas de gerenciamento) e de auto-organização.

- **Cocoon Projects na Itália (http://www.cocoonprojects.com — conteúdo em inglês):** Surgiu com uma maneira inovadora de levar em conta o valor criado por cada colaborador (não há entrevistas de trabalho) e calcular o valor adicionado entre os pares. O artigo do cofundador Stelio Verzera, que descreve a filosofia do Cocoon Project, ganhou o prêmio Digital Freedom pela operação de Inovação do Gerenciamento (http://www.mixpreize.org/hack/liquid-organizations-realizing-next-evolutionary-state-anti-fragility?challenge=18606 — conteúdo em inglês). Para aprender mais sobre as Liquid Organizations, veja http://www.liquidorganization.info (conteúdo em inglês).

Não limite o planejamento a uma tarefa anual

O planejamento anual funcionava quando os ambientes comerciais eram mais previsíveis. Hoje, executar um plano de um ano que ignora as condições que mudam nesse ínterim é uma estratégia bem arriscada. Se seu processo de tomada de decisão é baseado em crenças comerciais antigas, você ficará estressado e sob pressão agora. A menos que suas crenças comerciais tenham passado por um ajuste radical nos últimos seis meses, você ficará para trás. Uma opção, por exemplo, é adotar uma abordagem com o princípio Enxuta/Ágil (desenvolvimento de software) para mudar, que usa o retorno do cliente/consumidor e responde às circunstâncias que mudam.

Torne o processo de tomada de decisão baseado em valores

Atualize seu processo de tomada de decisão para que seja baseado em valores. Nesse modelo, sua empresa deve ser clara sobre quais são seus valores, então, tornar toda decisão alinhada com esses valores. Os valores usados para a tomada de decisão não são os que brilham no cartaz pendurado na parede. Eles declaram o que é importante o bastante para guiar sua tomada de decisão e direcionar como as coisas são feitas. Para descobrir a diferença entre uma tomada de decisão baseada em crenças e baseada em valores, vá para o Capítulo 5.

Cultive o aprendizado e a curiosidade

As organizações que cultivam o aprendizado e a curiosidade como habilidades centrais tendem a mostrar estas características:

- **Elas são flexíveis.** As organizações de aprendizagem não são fixas em um pensamento concreto, que é um modo garantido de impedir uma tomada de decisão melhor.
- **Elas reconhecem que os erros fazem parte do processo de aprendizagem.** Ao invés de uma tomada de decisão baseada em medo, na qual os julgamentos tendem a se centralizar no que alguém deve fazer ou poderia ter feito, o foco é olhar para frente.
- **Elas usam a curiosidade para abrir as portas para novas ideias.** A curiosidade é uma habilidade básica crítica em um ambiente de tomada de decisão complexo porque as complexidades não aparecem até que o problema que você pensou ter resolvido volte com uma vingança! Nas empresas que não aceitam a curiosidade, os funcionários e as equipes tendem a rejeitar as inconsistências, mesmo que elas realmente apontem para coisas que devem ser exploradas para descobrir o que está acontecendo.

Invista em seu crescimento pessoal e profissional

Você é a parte mais importante da equação. A diferença entre um negócio bem-sucedido, um que pode adaptar-se às novas realidades emergentes, e um malsucedido é sua liderança. Você deseja ter 12 anos de experiência ou 1 ano de experiência 12 vezes? O bom do crescimento pessoal é que, ao enfrentar condições adversas, você pode tornar-se mais criativo.

Desenvolver-se como um tomador de decisão dá uma capacidade aumentada para regular e usar suas emoções como informações, tomar melhores decisões sob pressão, compreender como sua intuição opera, usá-la a seu favor e expandir seu pensamento para que possa antecipar as consequências não pretendidas bem no início.

Aumentando a Integridade e a Ética das Decisões Comerciais

Embora muitas empresas conheçam seus mercados, importam-se com seus clientes e prestem atenção em fazer o que é certo para todos, algumas têm perdido a confiança pública por causa de sua tomada de decisão negligente governadas pelo autointeresse. Geralmente, a diferença entre as boas empresas e as ruins se resume à *ética*, o código moral de conduta que apoia a tomada de decisão ética.

O público tem pouquíssima tolerância em relação ao comportamento antiético: as decisões da empresa e as ações que causam mais danos do que algo bom; o autointeresse acima dos interesses das comunidades nas quais operam, o ambiente ou seus funcionários; e a inclinação injusta da distribuição de riquezas. Basicamente, operar uma empresa de modo antiético leva a locais de trabalho pouco saudáveis, uma tomada de decisão seriamente comprometida, lucros menores e falhas.

As empresas éticas, por outro lado — aquelas que atendem às comunidades, importam-se com seus funcionários, com o ambiente e não sucumbem ao pensamento estreito e limitado — basicamente vencerão seus concorrentes antiéticos. Restaurar a confiança com os funcionários, clientes e sociedade inteira inicia reconhecendo a sabedoria por trás de usar o negócio como uma força infinita. Nesta seção, explico o que é tomada de decisão ética e por que é bom para o negócio. O Capítulo 19 aprofunda o tópico com mais detalhes.

Superando fatores que levam a decisões antiéticas

Embora alguns tomadores de decisão comercial sejam inescrupulosos, a maioria não começa com a intenção de tomar decisões antiéticas, mas as tomam apesar disso. Portanto, se o problema não é intencional, o que é? Como explico nesta seção, as decisões antiéticas podem ser uma consequência de um pensamento distorcido ou estreito, pressões no trabalho e outros fatores que provavelmente você não percebe colocados no cenário das transgressões éticas. Leia para descobrir quais fatores geralmente levam a decisões antiéticas e o que você pode fazer.

Ter um foco estreito demais

Quando o foco é estreito demais, você presta mais atenção a curto prazo do que a longo prazo ou você está mais comprometido em atender os objetivos financeiros do que agradar seus clientes.

Ver o geral é parte integral ao tomar decisões éticas. Quando você dá um passo para trás, ganha uma perspectiva nova e mais ampla que pode revelar padrões que você pode não ter notado antes. Essa perspectiva mais ampla permite ver conexões entre o que antes poderia ter parecido ser uma realidade não relacionada e, como resultado, considerar as implicações mais distantes de suas decisões. Você também pode ver padrões familiares que podem indicar que sua tomada de decisão segue em círculos e não está realmente produzindo a mudança ou o benefício que você estava esperando.

Não ligar suas decisões a seus valores

A tomada de decisão ética está consolidada na capacidade de ancorar a tomada de decisão a seus valores. Fazer isso permite saber o que é importante quando as coisas parecem incertas e dão um padrão segundo o qual julgar o resultado das decisões tomadas. A tomada de decisão baseada em valores é diferente da baseada em crenças ou suposições, um tópico que analiso com mais detalhes no Capítulo 5.

Sucumbir às pressões do local de trabalho

Quando uma intensa pressão existe para conseguir os objetivos, as pessoas ficam tentadas a tomar atalhos que podem comprometer os padrões. Para reagir a isso, recue para descobrir a origem da pressão e identificar onde as reações automáticas para as demandas sequestraram uma abordagem mais intencional para a tomada de decisão. E mais, tente equilibrar o pensamento de curto prazo com a visão de longo prazo e os objetivos. Quando você inclui o longo prazo em sua tomada de decisão, tende a tomar decisões melhores porque está aplicando uma perspectiva mais ampla no problema.

Capítulo 1: Pressões Gerais nos Tomadores de Decisão

Fazer suposições

Quando as informações que apoiam a decisão são limitadas demais, você acaba fazendo suposições. Para reagir a essa tendência, engaje os clientes e funcionários como participantes ativos na tomada de decisão de sua empresa. Fazer isso amplia as informações disponíveis para a tomada de decisão. Como bônus, também reforça o valor de sua empresa por causa das relações leais e comprometidas desenvolvidas. Além disso, tornar as informações disponíveis e transparentes na empresa reduz a inclinação de fazer suposições ou agir com especulação.

Uma ótima maneira de conseguir critérios é dar um tempo de utilização às ideias do funcionário que não se encaixam na norma. Gary Klein, autor do livro *Seeing What Others Don't: The Remarkable Ways We Gain Insights* (PublicAffairs), chama isso de *crenças discrepantes*: são as crenças importantes que não são firmemente apoiadas pelo pensamento atual.

Usar a métrica errada para julgar o sucesso

O critério que você usa para avaliar o sucesso tem uma influência direta no que você e seus funcionários prestam atenção. Todavia, por mais importante que seja medir as coisas certas, muitos gerentes e empresas usam inconscientemente uma métrica que mede as coisas erradas, está em desacordo com a missão estabelecida da empresa e, no pior caso, encoraja o comportamento antiético. Se, por exemplo, você recompensa os funcionários apenas para terem alvos no orçamento, eles poderão adiar ou evitar fazer coisas, tais como, atualizar o equipamento de segurança — uma decisão que poderia levar a ferimentos ou morte.

Para determinar se a métrica que você colocou está criando um ambiente que promove brechas na ética, monitore as consequências das decisões. Um modo é mapear as principais decisões para que você possa ver os resultados e as consequências. Dando esse passo proativamente, você será capaz de corrigir um curso de ação antes de ser tarde demais. No Capítulo 19, compartilho como definir padrões éticos e criar um ambiente que destaca o melhor em seus funcionários.

Planejando um ambiente de tomada de decisão saudável

Se você recordar as melhores e piores decisões tomadas, provavelmente descobrirá o mesmo que eu: as pessoas não tomam as melhores decisões em circunstâncias de estresse. Mas condições estressantes ocorrem o tempo todo, você diz.

Há uma diferença entre um evento estressante que deve ser endereçado ou resolvido (a quebra de um equipamento na linha de produção está colocando em risco o término ou o envio de um grande pedido para um cliente importante, por exemplo) e o estresse causado por estar em um ambiente de trabalho — geralmente caracterizado por cargas de trabalho irracionais, gerentes que não dão suporte, dias de trabalho excessivamente longos etc. — que coloca os funcionários em grande alerta 24/7 sem um término à vista.

Nesse tipo de ambiente de trabalho, o cenário é definido para uma tomada de decisão ruim. Inerente a tomar boas decisões é planejar o local de trabalho que suporte uma tomada de decisão melhor. Isso parece converter os locais de trabalho não saudáveis em saudáveis. Ambientes saudáveis de tomada de decisão têm características comuns. Aqui estão algumas delas:

- Eles introduzem um sentimento de entrosamento e comunidade entre os colaboradores.
- As relações são profissionais e a finalidade da empresa é para frente e central.
- Os valores compartilhados apoiam o que é importante para a empresa e seus funcionários, e esses valores ancoram a tomada de decisão nas horas boas e difíceis.
- Existem líderes em cada nível, a tomada de decisão é descentralizada e os processos de tomada de decisão são estabelecidos. Os funcionários em cada nível têm responsabilidade pessoal para tomar decisões e aceitar as consequências.
- A comunicação é aberta e honesta, mesmo quando a notícia não é boa, e qualquer problema é trazido através de ciclos de retornos informais e formais para que ajustes possam ser feitos sem demora.
- A aprendizagem — sempre aprender com os erros — é valorizada, o que, além de fortalecer a tomada de decisão da organização, torna-a mais adaptável e resiliente em condições incertas e que mudam.
- A complexidade e a incerteza são valorizadas, e a tomada de decisão não é conduzida pelo medo de perder o controle. Pelo contrário, os tomadores de decisão engajam sua criatividade e a dos outros para responderem ativamente aos novos desafios.

Uma empresa com um ambiente saudável de tomada de decisão é do tipo que cria valor através de suas relações com os funcionários, clientes, fornecedores e envolvidos. Ao invés de ser grande demais para fracassar, é valiosa demais para fracassar. No Capítulo 2, mostro como configurar uma empresa para ter uma tomada de decisão efetiva. No Capítulo 12, mostro como fortalecer as relações internas e externas, e no Capítulo 19, explico como atualizar a cultura da empresa para dar apoio à tomada de decisão ética. Restaurar a confiança e a integridade ética no negócio é o modo como seu negócio pode negociar com mais inteligência e intuição, e tornar-se uma força infinita.

Capítulo 2

Os Principais Ingredientes para Decisões Efetivas

Neste Capítulo
- Classificando os diferentes tipos de decisões
- Reconhecendo como tomar decisões
- Prestando atenção na influência da cultura do local de trabalho nas decisões

A tomada de decisão raramente é lógica, apesar das afirmações de que é baseada no pensamento racional. Diferentes ideias não têm chance quando falham em se encaixar no que os tomadores de decisão acreditam que funcionará ou não. Pergunte a qualquer pessoa que já montou uma proposta muito boa sobre como aumentar a lucratividade apenas para ter a proposta derrubada. Nem inovação pode ocorrer quando os tomadores de decisão não têm consciência de como o pensamento influencia ou da percepção de risco.

Saber o que está acontecendo sob a superfície conduz os resultados e dá uma chance de melhorar e ajustar. Neste capítulo, apresento os estilos de tomada de decisão e analiso o que a mente racional não consegue ver quanto à percepção de risco. Também mostro os três elementos principais que tornam as decisões efetivas: uma linguagem comum, a cultura do local de trabalho e seu autoconhecimento.

Distinguindo Diferentes Tipos de Decisões

Os tipos de decisões que você enfrenta falham em qualquer lugar em um espectro, desde a estratégia até o operacional/linha de frente. Se você for um pequeno proprietário — até adicionar uma equipe e distribuir responsabilidade, você é um — toma decisões em todo o espectro. Se for uma empresa de médio a grande porte, os tipos de decisões que você enfrenta dependem de como sua organização distribui a autoridade e a responsabilidade da tomada de decisão, centralizada no topo ou descentralizada em todos os níveis, por exemplo. E mais, o tipo de decisão pela qual você é responsável depende de seu papel na empresa. Nesta seção, descrevo os diferentes tipos de decisões comerciais. Cada tipo de decisão requer um tipo diferente de pensamento e estilo de tomada de decisão.

Tradicionalmente, as grandes empresas são organizadas de modo hierárquico, com a autoridade alocada em cada nível de gerenciamento até a linha de frente. Na teoria, a direção vem do topo e desce na empresa para a implementação. A velocidade e a complexidade do ambiente comercial desafiam esse modo de atribuir o poder da tomada de decisão porque é lento. E mais, é um estilo organizacional predominante; até as empresas médias escolhem usar uma combinação de hierarquia e autoridade. Por esse motivo, nesta seção, exponho as maneiras como as decisões são geralmente consideradas ou debatidas. Diferentes estruturas organizacionais e fontes podem usar uma terminologia diferente.

Decisões estratégicas

As decisões estratégicas são decisões no nível executivo. As decisões estratégicas são tomadas em toda área, desde a TI (tecnologia da informação) até o RH (recursos humanos), financeiro e CRM (relações com o cliente), por exemplo. As decisões estratégicas antecipam um prazo mais longo e direcionam a empresa ao seu destino. Elas tendem a ser de alto risco e ter altos investimentos. São complexas e contam com a intuição apoiada pela informação com base na análise e na experiência. Quando você enfrenta uma decisão estratégica, pode ter tempo para considerar as opções reforçadas pelas informações reunidas ou pode ter momentos para decidir.

Para tomar boas decisões no nível estratégico, você precisa estar confortável ao trabalhar com muitas informações e ter a capacidade de ver as relações internas entre a empresa e seus funcionários, clientes, fornecedores e comunidades atingidos. Você precisa ser colaborador, ter contato com o que está acontecendo, ter a mente aberta e ser flexível sem ser insípido. É possível ler mais sobre o processo de tomada de decisão para ver as decisões estratégicas no Capítulo 10 e mais sobre o que conta como um tomador de decisão no Capítulo 13.

A CEO do Yahoo, Marissa Mayer, criou um plano estratégico para encorajar a renovação da empresa: sabendo que cada um estava inter-relacionado, Mayer focou nas pessoas, então, no produto, tráfego do site, receita. Ela começou contratando ótimas pessoas e dando passos para impedir que os funcionários talentosos do Yahoo fossem para outras empresas. Então, comprou empresas para fortalecer o produto Yahoo, sabendo que um produto forte mantém os funcionários, cria tráfego e gera receita.

Decisões táticas

As decisões táticas transformam as decisões estratégicas em ação. As decisões táticas são mais diretas e menos complexas do que as decisões no nível estratégico. Quando estão alinhadas com os valores básicos de sua empresa ou sua missão geral, as decisões táticas adicionam ainda mais valor aos resultados da implementação. Em oposição, se as decisões táticas ficarem desconectadas da direção da empresa, você e seus funcionários acabarão gastando muito esforço nas tarefas que não ajudam a empresa a atingir seus objetivos ou visão.

As decisões táticas ficam no escopo do gerenciamento médio. Os gerentes de nível médio são o famoso recheio do sanduíche; eles fazem as coisas acontecerem. Nas hierarquias organizadas verticalmente, os gerentes de nível médio traduzem as decisões de alto nível nos objetivos que podem ser operacionalizados. Você pode ler mais sobre como tomar decisões como um gerente no Capítulo 14.

Decisões operacionais e de linha de frente

As decisões operacionais e de linha de frente são tomadas diariamente. Muitas decisões operacionais são guiadas pelos procedimentos e processos da empresa, que ajudam os novos funcionários a ficarem atualizados e serve como um pano de fundo para os funcionários mais experientes, que, tendo dominado os procedimentos e processos atuais, podem detectar e conferir as informações adicionais, como dicas, padrões e dados sensoriais, que não são cobertos pelos procedimentos. Veja a mecânica, por exemplo: um mecânico mestre é capaz de aplicar procedimentos e especificações para corrigir um problema e suas experiências acumuladas (e intuição) fortalecem suas habilidades para a solução dos problemas. Detectar as sutilizas é uma inteligência intuitiva. O efeito é um diagnóstico ou avaliação mais rápida e precisa de uma determinada situação.

Como as condições são mais concretas e previsíveis, as decisões operacionais e de linha de frente, como uma regra, têm menos risco estrategicamente e tendem a seguir um padrão mais rotineiro. Mas é aí que mora o perigo: elas podem ter mais risco para a saúde e a segurança pelo único motivo de que a complacência inicia e as pessoas ficam menos em alerta.

Identificando os Diferentes Estilos da Tomada de Decisão

Qual tipo de tomador de decisão é você? Para ajudar a descobrir, explico os diferentes estilos de tomada de decisão. Esses estilos são rotulados de modo conveniente, mas como você os aplica depende de cada situação na qual

Parte I: Apresentando a Tomada de Decisão

está e das pessoas com quem está (um tópico que analiso em detalhes na Parte IV). A seguir está uma lista dos estilos de tomada de decisão que tirei do trabalho de Kenneth Brousseau, CEO da Decision Dynamics:

- **Decisivo:** Com os tomadores de decisão decisivos, o tempo é essencial. Seu mantra é "Faça as coisas rapidamente e com consistência, e siga o plano". Esse estilo de tomada de decisão aplica-se a um curso de ação, usando relativamente poucas informações. Ser decisivo é útil em situações de emergência ou quando você tem que comunicar claramente decisões de saúde e segurança no nível operacional.

- **Flexível:** Os tomadores de decisão flexíveis são focados na velocidade e adaptação. Eles adquirem apenas dados suficientes para decidirem o que fazer em seguida e querem mudar o curso se necessário. Esse estilo de tomada de decisão funciona com várias opções que podem mudar ou ser substituídas quando novas informações ficam disponíveis. Ser flexível é útil quando você tem que tomar decisões em situações dinâmicas e incertas. A tomada de decisão flexível é relevante para todos os níveis de tomada de decisão.

- **Hierárquico:** Os tomadores de decisão hierárquicos analisam muitas informações e buscam a entrada dos outros. Eles gostam de desafiar visões diferentes ou abordagens e valorizar as tomadas de decisão que suportarão um exame detalhado. Assim que adotam uma ideia, suas decisões são finais. Este estilo de tomada de decisão incorpora muitas informações para produzir uma opção. Esta característica pode ser útil, dependendo da aplicação; a previsão financeira e as decisões de aquisição de capital vêm à mente.

- **Integrante:** Os tomadores de decisão integrantes levam em conta diversos elementos e trabalham com muitas entradas. Eles cultivam uma perspectiva mais ampla da situação e convidam uma faixa ampla de visões (mesmo que não concordem). Eles são flexíveis quando surgem mudanças até o tempo esgotar e uma decisão deve ser tomada. Esse estilo de tomada de decisão usa muitas informações e produz muitas opções. É útil para a tomada de decisão no nível executivo ou gerencial em condições dinâmicas que mudam rapidamente, nas quais a decisão tem um grande impacto nas pessoas ou nos recursos.

Se você sente que se encaixa em qualquer uma das características de tomada de decisão que listo aqui, fique tranquilo. Primeiro, você leva mais do que é descrito aqui para o processo de tomada de decisão comercial. Segundo, esses estilos não são exclusivos: você pode usar características de mais de um estilo ou pode usar diferentes estilos em diferentes situações. Para entender mais sobre os estilos pessoais de tomada de decisão e a semelhança com o estilo de uma empresa, veja o Capítulo 5.

Sua abordagem para a tomada de decisão deve mudar quando você vai para diferentes níveis de responsabilidade e um novo território de tomada de decisão. O que funciona no nível operacional, por exemplo, é um desastre no nível estratégico. Para mudar sua mentalidade como tomador de decisão, você deve querer aumentar sua flexibilidade e exercitar o cérebro. Você deve desistir do que é confortável e entrar em um território diferente de tomada de decisão, que expandirá sua habilidade de tomada de decisão.

Reconhecendo o Ambiente do Local de Trabalho e a Cultura como uma Força

A saúde do local de trabalho e a tomada de decisão efetiva estão ligadas. Irei poupá-lo dos detalhes (está aliviado?). É suficiente dizer que o ambiente do local de trabalho guia diretamente suas decisões. Esse foi o principal ponto no livro *Blink: The Power of Thinking without Thinking* de Malcolm Gladwell (Black Bay Books), no qual ele explica o que chama de *poder do contexto*. Resumindo, a simples pergunta "Estou seguro ou não?" pode disparar o crescimento (quando você se sente seguro) ou proteção e aversão a riscos (quando se sente inseguro).

Um dos maiores erros que as empresas cometem é não prestar atenção em como o ambiente do local de trabalho e as suposições culturais e crenças influenciam a tomada de decisão. Felizmente, cada vez mais estão ficando conscientes de que as culturas e ambientes saudáveis, que são emocional e fisicamente seguros, produzem melhores decisões. Nesta seção, mostrou como o crescimento impacta a tomada de decisão e a saúde do local de trabalho, e explico como o design da organização afeta como as decisões são tomadas.

Mapeando sua empresa na curva de inovação

A cultura de uma empresa é revelada na qualidade das relações do local de trabalho (falo sobre isso no Capítulo 12) e como a empresa trata a mudança ou lida com o inesperado. Um modo de descobrir se sua empresa adota ou teme a mudança é determinar onde ela fica na curva de inovação. Nesta seção, informo o que é curva de inovação e o que ela pode revelar sobre você e sua empresa.

Apresentando a curva de inovação

A posição de uma empresa na curva de inovação indica como ela pensa, aceita ou adapta-se à mudança. Em uma extremidade da curva de inovação estão os Inovadores; do outro lado estão os Retardatários:

- **Inovadores:** Uma porcentagem muito pequena (2,5%) das empresas e tomadores de decisão fica nessa categoria. Eles quebram as regras porque, no que diz repeito a eles, não há regras. Eles investigam *tecnologias contestadoras* que mudam como as pessoas vivem e veem o mundo. Os Inovadores trouxeram a música baixada por download, mapas do Google e rede social. Os Inovadores são incubadoras de empresas start-up que se desenvolvem no limite da incerteza e lideram com coragem para onde nenhuma outra empresa foi antes.

Pergunta para você: Quanto tempo levou para você experimentar a mídia social em seu negócio? Quando seu negócio teve sua página do Facebook ou começou a monitorar o retorno do cliente no Yelp.com? Quanto mais tempo você levou para explorar os efeitos da nova tecnologia em seu negócio, mais para trás ficou, expondo sua empresa a uma maior incerteza.

- **Adotantes Precoces:** Os Adotantes Precoces são pessoas e empresas que são rápidas em agarrar uma boa ideia quando veem uma. Eles preferem liderar, não seguir, e não têm medo de inventar ou adotar modos diferentes de fazer as coisas se fazer isso lhes dá uma vantagem. Cerca de 13,5% das pessoas e negócios ficam nessa categoria. São tomadores de risco.

- **Maioria Precoce:** As pessoas e empresas que ficam nesta categoria são abertas à mudança, contanto que não complique demais. Elas operam em uma zona entre os Adotantes Precoces e a Maioria Tardia, mudando de direção entre os dois. Elas desejam a inovação, mas só depois dos erros terem sido resolvidos. Sua cultura comercial pode estar em transformação por vários motivos, um deles sendo que estão movendo-se de uma estrutura de comando e controle para uma cultura mais adaptável e flexível.

- **Maioria Tardia:** As pessoas neste grupo, que constitui 34% das pessoas e empresas, preferem esperar até se sentirem absolutamente certas sobre o que está acontecendo. Os resultados têm que ser consistentes antes de se sentirem confortáveis com a introdução de novas ideias em sua cultura. Quando não houver mais prática para resistir, eles transplantam uma ideia de outro lugar, mas farão isso sem adaptá-la para encaixar. Se essa correção rápida falhar, que é altamente provável, eles culpam a ideia, ao invés de examinarem como o processo de implementação pode ter sabotado seu sucesso. As empresas de Maioria Tardia preferem evitar o risco e impedir os erros, valorizam o perfeccionismo e a previsão, e não gostam de surpresas. Elas têm um baixo nível de confiança nas habilidades de seus funcionários e inserem toneladas de controles para assegurar que ninguém sairá da linha. (Note que algumas dessas características também se aplicam à Maioria Precoce que ainda tem um pé nos velhos hábitos.)

- **Retardatários:** Os Retardatários são os veteranos reais que preferem usar um telefone de disco, mensagens de fax e não sabem como ligar um computador. Entendeu? Cerca de 16% das pessoas e empresas ficam nessa categoria.

As empresas que não gerenciam suas culturas podem punir ou bloquear sem querer a criatividade e a inovação que esperam de seus funcionários. Na próxima seção, informo como evitar criar esse problema.

Construindo uma cultura que valoriza a inovação

As culturas supercontroladoras bloqueiam a inovação, que é um produto do pensamento flexível e a mentalidade de uma empresa (sobre a qual você pode ler mais no Capítulo 3), assim como a capacidade de localizar critérios.

Capítulo 2: Os Principais Ingredientes para Decisões Efetivas

Um evento inesperado ou uma interrupção na rotina pode ser uma oportunidade para ter um olhar sério nos processos que param o progresso, reinventar como as coisas são feitas e abrir a porta para soluções criativas. Responder às seguintes perguntas poderá trazer luz para como você controla com firmeza as situações e dados, ao invés de permitir que a intuição ou a percepção prevaleça:

- **Você tem procedimentos e processos excessivos estabelecidos para controlar como as coisas são feitas?** Se você ou sua empresa coloca controles demais no local, você encoraja um ambiente que não é condutivo à inovação.

- **Você ouve ou ignora as informações que não se encaixam na norma ou bandeiras vermelhas que um funcionário pode levantar?** Se você ignora as informações que não se encaixam em suas crenças ou cultura comercial ou nas da empresa, está perdendo o momento de se adaptar, verificar as questões éticas ou descobrir uma abordagem totalmente diferente para situações rotineiras.

- **Até que ponto você confia em seus funcionários para fazerem o que é requerido para conseguir um objetivo?** Simplificando, nas culturas do local de trabalho de baixa confiança, os funcionários ficam condicionados a não terem iniciativas ou inovarem. Em oposição, os locais de trabalho de alta confiança encorajam a iniciativa do funcionário; eles confiam em seus funcionários para fazerem o serviço.

- **Você pune os erros ou usa as falhas para aprender?** A confiança e a capacidade de aprender com as falhas são parte do kit de ferramentas de um inovador; são os principais indicadores para saber se sua organização tem capacidade para a flexibilidade.

O perfeccionismo pode minar a capacidade de se adaptar de sua empresa. As empresas que buscam a perfeição esmagam a criatividade e a percepção. Para evitar esta armadilha, tente cultivar uma cultura que introduza níveis mais altos de confiança nos indivíduos. Isto, combinado com o talento coletivo da organização, pode contrabalançar o medo de cometer erros.

Quando você chega mais perto da categoria do Inovador, muda a perspectiva. Ao invés de ver um erro como uma falha, trate-o como outra etapa no processo de experimentação. Se a 3M tivesse ficado presa na perfeição, o adesivo Post-It não existiria. Os adesivos Post-It surgiram quando uma cola que estava sendo formulada não grudou o bastante — um feliz acidente nasceu de um erro de produção. Do mesmo modo, Thomas Edison, que era conhecido por ser estúpido demais para aprender algo, viu suas 1.000 tentativas para inventar a lâmpada como 1.000 etapas, ao invés de falhas. Quando você se torna um Inovador, adota o espírito da paciência e perseverança, ficando focado no objetivo.

Considerando as estruturas organizacionais da empresa

O número de funcionários impacta a estrutura organizacional de uma empresa. Quando as empresas são pequenas, as relações de trabalho e as regras são mais transparente para todos. Tomar decisões é uma questão de concordar com qual ferramenta será usada em relação à importância da decisão. Quando o número de funcionários aumenta, os tomadores de decisão reconhecem a necessidade de organizar como o trabalho é feito, embora ao menos uma decisão intencional seja feita para escolher como organizar, as empresas tendem a contar com uma estrutura de tomada de decisão hierárquica que distribui a tomada de decisão em diferentes níveis de autoridade. O problema com as estruturas do tipo comando e controle é que, quando uma empresa continua a crescer, tais estruturas são lentas demais para tomarem ou implementarem decisões em situações de rápida mudança.

No ponto onde uma empresa sente necessidade de organizar as relações de trabalho, é possível escolher uma estrutura diferente, uma na qual todos sejam responsáveis e levem em conta alcançar a missão da empresa. Esta opção é uma que muitas empresas estão explorando.

Desafios organizacionais e o tamanho da empresa

Para uma tomada de decisão efetiva e participativa, as relações devem ser estáveis e as pessoas devem saber a quem recorrer — e é aqui que entra em cena o tamanho. Na teoria, até certo ponto, uma organização fica grande demais para aceitar esses tipos de relações. Então, qual é o ponto crucial? Segundo Robin Dunbar, um antropólogo britânico, é cerca de 150. Na verdade, parece haver dois pontos nos quais as empresas alteram como o trabalho é feito: quando crescem além de 50 funcionários e quando crescem além de 150 funcionários. Na lista a seguir, descrevo os desafios organizacionais que os negócios de diferentes tamanhos enfrentam:

- **De 1 a 50 funcionários:** As empresas com este tamanho podem adotar duas abordagens na organização: elas podem implementar uma estrutura organizacional logo no início, concordando em como as decisões serão tomadas e qual tipo de organização funcionaria com eficiência, e selecionando o perfil da clientela com a qual desejam trabalhar. Ou podem esperar até que as coisas fiquem tão problemáticas que o negócio corre o risco de falhar e são forçadas a estabelecer sistemas.

- **De 50 a 150 funcionários:** Se você não tomou decisões claras sobre como decidirá ou quem irá engajar nos diferentes tipos de decisões, terá que fazer isso agora. Considere este o estágio adolescente desajeitado de sua empresa. Estabelecendo sistemas e processos, você ajuda sua empresa a deixar de ser improvisada para ser mais organizada. Conseguir o engajamento dos funcionários ao reunir ou restabelecer a inteligência do mercado mantém uma empresa atual com novos desenvolvimentos. Do mesmo modo, as relações do fornecedor tornam-se uma parte integral da construção da reputação, portanto, assegurar que seus funcionários tenham um comprometimento compartilhado com a qualidade e os clientes reduz o risco quando sua empresa continua a crescer.

- **Mais de 150 funcionários:** Neste estágio de crescimento de uma empresa, qualquer decisão que uma empresa tenha tomado sobre como faz as coisas estabiliza e estabelece. Uma solução, usada pela W.

Capítulo 2: Os Principais Ingredientes para Decisões Efetivas

L. Gore, uma empresa de fabricação de roupas esportivas com 10.000 funcionários, é trabalhar em unidades de 150. Essa estrutura permite que a empresa ganhe flexibilidade sem sacrificar o crescimento.

Nem todas as empresas atingem as regras dos 150. As empresas que usam um modelo de autogerenciamento organizam-se em torno de como o trabalho é feito. Elas estabelecem papéis claramente definidos e responsabilidades bem antes de atingirem o estágio de 150 funcionários. As empresas de autogerenciamento, como a maior empresa de processamento de tomate do mundo, a Morning Star (400 funcionários), têm processos e acordos fortes estabelecidos que as permitem crescer enquanto mantêm diretrizes claras para as relações internas e a tomada de decisão.

Revisando as opções organizacionais para empresas pequenas e médias

Basicamente, você pode organizar as pessoas por sua relação e especialidade em uma função específica ou pode organizar como o trabalho é feito. A distinção separa uma estrutura tradicional, que visa gerenciar as pessoas, de uma que organiza como cada pessoa contribui com a realização da missão geral da empresa. A autonomia e o autogerenciamento são baseados em uma abordagem de governança que se centraliza no indivíduo e na realização coletiva de uma missão.

As organizações são feitas de relações, portanto, você tem opções em torno de como organizar as relações em sua empresa para que a tomada de decisão seja participativa e efetiva. Se você administra uma empresa que tem menos de 150 funcionários, tem várias opções organizacionais: qual dessas opções funcionará melhor para sua empresa depende do que você espera conseguir para os funcionários e clientes:

- **Estabeleça uma estrutura de autogerenciamento.** Esta abordagem de autogerenciamento traz mais estrutura, não em torno de quem tem poder, mas em torno de como cada pessoa contribui com a missão.

  Siga o diretor da Morning Star, que desenvolveu acordos e controles necessários para operar com 400 funcionários. Você encontrará contratos de amostra em http://www.self-managementinstitute.org (conteúdo em inglês).

- **Crie títulos de trabalho para designar as áreas de responsabilidade, então, descentralize a tomada de decisão, usando processos de tomada de decisão participativa claramente definidos.** O líder funcional aceita a responsabilidade, mas trabalha como um igual com sua equipe para trazer valor para a empresa e o cliente. Ficar aberto para ouvir o retorno dos funcionários e clientes mantém sua tomada de decisão em equilíbrio com as exigências que surgem. Você pode ler mais no Capítulo 12 sobre a importância de ficar aberto para ouvir as verdades inconvenientes dadas pela equipe e pelos clientes.

- **Designe títulos do trabalho, áreas de responsabilidade e controle, então, delegue níveis específicos de autoridade de tomada de decisão a cada nível de gerenciamento.** Esta é a estrutura organizacional com a qual a maioria dos negócios está acostumada. Ela se centraliza em uma organização na qual um gerente exerce controle sobre as pessoas para que o trabalho seja feito.

No mínimo, dê alguma consideração à sua estrutura de tomada de decisão. Se você não tomar a decisão intencionalmente, então, a estrutura comercial hierárquica tradicional (aquela na qual a tomada de decisão reside nos principais escalões e é passada do alto) se tornará a estrutura de tomada de decisão padrão. Nesta situação, as áreas de responsabilidade, como o marketing e os recursos humanos, são geralmente atribuídas a um líder. Os silos competitivos e grupos de poder podem formar-se, distraindo a atenção dos objetivos do desempenho.

Escolhendo uma estrutura que conduz ao crescimento rápido

A abordagem tradicional nas organizações de empresas no estilo pirâmide é atribuir a autoridade da tomada de decisão a cada nível de comando e instruir que cada nível inferior deve transportar a decisão para cima até a próxima aprovação ser concedida. Essa estrutura é lenta demais para ser eficiente quando uma mudança está ocorrendo com rapidez.

Para combater isto, algumas empresas em desenvolvimento selecionam de propósito um processo de tomada de decisão que se encaixa em seus valores: Elas descentralizam ou usam processos de tomada de decisão participativos nos quais a decisão final fica com o líder. Essas abordagens, que promovem tomar decisões como uma comunidade, dão uma maior flexibilidade à empresa e combinam o crescimento dela com seus valores. Esse tipo de estrutura funciona bem para as pequenas empresas e, se bem feito, também pode funcionar bem nas empresas de médio porte que preferem a flexibilidade que vem com a auto-organização e a autonomia que vem com a responsabilidade pessoal.

A Morning Star é pioneira na abordagem organizacional horizontal. (Você pode ler mais sobre a abordagem organizacional horizontal em http://www.self-managementinstitute.org — conteúdo em inglês). Outra empresa inovadora é a empresa de jogos Valve, que emprega uma estrutura de auto-organização baseada na *sabedoria do povo*, a ideia de que muitos são coletivamente mais inteligentes do que poucos. A Valve transformou esse conceito em uma abordagem criativa única para as relações do cliente e do funcionário, e para a tomada de decisão. Para ler mais sobre essa teoria, verifique o livro *The Wisdom of Crowds* de James Surowiecki (Anchor).

Os inovadores mais fortes são encontrados no setor de tecnologia e vêm dos empreendedores jovens que não ficaram presos em um modo convencional de pensamento. Se você estiver procurando novas maneiras de pensar que também parecem dimensionar-se bem, explore o que empresas, como a Cocoon Projects na Itália, estão fazendo, por exemplo. Para obter mais informações, visite http://cocoonprojects.com/en/ ou http://LiquidOrganization.info (conteúdos em inglês).

Reunindo sua estrutura de tomada de decisão

A melhor estrutura organizacional é uma que oferece clareza, flexibilidade, processos sólidos e acordos sobre como as decisões são tomadas; objetivos claros de comunicação; e maneiras de monitorar e fornecer retorno. Tais estruturas criam um sistema estável no qual trabalhar as relações pode funcionar com eficiência.

Capítulo 2: Os Principais Ingredientes para Decisões Efetivas

Os métodos que você estabelece devem ser claros, ponderados e intencionais, e você deve querer ajustar como as relações de sua empresa se desenvolvem. Para concordar com o processo de tomada de decisão que você deseja trabalhar internamente, siga estas etapas:

1. **Liste todas as decisões que você geralmente toma em um dia, semana, mês ou trimestre.**

2. **Identifique quem está mais bem posicionado para tomar as decisões listadas na Etapa 1, com base na velocidade, acesso a informações ou outro critério principal.**

3. **Para cada tipo de decisão, crie diretrizes para quem incluir, qual processo usar e quais valores compartilhados da empresa aplicar no processo de tomada de decisão.**

Inclua os seguintes tipos de informação em suas diretrizes:

- **As ferramentas de tomada de decisão a serem usadas:** Selecione e aplique seus próprios princípios para encaixar em seu negócio. Se uma ferramenta de tomada de decisão, como a votação por pontos, descrita no Capítulo 11, funcionar, então use-a. Se você precisar de algo mais sofisticado, então, selecione uma ferramenta que se ajuste à importância da decisão e à necessidade de entrada do funcionário. A Cocoon Projects, por exemplo, aplica o princípio de usar a menor ferramenta possível para fazer o trabalho. (Falo sobre as ferramentas de tomada de decisão nos Capítulos 11 e 17.)

Combinando a ferramenta de tomada de decisão com o tipo de decisão, você substitui a tomada de decisão aleatória por um processo que assegura, como o ideal, a contribuição do funcionário, resolve os problemas rapidamente e é relevante para a situação. Resumindo, você ganha velocidade e precisão.

- **A quantidade de tempo alocado para cada nível de decisão:** Esta linha do tempo marca o tempo disponível desde a entrada até a decisão final. Algumas decisões, dependendo de sua magnitude, podem levar não mais que alguns minutos; outras podem levar semanas ou meses.

- **As diretrizes em relação ao envolvimento do funcionário:** Isto cobriria quanto tempo e com qual capacidade os funcionários participam no processo de tomada de decisão.

Quando você criar seu processo, mantenha estas sugestões em mente:

- Descentralize a tomada de decisão para que as pessoas com informações de tempo real sejam aquelas que tomam as decisões.
- Use a tecnologia para assegurar que as informações internas fluam abertamente.

✔ Deixe as decisões que são mais bem tomadas em outro lugar. Fazer isso libera sua mesa das decisões que os funcionários da linha de frente são mais bem qualificados para tomarem. Se você achar difícil dar o controle, leia a seção seguinte "Desenvolvendo o Tomador de Decisão: Crescer ou Não Crescer?" ou vá para o Capítulo 4.

Avaliando a saúde do local de trabalho

Uma empresa é uma comunidade de pessoas, cada uma tendo um potencial ilimitado, que concordam em trabalhar com as outras. A qualidade das interações e das relações dentro do local de trabalho dita o que é feito e como é bem feito. Portanto, quando o local de trabalho não é saudável, a empresa também não é. Uma empresa sem saúde não é um ambiente que conduz a uma tomada de decisão correta. Então, é importante monitorar a saúde de sua empresa. Eis alguns indicadores-chave:

✔ **Doença relacionada ao estresse:** Os incidentes frequentes de doenças relacionadas ao estresse sugerem que o local de trabalho de uma empresa não é saudável. Isto não significa que um pequeno negócio deve entrar em pânico se alguém fica doente. Mas se o funcionário fica doente repetidas vezes, reserve um tempo para ver com mais profundidade.

✔ **Tomada de decisão ética:** A cultura do negócio pode reforçar o comportamento ético ou encorajar o comportamento antiético. As seguintes situações influenciam a probabilidade da tomada de decisão ética:

- **O bem-estar de uma pessoa e o sentimento de segurança:** Os funcionários se sentem valorizados? Eles fazem parte de um empreendimento importante? As empresas que demonstram cuidado e compaixão pelos funcionários enfatizam o bem-estar e apoiam um ambiente para decisões éticas. Analiso o papel do estresse na tomada de decisão nos Capítulo 3 e 4.

- **Condições do local de trabalho:** Como seus funcionários se relacionam uns com os outros? Quanto mais saudável o local de trabalho, mais alta a probabilidade de decisões éticas. As empresas que não prestam atenção no ambiente do local de trabalho preparam-se para decisões ruins em todo nível, porém, mais provavelmente no topo.

- **Como o poder é usado:** Quanta influência os funcionários têm na direção e nas relações da empresa?

No próximo capítulo, entro em mais detalhes sobre como a cultura comercial e a saúde do local de trabalho definem o contexto para a tomada de decisão, para melhor ou pior. Vá para o Capítulo 19 para descobrir como criar um ambiente que promove comportamentos e decisões éticos.

Desenvolvendo o Tomador de Decisão: Crescer ou Não Crescer?

Hoje, as linhas entre as vidas privada e pública e entre os tempos de trabalho e pessoal são indistintas, e é fácil perder contato com o que é importante para você e para o que deseja da vida. As crenças inconscientes também entram no caminho de seu curso de mudança, até quando você deseja. Elas podem também impedi-lo de reconhecer as mudanças que estão ocorrendo à sua volta, colocando você e sua empresa em uma posição vulnerável.

Para reagir contra essas forças para que você possa tornar-se um gerente e um líder que deseja ser e para que possa gerenciar com eficiência em diversos ambientes, a tomada de decisão atual demanda que você expanda sua autoconsciência e seja mais flexível no pensamento.

Conhecendo a si mesmo

Todas as ferramentas e técnicas no mundo não tornam você um tomador de decisão ou comunicador melhor. Para ser um melhor tomador de decisão, você deve conhecer a si mesmo. Considere que você desempenha o papel mais importante na tomada de decisão efetiva por estas simples razões:

- Você leva a si mesmo onde quer que vá. Em outras palavras, se você toma uma decisão através de uma reação automática (quem não toma?) ou adota uma abordagem mais ponderada, as informações recebidas são interpretadas por filtros que você usa para ter uma ideia da realidade. Você deve saber quais são esses filtros porque não pode escapar de si mesmo quando está tomando decisões. É por isso que conhecer a si mesmo — ter consciência de seus gatilhos, crenças (conscientes e inconscientes), suas suposições, preferências etc. — é tão importante para *ser* capaz de tomar decisões efetivas.
- Suas habilidades de comunicação e estilo ditam a eficiência de sua interação e relações com seus colegas e subordinados.

Mostro mais sobre como expandir a autoconsciência e a consciência organizacional nos Capítulos 4 e 5.

Evitando as tentações que obstruem as decisões acertadas

O desempenho e a realização dos objetivos da empresa são trocados quando os principais tomadores de decisão — geralmente nos papéis de executivo, gerenciamento ou supervisor — cedem a uma ou mais tentações, como as seguintes:

- **Colocar as aspirações da carreira à frente do sucesso da empresa:** Quando você sucumbe a esta tentação, sua prioridade é proteger o status de sua carreira ou reputação. Os exemplos incluem pegar o crédito da ideia de outra pessoa ou falhar em reconhecer a contribuição do outro. Embora as pessoas que se engajam nesse comportamento digam que isto é apenas como o negócio é feito, é antiético e a consequência é que decisões ruins são tomadas. Resulta em uma luta por território e qualquer tentativa de melhorar a situação resulta em uma defensiva. A oportunidade que você tem é ajudar os outros a terem sucesso, o que o ajuda a ter sucesso também. Se a cultura da empresa não recompensa a realização dos objetivos, uma revisão da liderança e cultura pode ser necessária.

- **Insistir em decisões absolutamente corretas para ter certeza:** Quando o gerenciamento produz esta tentação, não há nenhuma tolerância para erros, especialmente o erro humano. O resultado? Os funcionários se sentem preparados para a falha. Nunca há informação suficiente para finalmente decidir (100% de certeza é um objetivo inatingível) e instruções confusas para os funcionários combinadas com o desejo de tomar a decisão certa podem resultar em protelação e atraso. Basicamente, as empresas que sucumbem a essa tentação perdem para empresas mais ágeis e flexíveis. A cura para essa tentação é confiar em si mesmo e em sua equipe para conseguir resultados com criatividade, o que envolve aprender com os erros. No Capítulo 12, explico como utilizar sua criatividade e a criatividade da equipe.

- **Permitir o desejo pela paz e harmonia no local de trabalho resulta em evitar conflitos e ficar desconfortável ao dar notícias inesperadas:** Os problemas? Primeiro, a harmonia que você tanto pretende preservar é falsa. As relações parecem amistosas na superfície, mas as pessoas irão liberar suas frustrações de maneiras improdutivas, como caluniar perto do bebedouro. Segundo, esse ambiente leva a uma tomada de decisão ruim simplesmente porque as boas decisões precisam de visões diversas e perspectivas conhecidas por todos na discussão. Quando ninguém deseja falar sobre grandes questões, a tomada de decisão fica gravemente comprometida.

Para curar essa tentação, mude a perspectiva no conflito. Não o veja como algo ruim; veja-o simplesmente como um modo de olhar as coisas de uma perspectiva diferente. Permita que suas conversas de tomada de decisão transmitam perspectivas diversas sobre a questão e tenha uma política de tolerância zero para as pessoas que atacam ou depreciam as ideias dos outros — comportamentos que são uma distração e destruidores quando você deseja ganhar valor com o pensamento diferente na sala. No Capítulo 4, falo sobre como usar o conflito para engajar a criatividade e no Capítulo 9, explico como usar diferentes perspectivas para gerar opções para a consideração.

É necessário ter coragem para crescer como um tomador de decisão. Para ler uma fábula sobre como essas tentações aparecem nos ambientes comerciais, veja *The Five Temptations of a CEO: A Leadership Fable* de Patrick Lencioni (Jossey-Bass).

Capítulo 3
A Cultura da Empresa e a Tomada de Decisão

Neste Capítulo
- Reconhecendo as crenças culturais que resistem à mudança
- Observando o processo de pensamento de sua empresa
- Apreciando o efeito do contexto na tomada de decisão

Uma década atrás, eu estava facilitando uma iniciativa de mudança em uma organização. Em um único momento, senti um movimento de recuo, como se houvesse um movimento resistente de contracorrente. Uma força invisível na empresa estava neutralizando as boas intenções. Eu tinha que saber o que estava causando a resistência subjacente além de algumas crenças bem entrincheiradas sobre como as coisas funcionaram. Acabou sendo a cultura do local de trabalho.

A cultura do local de trabalho tem tanto poder porque opera largamente abaixo da consciência. Do mesmo modo como suas crenças criam sua realidade, a cultura de uma empresa cria seus resultados. Esta cultura pode ser condutiva ou corrosiva para a inovação, crescimento, adaptação, funcionários engajados etc.

Felizmente, se você for uma empresa pequena, a cultura do local de trabalho é muito direta. As pessoas confiam no que você faz, portanto, o que você diz tem credibilidade e inspira confiança. Você lidera por suas ações e pelo como engaja as outras pessoas na tomada de decisão. Porém, quando sua empresa cresce, as coisas ficam ligeiramente mais complicadas. Neste capítulo, mostro a mentalidade de uma empresa, vícios, atenção com a saúde do local de trabalho e abordagem na tomada de decisão com impacto de risco — e forneço ponteiros sobre como você pode superar os desafios que minam a boa tomada de decisão.

Reconhecendo a Importância da Cultura da Empresa

A cultura comercial é relevante para as atividades diárias no local de trabalho. Mais ou menos 85% da eficiência do funcionário são orientados pelos sistemas, processos e suposições subjacentes na cultura do local de trabalho. Apenas 15% dessa eficiência são orientados pelas habilidades dele.

Pense no que isso significa: a cultura de sua empresa tem um impacto maior no sucesso dos funcionários do que os talentos deles. Então, mudar o comportamento não é o melhor lugar para iniciar se você deseja fazer as mudanças se fixarem. Nesta seção, ajudo-o a descobrir as forças ocultas por trás da cultura de sua empresa, mostro o valor de avaliar a mentalidade de sua empresa e destaco as inclinações culturais comuns que podem estar detendo sua empresa.

Prestando atenção nas forças invisíveis

Como falha uma empresa com muito potencial? Quando crenças profundamente enraizadas ou suposições orientam os resultados do negócio, surge resistência quando você tenta, conscientemente, mudar a direção.

Um negócio tem duas mentes, exatamente como um ser humano. Pense nisso. Quando você é um motorista novo, presta atenção conscientemente em tudo: você olha para frente, olha no retrovisor e nos espelhos laterais, verifica a velocidade, presta atenção na distância da freada, conta o número de segundos entre você e o carro da frente, decide conscientemente quando dar a seta, coloca suas mãos no volante etc. Toda sua atenção está focada em como dirigir.

Porém, depois de dirigir por um tempo, a maioria dessas ações é instintiva. Pense nas vezes em que dirigiu para um destino, mas como estava entretido em uma conversa ou pensando profundamente, realmente não tinha em mente a viagem. Isso acontece porque a mente humana armazena os detalhes em seu subconsciente para que você possa fazer certas coisas sem pensar conscientemente sobre elas. Tem uma eficiência energética!

As culturas comerciais funcionam de modo muito parecido com dirigir. Assim como a tomada de decisão. Depois de você ter a cultura do local de trabalho ou a dinâmica da tomada de decisão firmemente estabelecida, o negócio realmente se conduz. Por mais útil que seja este fenômeno algumas vezes (ele deixa nossos cérebros se concentrarem nas coisas que precisam de nossa atenção), há uma desvantagem: sua mente ocupada para de prestar atenção se os hábitos formados são bons ou não. É preciso uma crise para ter sua atenção. Em um carro, pode ser um acidente ou quase acidente; no negócio,

Capítulo 3: A Cultura da Empresa e a Tomada de Decisão

pode ser que você fique dominado e estressado. Você está sob pressão, mas não consegue ver o que mudar.

O motivo e a finalidade é observar como a cultura comercial cria o caráter da empresa, que, por sua vez, influencia o caráter de seus líderes e, consequentemente, sua tomada de decisão. Eis alguns modos como você pode direcionar suas observações:

- **Veja com atenção como você recompensa o esforço ou inspira uma contribuição, e inclui a métrica.** Fazer isso permite ver se os processos e os precedimentos estão ajudando ou atrapalhando o que você espera conseguir. Você recompensa as direções internas nas ações centralizadas no cliente? Você está medindo o tempo gasto em um projeto ou resultados reais? Pergunte à sua equipe e a seus clientes. Eles saberão.

- **Observe como os erros são lidados.** Fazer isso dá uma ideia sobre a relação de sua empresa com o risco: é algo a ser evitado ou visto como uma oportunidade para aprender? A empresa está pedindo inovação, mas punindo os erros?

- **Observe os padrões na tomada de decisão.** Quando você nota padrões definitivos, descobre por que sua empresa faz as coisas de tal modo. Se a resposta for "É como as coisas são feitas por aqui", saberá que as crenças invisíveis estão ocorrendo sem contestação. Perguntar "Por quê?" também permite explorar com quanta eficiência as suposições relevantes se encaixam nas condições atuais. Então, depois de ver as consequências dessas suposições, você pode atualizar a crença subjacente.

Uma jovem representante de vendas trabalhando para um banco americano foi a principal vendedora em sua região em três meses. Apesar de seu sucesso, ela estava procurando um novo trabalho porque notou que, no final de cada mês, funcionários com desempenho inferior eram demitidos. Essa representante queria trabalhar para uma empresa que não a sacrificasse, caso ela tivesse um mês difícil. O que ela estava observando era a crença subjacente da empresa de que os funcionários são descartáveis e facilmente substituídos. Neste caso, a empresa não reservava um tempo para gerenciar sua cultura; estava ocupada demais em ganhar dinheiro. Nesse ínterim, estava perdendo talento — o que tem um custo.

Muitas empresas não reservam um tempo para aprender como estão criando problemas que resultam na perda de talento ou em uma tomada de decisão prejudicada. Para evitar contribuir com isso, recue para ver sua empresa de um ponto de observação mais alto. Veja sua empresa com novos olhos, como se não soubesse nada sobre ela. Ou observe-a através da percepção de seu cliente: Como um cliente descreveria o caráter de sua empresa? Quando você tenta observar sua empresa de uma perspectiva diferente, pensa na cultura dela como sua personalidade, então, pergunta a si mesmo se entraria em uma relação com essa empresa ou confiaria na empresa ao lidar com ela.

Avaliando a mentalidade de sua empresa

As empresas pensam de modo diferente. Como elas pensam é um reflexo de suas culturas, combinadas com sua consciência de liderança e comprometimento com o aprendizado. Em geral, as empresas ficam mais ou menos em uma destas três categorias:

- ✔ **Empresas de alto desempenho:** Estas empresas ancoram as decisões em valores centralizados no cuidado com os funcionários e clientes, e na preservação ou melhoria do valor social e ambiental. Geralmente, estão confortáveis com a incerteza, tomam decisões éticas e são ágeis. Altamente conectadas em rede e colaboradoras, elas constroem valor através de relações e parcerias na comunidade local, e com seus clientes e fornecedores. O aprendizado informal é promovido e a tomada de decisão é descentralizada. Os funcionários são altamente engajados e aceitam responsabilidade e controle pessoais. Um sentimento compartilhado e forte de finalidades orienta a segurança financeira.

Tal empresa de alto desempenho é a start-up Hubspot inovadora e com rápido crescimento. Essa empresa de marketing de atração tem uma mentalidade de alto desempenho, é flexível e receptiva, e tolera de bom grado uma boa quantidade de ambiguidade. A Hubspot também monitora constantemente sua cultura para endereçar os problemas que poderiam minar o desempenho antes deles se tornarem problemas. A Hubspot descreve seu código de cultura em uma apresentação de slides que você pode ver em http://www.slideshare.net/HubSpot/the-hubspot-culture-code-creting-a-company-we-love (conteúdo em inglês). Confira!

- ✔ **Empresas em transição:** Estas empresas estão adaptando-se a condições de mudança no mercado, sociais e ambientais. Sua transição é de um modo tradicional de pensar e ver o papel econômico comercial para uma visão mais flexível e geral que engloba mais variáveis, portanto, tem maior oportunidade. Focadas no lucro, elas também adotaram programas comunitários de sustentabilidade, responsabilidade social ou comunidade. O engajamento do funcionário depende do estilo de gerenciamento e como consistência é praticada em todo canto da empresa. A tomada de decisão é uma mistura de centralização e descentralização, usando abordagens participativas e baseadas na autoridade (chefe). A exposição a riscos na tomada de decisão antiética é consequência do que o comportamento do gerenciamento e a métrica da empresa reforçam como aceitáveis.

Quando o DNA cultural está passando por uma reforma, pode parecer uma bagunça e ficar confuso, causando medo em certos segmentos no local de trabalho. Uma comunicação aberta e honesta que mantém todos atualizados ajuda a compensar o medo da incerteza. Quando as empresas em transição não adotam uma visão de longo prazo, elas podem entrar na classificação da próxima categoria: empresas desesperadas esperando por uma ameaça.

- ✔ **Empresas que estão esperando por uma ameaça e querendo fazer qualquer coisa para sobreviverem:** Em empresas como esta, a autoridade da tomada de decisão e a hierarquia são inseparáveis e centralizadas.

As informações são usadas para ganhar vantagem política interna e os funcionários são treinados para serem passivos, e são punidos se dão ideias inovadoras ou têm visões contrárias. O ambiente do local de trabalho pode ser tóxico e como é esperado, o engajamento dos funcionários é ruim, os níveis de medo são mais altos e muita energia criativa é gasta devido à intolerância da mentalidade da incerteza (uma característica das empresas viciadas em perfeição). Altos níveis de estresse significam baixos níveis de intuição, resultando em uma tomada de decisão comprometida. Uma empresa assim pode ou não ser capaz de se ajustar às condições de mudança no ambiente comercial ou aos valores do cliente que mudam.

Você pode identificar em qual das categorias anteriores está sua empresa? Armado com esse conhecimento, você pode começar a tomar decisões intencionais que levarão seu negócio para onde deseja que ele vá. A alternativa? Omitir as suposições culturais subconscientes que podem estar minando seu sucesso completo.

De modo interessante, em qual dessas mentalidades está sua empresa não é necessariamente governado por quanto tempo está no negócio ou seu estágio de crescimento. O segredo é a disposição e a habilidade da empresa em ficar sintonizada com o que está acontecendo interna e externamente. Quando os tomadores de decisão ficam sintonizados com as condições que mudam interna (mudanças na cultura e no engajamento dos funcionários) e externamente (o que está acontecendo com os clientes), eles se adaptam rapidamente. As empresas presas a hábitos mais profundos e desatualizados, por outro lado, não notam a parte que a cultura desempenha e resistem à mudança, intelectualmente e através de padrões definidos nas expectativas do local de trabalho.

Localizando vícios na cultura da empresa

As empresas, como as pessoas, têm vícios que dificultam ver maneiras alternativas e melhores de fazer as coisas. Como resultado, os tomadores de decisão e as culturas da empresa repetem as mesmas respostas antigas, mesmo quando essas respostas não produzem os resultados que eram esperados. Eis alguns vícios para tomar cuidado em sua empresa:

- **Vício de perfeição:** A perfeição não permite nenhum erro, nenhuma exposição ao risco e nenhum tipo de vulnerabilidade. Ironicamente, o medo de cometer um erro realmente cria uma situação na qual a empresa e seus tomadores de decisão ficam ainda *mais* expostos e vulneráveis aos riscos. (Falo sobre como lidar com o risco na seção "Avaliando o Risco e Seu Impacto na Tomada de Decisão".)

- **Vício de certeza e previsibilidade:** As empresas que precisam de certeza e previsibilidade mostram pouca ou nenhuma tolerância a surpresas e eventos inesperados. Elas reprimem as ideias exatas que as empurrariam para um desempenho mais alto. Para manter tal previsibilidade, as empresas chegam a níveis extremos para controlar as informações, problemas e pessoas — uma situação que aumenta o risco de criatividade do funcionário e da cultura do local de trabalho implodindo devido à falta de confiança.

Para converter o vício de certeza em uma estratégia mais saudável para administrar seu negócio, você precisa de uma completa mudança de mentalidade. O navio (a empresa) tem que se afastar do litoral para que seus passageiros (funcionários) possam fazer novas descobertas. Experiências de aprendizagem radicalmente inovadoras podem abrir o padrão o bastante para oferecer uma visão e construir confiança ao adotar uma direção diferente.

Criando Locais de Trabalho com Alto Desempenho para a Tomada de Decisão

A atmosfera do local de trabalho — se é um local seguro emocionalmente para a tomada de decisão ou um ambiente onde toda decisão parece uma escolha entre uma morte lenta ou rápida —influencia a tomada de decisão. Por isso, você deseja criar um local de trabalho que facilite decisões seguras, informadas e oportunas, ao invés de decisões compostas de medo ou ignorância, ou são tomadas tarde demais. Nesta seção, explico a importância de encontrar um equilíbrio entre os focos de longo e curto prazos, analiso como o ambiente físico pode acelerar (ou impedir) o processo de tomada de decisão e compartilho por que as boas relações do local de trabalho são vitais para uma boa tomada de decisão.

Prestando atenção no foco de longo e curto prazos

Para ser bem-sucedido no negócio, você precisa focar no curto e longo prazos. Você foca no curto prazo para as questões que são concretas, imediatas e previsíveis. Os relatórios trimestrais colocam o foco no curto prazo, por exemplo. O foco de longo prazo se relaciona com as questões mais vagas, incertas e, talvez, visionárias. A visão de longo prazo dá direção à sua empresa.

Evitando o curto prazo

Muitos negócios apresentam o que chamo de *curto prazo*, a tendência de focar no curto prazo e ignorar (ou negligenciar muito) o longo prazo. O incômodo do curto prazo no negócio é sedutor porque lida com as preocupações práticas, ao invés dos problemas gerais que não parecem ter um efeito direto no resultado da lucratividade de curto prazo.

O curto prazo pode minar o sucesso de sua empresa. Se seus relatórios internos focam em controlar os alvos da receita conseguidos em um período de 90 dias, por exemplo, você pode perder os principais indicadores que ficam apenas aparentes quando você adota uma visão mais longa. A menos que alguém mantenha os olhos no prazo mais longo, ninguém terá motivos para melhorar e, portanto, não verá a imagem mais geral nem conhecerá as mudanças importantes no negócio e no ambiente global. Essa falta de consciência torna sua empresa vulnerável e provavelmente terá surpresas. A solução é equilibrar seu foco de longo e curto prazos. Fazer isso é essencial para o sucesso financeiro de seu negócio e sua sustentabilidade.

As empresas altamente bem-sucedidas equilibram as visões de curto e longo prazos. Considere as empresas sociais recém-emergentes que usam uma lente muito ampla, uma que integra o que está acontecendo com o planeta e a sociedade com seus objetivos comerciais. Sua visão de que tudo está interconectado força-as a cuidar de questões sociais e ambientais que impactam a economia por inteiro porque compreendem que essas forças maiores também impactam seus negócios! Essa visão dá às empresas uma grande vantagem de liderança.

Adotando uma longa visão

Como líder e tomador de decisão, você deve trabalhar conscientemente com o foco de curto e longo prazos de modo simultâneo. Fazer isso ajuda a assegurar que você estará preparado para o futuro quando ele chegar, geralmente de um modo que nem pode imaginar. Se você e outros tomadores de decisão estiverem focados no curto prazo, deverá integrar o foco de longo prazo para equilibrar seus critérios. Eis algumas maneiras de você introduzir o foco de longo prazo:

- **Determine os pontos fortes de sua empresa e como ela pode contribuir em um sentido maior.** Por exemplo, muitas empresas tornam atender à sociedade e proteger o ambiente uma parte principal de seu foco. Descobrir os pontos fortes de sua empresa leva a uma visão de atender a uma finalidade mais alta, o que inspira os funcionários além da medida.

- **Descubra quais práticas estão impedindo a capacidade de sua empresa de prestar atenção no curto e longo prazos.** Exemplos de práticas que reprimem sua capacidade de focar nos problemas de longo e curto prazos incluem focar unicamente na fatia de mercado, criar o resultado ou operar no modo de crise constante sem examinar se a crise é real ou simplesmente é um gancho de adrenalina.

Engaje sua equipe para compartilhar seus critérios e ideias. Fazer isso pode limpar o caminho para a colaboração. Envolver os funcionários ao decidir como fica a visão de longo prazo, por exemplo, é uma ótima maneira de inspirar sua força de trabalho e propor uma visão significativa. (Você pode encontrar mais informações sobre a visão no Capítulo 10.) O engajamento dos funcionários é um ingrediente vital para uma tomada de decisão bem-sucedida.

Usando um design inteligente para agilizar a tomada de decisão

As decisões lentas são caras e a incapacidade de obter informações em tempo real é frustrante para a equipe. Qualquer coisa que diminui o ritmo da troca de informação ou cooperação com os membros da equipe afeta a velocidade e a precisão da decisão.

Uma das maneiras mais simples de acelerar a tomada de decisão é prestar atenção no design do espaço de trabalho. Os espaços de trabalho designados para uma tomada de decisão apoiam a saúde e a interação.

Há chances de que você tenha trabalhado em uma empresa na qual o espaço de trabalho era uma grande sala repleta de cubículos organizados em unidades e separados por paredes. Nas empresas tradicionais, onde a autoridade indica poder e status, o pessoal sênior é o primeiro a reivindicar o invejado escritório com janelas. Mas para a tomada de decisão e a interação dos funcionários, esse design simplesmente não funciona. Os cubículos e os escritórios com vista restringem o contato e a comunicação aberta.

Para acelerar a tomada de decisão usando com inteligência o espaço disponível, experimente o seguinte:

- **Remova as barreiras físicas.** Repensar no design do cubículo inteiro é um modo de remover as barreiras físicas, mas prestar atenção em como as pessoas se movem no espaço é importante também. Já reparou como as pessoas fazem seus próprios caminhos quando as calçadas não as levam onde querem? É uma questão de seguir o fluxo do movimento. Os funcionários precisam lidar com o design porque eles saberão o que é necessário para facilitar a troca de informação e a interação social — dois ingredientes-chave para uma tomada de decisão mais informada e rápida. Siga o caminho que eles usam naturalmente para trabalhar com seus pares.

- **Pense na iluminação.** Algumas pessoas são altamente sensíveis a campos eletromagnéticos enviados pela iluminação; outras podem até prejudicar sua funcionalidade, inclusive sua capacidade de tomada de decisão. Uma evidência também indica que as luzes fluorescentes bloqueiam o estado alfa das ondas cerebrais, que é requerido para a criatividade.

- **Considere o papel da cor no clima da criação.** Experimente combinar o clima com a função do espaço. Por exemplo, o verde é relaxante, permitindo que os funcionários mudem do hiperestresse para um estado mais criativo. Inclua um especialista de design de cores na equipe de design para combinar a cor com a finalidade do espaço. Para ter ideias, veja o uso da cor no design de um escritório de espaço compartilhado em Londres, em `http://www.azuremagazine.com/article/a-brilliant-co-working-space-in-london` (conteúdo em inglês).

- **Pense no som ambiente e na proximidade com a natureza.** Ambos são modos de reduzir o estresse e dar um melhor apoio ao bem-estar e à tomada de decisão. O tipo certo de música pode acalmar as emoções e reduzir o estresse. Um escritório comercial estava localizado perto de um pasto com cavalos. Os funcionários visitavam os cavalos na hora do almoço, retornando ao escritório muito mais relaxados.

Coloque essas paredes abaixo (e dê um toque casual)!

Uma empresa descobriu que a tomada de decisão melhora quando as paredes são retiradas — literalmente. Uma grande empresa farmacêutica, GlaxoSmithKline, descobriu que apenas 35% do trabalho ocorriam nos cubículos, mas que 85% do espaço eram alocados para eles. Remover as paredes e os cubículos criou um ambiente aberto e levou a uma melhora de 45% na velocidade das decisões! Os funcionários ficaram contentes e as decisões foram tomadas mais rapidamente.

Outro exemplo de um design do local de trabalho propício para a colaboração e a tomada de decisão é o escritório do Skype em Talin, Estônia. A organização cuidadosa inclui pequenas salas para a troca de ideias, um espaço casual (completo com candelabro) para relaxar, um café onde as pessoas podiam sentar-se para comer (embora grande parte do alimento fosse comido na correria) e uma escrivaninha que os funcionários podiam personalizar como quisessem.

Se você estiver procurando ideias sobre como pode renovar seu espaço de trabalho, tente estas sugestões:

- ✔ **Pergunte à sua equipe.** Peça aos funcionários ideias sobre quais mudanças facilitariam o compartilhamento de informações e a tomada de decisão. Você pode ficar surpreso com as respostas obtidas. Mesas verticais! Por que não?

- ✔ **Consulte um designer especializado em design do espaço de trabalho.** Os designers profissionais sabem como combinar o design com a finalidade e a intenção do espaço. Engajar um designer experiente que incorpora o tipo de atividade e a interação desejadas produzirá um ambiente mais produtivo e convidativo.

- ✔ **Verifique websites oferecendo conselhos sobre design.** Você pode encontrar muitas informações online sobre tendências de design, princípios do design, exemplos de designs bons e ruins etc. Simplesmente digite "tendências de design no local de trabalho" no recurso de busca de seu navegador. E mais, para obter dicas sobre o design do espaço de trabalho, verifique http://www.hok.com/thought-leadership/workplace-strategies-that-enhance-human-performance-health-and-wellness/ (conteúdo em inglês).

Prestando atenção nas relações de trabalho

Se as relações de trabalho são saudáveis e fortes, as decisões também são. Nas relações de trabalho fortes e saudáveis, as pessoas adotam diversas visões, trabalham juntas em um objetivo comum, inventam maneiras de solucionar obstáculos e barreiras, compartilham ideias sem precisarem ter crédito (ou roubar), são curiosas e exploram as inconsistências de um modo direto,

Espaço de trabalho de colaboração

Os espaços de trabalho de colaboração, como o HUB de Amsterdã ou o HUB de Los Angeles, estão ganhando popularidade. Esses espaços são designados para a colaboração; eles conectam os empreendedores isolados que compartilham uma visão ou valores, e fornecem um local onde os colegas vão para testarem e compartilharem ideias. Criados para os empreendedores isolados socialmente que trabalham sozinhos, mas desejam uma comunidade, os espaços de trabalho são caracterizados por configurações abertas e diferentes, e geralmente incluem uma cozinha e uma área de alimentação em comum.

Mantenha em segredo: Mantendo as informações em hierarquias

Nas empresas baseadas nas hierarquias tradicionais, as informações são usadas para avançar nas posições. Como resultado, manter as informações é um modo de promover o autointeresse. E mais, quando os funcionários usam as informações para ganharem poder, a tomada de decisão fica lenta; algumas vezes, chega a uma parada opressiva. Nos ambientes de trabalho onde as informações são usadas para ganhar influência e poder, você notará o seguinte:

✔ O tomador de decisão tem a difícil tarefa de descobrir, por si só, o que está acontecendo. Como as informações não são compartilhadas facilmente (se forem), o tomador de decisão faz suposições, o que reduz a precisão de suas decisões.

✔ O tomador de decisão nem sempre pode confiar na precisão das informações que recebe. Podem estar incompletas, distorcidas (deliberadamente ou não) ou ser falsas.

✔ O tomador de decisão não pode assegurar inteiramente em quem confiar na organização. Algumas pessoas estão genuinamente lá para serviem aos interesses da organização. Outras estão para avançarem suas próprias agendas enquanto parecem colaboradoras e confiáveis. O resultado é que os funcionários acabam protegendo seus interesses e guardando as informações, ou pior, acabam se queimando.

De modo estranho, aqueles que acreditam que manter as informações lhes dá mais poder, geralmente não percebem que a maioria dessas informações está no Twitter. Embora o smartphone tenha reduzido a comunicação entre as pessoas, ele mudou a transparência para melhor.

mas não ameaçador. As relações de trabalho saudáveis produzem decisões orientadas a objetivos. O esforço é focado em chegar ao objetivo.

Em oposição, as relações não saudáveis produzem decisões baseadas em medo. Os funcionários focam seus esforços em ficarem seguros ou colocarem seu autointeresse acima dos objetivos da empresa. A culpa, julgamento, conclusões automáticas, tomadas de poder, bullying, ataques e intimidação — todos sendo características de ambientes de trabalho não saudáveis — criam uma mentalidade do tipo salve sua pele. (A emoção por si só não é algo ruim. Nos Capítulos 4 e 17, mostro como você pode usar a emoção para tomar decisões melhores.)

Boas relações de trabalho são fundamentais para um local de trabalho saudável, no qual as coisas são feitas em um espírito de colaboração. Em geral, as relações de trabalho são bem-sucedidas quando:

- ✔ As linhas de comunicação estão abertas e as informações precisas fluem livremente.
- ✔ Os funcionários têm poder para tomar decisões sem olhar por cima dos ombros.
- ✔ Existe um alto nível de confiança mútua, como um sentimento de fazer parte de algo.

Quando você encoraja relações de trabalho bem-sucedidas, obtém decisões rápidas e precisas.

Avaliando o Risco e Seu Impacto na Tomada de Decisão

As empresas bem-sucedidas são aquelas que reconhecem e lidam efetivamente com o risco. Se o risco trabalha contra ou a favor da tomada de decisão efetiva depende de como você trabalha com ele. Afinal, o risco é uma questão de percepção e as pessoas percebem o risco de modo diferente. Considere o homem de negócios que também era ciclista de mountain bike. Ele levou sua noiva para andar de bicicleta nas montanhas pela primeira vez. No final do passeio, ele perguntou se ela tinha gostado. Ela disse: "Como você consegue fazer isto? Andar na beira do penhasco assim?" Ele respondeu: "Que penhasco?"

Nesta seção, mostro como os seres humanos percebem o risco, então, explico os três cursos que você pode tomar em relação ao risco: trabalhar com ele, evitá-lo ou adotá-lo.

Como sua empresa lida com o risco? Para descobrir, verifique a análise sobre a curva de inovação que apresento no Capítulo 2. Onde você fica na curva de inovação indica se sua empresa trabalha bem com o risco ou considera-o uma ameaça ao seu sucesso.

Compreendendo como os humanos percebem o risco

Grande parte de como você percebe o risco é baseada em fatores fora de sua consciência. O motivo? Todos os dados racionais no mundo não impedirão um tomador de decisão de pensar como um humano. Nesta seção, descrevo como as pessoas (e os negócios) tendem a ver o risco e como essas percepções distorcem em que você se apoia para uma tomada de decisão.

(Existem muitas outras armadilhas mentais nas mentes dos tomadores de decisão, inclusive preconceitos e inclinações, que cubro no Capítulo 4.)

As pessoas colocam mais peso nas perdas em potencial do que nos ganhos

As pessoas em suas vidas pessoais e no negócio pesam — consciente ou subconscientemente — o risco da perda acima do ganho potencial. Elas pesam o risco de perder tudo que construíram ou adquiriram em relação à probabilidade de uma futura recompensa que é intangível e incerta, e geralmente optam por protegerem o que têm ao invés de tentarem uma vantagem futura incerta.

Esta tendência tem valor por dois motivos: Primeiro, você pode observar quando o risco de perder leva à aversão a riscos (que explico na próxima seção), permitindo que decida intencionalmente se é para afastar o medo de perder para tomar uma decisão corajosa. Segundo, reconhecendo que os funcionários estarão ouvindo o que eles perderão, ao invés do que ganharão, você adapta sua mensagem quando comunica as mudanças.

Ao comunicar decisões sobre uma nova iniciativa de mudança, simplesmente não as venda com as vantagens da mudança. Fazer isso não atende a necessidade emocional de saber como a mudança impacta o que eles têm, sabem e sentem-se confortáveis agora. Ao contrário, explicar como sua experiência e especialização construirá valor ou contribuirá para a mudança ajuda os funcionários a se sentirem mais confortáveis.

Quanto mais as pessoas têm, mais avessas a risco elas ficam

Na vida pessoal, você trabalhou muito para construir seu estilo de vida, ter posses e ficar como deseja. Você não ficará muito interessado em perder tudo assumindo um risco, mesmo quando sabe que a mudança é a coisa inteligente a fazer. Do mesmo modo, quanto mais tempo existe uma empresa, mais ela tem a perder quando apresentada a uma oportunidade acompanhada de alto risco.

O medo de perder a fatia do mercado resulta em um nível mais alto de aversão a risco e arrisca a capacidade da empresa de ficar ágil diante das futuras mudanças. Uma empresa avessa a riscos fica na defensiva e, como resultado, estagnada. A tomada de decisão prefere atender os objetivos internos, ao invés das necessidades do consumidor ou os valores do funcionário. Mesmo que a pressão para a mudança seja evidente e óbvia, o medo de perder o que foi ganho até então entrará em conflito com assumir o risco de mudar.

Quando as pessoas não têm controle sobre o risco que estão querendo aceitar, elas percebem o risco como maior

Se os funcionários sentem que não têm nenhum controle ou voz em relação ao problema, eles tendem a ver a situação como altamente estressante e saturada de riscos. Eles podem experimentar emoções para implementarem um plano ou diretiva, mas o coração de ninguém está nisso. Considere a diferença entre decidir que você deseja aprender como esquiar versus ser empurrado montanha abaixo.

Capítulo 3: A Cultura da Empresa e a Tomada de Decisão 45

Você torna a vida mais fácil para todos engajando os funcionários como verdadeiros arquitetos da mudança. As pessoas não resistem à mudança, mas lutam com a mudança que é imposta a elas ou que sentem ser injusta. Se você não os envolveu genuinamente, pelo menos comunique a decisão sobre a mudança iminente explicando como as práticas do passado e as atuais se conectam com a direção. Assim, você poderá ajudar seus funcionários a verem como sua experiência do passado e especialização se encaixam no que está à frente.

As pessoas preferem um caminho de menor resistência

Continuar a fazer o que você vem fazendo é mais fácil do que se aventurar em um novo território. O caminho de menor resistência é definido pela previsibilidade e certeza. Manter o status quo parece preferível a adotar uma posição ativa para se adaptar ou desenvolver em um novo terreno. Esta abordagem dura até uma crise não deixar escolha. A incerteza, embora geralmente temida, é o combustível para uma exploração criativa e experimentação; permite que um tomador de decisão faça algo diferente, excitante e estimulante.

Se sua organização criou funcionários passivos que esperam ser informados sobre o que fazer, então, esses funcionários farão o que sempre fizeram porque tomar a iniciativa em um cenário de comando e controle pode ter consequências limitadoras de carreira e ser emocionalmente inseguro. Para ajudar na transição dos funcionários passivos para aqueles que são mais ativos e envolvidos, faça perguntas que obtenham soluções deles. Se eles não reponderem imediatamente, siga na linha de questionamento e seja paciente. Lembre-se, a cultura e o estilo de gerenciamento de sua empresa treinaram os funcionários para serem avessos a riscos e passivos.

Reconstruir a confiança leva tempo. Para obter mais informações sobre como ter os funcionários envolvidos na tomada de decisão, vá para o Capítulo 13. Você também pode ler o livro *Turn the Ship Around! A True Story of Turning Followers into Leaders* de David Marquet (Portfolio Hardcover). Você também pode encontrar mais da sabedoria do Sr. Marquet em seu vídeo *Turn the Ship Around! How to Create Leaders at Every Level*, em `https://www.youtube.com/watch?v=iiwUqnvYl10` (conteúdo em inglês).

Quanto mais no futuro você avança, menos certas as coisas parecem

Os seres humanos têm uma visão limitada. Quanto mais longe olhamos no futuro, menos certo tudo parece. Como resultado, tendemos a descontar o risco futuro porque ele não é concreto, vendo-o como apenas uma possibilidade vaga que pode ou não acontecer. (Esta tendência explica por que tomar uma ação para minimizar a mudança climática foi protelada na metade dos anos 1980 e por que as pessoas ainda comem tanta fritura!)

E mais, quando o risco é descrito em termos clínicos que usam números monótonos, é ainda mais fácil desconsiderar. Mas traduza esse risco com termos mais específicos e a imagem fica muito mais nítida. Quanto mais específico for o risco, mais real ele parecerá, independentemente da probabilidade de ocorrer. Há chances de você ser mais inclinado a comprar um seguro de viagem que cobre um ataque terrorista do que comprá-lo "só para garantir".

Para reagir a essas tendências, trabalhe com seus funcionários para gerar cenários que representem os possíveis riscos, então, trate-os como se fossem reais. Fazer isso encoraja melhores decisões. Mostro mais sobre a construção de cenários e risco no Capítulo 9.

Trabalhando com o risco em um mundo complexo

Você vê o risco como algo a temer? Você o utiliza como uma lente para avaliar os problemas de saúde potenciais e de segurança? Estar no limite arriscado inspira-o a entrar mais profundamente na inovação corajosa? Nesta seção, mostro como usar o risco para inventar ou reinventar.

Quando você foca em algo, esse algo tende a parecer, de repente, em todo lugar. Quando você foca no risco, por exemplo, tudo parece arriscado. Portanto, seja cuidadoso com aquilo em que presta atenção. Obviamente, você não deseja ignorar o risco — eu, por exemplo, gosto de saber que o mecânico da aeronave está cuidando do que poderia dar errado com o motor dela — apenas tenha muita consciência da influência.

Ser avesso a risco: Vendo os lados bom e ruim

A definição tradicional de risco foca na perda, danos e destruição. Não é de estranhar que ser avesso a risco parece ser um plano sólido... e é, quando aplicado em decisões saudáveis e seguras. Não colocar as pessoas em perigo é algo muito bom.

Para endereçar os problemas de saúde e segurança, você pode buscar deliberadamente riscos em potencial para a saúde e segurança de seus funcionários ou clientes. Tenha cuidado com as pressões que tomam atalhos para lidar com restrições de orçamento ou atender alvos de produção ou vendas, por exemplo. Evitando os riscos para a saúde e a segurança, você fica mais consciente dos lugares onde a pressão do gerenciamento sequestram a sensibilidade das decisões. Neste caso, a aversão a risco ajuda-o a tomar melhores decisões.

Mas você pode ser avesso a risco em excesso. Se as condições em sua empresa mudam, mas seu pensamento não, você cairá na armadilha de contar com princípios experimentados e confiáveis que não se encaixam mais na realidade atual. Ter medo de cometer um erro é uma forma de aversão a risco que, em um clima de mudança rápida e imprevisível, é excepcionalmente arriscado e coloca sua empresa bem atrás na curva de inovação (que descrevo no Capítulo 2).

Usando o risco como um princípio para movimentos corajosos

Considere usar o risco como uma oportunidade para fazer um salto radical de confiança. As empresas geralmente esperam uma crise antes da mudança, embora fazer isso estreite as opções e basicamente leve a empresa ao pânico,

Capítulo 3: A Cultura da Empresa e a Tomada de Decisão

ao invés de propor uma solução criativa. Embora uma crise possa ser o impulso para fazer uma transformação radical, você não tem que esperar por uma crise antes de fazer um movimento corajoso. Qual é o risco de não agir? Responder a essa pergunta coloca as coisas em perspectiva.

Duas condições devem existir para você ter total vantagem ao usar o risco para inovar:

- ✔ Você sabe que aquilo em que confiava antes não está funcionando e reconhece que contar persistentemente com o que não funciona coloca você e as outras pessoas sob uma enorme pressão.

- ✔ Você pode focar no que deseja conseguir no futuro e ter coragem para buscá-lo.

O risco pode ser uma ferramenta maravilhosa para a inovação e a mudança. Para trabalhar com o risco como um acelerador para a inovação, faça o seguinte:

- ✔ **Defina com precisão sua finalidade mais alta como uma empresa.** A finalidade mais alta é inspiradora e deve engajar visceralmente os funcionários. (Sozinha não servirá como acelerador, mas é um dos pilares para a estabilidade quando sua empresa entra em um período de mudança.) Vá para o Capítulo 8 para obter informações sobre como articular a finalidade mais alta de sua empresa.

- ✔ **Com a participação ativa de seus funcionários, crie uma visão para a colaboração que a empresa aspira fazer para a sociedade e o ambiente.** Uma visão sozinha não ajudará, a menos que seja usada como a base para tomar decisões sobre a direção e a estratégia criativa. Você encontrará mais sobre a visão no Capítulo 10.

A avaliação Values Center (http://www.valuescenter.com — conteúdo em inglês) é um modo de uma empresa identificar o que os funcionários valorizam e como a empresa está preenchendo as aspirações. Com uma avaliação, você ganhará um parâmetro para onde está agora e pode escolher o que mudar para fechar a lacuna entre qual é a realidade atual e qual é desejada. Use uma avaliação para ajudar a entender por que a produtividade potencial está sendo desperdiçada na luta competitiva ou nas atividades que realmente desperdiçam o valor do talento que você está empregando.

- ✔ **Aja com critério.** Ouça o funcionário que dá uma sugestão fora dos limites que não se encaixa em nada que você fez antes. As ideias que merecem mais consideração devem ser simultaneamente arriscadas e excitantes, e alinhar-se com a finalidade e a visão de sua empresa.

As ideias que surgem do campo deixado ficam comprometidas ou perdidas quando colocadas no pensamento lógico-analítico cedo demais. Para evitar derrubar ideias que não combinam com as práticas do passado, não use o que você usava no passado como o padrão segundo o qual avaliar os méritos da nova ideia. Ao contrário, antecipe o objetivo e coloque mais ênfase se a ideia *parece* certa em um nível intuitivo. Aplique o pensamento lógico depois, quando você estiver indo para a implementação.

✔ **Preste atenção nos sonhos que dão ideias.** Posso ouvir você rir! Algumas das inovações mais inspiradas foram adaptadas de ideias apresentadas em sonhos. Os sonhos podem oferecer avisos ou ideias que ajudam a empresa a se reinventar em um momento de crise. Para usar os sonhos para resolver problemas e gerar ideias, faça o seguinte:

- **Antes de adormecer, expresse uma necessidade e siga com uma questão que está tentando responder.** Por exemplo, "Como posso resolver este problema?" Plantando ativamente a semente, você — e sua intuição — irá clarear o problema. Fazendo a pergunta, você ativa o conhecimento criativo mais profundo.

- **Preste atenção nos detalhes do sonho.** Você encontrará a resposta transmitida simbolicamente. Tome notas no meio da noite ou que seja a primeira coisa na manhã. Mesmo que você não tenha a resposta em um sonho, preparou a bomba para sua intuição, portanto, poderá descobrir que a resposta vem depois, como um flash ofuscante de ideia quando menos esperar!

Os sonhos são símbolos ricos, portanto, não espere instruções passo a passo. Ao interpretar um sonho, esteja preparado para fazer alguma adaptação. Por exemplo, a água geralmente se refere à emoção, podendo sugerir que, se seu sonho tem água, é um sinal para prestar atenção nas emoções — suas ou das outras pessoas. A propósito, os sonhos são um indicador em seu canal de intuição, embora não sejam confiáveis nem previsíveis. Você pode encontrar mais sobre a tomada de decisão intuitiva no Capítulo 7.

Tive um sonho...

Os sonhos podem trazer respostas para uma necessidade em particular. Jack Nicklaus melhorou seu movimento de golfe com um sonho e poderíamos não ter a agulha de costura se um inventor não tivesse ouvido seu sonho. Outra pessoa cujo sonho influenciou seu império corporativo foi a empreendedora filantropa e ativista social, Madame C. J. Walker (1867–1919). Walker fundou e construiu uma empresa de cosméticos afro-americana altamente bem-sucedida que fez dela a primeira mulher milionária por esforço próprio.

O sucesso de Walker começou com um problema. Ela sofria de uma infecção no couro cabeludo que fez com que perdesse metade de seu cabelo. Para remediar o problema, ela começou a experimentar remédios patenteados e produtos para cabelo. Uma noite, ela teve um sonho no qual "um grande homem negro apareceu para mim e disse o que misturar em meu cabelo. Parte do remédio crescia na África, mas eu mandei buscá-lo, misturei e coloquei em meu couro cabeludo, e em algumas semanas, meu cabelo estava crescendo mais rapidamente do que tinha caído. Experimentei em meus amigos, ajudou. Decidi começar a vendê-lo."

Walter foi uma inspiração e um sucesso. Sua ascensão de uma infância pobre na América do Sul para a chefe de uma corporação internacional com milhões de dólares foi feita assumindo um risco após outro enquanto atendia outras pessoas que compartilhavam de uma condição parecida.

Parte II
Conhecendo e Crescendo Sozinho como um Tomador de Decisão

Cinco Coisas que os Tomadores de Decisão Habilidosos Fazem

- **Controlam suas emoções:** Controlar seu estado emocional dá acesso à sua inteligência intuitiva e intelectual. Tente respirar fundo para atingir a calma interna.

- **Fazem perguntas poderosas:** Faça perguntas poderosas que ajudam a iluminar o que você está tendo por certo ou negligenciando. Faça perguntas como: "Por que estamos fazendo isto?" e "Se um novo CEO aparecesse hoje, qual decisão tomaria?". As perguntas poderosas sempre colocam interrogações que a mente não consegue responder imediatamente.

- **Ouvem profundamente:** Ouvir o que não é expressado pode aprofundar sua compreensão da situação e, algumas vezes, revelar a solução.

- **Recuam para ganhar perspectiva:** Recuar dá aos tomadores de decisão a capacidade de ligarem as decisões a objetivos e a uma visão de longo prazo.

- **Engajam-se nos crescimentos pessoal e profissional:** Tal crescimento se transforma no que você não sabe sobre si mesmo e acaba sendo uma vantagem. Quando você pergunta "O que posso aprender com esta experiência que pode me ajudar a avançar?", você transforma sua experiência em conhecimento que será útil posteriormente.

Nesta parte...

✔ Descubra como o medo e a falha constroem o caráter e fornecem a experiência que você pode usar para crescer como um tomador de decisão

✔ Aprenda a melhorar sua relação consigo mesmo e com os outros para ter uma interpretação mais precisa e melhor comunicação

✔ Descubra como aplicar os princípios relacionados ao seu crescimento pessoal para sua empresa, de modo que possa expandir a capacidade de sua organização para ter um julgamento correto e resultados mais fortes

✔ Utilize a inteligência de seu coração para tomar decisões intuitivas e inteligentes

✔ Compreenda como trabalhar com as consequências não intencionais e usar os erros para fortalecer a tomada de decisão

Capítulo 4

Aumentando Seu Negócio Desenvolvendo a Si Mesmo

Neste Capítulo

▶ Vendo como mostrar e interpretar a realidade
▶ Compreendendo a relação com seu ego
▶ Usando as emoções efetivamente
▶ Entendendo a inclinação e o preconceito
▶ Usando o conflito para tomar boas decisões

Quem você é importa para seus funcionários e clientes, e afeta suas decisões. Neste capítulo, mostro como seu crescimento pessoal impacta sua liderança e as decisões que sua empresa toma. Vá para o Capítulo 5 para descobrir como o crescimento pessoal se aplica ao negócio.

O futuro é criado com uma decisão por vez. As consequências de cada decisão principal que você ou sua empresa toma acrescentam-se de modo cumulativo para modelar seu mundo e o mundo que todos nós compartilhamos. O negócio está em uma posição de aceitar um papel de liderança maior cuidando das grandes questões que ameaçam a sobrevivência humana, inclusive endereçando os efeitos da mudança climática global e a pobreza, assim como a alimentação e a segurança da energia, por exemplo. Isto inicia tendo uma maior consciência e essa consciência começa com você.

Conectando o Crescimento Pessoal à Tomada de Decisão Efetiva

Em uma mudança fundamental que está a caminho, o mundo dos negócios está em uma transição, afastando-se do puramente operacional a partir do autointeresse. O movimento é acompanhado por uma onda de mudança social, consciência ambiental e inquietação pública que as empresas ignoram com seu próprio risco. Cada vez mais os negócios estão começando a reconhecer que a economia é dependente dos recursos ecológicos necessários para sustarem toda a vida no planeta e dos recursos humanos que criam e usam seus produtos. Como resultado, estão procurando e encontrado soluções progressivas para problemas complicados, por exemplo, como revitalizar suas organizações enquanto diminuem os custos operacionais e utilizam questões sociais ou ambientais. A Unilever é uma empresa que está construindo objetivos sociais em sua estratégia de marca, por exemplo.

Todas as empresas podem reunir-se nesse ambiente, e começa com você. Você é a força por trás da mudança positiva em sua vida. Você é a pessoa por trás das relações de trabalho em sua empresa. E você é quem decide se cresce e adapta-se ou não. Nesta seção, mostro os prós e os contras de como seu crescimento pessoal é vital para uma tomada de decisão correta.

Psicopata: O perfil de um CEO

Desconectado da emoção, sem capacidade de sentir culpa, sem compaixão e sem preocupação com as consequências de suas ações — essas características definem uma personalidade psicopata. Infelizmente, são também as características que muitos listariam ao descrever os CEOs. De modo interessante, essa percepção popular dos CEOs tem algum fundamento. Quatro por cento dos CEOs realmente se encaixam no perfil da psicopatia (apenas 1% daqueles no público geral se encaixa nesse perfil).

Charmosos e persuasivos, os CEOs psicopatas buscam cruelmente a autogratificação, autointeresse e seus próprios objetivos acima das necessidades e dos objetivos de suas firmas. Eis alguns traços clássicos de um psicopata:

- Ele não é sincero, confiável, nem consegue lembrar a verdade.
- Ele é superficial, charmoso e tem uma inteligência média.
- Ele não tem remorso, culpa nem vergonha.
- Ele não hesitará em ser um imbecil e não notará quando é.
- Ele tem um julgamento ruim e falha em aprender com a experiência.
- Ele é egocêntrico e incapaz de amar.
- Ele não tem critérios.
- Sua vida sexual é impessoal e trivial (eu tinha que incluir isso!).

E mais... Os CEOs que se encaixam nesse perfil ganharam muito dinheiro (em grande parte com a vida das outras pessoas).

A opinião comercial oscila entre ter um psicopata como CEO como sendo algo bom ou ruim. A resposta rápida parece ser que depende do que você está tentando conseguir. Como o negócio se afasta por si só de agir com puro autointeresse para trabalhar em colaboração, o psicopata não é um perfil de caráter vencedor. A boa notícia é que 96% dos CEOs não se encaixam no perfil psicopata e, portanto, têm potencial para restaurar a confiança pública e dos funcionários no negócio.

Explorando a vulnerabilidade como uma qualidade da liderança

A vulnerabilidade — o desejo de ser mudado e deixar as barreiras caírem — pode ser uma força nos líderes comerciais. Sem ela, você não consegue liderar, aprender nem fazer nada diferente do que já vem fazendo. A falta de vulnerabilidade cria um mundo excepcionalmente ameaçador, no qual aqueles que estão no topo defendem suas empresas e a eles mesmos do risco, das informações e das relações significativas.

Em um contexto comercial, ser vulnerável significa aceitar esses princípios subjacentes: abertura, transparência e um desejo de admitir que você não sabe nada — tudo permitindo que fique curioso e receptivo a novas ideias. Adicione uma dose de compaixão e você acessará a inteligência de seu coração, um tópico que cubro com mais profundidade no Capítulo 5. Ser vulnerável permite que você veja e receba informações que estão sendo ignoradas atualmente ou estão além da visão.

Como você pratica a vulnerabilidade no negócio ou, em relação a isso, na vida? Deixe-me enumerar as maneiras:

- **Examine os problemas de muitas perspectivas diferentes o máximo possível sem colocar muita defensiva.** Quando você faz isso, vê muito mais do que está levando em conta atualmente. Ver os problemas de várias perspectivas evita que você pense de modo limitado e perca as informações críticas. Também reduz a chance de que chegará a conclusões e aumenta a curiosidade, o que o leva a se abrir às ideias.

- **Descubra as suposições.** Pergunte a si mesmo: "O que estou tomando como certo aqui?" Peça constantemente um retorno sem censura para que aprenda a não ser ameaçado por informações desconfortáveis que são essenciais para uma tomada de decisão certa. (Analiso as suposições com mais detalhe no Capítulo 9.) Quando você descobre as suposições, constrói integridade, credibilidade e segurança através de seu desejo de ouvir as boas e más notícias.

- **Aborde cada situação com um sentimento de curiosidade e completa falta de certeza.** Um sentimento de curiosidade combinado com uma falta de certeza significa que sua mente não está ajustada ou, se estiver, você está aberto para se ajustar a novas informações. Quando os tomadores de decisão falham em praticar a curiosidade e se fixam em estar certos, eles criam silos no pensamento, uma situação que leva a um conflito interno no qual os funcionários canalizam seus esforços para protegerem seu território.

- **Tenha compaixão e cuidado.** Ambos fazem parte da *empatia*, a capacidade de ver e sentir o ponto de vista do outro. Sem empatia, o acesso à intuição — um componente vital da tomada de decisão acertada — é bloqueado.

Tendo compaixão pelo ego

Quando as decisões não ocorrem como planejadas ou as equipes não operam tão bem quanto poderiam, os egos geralmente estão envolvidos, em particular quando você sobe mais na cadeia de comando. Lembro de um homem de negócios defendendo seu direito de ser egoísta, dizendo que não poderia ser ambicioso sem isso. Talvez sim. Talvez não.

O fato é que o ego é culpado por muitas decisões ruins. Muito justo. Quando o chefe é crítico ou humilha um funcionário para se sentir mais importante, culpar o ego faz sentido. Mas o ego realmente é o culpado? Nesta seção, exploro o papel do ego e informo como assegurar que ele não sequestre suas decisões.

Vendo o papel do ego

O trabalho do ego é assegurar que você se sinta seguro e a salvo no mundo. Ele cuida de seu bem-estar físico, emocional e social. A maioria dessas necessidades física, emocional e social torna-se crenças que são armazenadas em seu subconsciente. Se não são atendidas, elas podem arruinar as decisões quando seu ego — o protetor de seu subconsciente — assume o controle, ao invés de você.

Existem três categorias de necessidades:

- **Sobrevivência básica:** Estas são as necessidades físicas. As decisões não atendidas baseadas no ego vêm do medo ou da ansiedade sobre não estar seguro ou não ter o bastante... dinheiro, roupas ou qualquer coisa com a qual você se sinta seguro e protegido. (Agora, você sabe por que as pessoas e as empresas que obviamente têm muito dinheiro ainda não sentem que têm o bastante.) A culpa e o julgamento são comportamentos que expressam um medo de sobrevivência subjacente ou insegurança.

- **Reconhecimento, gratidão, aceitação e validação:** Estas são as necessidades sociais. As decisões não atendidas baseadas no ego nesta categoria vêm da ansiedade de não pertencer, sentir-se aceito ou ser reconhecido. As decisões são motivadas para compensar a falta de valor próprio. No local de trabalho, a descoberta da culpa chega ao extremo e a cultura mostra uma deficiência de respeito. Em oposição, quando a cultura de uma empresa apoia o bem-estar emocional de seus funcionários, eles sentem que podem trazer, com segurança, mais de suas habilidades e capacidades à tona.

- **Autoestima:** A autoestima (sentimento muito bom) e o valor próprio (ser respeitado pelo valor que você coloca no mundo) são necessidades emocionais misturadas. A autoconfiança tem um papel também. As decisões baseadas no ego neste reino visam preencher as lacunas na autoestima e no valor próprio. As pessoas que querem sentir-se melhores consigo mesmas tomam decisões que atendem suas necessidades e os objetivos da empresa ficam no final da lista. De fato, a maioria das tentações no nível sênior, como o desejo de harmonia acima de lidar com o conflito ou um foco em conseguir uma posição de status acima de conseguir resultados, pode ser disparada pela cultura do local de trabalho, como analiso no Capítulo 3 e visam contrabalançar necessidades emocionais profundas.

Capítulo 4: Aumentando Seu Negócio Desenvolvendo a Si Mesmo

Colocando o ego sob controle

Quando o ego entra no caminho, pode ser um grande impedimento para uma tomada de decisão acertada. Para reverter essa situação, experimente estas táticas:

- **Introduza uma cultura que apoie o bem-estar do funcionário em cada nível, mesmo os níveis emocional e social também.** Quando você introduz uma cultura do local de trabalho que apoia os funcionários, cria um ambiente de tomada de decisão mais saudável que é orientado menos no autointeresse e mais na realização. O Capítulo 3 explica como criar um ambiente do local de trabalho que contribui com a tomada de decisão e o Capítulo 19 contém mais informações sobre como introduzir um código inato de condução através da responsabilidade pessoal e da métrica que recompensam o trabalho em equipe e reforçam a confiança.

- **Ofereça oportunidades de crescimento e desenvolvimento para os funcionários em cada nível.** As oportunidades de aprendizado formal e informal dão aos funcionários a autonomia para descreverem seu próprio desenvolvimento. Quando você reconhecer que todos lideram, terá funcionários que são líderes melhores e melhores tomadores de decisão. O crescimento e o desenvolvimento podem ser substituídos parcialmente pela progressão tradicional de escalada da empresa, particularmente nas empresas onde essas oportunidades são limitadas.

- **Introduza uma cultura de identificação e reconhecimento genuínos que vá além do relógio de ouro na aposentadoria.** Diga obrigado sem usar um planejamento. Construa o reconhecimento na ética da empresa como uma expressão genuína de apreciação. Integre atos simples de gratidão como uma prática regular.

De um ponto de vista comercial, o modo mais simples de apoiar os funcionários é tirando o ego da equação. Você faz isso fornecendo um ambiente de trabalho mais saudável e um estilo de gerenciamento consistente que identifica, reconhece as contribuições dos funcionários e demonstra respeito por todos no local de trabalho. Quando o local de trabalho apoia e respeita a entrada do funcionário, eles podem concentrar-se em dar seu talento. Assim, o cuidado e a compaixão mostrados pelos líderes e pelo gerenciamento inspiram o engajamento do funcionário além do intelecto e apoiam o desempenho.

Utilizando as emoções para uma tomada de decisão efetiva

As empresas tradicionais, nascidas quando eram gerenciadas com máquinas (um modelo que ainda existe hoje), ignoram o valor das emoções, mostrando-as como sendo irrelevantes para uma tomada de decisão racional. Essa visão supõe que as pessoas que operam como robôs e não permitem que os sentimentos obscureçam sua inteligência criam melhores tomadores de decisão.

O problema com essa abordagem é duplo: Primeiro, os humanos não são robôs e as respostas emocionais informam praticamente tudo o que fazemos. Segundo, àquilo que você resiste, persiste. Se você derruba as emoções, elas surgem de novo, geralmente como comportamentos indesejáveis: bullying, raiva, intimidação e atitudes do tipo "do meu jeito ou rua", que obscurecem tudo. Uma abordagem melhor é reconhecer que as emoções são um tipo de informação que *deve* ser considerado na tomada de decisão. Nesta seção, mostro como as emoções não reconhecidas podem assumir o controle na tomada de decisão e forneço modos de trabalhar as emoções como dados.

Compreendendo as respostas emocionais

Seu corpo detecta, processa e armazena os dados emocionais de seu ambiente de modo excepcionalmente rápido. Com que rapidez? Diferentes estudos produzem resultados variados, mas todos concluem que seu subconsciente processa as informações muito mais rapidamente do que seu consciente. (Um estudo mediu a velocidade do processamento para resolver um problema da mente consciente de 100 a 150 mph, enquanto o subconsciente ficou em 100.000 mph!) Isto sugere que há muita informação disponível quando você toma uma decisão sobre a qual pode não estar consciente. E mais, as memórias — ganhas com experiências agradáveis e dolorosas — ficam com você, armazenadas em seu subconsciente. Juntos, sua mente racional e seu subconsciente, impactam suas respostas para a situação e sua tomada de decisão.

O interessante é que, embora a maioria das pessoas suponha que a mente racional desempenha um papel maior na tomada de decisão, o subconsciente é realmente o capitão do navio na tomada de decisão. Seu subconsciente armazena todos os dados emocionais, assim como o que escolhe no ambiente. E as feridas emocionais do passado podem sequestrar sua tomada de decisão. As experiências emocionais não resolvidas mantêm uma carga negativa que interfere em como você interpreta as informações. Pense no momento quando uma observação sutil disparou uma resposta furiosa, por exemplo. Há chances de que você não estava reagindo à observação sutil, mas a uma antiga ferida que a observação disparou. Nestas situações, você deseja converter o negativo em neutro, que explico na próxima seção.

Transformando uma experiência dolorosa em algo útil

Quando você compreende uma emoção e as razões por trás dela, não tem mais a bagagem que pode derrubar você. Ao contrário, ela se torna o conhecimento que você pode usar para aprofundar sua compreensão da situação ou problema. Eis um método para transformar uma experiência dolorosa em algo útil:

1. **Reflita sobre a situação na qual você experimentou originalmente a emoção dolorosa que foi disparada.**

    Experimente imaginar a situação em sua mente. Seu objetivo é ver a interação de perto para saber o que disparou sua resposta e emoções. Sinta e aceite as emoções experimentadas.

2. **Imagine novamente a cena inteira, desta vez de um ponto de vista emocionalmente afastado.**

   Seja uma mosca na parede. Observe sua reação ao que está acontecendo. Procure maneiras de poder responder diretamente e com mais eficiência. Se outra pessoa aparecer nessa memória, tente detectar o que motivou todo o incidente do ponto de vista dela. Fazer isso ajuda-o a ver o que está no centro do problema e permite-lhe manter a empatia.

3. **Volte e reproduza a cena, mas desta vez, insira uma resposta diferente.**

   Observe como a cena se reproduz. Sim, você está usando sua imaginação, mas seu subconsciente experimenta o evento como se fosse real. Depois de refazer o incidente para ter um resultado mais feliz, você deve ter um sentimento de paz e resolução. Se não, trabalhe com mais algumas respostas diferentes até conseguir.

Descobrir os gatilhos de suas respostas emocionais é útil por muitas razões, mas aqui estão duas: reforça sua intuição (a bagagem emocional distorce o sinal) e ajuda-o a explorar e examinar suas crenças, que cubro na próxima seção.

Reconhecendo como as Crenças Influenciam a Tomada de Decisão

Todos têm crenças. Você vem colecionando-as desde a infância. Experimentando sucesso e falhas, mais crenças são adicionadas, até algumas que ocorrem tão profundamente que você pode nem estar consciente delas, a menos que reserve um tempo para examinar o que fazer. As crenças ajudam a entender as experiências e servem como nossa base moral. Eis o problema: as crenças operam como se fossem verdadeiras, mesmo que muitas não sejam. As crenças definem limites para aquilo que você percebe como possível, portanto, modelam como você pensa. As empresas têm crenças também e usam-nas para tomar suas decisões, exatamente como você faz.

Examinando suas crenças: Elas limitam suas opções?

As crenças podem limitar ou expandir o pensamento. Como Henry Ford disse: "Se você pensa que pode ou não pode, está certo". Em outras palavras, suas crenças podem limitar sua visão do que é e não é possível. Nesta seção, ajudo-o a dar uma olhada em suas crenças para que possa afastar aquelas que estão detendo você ou seu negócio.

Fred Smith, fundador da FedEx, enviou um documento apresentando uma proposta de entrega de 24 horas de pacotes ao seu professor da Yale. Seu documento ganhou nota C. O retorno do professor? "Ótima ideia, Fred, mas suas ideias têm que ser possíveis". Para o professor, a ideia da entrega de 24 horas não era aceitável nem possível; portanto, não era provável. Para Fred Smith, era.

Verificando as crenças limitadoras

A Tabela 4-1 lista exemplos de crenças limitadoras. Na coluna à esquerda estão as crenças limitadoras pessoais; à direita, estão as crenças limitadoras comerciais comuns.

Tabela 4-1   Crenças que Limitam Sua Visão do que É Possível

Crença Limitadora Pessoal	Crença Limitadora Comercial
"Tenho que escolher entre ganhar a vida e fazer a diferença. Não consigo ter ambos."	"É uma batalha. Temos que lutar para sobreviver."
"Não consigo ganhar dinheiro e fazer o que adoro. Se eu sigo minha paixão, tenho que sacrificar meu estilo de vida."	"Se nosso produto ou serviço for brilhante, o cliente aparecerá."
"Tenho que aceitar este trabalho porque outro pode não parecer."	"Se você não estiver no negócio unicamente para ter lucro, será anticapitalista."
"O crescimento pessoal é o pote de mel. Você tem que ser firme e forçar seu caminho até o sucesso."	"Como podemos aprender algo sobre gerenciamento com essas pessoas?"
"Não há necessidade de mudar o que estou fazendo, contanto que tudo esteja sob controle."	"A auto-organização não funciona para nós. Somos diferentes."

É fácil não entender como seu pensamento influencia sua tomada de decisão. As crenças não são boas nem más. Elas servem para limitar ou capacitar. Escolher qual papel suas crenças desempenham em sua vida, trabalho e decisões dá o poder de decidir quais crenças você mantém e quais muda.

Eliminando suas próprias crenças limitadoras

A inovação e os progressos radicais são impossíveis sem liberar o pensamento. Os inventores encontram constantemente crenças limitadoras em relação às suas ideias. Ser capaz de localizar o potencial em ideias fora do padrão ou oportunidades incomuns requer um constante questionamento para expor as

Capítulo 4: Aumentando Seu Negócio Desenvolvendo a Si Mesmo

crenças limitadoras. Para entender como as crenças afetam seu pensamento e negócio, siga estas etapas:

1. **Faça uma lista do que você acredita ser verdade sobre seu negócio.**

   Essas são suas crenças superficiais. Elas podem parecer como "Não acredito que investir na liderança seja importante" ou "Preciso concentrar no que é prático e esquecer o resto". Esta lista dá uma ideia do que você usa como uma base para suas decisões ou para racionalizá-las. Se você não puder citar nenhuma, vá para a Etapa 2.

   Nenhuma das declarações escritas é ruim ou boa, verdadeira ou falsa. Identificar o que está sendo dito simplesmente torna o pensamento visível. Portanto, não censure sua lista.

2. **Ouça sua comunicação interpessoal sobre o que você pode ou não pode fazer, ou no que você acredita ou não como sendo verdade.**

   A comunicação interpessoal se refere às crenças ocultas, como "não sou bom o bastante" ou "o autogerenciamento não funciona", que ficam abaixo de sua consciência. Ela inclui os pensamentos que passam por sua mente, assim como as frases que saltam sem censura em resposta a uma situação. Para identificar sua própria comunicação interpessoal, observe a linguagem usada quando fala sobre si mesmo ou suas capacidades, dentro de sua cabeça ou quando está conversando com amigos. Quando você descobrir sua própria comunicação interpessoal, adicione cada item à sua lista. Se estiver tendo problemas, peça a alguém confiável para ajudar a alertá-lo quanto aos comentários de autodepreciação que reprimem seu valor próprio e iniciativa.

   A finalidade desta etapa é ter critério, não punir nem criticar seu pensamento.

3. **Revise sua lista e reflita sobre o que as entradas dizem a você.**

   Por exemplo, uma entrada que diz "A liderança é uma habilidade temporária e não tem nenhuma relação com os resultados" informa que você não vê uma conexão entre a liderança e os resultados. De certo modo, por alguma razão, essas duas ideias interconectadas ficaram separadas. Use a Etapa 4 para reuni-las novamente.

4. **Use o "E se" com as crenças descobertas.**

   Usando a entrada de exemplo na Etapa 3, por exemplo, e se você tivesse visto a conexão? Como isso mudaria como você gerencia ou toma decisões? Tudo está interconectado, portanto, ver duas ideias ou perspectivas como dois lados da mesma moeda ajuda-o a reconhecer as oportunidades e as possibilidades em potencial.

Dominar suas crenças na abertura dá a opção de decidir conscientemente o que você usa como uma base para a tomada de decisão avançar.

Compreendendo como você percebe o critério, intuição e visão

Muitos de nós nos enganamos dizendo que nossa percepção das coisas é a única maneira certa de ver a situação. Para a tomada de decisão, esta mentalidade cria um ponto cego. Como resultado, você não consegue ver o que é óbvio para as outras pessoas. Como você percebe a realidade depende de sua mentalidade e das ferramentas usadas para percebê-la, que incluem o seguinte:

- **Visão:** A *visão* é a capacidade de ver o mundo de forma completa, como uma rede interconectada e inter-relacionada de relações ligadas a padrões. A visão é o que você vê como possível para si mesmo e o que deseja em sua vida, ou para sua empresa quando olha adiante. No negócio, parte do pensamento geral está contida em sistemas de pensamento, que é um modo de mapear as inter-relações em um processo, por exemplo,
- **Intuição:** A *intuição* é a capacidade de saber sem usar a mente racional. A intuição conta com os padrões aprendidos para isolar rapidamente as ações viáveis para mudar rapidamente as circunstâncias. A intuição é tão importante para a tomada de decisão que eu dedico o Capítulo 7 ao tópico e resumo o modo como seu supercomputador interno toma decisões no Capítulo 9.
- **Critério:** O *critério* é descrito muito adequadamente pelo autor Gary Klein como vendo o que os outros não veem. É a capacidade de descobrir novos padrões todos os dias que levam a maneiras totalmente diferentes de ver o mundo. No mundo dos negócios, o critério interrompe o pensamento habitual para que algo novo possa surgir ou serve como uma placa de aviso antecipada. O critério é valioso para descobrir os pontos de vantagem onde um pouco de esforço será adequado.

Estas são as ferramentas básicas em seu kit de ferramentas de tomada de decisão com habilidades internas. Como todos os instrumentos, como você está sintonizado com cada uma depende de como se reconciliou com os problemas emocionais do passado, a extensão na qual você tem consciência das crenças e com qual intenção toma suas decisões em cada situação.

Reconhecendo a inclinação oculta ou o preconceito

Os humanos são seres complexos e isso complica a tomada de decisão. Bem-vindo ao mundo da inclinação e do preconceito, onde, mesmo quando você pensa que está contando com o pensamento racional, há uma boa chance de não estar. A inclinação impregnada e os preconceitos anulam o pensamento racional. A Tabela 4-2 mostra exemplos de inclinações ocultas e como elas entram no pensamento.

Tabela 4-2   Inclinações e Preconceitos Impregnados Comuns

Inclinação ou Preconceito Impregnado	*Por que É um Problema*	*Exemplo*
Ver a si mesmo sob uma luz excepcionalmente positiva.	Você superestima suas habilidades.	Você sempre pensa que pode fazer as coisas mais rapidamente do que realmente pode, o que pode criar problemas com os planejamentos do projeto.
Aceitar o crédito do sucesso, mas não das falhas.	Se você não usar a falha como uma oportunidade para aprender, tenderá a repetir os mesmos erros.	Você é rápido em aceitar crédito, mas prefere evitar reconhecer suas falhas. Você pode até aceitar o crédito onde é injusto para reforçar a autoestima e compensar as falhas percebidas. O Capítulo 6 fala mais sobre as falhas.
Usar seus próprios interesses pessoais para decidir o que é justo ou melhor para os outros.	Embora você possa ver facilmente o efeito do autointeresse nos outros, é mais difícil ver seus efeitos com suas próprias decisões.	Você pode ver facilmente como seus colegas estão sobrecarregando suas equipes com trabalho, mas não vê que está fazendo o mesmo.
Ver os membros de um grupo racial, étnico ou estigmatizado como inferiores àqueles no grupo "aceito".	Você não reconhece e, portanto, tende a negar os incidentes de racismo ou sexismo, magoando todo o grupo.	Você aceita as ideias de uma colega quando é endossada por um homem (um testemunho é requerido), mas tende a rejeitar se for o contrário.
Falhar em reconhecer o retrospecto como sendo um.	Você culpa os tomadores de decisão por não preverem os eventos imprevisíveis.	Quando uma decisão para investir em uma empresa resulta em uma grande perda, você aponta onde os tomadores de decisão erraram, como se o que é óbvio agora fosse tão claro no momento da decisão. Não era.
Ver o comportamento dos outros como um reflexo de seu caráter, ao invés do ambiente ou situação.	Você culpa a vítima quando as coisas dão errado e ignora as preocupações válidas.	Quando os informantes relatam uma ação fraudulenta da empresa, a empresa responde verificando o informante, ao invés de voltar a atenção para como a fraude foi permitida.

Todos têm inclinações que impactam as decisões tomadas. Para compensar a inclinação provável, estando você consciente ou não, você remove deliberadamente os motivos que poderiam prejudicar sua avaliação. Observe que eu não disse que você precisa desistir das inclinações (algumas são tão profundas que será impossível fazer isso). Você só precisa criar um modo de lidar com as inclinações implícitas que provavelmente distorcem o processo de tomada de decisão.

Considere o processo de contratação: cada tomador de decisão tem inclinações sobre a aparência de uma pessoa, sexo, raça ou tamanho, por exemplo. Essas inclinações levam você a supor que já conhece o caráter ou o talento de uma pessoa. Agora, suponha que esteja contratando um novo funcionário. Um candidato é todo tatuado e você não gosta de homens ou mulheres com muitas tatuagens. Apesar do histórico desse candidato ser impecável, você não se sente confortável e não o vê como viável. Mas, você não é o único tomador de decisão, ele avança para a lista de candidatos.

Para remover sua inclinação contra pessoas com tatuagens do processo de seleção, você decide fornecer a cada futuro candidato uma atribuição de trabalho típica das atribuições esperadas de alguém em sua ocupação. As apreciações são intencionalmente enviadas de modo anônimo, então, avaliadas. Para sua grande surpresa, sua principal escolha foi preenchida pelo candidato tatuado. Sua empresa o contrata e ele passa a adicionar um valor excepcionalmente alto para ela.

Medindo o Conforto Pessoal com o Conflito e a Ambiguidade

Muitas pessoas têm tanto medo de conflito que o evitam a todo custo. Resulta em um medo do medo, mas se as ocorrências de violência no local de trabalho são má indicação, o conflito não está sendo bem usado. A verdade é que o conflito, quando lidado e canalizado devidamente, pode ser uma ótima maneira de se abrir para as ideias, revelar problemas e descobrir modos novos e melhores de fazer as coisas. Nesta seção, explico o papel importante que o conflito desempenha ao levar uma decisão de medíocre para melhor, e mostro como, quando sua relação entra em conflito com as mudanças, você pode trabalhar com ele de modo mais eficiente em equipe ou nos cenários organizacionais.

Usando o conflito a seu favor

O conflito acontece. O que o torna valioso (ou não) é como você o utiliza. O conflito pode ser usado para acentuar as diferenças ou aprofundar as compreensões do que faz uma pessoa ser motivada. A diferença está em fazer a pergunta: "O que eu/nós podemos aprender com isto que adiciona para modelar uma solução, atingir o objetivo, melhorar a compreensão ou promover o crescimento?"

Capítulo 4: Aumentando Seu Negócio Desenvolvendo a Si Mesmo

Infelizmente, a abordagem típica para o conflito faz a pergunta: "Como posso vencer ou fazer do meu jeito?" Essa abordagem supõe que, no caso de ideias opostas, uma pessoa esteja certa e outra esteja errada, e que a única maneira de você vencer é se a outra pessoa perder.

E mais, os conflitos que você tem com outras pessoas não são apenas conflitos que podem impedir seu progresso ou minar seu sucesso. Você também pode entrar em conflito consigo mesmo. Quando suas expectativas para o que pensou, esperou ou quis que acontecesse não se materializam como planejou, você fica chateado consigo mesmo, sente-se inseguro, faz uma autoavaliação ou culpa outra pessoa — e acaba gastando muita energia estando com raiva. O conflito pode ser prejudicial. Portanto, é importante saber o que pode disparar o conflito. Os gatilhos para o conflito incluem os seguintes:

- ✔ **Diferenças na informação e diferentes interpretações da mesma informação:** A mesma informação pode ser percebida de muitas maneiras diferentes. Se uma pessoa precisa que sua interpretação seja a "correta", pode resultar em conflito. Uma abordagem melhor é reunir diversas expectativas para formar uma imagem mais completa.

  O conflito interpessoal, por exemplo, geralmente resulta quando duas visões opostas do que aconteceu ou do que "deveria ter" acontecido colidem. Ao invés de se esforçar para ver a visão de quem vence, faça perguntas para descobrir quais valores ou interesses estão por trás das duas visões. Essa abordagem geralmente leva a uma solução melhor.

- ✔ **Diferenças nos valores devido a maneiras diferentes de pensar sobre o que é importante:** As empresas e os indivíduos geralmente usam crenças para tomar suas decisões. As crenças são o que você considera ser verdade sobre como o mundo funciona. Os valores são o que é importante. Quando uma decisão aparece inspirando uma conversa sobre o que é importante, você entrou em uma discussão sobre quais valores existem ao tomar a decisão. O conflito infiltra-se quando os participantes têm valores e crenças diferentes, sobre o que é relevante e não são capazes de separar um do outro para ter uma clareza objetiva.

  Use a diferença de opiniões com criatividade para explorar o que é importante para cada pessoa e por quê. Entre em um diálogo para descobrir as visões da outra pessoa sobre o assunto. Em um cenário comercial, se a empresa for clara sobre seus valores, alinhar a decisão com os valores será uma etapa natural.

- ✔ **Expectativas não atendidas que criam sentimentos de medo ou falta de verdade:** Ideias fixas sobre o que deve acontecer em seguida ou o que você espera que aconteça é um modo infalível de ficar desapontado quando o resultado não acaba sendo exatamente como o esperado. O conflito surge de não confiar no que aparece como tendo valor para sua vida. Uma abordagem melhor é ficar aberto para o resultado, ao invés de tentar controlá-lo.

Em um nível pessoal, pense nas relações que não funcionaram segundo o planejado. No negócio, pense nos projetos que saíram pela tangente. Analise as expectativas não atendidas para descobrir onde você pode substituir o medo ou a falta de confiança por mais confiança em si mesmo. Descubra o que você pode aprender com os projetos que não acabaram como o planejado.

Compreendendo as respostas clássicas para o conflito

Quando os conflitos aparecem, medo e dúvida podem comandar qualquer tipo de pensamento racional e antes de você saber, disse algo que lamenta ou fez algo que não queria ter feito. A resposta clássica baseada no medo é lutar ou correr — nenhuma usa o momento com sabedoria.

Vendo as respostas comuns para o conflito

Para lidar melhor com as situações tensas, você precisa entender com qual estratégia de resolução de conflitos você conta em qualquer determinada situação. A Tabela 4-3 resume as respostas comuns. (Sugestão: A melhor resposta ao lidar com situações ou decisões complicadas é usar o conflito para colaborar ou partir para encontrar uma solução.)

Tabela 4-3	Estratégias para Lidar com o Conflito	
Estratégia	*Apropriada Quando...*	*Não Apropriada Quando...*
Evitar o conflito	O problema não tem um grande impacto ou grande importância para você. Você não se sentiria uma vítima ao se afastar da conversa.	O problema é um sintoma de problemas muito maiores. Se você não entrar na discussão, se sentirá uma vítima das ações subsequentes.
Aceitar as pessoas	O problema importa mais para elas do que para você. Você deseja mostrar apoio ou boa vontade.	Seu comprometimento é requerido. A solução apresentada viola seus princípios e valores.

Capítulo 4: Aumentando Seu Negócio Desenvolvendo a Si Mesmo

Estratégia	Apropriada Quando...	Não Apropriada Quando...
Forçar a decisão	Uma ação rápida e decisiva é requerida para assegurar que você consiga seus objetivos. O comprometimento dos outros não é requerido.	Você simplesmente deseja fazer do seu jeito. Fazer isso quebra a confiança ou prejudica as relações. A decisão colide com os valores da equipe.
Aceitar os resultados	Os objetivos, preocupações, necessidades estão afastados e você não tem tempo para encontrar um território em comum. Construir a relação é mais importante do que terminar a tarefa.	Ninguém está satisfeito com uma parte incompleta da solução em potencial. Você adota essa abordagem apenas porque não deseja reservar um tempo para colaborar com honestidade.
Colaboração	Você precisa passar por sentimentos difíceis para entender as diversas perspectivas. O comprometimento com a solução é necessário e a relação é importante.	O problema é relativamente sem importância para todas as partes. Nenhum lado se importa o bastante com a relação.

Lidando com o conflito em colaboração

Para ir da resposta difícil ou de fuga para uma abordagem de colaboração, você precisa ser um observador astuto e compassivo, então, ficar a um estado de calma. Como alternativa, você precisa ser autoconsciente o bastante para reconhecer que está emocionalmente comprometido, então, fazer um intervalo antes de focar de novo na tarefa. Para se preparar para trabalhar positivamente com situações cheias de tensão, experimente uma ou mais das seguintes opções:

> ✔ **Centre em si mesmo.** Restaurar a calma com seus sentimentos e mente permite que eles fiquem unidos. Quando você está centrado, pode ver a situação com uma mente mais clara. Respirar profundamente (respirar com seu diafragma) é um modo de silenciar os argumentos mentais. Você pode usar a respiração profunda antes de entrar em uma situação tensa e até enquanto está no centro das coisas. Para obter mais informações sobre como usar a respiração e outras técnicas para trabalhar com o conflito, verifique o livro *The Magic of Conflict: Turning a Life of Work into a Work of Art* de Thomas Crum (Touchstone).

- **Pense no conflito como um bom sinal.** O conflito ocorre quando as pessoas se importam com o problema. Onde há conflito, há energia disponível com a qual trabalhar. O segredo é ser capaz de direcionar essa energia para um esforço construtivo.

  Se você vir o conflito assim, entrará em situações controversas com uma abordagem de progresso que permite a todos descobrirem os interesses ou preocupações. Você não verá o conflito como algo a corrigir, nem sentirá necessidade de julgar qual dos vários pontos de vista é o certo ou o errado.

- **Ouça com cuidado para entender a verdadeira intenção da pessoa com quem está falando.** Em geral, ao ouvir o outro, as pessoas tendem a obter uma frase curta, chegar a conclusões, então, sair com a ideia errada. Como você pode imaginar, a situação acaba mal. Ouvir com atenção significa deixar as noções preconcebidas e prestar atenção nos valores e nas preocupações subjacentes que estão sendo ditas com a intenção de compreender a situação.

  Quando você ouve com atenção, tem critérios para o que está no centro do problema. Você se afastará sabendo se a cultura comercial está causando a situação ou se você está testemunhando consequências não pretendidas.

Confie que o conflito pode ser utilizado para veneficiar as relações e qualificar as decisões. Querer mudar é um sinal de força, contanto que as mudanças feitas estejam alinhadas com seus valores. No próximo capítulo, mostro como aumentar sua autoconsciência e a consciência de sua empresa.

Capítulo 5

Elevando o Autoconhecimento e o Conhecimento Organizacional para Ter Melhores Decisões

Neste Capítulo
- Compreendendo como você processa as informações e toma decisões
- Descobrindo estratégias para uma comunicação efetiva
- Utilizando sua intuição e empatia
- Reunindo ferramentas para aumentar a clareza e reduzir o estresse

Quando as start-ups iniciaram, todo o foco estava em gerar renda e encontrar pessoas que pudessem pular de prédios altos em um único salto, tudo levando as ideias adiante. A ênfase está em ser mais rápido, melhor, mais barato, elas são operadas em uma velocidade rápida e dão pouca atenção a operar uma organização efetiva. Como a corrida para o sucesso continua, os processos costumam cuidar de coisas que se tornam um hábito que ninguém realmente presta muita atenção até alguém dizer: "Me lembre: Por que estamos fazendo isso?" Essa simples pergunta marca um momento de oportunidade, uma chance de avaliar por que você faz o que faz e determinar se uma abordagem diferente seria melhor. Resumindo, é uma chance de se ajustar antes da crise não lhe dar nenhuma outra opção.

Reconhecer tais oportunidades quando elas ocorrem e aproveitar requer autoconhecimento e conhecimento organizacional. Tornar-se mais autoconsciente e ter o conhecimento organizacional começa com um momento de silêncio, uma única pergunta e um passo para trás — tudo aproveitando a *diligência*, a capacidade de estar absolutamente presente no momento. Mas só estar consciente não muda nada. O segredo é usar sua reflexão e compreensão para selecionar o melhor curso de ação. Com o tempo, tais experiências tornam-se conhecimento — elas são integradas em seu pensamento, uma decisão após a outra.

Neste capítulo, mostro como nem todas as decisões são tomadas intencionalmente e explico a inteligência do coração, que pode ajudá-lo a tomar decisões melhores e mais claras. Também forneço ferramentas que você poderá usar para regular as emoções durante a tomada de decisão, transformando o negativo em positivo e construindo a força interna através da empatia.

Compreendendo como Você Toma Decisões

Você toma decisões constantemente. É provável que você nem pense muito sobre o que torna uma decisão efetiva e outra não, até que as coisas não sigam segundo o planejado. Portanto, como você (eu ou qualquer pessoa) toma todas essas decisões pequenas e grandes a cada momento, todos os dias? Nesta seção, listo os processos típicos de tomada de decisão que as pessoas seguem quando precisam tomar decisões.

Toda pessoa — e toda empresa — usa cada uma dessas abordagens. O segredo é ter consciência sobre como você está tomando decisões para que possa lidar com a incerteza e os eventos inesperados com mais confiança. Você também escolhe uma forma de tomada de decisão quando seleciona seu estilo e domina-o. Fazer isso ajuda-o a evitar ser puxado em muitas direções pelo que é invisível e não observado.

Tomada de decisão instintiva

Na tomada de decisão instintiva, os tomadores de decisão não refletem sobre a situação nem sobre seu significado; ao contrário, eles partem diretamente para a ação. A tomada de decisão instintiva inicia quando você sente que está em sério perigo ou está no modo de sobrevivência. Os instintos sequestram qualquer tomada de decisão racional enquanto ativa simultaneamente estratégias de competição que você não usou com sucesso no passado. Seu corpo diz ao cérebro para seguir em alta alerta e você sente que não tem opções para escolher.

Se você trabalha para uma empresa que usa o medo, intimidação e coerção como um estilo de gerenciamento, há chances de que está nesse modo e suas decisões estão comprometidas. Os locais de trabalho baseados em medo criam uma mentalidade altamente competitiva do tipo "salve sua pele". Para recuperar alguma sanidade, use as ferramentas que mostro na seção "Reduzindo o Estresse para Tomar Decisões Melhores" ou considere encontrar um lugar melhor para trabalhar.

Tomada de decisão subconsciente

Na tomada de decisão subconsciente, você age primeiro e pensa depois, o que a torna muito parecida com a tomada de decisão instintiva (veja a seção anterior), contudo, a causa é diferente. Ao invés da sobrevivência, como é o caso da tomada de decisão instintiva, você está reagindo às memórias do passado guardadas em seu subconsciente. Sentimentos como impaciência, frustração ou raiva aparecem quando um evento dispara uma antiga memória e expõe uma situação não resolvida do passado. Em oposição, as emoções positivas surgem quando a situação ou a conversa toca em uma memória feliz do passado.

As decisões orientadas pelo subconsciente são baseadas em suas experiências de vida pessoais adicionadas às crenças formadas entre o nascimento e os seis anos de idade. Durante os primeiros anos, você faz o download e armazena as informações de seus ambientes emocional e social diretamente em seu subconsciente, criando uma lente através da qual vê todas as interações e experiências subsequentes. A menos que você invista em seu crescimento pessoal, essas crenças subconscientes servirão como o modelo para o resto de sua vida. Para liberar a energia sendo usada atualmente para armazenar as emoções negativas e consumidoras de energia, consulte o Capítulo 4.

Como descrevo no Capítulo 4, a maioria das empresas usa crenças para tomar suas decisões — crenças que elas geralmente não lembram de atualizar com o passar do tempo. Nas empresas sem consciência, todos usam evasivas, lidando com uma crise após outra. Embora esse ambiente estimule a adrenalina, transformar o trabalho em um esporte extremo sem diversão não contribui muito com a tomada de decisão. As decisões ocorrem em círculos, sempre novamente, embora sempre falhem em endereçar basicamente o problema ou superá-lo. Isto é especialmente verdadeiro em uma situação complexa, na qual você pode resolver um aspecto de um problema, mas negligenciar o endereçamento de outras partes, que finalmente surgirão de novo. Por quê? Porque nos locais de trabalho que funcionam com velocidade, as complexidades são ignoradas quando a empresa fica em uma rotina de tomada de decisão. Basicamente, a empresa falha em recuar e examinar a situação de um ponto de vista mais amplo.

Quando você reprime suas emoções, seu cérebro faz seu trabalho e armazena a pressão em seu corpo para que você possa continuar funcionando. A depressão é um resultado possível. Uma alternativa melhor é aprender a regular e gerenciar suas emoções, ao invés de deixá-las gerenciar você. Você pode encontrar um método para fazer isso na seção "Compreendendo o Valor de uma Inteligência mais Profunda", posteriormente neste capítulo.

Tomada de decisão baseada em crenças

Na tomada de decisão baseada em crenças, os pensamentos precedem a ação e você faz uma escolha consciente. Basicamente, ocorre uma pausa entre o que acontece (o estímulo) e sua resposta. Durante essa pausa, você tem tempo para refletir e pensar logicamente, permitindo que faça uma escolha ponderada. Suas decisões ainda são baseadas na experiência do passado e as crenças reunidas com os anos. Contudo, como os problemas emocionais ocultos não estão sequestrando você, você pode trabalhar com as outras pessoas com mais eficiência. Como explico no Capítulo 1, a maioria das empresas usa uma abordagem baseada em crenças.

As crenças dos tomadores de decisão individuais e das empresas podem enviar a tomada de decisão para ciclos repetitivos, em particular se essas crenças são subconscientes, como é o caso em uma empresa que é cega para as crenças usadas ou não está sintonizada com que está acontecendo no mundo. Além disso, as empresas que estão correndo a toda velocidade à frente eliminam o período de pausa que as permite pensar e inserir a lógica. Para compensar essa tendência, você pode usar as ferramentas que analiso na seção "Reduzindo o Estresse para Tomar Decisões Melhores"; essas ferramentas aplicam-se igualmente aos indivíduos e aos negócios.

As crenças do passado sobre as quais esse tipo de tomada de decisão são tomadas podem ou não ser verdadeiras. Se as crenças subjacentes que dirigem o pensamento e a tomada de decisão não são revistas nem atualizadas, a mudança progride lentamente ou nem progride. A menos que uma mudança radical ocorra na mentalidade, o melhor que uma empresa pode esperar é uma mudança gradual, mesmo quando uma mudança mais rápida é melhor.

Tomada de decisão baseada em valores

A tomada de decisão baseada em valores resulta quando os indivíduos ou as empresas refletem sobre os valores que são importantes e atendem o que consideram como sendo necessidades importantes. Como os valores são escolhidos ou identificados, você está no controle de selecionar as ações e os comportamentos que apoiam seus valores. Se você identificar a confiança como um valor, por exemplo, então, incorpora todas as ações associadas à verdade em sua tomada de decisão e seus comportamentos. A pergunta a ser feita é: "Como esta decisão se alinha com meus/nossos valores?" A resposta para essa pergunta mostra o que é importante e não negociável.

Conseguir uma tomada de decisão baseada em valores em um nível pessoal resulta de se sentir emocional ou financeiramente seguro. Mostro como construir um sentimento mais forte de segurança no Capítulo 4. Você pode encontrar dicas sobre como gerenciar seu estado emocional na seção "Compreendendo o Valor de uma Inteligência mais Profunda".

Desenvolver uma tomada de decisão baseada em valores no nível amplo da empresa resulta de uma mudança de mentalidade. Ao invés de existir para sobreviver, a mentalidade muda para conseguir segurança financeira, o que engaja um estilo diferente de gerenciamento como um modo de atender a um objetivo e finalidade mais altos. Cada decisão é ancorada concordando coletivamente com os valores sobre o que é importante.

Tomada de decisão orientada em valores

A tomada de decisão orientada em valores é a escolha das empresas inovadoras que constroem culturas de auto-organização desde o princípio. Selecionar empresas públicas, privadas e semiprivadas que são claras sobre sua contribuição para a sociedade também emprega uma tomada de decisão orientada em valores. O futuro da empresa é planejado de modo colaborativo pelos funcionários, clientes, fornecedores e comunidade.

Embora seja tentador tomar atalhos ao aplicar valores na tomada de decisão, há uma progressão quando os tomadores de decisão aprendem a distinguir entre a tomada de decisão baseada em valores (na qual a decisão se alinha com o que você considera importante) e a tomada de decisão baseada em crenças (na qual a decisão se alinha com o que você acredita ser verdade). Basicamente, a tomada de decisão baseada em valores é pioneira, ao passo que a tomada de decisão baseada em crenças mantém-se no passado. Com a tomada de decisão baseada em valores, surge uma maior clareza, resultando em uma maior eficácia.

Medir a tomada de decisão baseada em valores é a recompensa para conseguir a transformação interna necessária para integrar totalmente o conhecimento ganho aprendendo com os erros do passado, prestando atenção nos processos internos e cuidando da cultura e das relações do local de trabalho. Empresas de todos os portes podem usar valores para tomar suas decisões e a maioria das empresas é administrada por jovens empreendedores que começaram e ficaram com a tomada de decisão orientada a valores. Os processos, valores, decisões etc. usados para conseguir o resultado são conectados, transparentes e confiáveis.

Para obter mais informações sobre como usar os valores nas tomadas de decisão, visite o Values Centre em http://www.valuescentre.com (conteúdo em inglês). Como alternativa, assista a Richard Barrett explicando a diferença aqui: http://youtu.be/nldAsxCuIvM (conteúdo em inglês).

Compreendendo o Valor de uma Inteligência mais Profunda

Tradicionalmente, as decisões comerciais têm demandado dados frios e difíceis, como em números que podem ser medidos, argumentos que podem ser racionalmente suportados e a ação que avança, conduzindo a resultados previsíveis. O que está faltando — e geralmente descartado nos círculos comerciais como sendo irrelevante para o desempenho intelectual — é a informação recebida de seus ambientes emocional e social — o ambiente do local de trabalho. Nesta seção, explico como seu coração é uma grande parte da equação da tomada de decisão e o que você pode fazer para utilizar sua inteligência.

A ligação entre seu coração e cabeça na tomada de decisão

Os dados emocionais e sociais que surgem das relações interpessoais e o grau de felicidade ou estresse impactam diretamente a tomada de decisão.

O coração desempenha um papel importante que vai além do sangue que bombeia. Os 40.000 neurônios do coração são um centro complexo de processamento de informações, capaz de sentir, regular e lembrar. Os dados sensoriais (pressão sanguínea, ritmo do coração, batimento cardíaco etc.) são processados no sistema neural do coração e transmitidos para seu cérebro pelo nervo vago e medula espinhal. Das fibras no nervo vago, 90% são dedicadas a transmitir dados do corpo para o cérebro e apenas 10% transportam instruções do cérebro para o corpo — a proporção maior dessas fibras de nervo ascendentes são do coração e do sistema cardiovascular.

Os dados que atingem o cérebro a partir do coração foram bem documentados para afetarem as funções mentais. Quando você fica emotivo ou chateado (frustrado, oprimido etc.), os ritmos do coração têm um padrão desordenado, afetando muitas funções importantes e mais altas do cérebro, como a tomada de decisão. Os sinais distorcidos que ocorrem quando você está sentindo raiva, está chateado, infeliz ou qualquer outra emoção negativa prejudicam seu funcionamento cognitivo e acessam a intuição. Em oposição, quando seu coração está em um estado de *coerência* — ou seja, quando você está em um estado feliz, calmo ou pacífico — suas funções cognitivas, inclusive o acesso à sua intuição, são otimizadas.

A troca complexa de informações entre seu subconsciente (fora da consciência) e sua mente consciente (o que você tem consciência) tem um grande papel ao preparar e determinar os tipos de decisões tomadas. O dispositivo do subconsciente está sempre avaliando as entradas no cérebro para determinar se você está em um ambiente inseguro ou seguro, onde pode ser criativo e crescer. Compreender essa interação entre as entradas do consciente e do inconsciente ajuda a entender por que os locais de trabalho saudáveis são tão importantes para uma tomada de decisão efetiva e com um funcionamento mais alto. Você pode encontrar ferramentas para ser funcional sob estresse na seção "Ferramentas para regular as emoções e expandir a empatia".

Colocando este conhecimento para trabalhar

Compreender o papel do coração no funcionamento intuitivo e cognitivo é relevante para a tomada de decisão comercial de duas maneiras: Primeiro, indivíduos com funcionamento mais alto significam empresas com funcionamento mais alto e relações de trabalho com funcionamento mais alto. Segundo, as empresas com alto funcionamento e relações de trabalho com alto funcionamento levam a habilidades intelectuais e intuitivas mais altas dos funcionários.

Capítulo 5: Elevando o Autoconhecimento e o Conhecimento... 73

Em outras palavras, os ambientes de trabalho que são estáveis emocionalmente e seguros socialmente são ambientes de tomada de decisão melhores. Nos ambientes de tomada de decisão com alto estresse e pressão, o ônus está sobre você, como um tomador de decisão, para ter domínio de suas emoções e desenvolver uma consciência mais forte do efeito que o ambiente social (suas principais relações e como você se comunica) tem. Fazer isso dá mais acesso às inteligências intuitiva e intelectual, permitindo que você e as outras pessoas sintam com mais precisão — bem antes de aparecer nas páginas da revista *Harvard Business Review* — o que o futuro reserva. A empresa, capaz de operar com total engajamento emocional, assim como intelectual, tem uma vantagem que a coloca à frente das empresas com funcionamento mais baixo.

Quando você não está gerenciando seu estado emocional, uma cascata de emoções negativas, como insegurança, raiva, medo, frustração ou culpa, compromete suas inteligências intuitiva e intelectual. Resultado: Você não consegue funcionar de modo ideal. Para ter total acesso aos seus recursos internos, seu coração, mente e emoções devem estar em um estado de paz e alinhamento, um estado de coerência. O truque é saber como alcançar esse alinhamento pacífico, quando as condições estão menos calmas. Além disso, o alinhamento, ou coerência, entre o pensamento, emoção e palavras é uma habilidade básica de liderança e tomada de decisão.

Para entender como é importante a coerência, considere o efeito das mensagens misturadas. As chances são os momentos em que ocorreram quando você detectou uma mensagem misturada: uma pessoa diz algo, mas você sente uma mensagem diferente subjacente, uma que não é falada. A causa? O que o emissor diz não está alinhado com seus verdadeiros sentimentos. As mensagens misturadas funcionam contra a confiança e a credibilidade.

Ouvir seu coração é a passagem para gerenciar suas emoções e estabelecer condições para o sucesso. As empresas que utilizam esse conhecimento, adaptam seus locais de trabalho para construir confiança, seus líderes lideram com o coração e a compaixão e cuidado são incorporados no DNA da cultura e do pensamento da empresa. A tomada de decisão é otimizada por meio do bem-estar. Vá para o Capítulo 7 para ter uma ideia melhor e compreender como a intuição funciona e como você pode fortalecer o acesso a ela ao tomar decisões.

Reduzindo o Estresse para Tomar Decisões Melhores

As organizações são comunidades de pessoas trabalhando juntas. Quando uma organização está sob pressão e/ou estresse e não está se saindo bem, as pessoas nela são impactadas. As pessoas sob estresse tomam decisões ruins. Não é culpa delas. O estresse ocorre quando altas demandas são combinadas com baixos níveis de controle pessoal sobre essas demandas. Como você pode adivinhar, quanto mais controle os funcionários têm ao responderem a circunstâncias que mudam, melhor. Todavia, as empresas que seguem rigidamente o status quo sem se ajustarem às circunstâncias que mudam aumentam, sem intenção, a pressão nos funcionários.

As empresas que demandam criatividade e inovação enquanto ignoram simultaneamente os ambientes de trabalho não saudáveis comprometem os resultados. As pessoas não conseguem criar quando estão lutando abertamente.

Os custos de não tomar uma ação para criar locais de trabalho melhores são altos. Nos Estados Unidos, o custo é estimado em mais de 300 bilhões de dólares por ano. No Reino Unido, o custo anual estimado é de 13 bilhões de libras. Passos dados para colocar o local de trabalho em um estado melhor valem a pena no bem-estar dos funcionários e nos custos reduzidos para o negócio através da perda de produtividade e economias diretas em benefícios médicos.

O mantra no negócio é que o que é medido, é gerenciado. Se você deseja manter os olhos na saúde de seu local de trabalho, meça os custos atribuídos ao absenteísmo, depressão, agressão etc. Os custos diretos indicam o estado de saúde de sua empresa e o tamanho do problema. Os custos indiretos, que são mais difíceis de medir, mas têm um alto impacto, incluem ter funcionários que aparecem para trabalhar, mas operam abaixo de seu nível normal de produtividade. Os custos para o negócio a partir dessa fonte são estimados como sendo consideravelmente mais altos do que os atribuídos ao estresse. (Vá para o Capítulo 12 para ter uma explicação dos fatores que contribuem para o estresse e o não engajamento dos funcionários.)

Para identificar o grau em que o desempenho está sofrendo, procure os seguintes indicadores:

- Desempenho ruim
- Ansiedade
- Fadiga
- Problemas para dormir
- Dores de cabeça
- Problemas digestivos
- Abuso de substâncias ou outros vícios

Cada pequeno passo dado para aumentar o cuidado, apoio mútuo e sentimento de pertencer a algo é um grande passo em direção da melhoria das condições. Falo sobre alguns desses passos nesta seção e você pode encontrar mais no Capítulo 12.

Gerente, gerencie a si mesmo

Ter um controle dos métodos e das técnicas usadas ao gerenciar as tropas e reagir às situações é importante. Falando de modo prático, como gerente ou supervisor, você pode fazer o seguinte:

Capítulo 5: Elevando o Autoconhecimento e o Conhecimento... **75**

✔ **Observe como você responde às demandas que chegam.** Os superiores que tratam todas as demandas que chegam como a principal prioridade se queimam e queimam sua equipe. Todas as tarefas e solicitações que chegam à sua mesa são urgentes? Se você não tem certeza, descubra. Então, defina as prioridades com base na urgência da tarefa antes de atribuir ou apresentar a demanda à equipe.

Experimente selecionar uma resposta, ao invés de simplesmente reagir às demandas. Adicione valor ao processo de alocar recursos compreendendo totalmente a solicitação. Não passe simplesmente a urgência à frente.

✔ **Avalie se você caiu na armadilha de gerenciar com a crise.** Em outras palavras, você foi engolido pelo turbilhão da loucura deliberada, tratando todo evento como uma ameaça iminente para a organização ou, se não existe nenhuma ameaça iminente, cria-as. Crise demais em um longo período facilita demais culpar os outros por aquilo que dá errado e ter o crédito por aquilo que dá certo. E mais, quem consegue manter o ritmo?

Observe se você, ou a organização, está viciado na adrenalina de gerenciar com a crise. Se mais crise faz você se sentir mais vivo, isso é uma receita infalível para pouco sono e ficar ocupado sem ter uma dica de para onde correr. O horizonte, ou o longo prazo, não está em nenhum lugar à vista.

✔ **Acalme sua mente e coração antes de tomar qualquer decisão importante.** Trazer calma para seu coração e mente permite que seu coração, cabeça e emoções trabalhem juntos para ter melhores decisões. Há vários modos de você ter paz interna; um método que recomendo para conseguir a paz interna é a técnica da Coerência Rápida da HeartMath, que compartilho na seção "Ferramentas para regular as emoções e expandir a empatia".

✔ **Crie intervalos para si mesmo e sua equipe.** A pesquisa sugere que um pico de desempenho é mantido em esforços de 90 minutos. O tempo de reflexão ocorre durante os intervalos quando sua mente está distraída. A clareza e a perspectiva são aproveitadas.

A menos que aceite agendar os problemas que requerem que você gerencie os tempos de intervalo, permita que as pessoas façam intervalos quando precisarem. Você saberá que está funcionando quando você e sua equipe tiverem mais disposição.

Gerenciando o gerente

Para gerenciar melhor o que é esperado de você e de sua carga de trabalho, você precisa esclarecer, com seu gerente, quais são as prioridades, do contrário, tudo será urgente e as expectativas serão irreais. Certa vez, tive um gerente, que comunicou tudo como sendo urgente. Depois de trabalhar durante noites e nos finais de semana para manter o ritmo, percebi que eu estava colocando mais esforço do que era certo para a saúde. Com certeza, senti-me presunçoso, mas não sabia muita coisa da vida. Então, voltei até meu gerente com a lista das tarefas que ele tinha pedido para realizar e perguntei sobre as prioridades. Os itens urgentes se resumiram a apenas dois em toda a lista.

Minha posição? Forçar, com respeito, pode ajudar a separar o que é importante do que não é. Quando você receber solicitações para terminar mais tarefas, poderá fazer o seguinte:

- ✓ **Faça perguntas para entender a importância da tarefa.** Quando uma solicitação estiver em sua mesa, pergunte por que é uma prioridade e como serve para o objetivo pelo qual você é responsável.
- ✓ **Separa as tarefas com prioridade das tarefas menos importantes.** As tarefas com prioridade são essenciais e devem ser as primeiras na lista.

   Quando você prioriza as tarefas, está buscando ganhar eficiências. Com isso em mente, priorize as tarefas de alta influência (aquelas nas quais um pequeno esforço consegue mais de um objetivo) acima das tarefas de baixa influência.
- ✓ **Faça intervalos ou dê uma caminhada para ter perspectiva.** As empresas progressivas que percebem o valor do intervalo projetam uma sala ou espaço para a meditação ou reflexão para que seus funcionários possam refletir e ver consigo mesmos o que é importante. (E assim que você tiver identificado o que é importante, valide sua conclusão com seu superior, se for adequado.)

A liberdade pessoal e a autonomia são fundamentais para sua saúde e bem-estar, portanto, procure lugares para erradicar a negatividade e substituí-la por um foco no positivo. O otimismo é energizante. O sentimento de vítima e abandono é exaustivo. Dê passos para ficar conectado com o que importa para você e para o que deseja da vida e de sua carreira.

Maneiras práticas de reduzir o estresse nas relações de trabalho

As demandas e as expectativas — e como essas coisas são comunicadas — afetam a todos em uma empresa: clientes, colaboradores, funcionários etc. Nos cenários muito tensos, a pressão e o estresse subsequente podem colocar as pessoas em risco, emocional e fisicamente. Quando você notar que as relações de trabalho não estão indo em uma direção positiva, tome uma ação para reduzir a pressão clareando as coisas.

Clarear as coisas não é igual a iluminar a situação. Clarear as coisas sempre tem uma finalidade. Eis algumas coisas que você pode fazer para clarear uma situação estressante (note que fazer essas coisas proativamente — ou seja, antes do estresse ficar alto demais — é melhor ainda):

- ✓ **Coloque diversão no fluxo de trabalho diário.** Quando você adiciona diversão à equação, ganha distanciamento e capacidade de abordar a situação a partir de uma direção totalmente diferente. Gostar de ir trabalhar é um aspecto da incorporação da diversão no trabalho; o outro é injetar uma dose adequada de humor nas situações tensas para dissipar a tensão (verifique se o humor não é às custas de alguém).

Capítulo 5: Elevando o Autoconhecimento e o Conhecimento... 77

Certa vez, trabalhei com uma equipe que estava sendo criticada por seus clientes por problemas que estavam totalmente fora do controle de todos. O estresse era intolerável. Então, a equipe propôs um plano para iluminar o dia de todos, inclusive de seus clientes, e ajudar o outro a ver o lado mais claro da situação difícil. A estratégia envolvia fazer compras divertidas, pegar acessórios adequados que fizessem os clientes rirem e que dissipassem a tensão e a raiva. Adotar essa abordagem não é iluminar a situação difícil do cliente. Use o humor para comunicar indiretamente que é melhor trabalhar com cooperação do que berrar e gritar com o representante do cliente.

A comédia pode transformar uma situação difícil, chata ou estressante em uma experiência rejuvenescedora. Mas funcionará apenas se não for destinada a uma pessoa e incluir todos na piada. Uma aeromoça da Southwest Airlines mostra como é feito neste vídeo: https://www.youtube.com/watch?v=07LBFydGjaM (conteúdo em inglês).

✔ **Faça um intervalo e afaste-se do local de trabalho.** Fazer isso pode acalmar o vozerio mental e colocar você em um estado mais calmo.

Sair para ver a natureza permite a você diminuir o ritmo, cuidar de si mesmo e recuperar a perspectiva. Então, por que não ir para um parque no almoço? Apenas lembre-se de comer lentamente para que possa diminuir o ritmo e reconectar-se com o que está acontecendo dentro de você.

✔ **Dê um espaço para a meditação ou ioga, ou traga serviços para a empresa que possam ajudar a introduzir um estado de mente mais relaxado.** Se você não puder fazer isso, então, forneça acesso a serviços próximos para que os funcionários possam encontrar um oásis no dia. Introduzir um sentimento de tranquilidade mantém o comprometimento com o trabalho porque a vitalidade é renovada. Melhores decisões serão o resultado.

✔ **Leve suas reuniões para dar uma volta.** Para as reuniões um a um, combine o exercício com fazer as coisas. Deixe os dispositivos de distração pessoais desligados para que você possa estar presente na conversa. Em reuniões maiores, quando as coisas ficarem tensas, faça um intervalo para caminhar. De fato, leve a conversa inteira — ou a reunião inteira — para dar uma volta... supondo que não sejam 20 pessoas perambulando por aí. É verdade, vocês não estarão falando sobre a mesma coisa, mas quando voltarem, descobrirá que mais clareza borbulhou até a superfície.

Implementando essas e outras técnicas que você propõe para si mesmo pode aliviar a pressão sobre si, seus pares e funcionários, e melhorar o ambiente do local de trabalho.

A doença relacionada ao estresse tradicionalmente tem sido vista como um sinal de fraqueza pessoal. Fundamentando essa suposição está a noção de que o ambiente do local de trabalho e a cultura comercial não têm nenhum efeito no desempenho. Agora, sabemos que este não é o caso. Contudo, se você ainda acredita que a doença relacionada ao estresse reflete uma constituição fraca, isto é uma inclinação a gerenciar. Para descobrir onde essa crença se originou, faça a si mesmo esta pergunta: "Por quê?" Você pode ter que repetir a pergunta até cinco vezes para ser profundo o bastante para mostrar a crença básica no centro dessa suposição. Porém, quando conseguir, terá ganho mais compaixão por si mesmo e sua equipe.

Ferramentas para regular as emoções e expandir a empatia

Você já notou um espaço para vendas que tem alta rotatividade — não importa qual negócio entra, ele falha? Ou já encontrou um prédio ou sala, e teve uma boa sensação ou, ao contrário, uma sensação ruim? O que você estava experimentando era a soma total da saúde emocional das interações com o espaço. A saúde das relações de trabalho definem o sucesso de uma organização. Cuidar da saúde dessas relações está no centro da construção da empatia e, portanto, é o acesso para as intuições pessoal e organizacional.

O HeartMath Institute desenvolveu técnicas que os indivíduos podem usar para ter calma sob pressão e que as empresas podem usar para restaurar o apreço e a empatia, que, por sua vez, dão acesso à intuição e à inteligência do coração. Nesta seção, compartilho essa ferramenta.

Técnica de Coerência Rápida da HeartMath: Tendo calma sob pressão

A Técnica de Coerência Rápida da HeartMath é uma maneira maravilhosa de ter controle quando você está sob muita pressão. Você pode usar essa técnica pessoalmente na próxima vez em que o céu estiver caindo ou estiver sob pressão para tomar uma decisão, e preferiria ter uma boa decisão. Portanto, se o estresse é o que você está sentindo, a Técnica de Coerência Rápida é para você. Essa técnica leva apenas um minuto. Não se preocupe! Para ter uma coerência rápida, siga estas etapas:

Etapa 1. Foque sua atenção na área do coração quando você respira um pouco mais lenta e profundamente do que o normal. Imagine que sua respiração está entrando e saindo de seu coração ou tórax.

Sugestão: Inspire por 5 segundos, expire por 5 segundos (ou qualquer ritmo que seja confortável).

Etapa 2. Faça uma tentativa sincera de experimentar um sentimento de regeneração, como o apreço ou o cuidado por alguém ou algo em sua vida.

Sugestão: Tente experimentar de novo o sentimento que teve por alguém que você ama, um animal de estimação, lugar especial, realização etc., ou foque em um sentimento de calma ou tranquilidade.

Etapa 3. Lembre do momento quando você se sentiu bem, em paz com o mundo. Você também pode pensar em um lugar onde se sentiu em paz. Imagine-se no momento. Tenha as sensações. Pensar nas sensações não ajudará. Você tem que sentir as emoções do amor, apreço, calma e paz.

Assim que você sentir um fluxo quente, a energia positiva o envolveu, você estará pronto para tomar aquela decisão. Para ter mais informações sobre essa técnica, visite esta página web: http://www.heartmath.com/personal-use/quick-coherence-technique.html (conteúdo em inglês).

Capítulo 6
Aprendendo com os Erros e as Consequências Não Intencionais

Neste Capítulo

▶ Usando os pontos cegos e os erros do passado para melhorar as futuras decisões
▶ Antecipando os problemas antes deles se tornarem problemas
▶ Usando as falhas para construir caráter e credibilidade

O pensamento racional e a intuição podem falhar para um tomador de decisão e é apenas no retrospecto que você compreende as falhas no processo. Quando você vê e entende a origem dos erros da decisão, tem o poder de tomar decisões melhores. Aprendendo como trabalhar com a falha, superar os erros e lidar com as consequências não intencionais, você pode transformar as experiências difíceis em sabedoria empreendedora.

Neste capítulo, mostro como localizar os pontos cegos que minam o processo da tomada de decisão, avalio as decisões do passado e uso os erros — seus e dos outros — para melhorar seu processo de tomada de decisão e evitar erros parecidos no futuro. Essas informações permitirão que você acesse com precisão as situações, observando e ajustando-se às circunstâncias dinâmicas. Espero que também evite que você cometa os mesmos erros cegamente sempre.

Engajando-se na Aprendizagem Reflexiva

Há várias maneiras de ver se as decisões que você está tomando levarão, basicamente, aos resultados esperados. Por sorte, você não tem, necessariamente, que desmoronar primeiro (embora desmoronar tenda a chamar a atenção dos empreendedores pela primeira vez). Ao contrário, você pode recuar e refletir, aprendendo com o passado para tomar decisões melhores no futuro.

Identificando os pontos cegos no processo de tomada de decisão

As informações desconhecidas e os pontos cegos no processo da tomada de decisão podem frustrar o tomador de decisão mais habilidoso. Os pontos cegos são aqueles momentos em sua tomada de decisão nos quais você não consegue ver as suposições subjacentes, crenças ou padrões de rotina que estão impactando a situação e que desviam a direção para resultados que você não deseja, ao invés do que deseja. Você pode revelar os pontos cegos respondendo a perguntas como as seguintes:

- "Os resultados que estamos buscando são aqueles que estávamos visando?"
- "Os clientes estão pagando no prazo?"
- "Os fornecedores estão entregando o que prometeram quando disseram que entregariam?"
- "Nosso negócio atrai clientes leais e repetidos?"

Cada pergunta acima tem uma simples resposta "sim" ou "não" que mostra rapidamente quais áreas precisam de mais exploração. As respostas "não" mostram lacunas entre o que você estava visando originalmente e os resultados que está obtendo; elas permitem saber que é hora de recuar e examinar por que existe uma diferença. As respostas "sim" indicam que você está bem seguindo adiante. Lembre-se, porém, que você deve permanecer atento quanto ao risco da complacência.

Quando feitas em intervalos periódicos, essas perguntas podem ajudá-lo a ficar em alerta. Você também poderá usar perguntas para refletir sobre as decisões que resultaram em uma derrota. Fazer isso ajuda a ver maneiras de melhorar a tomada de decisão no futuro.

Aprendendo com os erros e os desastres da decisão

Para aprender com o que já aconteceu, recue e verifique. As seguintes etapas irão guiá-lo (você também pode usar essas etapas para verificar se tudo está em andamento):

1. **Verifique o objetivo original da decisão.**

    Identificar o objetivo original esclarece se ele e os resultados desejados estavam claros desde o início.

    Vivemos em um mundo de planejamento ao construir soluções e não em um mundo onde tudo será totalmente claro desde o início. Se você estiver usando essas etapas para determinar se um projeto ou decisão está em andamento, verifique se o objetivo original está ficando mais ou menos claro quando ele surge durante a implementação.

Capítulo 6: Aprendendo com os Erros e as Consequências...

2. **Observe o resultado e como ele se alinha com o objetivo original.**

   Com uma observação cuidadosa, você pode ver como os resultados se alinham com o objetivo original. Neste caso de avaliação de uma decisão em andamento, observe os resultados que você está vendo neste ponto para saber se eles estão indo na direção certa e se são consistentes com o objetivo original.

3. **Se os resultados estiverem em desacordo com o objetivo original, revise as informações, ações etc. que foram tomadas em cada estágio do processo de tomada de decisão para descobrir onde você fez suposições que se desviaram dos resultados.**

   Considere o seguinte: as informações nas quais sua equipe confia, o curso de ação escolhido, como a decisão foi comunicada e implementada e como a implementação foi monitorada.

Dividir o processo assim ajuda a revelar onde as suposições foram feitas. Você pode ver onde as informações não estavam acessíveis e disponíveis para os tomadores de decisão em tempo real; onde as ações ficaram sem sincronia com as expectativas dos clientes e/ou outros envolvidos importantes; onde os fatores importantes foram negligenciados na implementação da decisão; onde a comunicação foi interrompida e o risco foi desconsiderado; e onde a implementação falhou em ser monitorada.

Depois de ter uma ideia sobre por que as decisões anteriores não seguiram de acordo com o plano, você precisará aplicar esse critério nas futuras decisões. Considere o que você pode retirar dessas experiências pouco otimizadas na próxima vez em que precisar tomar uma decisão. Você também pode aplicar as lições aprendidas para fazer ajustes agora nos processos usados para tomar decisões parecidas.

Transformando o Retrospecto em Previsão

Em geral, os erros são fáceis de ver no retrospecto. Para evitar os erros e prevenir desastres, o truque é trazer o retrospecto para a previsão. Nesta seção, você encontra estratégias que podem não transformar você em um profeta, mas ajudarão a reduzir os erros e as consequências não intencionais — diferente das empresas desafortunadas cujas histórias lamento compartilhar.

Monitorando a implementação e avaliando o risco

Muitos gerentes não avaliam adequadamente o risco e falham em monitorar a implementação de suas decisões — ou tomam essas funções como certas, supondo que, contanto que haja ação, tudo correrá bem. Eles focam no que está à frente, não no que está acontecendo na sequência de uma decisão. Contudo, monitorando os resultados de uma decisão, você tem a oportunidade de descobrir as consequências não intencionais e identificar onde ignorar os riscos leva a resultados negativos. Resumindo, você saberá se a decisão está dando os resultados esperados ou indo na direção oposta.

Para assegurar que não cairá na armadilha de remar para a praia enquanto o convés pega fogo atrás de você, faça o seguinte:

1. **Avalie a probabilidade e a seriedade de um risco percebido *antes* da implementação.**

2. **Identifique o que poderia acontecer no pior caso e estabeleça um plano de contingência para evitar uma consequência não intencional acelerando em direção a um desastre.**

3. **Monitore de perto a situação após a implementação para utilizar qualquer defesa que possa ser necessária.**

A confusão de softwares do Knight Capital

O Knight Capital Group, Inc. (agora consolidado como Getco Holding Co., com o novo nome KCG Holding, Inc.) é uma empresa financeira global americana especializada na execução eletrônica de vendas e negociação de ações. Em 2012, a empresa instalou um novo programa que ativou sem querer um aplicativo de software inativo que começou a multiplicar as ações na Bolsa de Valores de Nova York. O resultado foi um aumento absurdo nos pedidos de ações de acidentes. Levou 45 minutos (quase uma vida inteira na negociação de ações) para pegar o erro e finalizar a negociação. A empresa sofreu uma perda de $460 milhões e foi multada mais tarde em $12 milhões por violações de negociação e falha em colocar proteções. Dramático? Com certeza!

Os problemas de software são imprevisíveis e têm um risco inerente, portanto, a ativação de um software inativo foi uma consequência não intencional nem antecipada.

No caso do lançamento do software do Knight Capital Group, pensar com antecipação poderia ter incorporado o seguinte:

✔ Reconhecer que existia uma alta possibilidade de um problema ocorrer, dadas as idiossincrasias do software.

✔ Avaliar que a seriedade do pior caso seria muito alta.

✔ Estabelecer um plano de contingência para endereçar o risco, como um dispositivo de segurança para finalizar o software no momento em que a atividade de negociação irregular foi detectada.

Se tais etapas tivessem sido realizadas, a negociação poderia ter sido parada em menos de 1 minuto após o código inativo ter sido ativado, não 45 minutos e 400 milhões de pedidos depois. Tal retrospecto pode apontar mudanças em como as futuras decisões serão tomadas, usando os desastres do passado para construir decisões melhores.

Prevendo os efeitos acidentais de uma decisão

Algumas vezes, uma bola de cristal seria realmente útil para prever os resultados de uma decisão. Na ausência de tal bola, a melhor coisa é expandir seu pensamento e aumentar sua perspectiva. A capacidade de ver a paisagem inteira dos possíveis resultados e consequências — mesmo aqueles que obscurecem as possibilidades — após uma decisão ser implementada é uma habilidade real e uma vantagem.

Como você vê à frente e incorpora os possíveis resultados em sua tomada de decisão? Eis algumas sugestões:

- **Explore os prós e os contras da decisão.** Explorar os prós e os contras fornece uma vantagem sobre como a decisão pode se desenrolar. Por exemplo, contratar funcionários de curto prazo ou temporários é um modo conveniente de ter recursos quando você precisa deles, mas a desvantagem é uma falta de lealdade de ambos os lados.

- **Procure uma relação entre a decisão a ser tomada e seu impacto maior em sua reputação ou o que você está tentando conseguir basicamente.** O segredo é entender quem a decisão afetará e como. Descubra qual é o interesse especial dos envolvidos no resultado e como eles se sentirão.

  Como seus clientes, funcionários ou fornecedores sentem-se sobre uma decisão dita sua resposta. É emocional. Você não consegue argumentar os sentimentos com fatos. Ao contrário, considere seu grau de apoio para a decisão desde o início. Seu objetivo não é convencer ninguém; é entender como e por que as pessoas se importam com a decisão que você está tomando. Faça isso e terá o apoio para aquilo que deseja fazer ou terá critérios para explicar por que não terá o apoio que está esperando.

- **Mapeie os cenários.** Investigue o futuro e examine o que poderá acontecer se a decisão for tomada e implementada. Quando você vir cenários diferentes, notará as opções e as alternativas que pensava não existir anteriormente.

- **Tenha uma intuição no futuro.** Qual é seu pressentimento para onde esta decisão levará? A previsão intuitiva é uma qualidade dos visionários. Pense em Walt Disney. Veja o Capítulo 7 para aprender a fortalecer sua tomada de decisão intuitiva.

- **Desenvolva sua habilidade para perceber a interconectividade e as inter-relações de todos os aspectos da decisão, assim como as consequências diretas e indiretas da decisão.** Você pode ter critérios na interconectividade e nas inter-relações observando a natureza, o exemplo final do pensamento de sistemas. Em todo nível na natureza, desde os microambientes até os macroambientes, as coisas estão conectadas de tal modo que uma mudança em uma área produz efeitos propagadores que se espalham pelo sistema inteiro. Quando o ecossistema natural dos fatores vivos (plantas, animais e microorganismos) e não vivos (solo, água, ar etc.) não é saudável, os animais e as plantas morrem. As empresas são ecossistemas de elementos vivos (funcionários) e não vivos (bens de capital) trabalhando juntos. Vendo como uma coisa está conectada à outra, você pode reconhecer melhor a interdependência de todos os elementos individuais e, como resultado, antecipar melhor como as decisões afetam essas inter-relações.

Ouvindo o retorno dos principais fornecedores e clientes

O sucesso de sua empresa depende de como você trata os principais fornecedores e clientes. As relações mais valiosas são aquelas nas quais a comunicação aberta e honesta facilita a confiança mútua e a ética compartilhada. Ao avaliar as relações de sua empresa com as principais contas e clientes, faça a si mesmo estas perguntas:

- **"Como a especialização dos fornecedores, compradores e outras partes da rede de relações de minha empresa é construída nas informações usadas para a tomada de decisão da empresa?"** Com a resposta para esta pergunta, você descobre onde está deixando de fora a especialização valiosa na tomada de decisão, permitindo que realize etapas para incorporar as visões de seus parceiros comerciais valiosos nos principais pontos da tomada de decisão.

- **"Onde incorporamos intencionalmente o retorno dos clientes no processo de tomada de decisão?"** Com a resposta para esta pergunta, você reconhece onde está construindo o retorno do cliente e onde pode melhorar para tomar decisões melhores em tempo real.

- **"Posso confiar na palavra de um fornecedor e o fornecedor pode confiar na minha?"** A resposta para esta pergunta mostra o grau no qual sua relação é mutualmente confiável. Se você fosse caracterizar sua relação, a descreveria como uma na qual um aperto de mãos pode selar o negócio ou uma que conta exclusivamente com um contrato legal? (A pergunta é sobre confiança, não se você realmente usaria um aperto de mãos ou um contrato.) Se algo der errado, você e esse fornecedor terão um tipo de relação que permite a vocês trabalharem em cooperação na solução?

Capítulo 6: Aprendendo com os Erros e as Consequências... 85

Matt & Nat

A Matt & Nat fabrica uma linha vegana de bolsas femininas modernas. Alguns anos atrás, a empresa foi abordada pela Holt Renfrew, uma empresa varejista canadense de ponta, para tornar a Holt Renfrew a distribuidora exclusiva das bolsas veganas Matt & Nat. Embora o negócio fosse em grande parte de vendas a varejo, mas não totalmente, que poderiam continuar a ter os produtos Matt & Nat, havia um problema: o preço a varejo dobraria.

Um comprador e distribuidor a varejo importante aconselhou a Matt & Nat a não dobrar o preço por nenhum motivo justificável, mas a empresa prosseguiu de qualquer modo. As vendas a varejo não conseguiram explicar para os clientes por que uma bolsa que custava $100 uma semana estava sendo vendida por $200 na semana seguinte, sem nenhuma mudança no produto. Os compradores a varejo maiores, exceto a Holt Renfrew de ponta, pararam de ter as bolsas Matt & Nat e os concorrentes entraram oferecendo um produto parecido no nível de preço mantido originalmente pela Matt & Nat.

Eu era uma cliente da Matt & Nat e entendi que era uma empresa que aplicava os princípios da tomada de decisão baseada em valores; contudo, dobrar o preço não parecia ser baseado em valores. Embora a Matt & Nat tivesse fisgado um peixão, a empresa perdeu muita credibilidade e participação do mercado. Ela perdeu muitas das empresas que distribuíam seu produto e fez alguns clientes, como eu, questionarem seus valores.

Independentemente das fortunas da Matt & Nat hoje, este exemplo mostra o valor de trabalhar com distribuidores e compradores como parceiros no sucesso de sua empresa. Incorporar seu conselho no processo para reunir informações pode ajudar a evitar uma decisão estratégica ruim.

Implementando com sabedoria as ideias dos outros

Com frequência, os gerentes e executivos introduzem novas iniciativas sem a devida experiência. Quase todo consultor no planeta passou muito tempo, o que não tem preço, com um possível cliente, explicando o mérito das novas ideias, apenas para ele decidir fazer tudo internamente. Outras vezes, alguém (geralmente um executivo sênior) lê o livro de negócios mais recente, entende a ideia e transporta-a para o local de trabalho. Nos dois cenários, pouca ou nenhuma consideração é dada ao que faz a ideia funcionar ou como aplicá-la em diferentes situações. Quando deparados com iniciativas executadas de modo ruim, é natural que os funcionários desenvolvam um cinismo, especialmente quando testemunham a próxima "ideia do mês" desfilar, seguida de mais mudança distrativa, mas improdutiva.

As ideias sobrepostas em uma empresa sem os ajustes necessários para aceitarem a cultura do local de trabalho resultam geralmente em falha. Então, a ideia ou o processo (ou pior, os funcionários) é o culpado. E mais, a energia produtiva dos funcionários é dissipada para se ajustar e adaptar às mudanças internas que basicamente não conseguem a intenção. Elas focam na dinâmica interna e os clientes podem ficar à margem. As organizações que agem antes de pensar tendem a impor uma ideia antes de entender com confiança qual mentalidade ou pensamento criativo é requerido para conseguir os resultados desejados.

Outro problema relacionado a usar as ideias dos outros é a tendência das empresas de pensarem que o que funciona em outro lugar pode não funcionar em seu ambiente, mesmo quando essas ideias e inovações podem ser benéficas. Sem realizar as etapas para descobrir como uma inovação em um setor comercial ou empresa pode semear ou iniciar um pensamento original em sua própria empresa, as boas ideias e especialização ficam intocadas e inexploradas. O status quo é mantido.

Para propor inovações internas que se encaixam nas realidades da cultura corporativa de sua empresa, explore as ideias originais de outras empresas ou outros setores, e faça perguntas como: "O que podemos aprender com esta ideia?"; "Como ela pode ser aplicada a nós?"; e "Como poderíamos atender melhor nossos clientes se adotássemos essa abordagem?" Lembre-se, a curiosidade precede a ação. A indagação fornece a oportunidade para explorar e ajustar as novas ideias para caberem melhor em sua situação.

Parando para ver o geral

A maioria das decisões ruins não parece boba no momento. Na verdade, a confiança e o otimismo geralmente acompanham as decisões ruins. O motivo se resume à *cognição estreita* ou pensamento estreito. Eis por que identificar o pensamento estreito é tão difícil: como você pode dizer quando está omitindo muitas informações relevantes e importantes que realmente não consegue ver? A resposta é que você tem que aumentar sua visão para que possa ver o geral. Você pode aumentar a perspectiva para ver o geral fazendo o seguinte:

1. **Determine claramente o problema que você está resolvendo.**

    Por exemplo, você pode dizer: "Queremos cortar os custos enquanto melhoramos a segurança". Esse tipo de afirmação dá uma imagem clara de quais informações você precisa reunir.

2. **Reúna informações que construam sua compreensão do que deve ser considerado.**

    Veja o problema de uma respectiva ampla. No exemplo, não se limite a apenas à parte de cortar os custos. Ao contrário, reúna informações sobre os custos (diretos e indiretos) de manter a prática atual, assim como as economizas feitas implementando diferentes abordagens. Você também precisa aprender quais são os problemas de segurança e o que está causando-os para que possa considerar as opções que removem o risco.

3. **Peça ideias à sua equipe.**

    Você identificará coletivamente maneiras melhores de resolver o(s) problema(s) identificado(s) na Etapa 1. Também conseguirá ver qual abordagem executa melhor todas as partes de seu objetivo. No exemplo, você pediria à sua equipe ideias sobre como ter eficiências que vão além de cortar os custos diretos, mas são conseguidas usando uma abordagem diferente. A solução resulta em práticas de segurança com custos menores e melhores.

Expandir o pensamento para ver o geral sempre resulta em melhores decisões, contanto que você aplique uma abordagem liberal.

Adotando uma visão maior e ganhando eficiências

Um gerente sênior de uma construtura de moradias grande e bem-sucedida teve problemas com acidentes recorrentes envolvendo subempreiteiros caindo das escadas de alturas significativas. Em um acidente particularmente preocupante, um trabalhador caiu de 5 metros e foi perfurado por uma estaca de madeira. Embora não tenha sido fatal, o acidente resultou em uma limitação de longo prazo, um processo e uma multa significativa. O gerente sênior abordou seu CEO para explorar soluções, mas os custos de alugar ou comprar um andaime era alto. Na verdade, o CEO enviou um edital requerendo que os subempreiteiros comprassem e montassem o andaime. Passar o custo para os subempreiteiros resultou em muitos desobedecendo a exigência (que, na maioria dos países, era perfeitamente legal porque eles eram independentes) ou comprando um equipamento barato e abaixo do padrão (o andaime é um investimento caro). Depois de outro acidente, o gerente sênior decidiu tentar novamente fazer o CEO mudar de ideia.

Desta vez, o gerente calculou o custo das multas, acrescentou os custos legais associados e incluiu o valor do tempo gasto discutindo e vigiando a conformidade, assim como o custo do tempo gasto ao mudar as escadas de um lugar para outro e o efeito dos atrasos no planejamento devido à dificuldade de coordenar os profissionais. Então, ele calculou o custo de alugar e montar o andaime como parte do processo de construção em si. Depois de documentar as eficiências, ele mostrou seus cálculos, que agora incluíam um conjunto amplo de áreas, para o CEO.

Depois de descobrir que o andaime permitia que vários profissionais — colocador de telhados, instalador de canaletas, instaladores de janelas, pedreiros, pintores e até limpadores — terminassem seu trabalho rapidamente, com eficiência e, o mais importante, com segurança, o CEO mudou sua decisão quando seu foco mudou de minimizar o custo para ganhar eficiência.

A habilidade do gerente sênior ao imaginar e calcular as implicações maiores da decisão ajudou o CEO a expandir sua perspectiva. Considerando que ele via originalmente apenas os custos dos acidentes de segurança, agora ele via o geral e reconheceu que um ganho significativo nas eficiências operacionais mais do que pagava os custos do andaime. O resultado final teve um impacto positivo na segurança, eficiência operacional e reputação da construtora. Os subempreiteiros gostaram também.

Superando os problemas persistentes com aquisição

As empresas lidam frequentemente com problemas no processo de aquisição. Esses problemas são geralmente resultado de criar limitações no processo de aquisição ou priorizar economias de dinheiro acima da saúde e da segurança do funcionário. Como os produtos ou serviços são adquiridos também pode ser um problema quando a aquisição é orientada pelas economias de custos e omite a qualidade — nos serviços/produtos adquiridos ou nos resultados — como um fator.

Se você vendeu produtos ou serviços para um comprador de médio a grande porte, provavelmente houve vezes em que sua especialização foi desvalorizada ou subestimada. O comprador não é educado o bastante para saber se o mesmo critério usado para comprar lápis não se aplica ao comprar serviços de desenvolvimento de liderança, por exemplo. Mais educação é necessária para que o comprador possa tomar uma decisão mais informada. Uma reputação pela qualidade e confiança na relação pessoal são maneiras como os compradores ganham segurança sobre a qualidade e profundidade de especialização na qual estão investindo.

Se você for um comprador ou vendedor de serviços ou produtos, as seguintes considerações devem informar sua tomada de decisão.

Como comprador, experimente o seguinte:

- **Mude seu pensamento de corrigir problemas para entender a situação e as causas subjacentes.** Para tanto, tente o seguinte:
  - Veja o problema de perspectivas diferentes, com um espírito genuíno de curiosidade e interesse.
  - Pergunte a seus fornecedores ou clientes como sua empresa está se saindo. A resposta pode dar uma ideia valiosa sobre o que está acontecendo.

    Mudar seu pensamento para que possa aprender com os diferentes pontos de vista permite ver como seu processo de tomada de decisão e expectativas avançam ou minam sua capacidade de conseguir o que você está visando. Quando você incorpora a pergunta, a escuta e a proposta cooperativa de soluções em sua tomada de decisão, está promovendo um modo de pensar de ganho mútuo.

- **Descubra qual pensamento seus gênios financeiros trazem para a conversa.** Os departamentos financeiros podem ajudar ou atrapalhar a aquisição bem-sucedida. Nas organizações menos amadurecidas, os

Capítulo 6: Aprendendo com os Erros e as Consequências... 89

departamentos financeiros tendem a criar todas as regras porque eles têm as rédeas. Porém, como ideal, você deseja que a pessoa das finanças ou o departamento trabalhe como um membro da equipe. Portanto, quando você for contratar seu especialista financeiro, procure alguém que possa trazer uma visão estratégica e mais integrada para o trabalho e que reconheça que faz parte de uma equipe, ao invés de estar em seu próprio reino.

O departamento financeiro ideal é aquele que trabalha com você, fornece controles e análise, é capaz de ver uma decisão de mais de uma perspectiva e pode dar o critério necessário quando você está fazendo um movimento financeiro de alto risco.

Se você for um vendedor que está tendo problemas com os compradores, considere abandonar os clientes problemáticos, aqueles que usam seu poder de compra para controlar o que você diz ou faz, ou que dita padrões que estão bem abaixo de seus princípios ou padrões éticos. Para identificar quais clientes você pode querer considerar despedir, todo ano examine sua lista de clientes e identifique aqueles que se encaixam nestas descrições:

- Clientes que não pagaram, mas reclamaram muito sobre seus serviços.
- Clientes que tratam você como sendo inferior, ao invés de um membro respeitado da equipe.
- Clientes que não estão procurando uma relação de trabalho cooperativa e de qualidade; ao contrário, estão mostrando autoridade.

Embora seja difícil dizer adeus ao seu trabalho pago, o estresse de comprometer seus princípios e ética é ainda mais caro. Quando você descarta os clientes problemáticos e recruta uma classe de clientes melhor — aqueles que gostam dos serviços de sua empresa e pagam no prazo —, pode ganhar clientes de melhor qualidade e um fluxo de caixa melhor, ter menos estresse, passar menos tempo tentando fazer os clientes pagarem e ter mais tempo sentido-se absolutamente fantástico em relação a ir para o trabalho.

Se você é um comprador ou vendedor, no final de cada projeto, faça perguntas como: "Como nos saímos?" e "O que poderia ser melhorado?" Verifique se a conversa inclui todos os envolvidos — contratante, gerente de aquisições, fornecedor, a pessoa responsável e encarregada etc. Então, termine a conversa perguntando: "Quais perguntas não fizemos?" e "Quais áreas omitimos?" As respostas para essas perguntas asseguram que você não omitiu as principais ideias ou observações.

O custo da moderação imprudente

O gerente geral de um departamento do governo local responsável por manter as estradas, drenagem, esgoto e água da cidade estava sofrendo repetidamente uma pressão ruim pelas falhas aparentes de seu departamento. As falhas causavam uma considerável inconveniência para os cidadãos devido a rompimentos na infraestrutura mecânica da rede de água e esgoto. O conselho local foi levado ao tribunal por vários casos de danos significativos quando as empresas de seguro não quiseram resolver as reclamações de uma maneira rápida e razoável. As coisas pioraram desde então.

O gerente geral sofreu críticas de todos os lados: imprensa, moradores, seus superiores, políticos etc., e seus gerentes e equipe estavam levando a culpa. Então, o gerente geral ficou doente e entrou de licença. Enquanto estava de licença, o gerente refletiu sobre suas decisões e percebeu que ele as baseava em grande parte em sua experiência de consertos. Quando votou ao trabalho, ele fez uma lista dos cinco problemas mais graves. Seu gerente financeiro ajudou fornecendo dados sobre o custo dos rompimentos, uma lista da frequência de cada tipo de rompimento e um arquivo das cartas de reclamações públicas. Depois de examinar os dados, o gerente propôs uma lista de 10 áreas problemáticas repetidas com frequência e graves. A qualidade da manutenção e a pontualidade do reparo estavam na raiz de seis entre dez problemas, e apenas duas firmas estavam envolvidas.

Um dia, o gerente geral encontrou o proprietário de um das duas firmas problemáticas. Ele pediu ao empreiteiro para descrever sua relação de negócios com o conselho da cidade. O proprietário da firma empreiteira disse que era a pior decisão comercial que já tinha feito, mas como ele precisava do negócio, sentia-se impotente para mudar algo. Ele disse ao gerente que o conselho pagava tão mal suas taxas de contrato que ele não podia recrutar gerentes experientes ou uma equipe para o trabalho. Ele compartilhou que seu equipamento também era antigo e não confiável, o que o fazia ignorar as exigências de segurança, comprar produtos mais baratos e contratar subempreiteiros mais baratos também — decisões que resultavam em sua empresa fazendo reparos abaixo do nível requerido pelo conselho. O empreiteiro tinha reclamado com frequência com o chefe de aquisições e abastecimento do governo municipal, que disse que o conselho não iria renegociar porque sua firma era a mais barata e ninguém mais aceitaria o trabalho com essas taxas. Ele ficou perplexo.

O gerente geral ficou impressionado. A falha não estava nos empreiteiros, mas nos modos econômicos do conselho. O conselho estava tendo exatamente aquilo que tinha pago. Mas o empreiteiro era barato! Este era o critério que ele precisava.

Durante sua próxima reunião com o prefeito, o gerente geral perguntou-lhe se ele queria que os problemas, que tinham custado ao conselho vários milhões de dólares no ano passado, continuassem ou parassem. Ele propôs que o modo inteligente de lidar com o problema seria pagar taxas melhores e demandar um serviço melhor e qualidade como retorno. O prefeito argumentou que fazer isso significaria elevar os impostos dos contribuintes, mas ele ouviu o contra-argumento do gerente de que os custos do serviço ruim estavam sendo pagos de qualquer modo.

No final, as taxas do contrato foram renegociadas, resultando em uma melhoria quase imediata em resposta para os rompimentos. A qualidade dos reparos também foi mais alta, resultando em uma notícia na imprensa favorável, para grande alívio do prefeito, chefe do gerente geral, gerente geral, contribuintes, empresas contratadas e equipe.

Construindo o Caráter e a Credibilidade através de Erros e Falha

Como um empreendedor ou dono de negócio, você sabe que as falhas são inevitáveis. A resiliência, capacidade de se recuperar e avançar a partir de uma falha pessoal, é uma característica da sabedoria empreendedora. Todos os empreendedores são resilientes? Sim, a grande maioria; apenas alguns cedem à autopiedade. Depois de se recuperar após uma falha, todos aprendem e aplicam as lições para construir uma visão melhor ou caráter mais forte? Não, alguns se recuperam sem um julgamento melhor.

Decidir melhorar o julgamento da tomada de decisão é uma questão de escolha. Esta seção explora o que você pode fazer para transformar as experiências, boas e ruins, em sabedoria e melhor julgamento.

Aceitando a responsabilidade pessoal

Sem dúvida alguma você não leu as manchetes quando um tomador de decisão sênior culpou os funcionários por alguma ação antiética que a empresa foi acusada. Para ganhar credibilidade e respeito em um momento difícil, porém, é melhor você aceitar a responsabilidade. Ser capaz de se recuperar de um contratempo é mais fácil quando você pega a estrada principal e lidera porque pode focar em reconstruir, ao invés de encobrir os erros e proteger as reputações.

A aceitação da responsabilidade pessoal leva você para uma posição de liderança, na qual se engaja em aprender o que não prestou atenção (ou ignorou) ou os sinais importantes que perdeu. Depois de ter tido uma falha e aprendido com ela, você terá menos probabilidade de manter uma estratégia comercial, por exemplo, que não o mantém atualizado com o mercado e/ou ignora as implicações da moral ou da saúde do local de trabalho.

Separando o bom julgamento do julgamento dos outros

É muito fácil julgar os outros e a si mesmo pelos fracassos. Todos nós fracassamos. Mas culpar e julgar não melhora o julgamento pessoal ou coletivo (da empresa). Desenvolver um julgamento melhor requer soltar seus próprios limites e necessidades do seu ego (explico o papel do ego na tomada de decisão no Capítulo 4) e ter acesso a um conjunto mais amplo de recursos dentro de si mesmo e de sua equipe.

Afastando a culpa e o autojulgamento

Afastar a culpa ou o autojulgamento é uma consciência mais bem compreendida através das palavras de Viktor E. Franki (psiquiatra, sobrevivente do holocausto e autor do livro *Man's Search for Meaning*), que disse: "Entre o estímulo e a resposta há um espaço. Nesse espaço está nosso poder de escolher a resposta. Em nossa resposta está nosso crescimento e liberdade". A mente compreende os dados recebidos rapidamente. Ela geralmente adiciona, sem seu consentimento, uma avaliação emocional sobre a informação ser boa ou ruim. Assim que a avaliação é adicionada, você perdeu o momento de escolher uma resposta diferente. Afastar a culpa e o julgamento significa soltar a ideia de que algo é ruim. Talvez perder seu emprego seja a melhor coisa que poderia ter acontecido. Talvez o erro cometido lhe dê força e critérios que você não tinha antes.

Aproveitando o espaço entre o erro cometido e como você responde, você pode escolher ver à frente, não ignorando suas responsabilidades, mas aprendendo como seguir em frente de uma maneira mais sábia. Você irá sacudir o pensamento rotineiro para que uma visão mais esclarecida possa entrar. Você aceitará a responsabilidade pelo que acontece em seguida (orientada no futuro), ao invés de se punir com o que não aconteceu. Perdoar a si mesmo ou aos outros pode ser uma parte do processo.

Trabalhando junto para descobrir o que aconteceu e por que, e fazendo de um modo que separe o julgamento da culpa, você melhora a capacidade dos indivíduos e dos grupos para tomarem decisões melhores. Libera o pensamento de um modo que transforma os erros em rupturas e oportunidades em potencial para conseguir níveis mais altos de desempenho.

A construção de um julgamento organizacional pode ocorrer apenas em um ambiente que demonstra um comprometimento com a saúde organizacional; do contrário, as pessoas não focarão no crescimento; elas focarão em se proteger da crítica. Vá para o Capítulo 13 para descobrir como criar um ambiente de trabalho saudável e cultura da empresa.

Comunicando-se de modo autêntico

Admitir um erro ou falha requer duas qualidades principais de liderança: coragem e honestidade. Explicar de uma maneira aberta, honesta e transparente o que aconteceu, por que aconteceu, o que foi aprendido e o que significa para as pessoas afetadas é essencial, mesmo que tudo o que você pode dizer é "sinto muito". A comunicação deve vir de um lugar genuíno em seu ser. Do contrário, as palavras serão superficiais, não terão credibilidade e não honrarão nem respeitarão as pessoas que foram afetadas negativamente pelas circunstâncias.

Capítulo 6: Aprendendo com os Erros e as Consequências...

A culpa e o julgamento — geralmente um produto de emoções negativas e ocultadas com frequência — não podem entrar em nenhum aspecto da comunicação. Se você não as tirou de seu sistema, reserve um tempo para reconhecer e lidar com suas emoções antes de avançar para reconhecer os eventos, porque seu público conseguirá detectar como você se sente, mesmo quando tentar esconder. As mensagens misturadas ocorrem quando o que você diz não combina com a forma que se sente. Falando aberta e sinceramente, você ganha credibilidade, lealdade e respeito, mesmo nos momentos de falha. Veja o Capítulo 5 para ter uma ideia de como pode conseguir a paz interna necessária para lidar com as emoções que podem minar uma comunicação bem-sucedida.

Reinventando sua autoidentidade

Às vezes, uma cascata de eventos desmorona seu mundo em todo nível, ameaçando-o com a perda de seu negócio, família e principais relações, dinheiro e toda a sua identidade. Em momentos como esses, você tem uma oportunidade de examinar quem você realmente é, descobrir o que deseja da vida e decidir o que sua vida significa. Essa autoanálise pode resultar em descobertas profundas que podem levá-lo a reinventar a si mesmo.

A busca pelo sucesso geralmente pode cegar a ambição a ponto daquilo que realmente importa para você ser reprimido ou negligenciado. Em geral, você tem um sinal — um pressentimento de que é hora de fazer as coisas de modo diferente. Mas se você ignorar os primeiros sinais de aviso, a mensagem se intensificará até sua vida ficar em ruínas. Ou parecer ficar. A queda pode ser o início de um novo começo.

Humildade é uma qualidade da liderança e você pode consegui-la com a experiência de não deixar nada para depender nem escapar através de distrações ou vícios sem sentido. Você percebe que essa grande falha é uma abertura para reinventar e redefinir a si mesmo — quem você é e quem se tornará como resultado de sua experiência. É um reinício inteiro de sua identidade pessoal e como você escolhe se mover no mundo. Pode parecer um teste, mas quando você surgir, como uma fênix, das cinzas, terá ganho liberdade interna e autorrealização.

Parte III
Intervindo: A Tomada de Decisão Prática

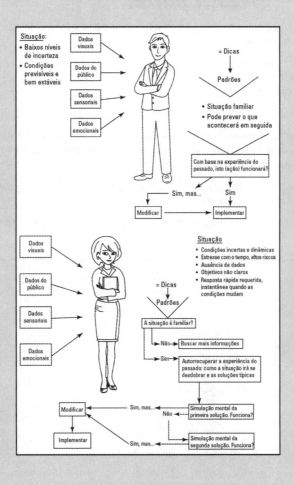

Nesta parte...

- Esclareça o que a intuição é ou não é, e como colocar as forças intuitivas para trabalhar

- Veja as etapas básicas envolvidas na tomada de decisão: articulando a finalidade por trás da decisão, esclarecendo o objetivo, comunicando a decisão e mais

- Descubra os fatores que impactam o momento das principais decisões

- Identifique seu estilo de tomada de decisão — de cima para baixo, construção de consenso, participativa etc. — e descubra qual abordagem usar ao tomar diferentes tipos de decisões comerciais

- Obtenha as ferramentas necessárias para tomar decisões acertadas em diferentes tipos de cenários comerciais

- Veja por que as relações são centrais para a proficiência da tomada de decisão

Capítulo 7
Compreendendo a Tomada de Decisão Intuitiva

Neste Capítulo

- Desmitificando a intuição
- Identificando suas forças intuitivas
- Aumentando a chance de uma interpretação precisa
- Compreendendo como sua intuição toma decisões
- Aprendendo em que confiar

Duvido que qualquer outra combinação de palavras em português evoque respostas tão mistas quando unir *intuição* com *tomada de decisão*. Por quê? Porque os humanos tendem a pensar que o pensamento concreto e prático é mais confiável do que a tomada de decisão intuitiva. Contudo, a maioria das decisões — algumas estimativas indicam mais de 90% — é tomada usando a intuição. Em outras palavras, muitas decisões estão sendo tomadas com processos automáticos e inatos dos quais você e eu não temos consciência.

Portanto, o que cria a lacuna entre o que você vê como processos confiáveis de tomada de decisão e com o que você realmente conta no dia a dia? Confusão e informações erradas sobre a intuição. Neste capítulo, mostro um modo diferente de ver a intuição para que você possa equilibrar melhor o pensamento racional — do qual você tem mais consciência — com o pensamento intuitivo, que opera relativamente despercebido.

Empreendedores sérios e bem-sucedidos sempre estão sintonizados com sua intuição e usam-na. Aprender mais sobre como os empreendedores bem-sucedidos usam a tomada de decisão intuitiva ajuda a fortalecer sua consciência e atenção quando você toma decisões e ajuda a tomar decisões melhores. E aqui vai um bônus extra: quando as circunstâncias estão mudando dinamicamente e os riscos são altos, a tomada de decisão intuitiva assume o comando. (Você pode encontrar os detalhes sobre como seu supercomputador de alta velocidade intuitivo, seu cérebro, toma uma decisão em milissegundos no Capítulo 9.)

Obtendo a Pura Verdade sobre a Intuição

Ao fazer a pesquisa para este livro, encontrei muitas visões sobre o que é ou não é intuição. Originando-se do latim *in-tuir*, que significa "ver, observar ou saber internamente", a *intuição* é um modo de saber as coisas sem um pensamento consciente. Não é um tipo de ferramenta mística. Uma ciência sobre como o cérebro funciona esclareceu muito da confusão em torno da intuição e como ela funciona.

Nesta seção, explico o que é intuição, esclareço parte da confusão que você, por si só, pode ter sobre intuição e explico suas vantagens para a tomada de decisão comercial.

Definindo a intuição

A intuição é o processo de perceber ou saber as coisas sem o pensamento consciente. Inclui premonições de eventos — geralmente recebidas através de sonhos — que não aconteceram ainda ou informações que aparecem como certo conhecimento interno, mesmo que possam entrar em conflito com a evidência lógica. Portanto, como você "sabe" as coisas sem conhecê-las conscientemente? A resposta está em como seu sistema nervoso — que transmite informações por todo seu corpo e cérebro — funciona. Seu corpo e cérebro absorvem os dados, inclusive os sentimentos e pensamentos, de seu ambiente o tempo todo. Sua intuição acessa e torna essas informações disponíveis para você na tomada de decisão. Ajuda a ver o que está acontecendo em vários níveis, usando todos os dados disponíveis, não apenas o tipo de dado que sua mente racional grava como válido. (Leia mais sobre o papel do coração ao acessar sua intuição no Capítulo 5.)

Separando o mito do fato

Admito, ouço muito o que as pessoas dizem quando menciono a palavra *intuição*. E muito do que ouço é impreciso. Aqui, listo os comentários mais comuns que as pessoas têm feito sobre a intuição e forneço os fatos relacionados a essas percepções:

- **"Intuição e medo são a mesma coisa"**. Sua intuição, através dos sentidos, seleciona as dicas e os sinais de seu ambiente. Ela o alerta sobre o medo, mas não é o medo em si. Imagine encarar um tigre de dentes de sabre que está para atacar: seu medo faz seu coração disparar e deixa seu corpo preparado para a ação. Sua intuição o alerta para a presença do dente de sabre antecipadamente. As reações instintivas salvarão sua pele.

Capítulo 7: Compreendendo a Tomada de Decisão Intuitiva

- **"Intuição é o mesmo que voar instintivamente, com sabedoria comercial"**. Não. Confundir intuição com instinto, que se refere a ser desorganizado, ocorre quando você associa a intuição à falta de estrutura ou organização. Embora introduzir sistemas e processos possa ajudar a organizar, a confiança excessiva nos sistemas e processos exclusivamente pode de fato bloquear a intuição.

- **"Minha intuição falhou comigo, então não confiarei nela de novo"**. A maioria de suas decisões é tomada sem notar, portanto, se você confia em sua intuição ou não, ela ainda guiará grande parte de sua tomada de decisão. Se você sentir que falhou, há chances de que estava sob pressão, o que impacta a recepção e a interpretação dos sinais intuitivos. Sem uma devida compreensão de sua própria intuição, você pode facilmente interpretar mal o medo ou o impulso com intuição, embora sejam coisas muito diferentes. Você pode ler mais sobre os sentimentos que muitos interpretam mal como intuição na próxima seção.

- **"Você não pode contar apenas com a intuição"**. É absolutamente verdade. Contar com a intuição apenas cria um desequilíbrio — exatamente como apenas contar unicamente com a razão cria um desequilíbrio. Para ser um bom tomador de decisão, você precisa conseguir um equilíbrio entre intuição e razão. Informo como fazer isso na seção "Equilibrando o Racional com a Intuição".

- **"A intuição é uma habilidade temporária; é o pensamento racional e básico que o leva a lugares"**. Não confie em tudo que você pensa que sabe. Uma mente aberta é uma exigência para o tomador de decisão de hoje. Se você der uma rápida olhada nos estudos de caso de negócios sobre o que deu certo, verá que a lógica racional não prevalece na maioria dos casos. O componente intuitivo é geralmente o segredo de uma boa decisão.

- **"A tomada de decisão intuitiva pode ser perigosa"**. Um carro com um motorista sem prática ou sem cuidado atrás do volante pode também ser perigoso, mas a maioria das pessoas não abandona a direção. Para usar a intuição para melhorar sua tomada de decisão, você deve entender como reunir informações intelectual *e* intuitivamente. Aumentar sua consciência sobre como você interpreta as informações coletadas também melhora a precisão.

- **"Você não pode confiar em sua intuição 100% das vezes"**. Verdade. A intuição transmite direção de um modo sensorial, que é único em cada indivíduo. Se você estiver ocupado demais para prestar atenção em seus sinais intuitivos, reduzirá a precisão de sua tomada de decisão. E mais, as mensagens intuitivas são interpretadas por seu cérebro, que adiciona a análise sobre um "acesso" intuitivo — um motivo para geralmente ser sugerido que você ouça o primeiro pensamento que passa pela mente antes de sua mente racional intervir censurando ou adicionando seu ponto de vista. Vá para a seção "Construindo Seus Poderes Intuitivos" para obter sugestões sobre como desenvolver sua intuição.

- **"Apenas mulheres têm intuição. Quando a intuição foi repartida, os homens perderam"**. Esta ideia é uma lembrança do passado, com base nos conceitos medievais de inteligência e sexo, quando as pessoas acreditavam que as mulheres eram inferiores intelectualmente e que seus cérebros eram incapazes de um pensamento racional, deixando-as para tomar decisões baseadas na emoção e na intuição. Todavia, a intuição não é exclusiva de um determinado sexo nem é igual para todos. É diferente o modo como cada pessoa acessa sua intuição e linguagem que usa para falar com outra pessoa, como mostro na seção "Construindo Seus Poderes Intuitivos".

- **"A intuição se refere às emoções e eu não confio em minhas emoções. Na verdade, sou treinado para não prestar atenção nas emoções e ficar com os fatos"**. Sua intuição não é igual a sentimentos ou emoções, mas incorpora-os.

Sabendo como a intuição difere do impulso e do medo

Muitas pessoas confundem intuição com medo e impulso, mas os três são muito diferentes. Sim, todos podem estimular a ação, mas as ações estimuladas pelo medo e pelo impulso não o levam na direção certa de modo tão confiável quanto a intuição. É por isso que ser capaz de distinguir os três é uma parte importante de afiar suas habilidades intuitivas.

Distinguindo medo da intuição

As decisões tomadas a partir do medo são geralmente reações automáticas para um evento ou situação. Embora o medo seja uma resposta apropriada nas situações em que você encara uma ameaça real, nosso ambiente está tão submerso em mensagens baseadas em medo que tudo atualmente parece ameaçador, mesmo quando não é. As mensagens baseadas em medo geralmente são críticas para você e suas crenças essenciais — insultos e outras conversas negativas que não acrescentam nada à sua moral ou confiança. Nesse tipo de ambiente, é fácil pensar que você está sendo guiado por sua intuição quando está realmente reagindo ao medo que detecta no meio, em seu ambiente de trabalho (que provavelmente está focado na sobrevivência) ou em si mesmo (seus próprios medos sobre sua segurança pessoal ou financeira).

Em oposição, a intuição traz um sentimento de calma e paz, mesmo quando o alerta para os eventos iminentes. Geralmente engaja o imaginário e as sensações físicas para chamar a atenção. A caixa de ferramentas da intuição contém alguns ótimos auxiliares:

- **Pressentimentos:** Estes são literalmente sentidos no interior. Eles o alertam para algo em que você precisa prestar atenção.

Capítulo 7: Compreendendo a Tomada de Decisão Intuitiva

- **Bandeiras vermelhas:** Quase todas as pessoas experimentaram estes sinais de aviso. Elas não dizem que o zumbi está perto esperando para mordê-lo, mas dizem que você não está percorrendo o caminho certo.

Para esclarecer, o *instinto* está associado a padrões comportamentais predefinidos com os quais os animais contam para se manterem seguros; pense em termos de lutar ou correr. Os *pressentimentos* são um sinal visceral de que algo está ou não certo. Você não deseja ignorar nenhum dos dois. Para entender o mundo da tomada de decisão, considere o instinto e o pressentimento como parte do kit de ferramentas de sua intuição.

Em uma cultura que se alimenta do medo e tende a criticar a intuição, como você assegura que a pequena crítica que você ouve vem de sua intuição, ao invés do medo? Para fortalecer seu sistema de defesa contra a tomada de decisão baseada no medo, experimente estas estratégias:

- **Coloque seus piores medos na mesa onde eles não podem ficar ocultos.** Pergunte a si mesmo: "O que de pior pode acontecer se eu tomar esta decisão?" Algumas vezes, o que você teme já aconteceu no passado, portanto, pode agora decidir com mais objetividade se seu medo terá poder quando você seguir adiante.

- **Identifique a origem de seu medo.** Comece a observar a origem do medo, a coisa que o coloca em alerta para lutar ou correr. Pergunte: "O que eu temo?" Fazer isso separa um medo irracional de um possível risco que você pode endereçar. O medo perde o poder sobre você.

- **Afaste-se do ambiente para ter perspectiva.** Dê uma volta (de preferência na natureza), ouça uma música clássica ou faça qualquer outra coisa que o relaxe para que suas ondas cerebrais possam mudar para um estado relaxado, a origem do pensamento criativo.

Separando o impulso da intuição

Exatamente como uma linha fina existe entre o gênio e o louco, uma linha igualmente fina existe entre o *impulso* (agir sem pensar) e a intuição (compreender sem pensar ou sem o raciocínio consciente). As decisões imediatas em circunstâncias extremas são guiadas pela intuição, que simplesmente assume o controle. Porém, quando você toma uma decisão impulsiva, uma ideia surge em sua cabeça e você faz uma ação instantânea. Neste caso, a intuição não está guiando-o; ao contrário, você está sendo guiado pela impulsividade, uma reação automática baseada no medo ou pela falta de autodisplicina.

A diferença entre intuição e impulso é sutil e discernir entre os dois requer muita atenção. Quando você consegue a capacidade de perceber as decisões tomadas por impulso, pode pausar no meio de uma ação impulsiva para decidir com consciência se é para tomar uma ação ou não.

Para ficar mais consciente se é o impulso ou a intuição que está guiando você, observe seus padrões de tomada de decisão. Observe o quanto você faz puramente por impulso. Quando você propuser ideias e agir, preste atenção em como essas decisões funcionarão para você. Ficando consciente da frequência com a qual suas ações são orientadas pelo impulso, você pode começar a detectar padrões que o permitirão saber se você está tendo um acesso intuitivo ou apenas sendo empurrado em diferentes direções sem mais nem menos.

Compreendendo as vantagens da tomada de decisão intuitiva no negócio

Quando você acessa sua intuição para a tomada de decisão, consegue diversas vantagens, como as seguintes:

- ✔ Você pode tomar decisões rápidas e efetivas em situações complexas, pouco familiares e de altos riscos, situações que mudam dinamicamente, que geralmente são padrões nos níveis estratégico e executivo.
- ✔ Você tem acesso a uma sabedoria mais profunda e inteligência.
- ✔ Provavelmente suas decisões são mais alinhadas com seus valores básicos e senso de finalidade.
- ✔ Você ganha a energia que seria perdida ao tentar resolver um problema conscientemente.
- ✔ Você ganha mais acesso para soluções criativas.

Como um tomador de decisão comercial, você pode aplicar sua intuição em todos os tipos de decisões: para fazer um investimento particular, comprar um negócio, buscar uma aquisição de fusão, engajar-se em uma joint venture etc.

 Quando você conta unicamente com sua mente racional, é pego de surpresa sem querer. Algumas vezes, você deseja que algo funcione tão mal que ouve os fatos apresentados apenas para descobrir depois que omitiu os dados subjacentes que mostravam uma realidade diferente. Em tais situações, experimente utilizar sua intuição, que existe para dar apoio ao seu pensamento racional, permitindo que você se sintonize com o que é invisível para a maioria.

Um empreendedor me disse que iria a um evento de lançamento do tipo angel investor (um evento no qual os empreendedores aspirantes lançam suas ideias para investidores em potencial). Todos os números do empreendedor faziam sentido, mas algo não soava verdadeiro para o investidor. Sua intuição lhe disse para não investir. Como resultado, sua intuição estava certa. A empresa de recrutamento conseguiu os investidores, mas fechou mais tarde.

Capítulo 7: Compreendendo a Tomada de Decisão Intuitiva   103

Se sua tomada de decisão é caracterizada pela ansiedade estando acima de qual opção escolher ou se você adia porque não está certo se está tomando a decisão certa, a coisa mais fácil que pode fazer é ouvir a si mesmo.

Compreendendo como a Intuição Funciona

Nos anos anteriores, praticamente qualquer cientista que se preza ficava bem longe de qualquer tipo de estudo da intuição porque ela era vista como uma pseudociência da Nova Era Y. E por anos, esta negligência resultou na percepção de que a intuição é mística, levada em conta pelas pessoas que 1) tomam decisões usando a emoção, ao invés da lógica racional e 2) buscam o conselho de médiuns.

Porém, anos de pesquisa cumulativa em relação à intuição pinta um cenário muito mais interessante. Gerard Hodgkinson, professor de Gerenciamento Estratégico e da Ciência Comportamental na Universidade de Warwick, conclui que a intuição é um conjunto complexo de processos do pensamento, emocional e biológico (celular) inter-relacionados, no qual não há nenhuma interjeição aparente do pensamento premeditado e racional. A visão de que a intuição é uma habilidade inata que todos os humanos possuem de uma forma ou de outra sugere que é a habilidade natural mais universal compartilhada por todos. A implicação? A capacidade de intuir pode ser vista como um dom herdado e não aprendido. Nesta seção, explico como funciona a intuição e como você pode influenciar a compreensão para tomar decisões mais precisas.

O HeartMath Institute, que conduziu duas décadas de pesquisa sobre o gerenciamento do estresse e a inteligência do coração, e outros antes dele, mostrou que o cérebro sensorial do coração detecta os eventos antes de registrar em sua percepção consciente. Em outras palavras, o coração sabe antes da mente racional o que acontecerá antes de realmente acontecer. Esse *conhecimento precognitivo* é o centro de seu músculo intuitivo e é diretamente influenciado pelo estado emocional de seu coração. Você pode encontrar mais sobre suas forças intuitivas na seção "Construindo Seus Poderes Intuitivos".

Processando os dados que chegam

As informações chegam até você o tempo inteiro e em velocidades rápidas. Considere a quantidade de informação que você capta quando está sentado em uma reunião com apenas uma pessoa. Você recebe palavras e fatos, observa a linguagem corporal e as expressões faciais, e absorve a entrada sensorial — inclusive o tom, carga emocional e transmissões energéticas (Falo mais sobre a sensibilidade energética na seção "Identificando suas forças intuitivas — a mecânica"). Você processa algumas dessas informações racional e conscientemente — isto é, você tem consciência delas e presta atenção nelas. O resto ocorre simplesmente no piloto automático: você não está atento conscientemente a todo o conteúdo em todas essas entradas sensoriais, mas elas são recebidas e arquivadas apesar de tudo.

Dois processadores — pense neles como computadores — ajudam a entender todas essas informações: sua mente consciente e seu subconsciente.

A mente consciente

A especialidade da mente consciente é perceber, organizar e delegar, portanto, é como um tipo de informação de uma maneira lógica. Os diferentes tipos de pensamento pegam as informações e aplicam-nas na tarefa em mãos. Por exemplo, você usa o pensamento analítico para reduzir as informações e ver todas as partes; o pensamento crítico desempenha o papel do advogado do diabo, verifica as suposições ou avalia os riscos; e o pensamento geral (também chamado de *pensamento dos sistemas*) vê as inter-relações e as interconexões.

A mente subconsciente

A mente subconsciente opera como um superprocessador. Ela obtém todas as informações de entrada do corpo, ambiente e suas memórias implícitas, trabalha para descobrir padrões e relaciona conceitos inteiros uns com os outros, vendo as semelhanças, diferenças e relações entre eles. Você tem consciência apenas de uma pequena fração dessas informações.

Onde você foca sua atenção afeta aquilo do qual tem consciência e determina o que é processado nos níveis mais altos. Em uma sala barulhenta repleta de muitas conversas, por exemplo, você tem a capacidade de focar em uma única conversa de interesse e não sintonizar as outras. Do mesmo modo, você pode modular a dor de um dedo do pé machucado ou dor de cabeça, não pensar em sensações como cócegas e também autodirecionar suas emoções.

O processador do subconsciente opera 24/7 (se sua mente consciente estiver processando informações 24/7, há chances de você não estar dormindo muito bem!). O subconsciente é o supercomputador que, enquanto você dorme, integra as experiências do dia e processa os dados que saturam seu ambiente de tomada de decisão. Sua intuição pega esses dados e recupera-os para tomar decisões em milissegundos, como explico no Capítulo 9. O poder de processamento do subconsciente é descrito no Capítulo 5.

Formando padrões a partir de dicas

Seu processo intuitivo aproveita seu banco de dados acumulado de soluções que funcionaram em certas condições. O processo é bem simplificado. Quando você lida com os mesmos problemas sempre de novo, começa a reconhecer os padrões. Com o tempo, essas experiências recorrentes

Capítulo 7: Compreendendo a Tomada de Decisão Intuitiva

ficam tão familiares que você não precisa de procedimentos de referência; consequentemente, elas ficam tão enraizadas que você sabe a solução, sem ter que pensar. Quando novas informações chegam e não se encaixam nos padrões previsíveis, você vê as novas informações e lida com elas de modo diferente, propondo uma solução diferente. Quando você precisa tomar uma decisão intuitiva, o piloto automático sai do inventário em milissegundos.

Tudo corre bem em um ambiente previsível. Mas o que acontece quando você deixa a segurança de um ambiente familiar e entra em um novo — você aceita um novo trabalho em um nível mais alto ou em um setor diferente, por exemplo? Você expande seu banco de dados de dicas, padrões e soluções quando encontra dicas diferentes e padrões subjacentes, com base em seu novo ambiente e conjunto de circunstâncias.

Algumas pessoas acreditam que a intuição é apenas o resultado de experiências acumuladas. Esta afirmação sugere que você tem que atingir certa idade ou estágio na vida antes de poder ser intuitivo. Claramente este não é o caso. Algumas pessoas jovens são muito intuitivas e outra mais velhas não são.

Construindo Seus Poderes Intuitivos

Apesar das afirmativas do contrário, a intuição não é infalível. Nem é algo com o qual as pessoas nascem ou não. A verdade é que você pode desenvolver suas capacidades intuitivas e melhorá-las. Nesta seção, mostro como identificar seus poderes intuitivos e dou dicas para fortalecê-los.

Identificando suas forças intuitivas — a mecânica

Uma pesquisa realizada pelo HeartMath Institute (http://www.HeartMath.org — conteúdo em inglês) sugere que existem três categorias diferentes ou tipos de processos que formam suas forças intuitivas ou canais: conhecimento implícito, sensibilidade energética e intuição remota. Suas forças intuitivas não estão limitadas a apenas um desses três. Você pode acessar um ou mais em um único momento. Felizmente, você não precisa saber qual força está em ação, contanto que funcione. Quando você aumenta sua consciência do que está sentindo, notando e prestando atenção, melhora sua precisão.

Identificar suas forças intuitivas permite ajustar-se a circunstâncias novas e diferentes, e aumenta sua eficiência em situações familiares. Também lhe dá uma melhor compreensão do que está ocorrendo nos ambientes social e emocional — os dados que permitem a você saber se uma solução funcionará em determinada situação.

Conhecimento implícito

O *conhecimento implícito* é a recuperação instantânea do conhecimento que você já ganhou, mas não consegue explicar logicamente. Mais especificamente, é um banco de dados cognitivo implícito que mantém informações sobre as situações encontradas e as soluções que funcionaram. Ele aparece como saber sem pensar. É isso que a maioria das pessoas pensa quando ouvem a palavra *intuição*. É um processo cognitivo baseado na experiência e no conhecimento obtidos e catalogados com o tempo.

Com o conhecimento implícito, quanto mais experiência você tiver com a tomada de decisão, mas forte será sua intuição. Portanto, a melhor maneira de fortalecer seu conhecimento implícito é ter mais experiência ao tomar decisões em ambientes de tomada de decisão muito diferentes. Isto é um pré-requisito para qualquer pessoa que visa tomar decisões em um nível sênior e de altos riscos porque a jornada da linha de frente até o nível sênior representa uma mudança de 180 graus na mentalidade da tomada de decisão. Veja qualquer decisão executiva ou estratégica que provou ser bem-sucedida e encontrará o tomador de decisão mergulhado em anos de experiência com uma pegada intuitiva sobre qual direção seguir. A análise racional daria suporte, mas não direcionaria a conclusão. Você pode ler mais sobre a diferença entre as decisões dos níveis operacional e executivo no Capítulo 13.

Sensibilidade energética

A *sensibilidade energética* se refere à capacidade do seu sistema nervoso em detectar e responder aos sinais do ambiente, como campos magnéticos. É bem estabelecido que, nos humanos e nos animais, a atividade do sistema nervoso é afetada pela atividade geomagnética. Algumas pessoas, por exemplo, parecem ter a capacidade de sentir que um terremoto está para acontecer antes dele acontecer. Foi mostrado recentemente que as mudanças no campo magnético da Terra podem ser detectadas cerca de uma hora ou até mais *antes* de um grande terremoto ocorrer. Outro exemplo de sensibilidade energética é a sensação de que alguém está olhando para nós.

A sensibilidade energética é mais bem compreendida entendendo o campo eletromagnético do coração, uma origem da percepção intuitiva. Seu corpo — mais especificamente, seu campo eletromagnético — recebe e absorve os dados que sua mente consciente não percebe. Uma corrente elétrica gera um campo magnético; portanto, quando seu coração bate, ele gera um campo elétrico. O campo elétrico gerado por seu coração é muitas vezes mais forte que o campo gerado por seu cérebro. A Figura 7-1 mostra a distância na qual o campo se estende de seu corpo, medida por um equipamento médico.

Capítulo 7: Compreendendo a Tomada de Decisão Intuitiva

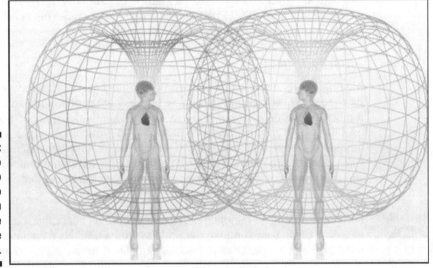

Figura 7-1: O campo elétrico gerado por seu coração se estende de seu corpo.

As informações embutidas no campo eletromagnético gerado pelo coração expressa o estado emocional de cada pessoa e você emite e absorve essas informações emocionais, estando consciente ou não. Ficar ao lado de alguém que está contente ou entusiasmado, por exemplo, tem o efeito secundário de estimular seu próprio espírito. Em oposição, um funcionário que chega para trabalhar com confusão emocional comunica seu estado emocional negativo em suas interações com os clientes e os colegas de trabalho. Credibilidade e confiança são transmitidos ou não através dessa transferência invisível de informações.

A relevância para os locais de trabalho? Aqueles que contam com o medo ou a coerção impedem o funcionamento cognitivo e o bem-estar. Os locais de trabalho que estimulam emoções positivas, mesmo sob estresse, dão suporte ao funcionamento cognitivo e acessam a intuição.

Quando você fica perto de alguém e seus campos eletromagnéticos se sobrepõem, seu batimento cardíaco pode ser medido nas ondas cerebrais da outra pessoa!

Com a sensibilidade energética, você terá uma sensação do que está acontecendo abaixo da superfície de uma determinada situação, sobre a qual ninguém está falando e pode nem mesmo reconhecer. Você recebe essa informação como um ou mais desses sinais: uma desconfiança, imagem, sensação física nas diferentes partes de seu corpo etc. Essas são as boas notícias. Agora o lado negativo. Se você for sensível energeticamente, terá problemas ao estar no meio de pessoas e provavelmente se sentirá exausto depois, os barulhos altos provavelmente serão devastadores e trabalhar sob luzes fluorescentes esgotará você. Para ler mais sobre a sensibilidade energética, verifique o livro *Positive Energy: 10 Extraordinary Prescriptions for Transforming Fatigue, Stress and Fear into Vibrance, Strength and Love* de Judith Orloff (Three Rivers Press).

Intuição remota

Alguma vez você soube que algo estava acontecendo em um local distante de você sem que fosse informado? Se soube, você experimentou a intuição remota. A *intuição remota* se refere a saber ou sentir algo que não pode ser explicado pelo conhecimento do passado (ou esquecido) ou pelos sinais do ambiente. Os exemplos de intuição remota incluem um pai sentindo que algo está acontecendo com um filho que está distante muitos quilômetros ou a sensação de sucesso repetida experimentada pelos empreendedores com os fatores relacionados a tomar decisões comerciais efetivas.

Fortalecer a intuição remota é difícil porque não há nenhuma solução prática e passo a passo sobre como melhorar. Essa força intuitiva é totalmente intangível e única para cada pessoa. De qualquer forma, eis uma solução: quando alguém importante para você vier à mente, fique aberto à ideia de que você pode estar capturando um sinal emocional, um que cruza o tempo e o espaço em um instante.

Um homem de negócios estava a caminho para fazer uma apresentação crítica para um futuro cliente, com quem ele vinha construindo uma relação por meses. O voo do homem estava atrasado devido ao tempo ruim e ele sabia que não chegaria à reunião a tempo. Preso no avião, ele não podia ligar para o cliente para informá-lo sobre o atraso. O homem de negócios tranquilizou sua mente e aquietou o vozerio mental infinito que vem com a ansiedade. No estado de calma resultante, ele sentiu que o atraso não seria um problema. Quando finalmente conseguiu ligar, descobriu que o futuro cliente tinha atrasado também. Na verdade, o novo horário de chegada do homem de negócios coincidiu perfeitamente com a hora que o cliente estaria disponível para a apresentação.

Melhorando sua inteligência intuitiva

Para aumentar sua capacidade de acessar e interpretar a orientação interna quando você mais precisa, você pode desenvolver seus músculos da intuição. Eis algumas sugestões:

- **Tome decisões.** Não espere para ser perfeito. Quanto mais experiência você tiver ao tomar decisões, melhor. Se sua decisão acaba sendo correta ou errada ajuda você a saber o que funciona sob circunstâncias específicas.

Capítulo 7: Compreendendo a Tomada de Decisão Intuitiva

Quando você estiver certo, cumprimente-se. Quando estiver errado, reserve um tempo para refletir sobre como tomou a decisão e em que baseou sua conclusão final para que possa aprender. Refletir sobre as decisões que falharam funciona com as decisões que toma sozinho, com as decisões em equipe e as decisões organizacionais em uma escala maior. O processo de aprender com as falhas é descrito no Capítulo 6.

✔ **Explore suas crenças para descobrir se elas estão limitando sua percepção ou ajudando.** As crenças limitadoras reduzem sua capacidade de perceber outras informações que podem informar sua tomada de decisão de modos consciente e inconsciente. A crença mais enraizada no negócio, por exemplo, é que apenas o lucro importa. Se você se refere a essa crença limitadora, pode negligenciar outros fatores principais no sucesso de seu negócio, como a boa vontade na comunicação ou a satisfação do cliente.

A maioria das crenças é armazenada em seu subconsciente, significando que você pode nem mesmo ter consciência delas. Portanto, experimente ouvir o que você diz. Fazer isso pode dar critérios para as crenças que podem estar impactando de modo subconsciente sua tomada de decisão. Por exemplo, se você ouve a si mesmo dizendo "As equipes auto-organizadas estão fora de controle" ou "Comando e controle são o único caminho", pode descobrir que sua crença básica é que controlar as pessoas cria desempenho. Com essa consciência, você pode reexaminar suas convicções e abrir-se a alternativas ou mesmo à experimentação.

✔ **Aprenda a regular suas emoções para que possa ouvir a si mesmo.** Quando seu estresse é alto, a eficácia de sua tomada de decisão é baixa. Muitas ferramentas estão disponíveis para ajudá-lo a controlar suas emoções: meditação, ioga, uma caminhada pela natureza, um tempo passado com animais de estimação, um profundo suspiro são alguns métodos consagrados para ajudar a conseguir e manter um equilíbrio diário. Todos envolvem ajudar você a conseguir paz interna para que seus sentimentos e sua mente possam trabalhar juntos.

✔ **Pratique prever o que acontecerá em seguida.** É uma chance para afiar seus sentidos e fortalecer a precisão naquilo que você está detectando em seu ambiente. Comece tentando prever qual elevador chegará primeiro ou adivinhe quem está ligando antes de atender o telefone. Ou ouça sua voz interna para ajudar a ver à frente. Você pode descobrir que aprendeu sobre algo significativo!

Melhorar seus poderes intuitivos é um processo, não um projeto, portanto, não espere poder estudar a inteligência intuitiva da tomada de decisão uma vez e pronto. Tornar-se um tomador de decisão melhor leva tempo e requer atenção, não importa a idade ou o estágio no qual você está em sua carreira ou vida.

Descobrindo os procedimentos que interferem na intuição

Os procedimentos são valiosos para alguém novo no trabalho. Eles definem parâmetros específicos para que você saiba exatamente o que fazer. Contudo, quando você ganha mais experiência, os procedimentos ficam tão enraizados que você não precisa mais se referir a eles, exceto sob condições incomuns. Ao contrário, você é capaz de localizar as dicas e os sinais que informam o que está acontecendo.

Os procedimentos têm uma finalidade, mas contar com eles exclusivamente bloqueia a intuição coletiva que sua empresa pode acessar. A intuição coletiva opera mais rapidamente e com maior precisão do que um processo passo a passo. Sabendo isso, você pode fazer o seguinte para apressar a transição da confiança nos procedimentos para a experiência que utiliza a intuição:

- ✔ **Una os novos funcionários com mentores experientes.** Fazer isso permite que você transfira o conhecimento implícito mais rapidamente e coloque a equipe mais informada em menos tempo.

- ✔ **Reflita se você está contatando exclusivamente com os procedimentos e ajuste sua abordagem de acordo.** Você deseja encorajar a observação das dicas sutis que constroem uma compreensão rápida e precisa da situação. Lembre-se, os fatos (abordagem racional) são vistos isoladamente uns dos outros. As dicas sensoriais (intuição) formam um padrão que pode revelar algo.

O psicólogo Gary Klein, no livro *The Power of Intuition: How to Use Your Gut Feelings to Make Better Decisions at Work* (Crown Business), conta sobre duas enfermeiras: uma jovem enfermeira lendo a prancheta e uma enfermeira experiente lendo os sinais. O motivo desta história não é se você deve confiar no fato ou no sentimento, é que os dois tipos de dados — o fato (o gráfico) e as dicas sensoriais (notar o que estava acontecendo com o paciente) — são igualmente importantes. Neste caso, o último salvou a vida de uma criança.

Removendo o risco da opressão

Você já se sentiu oprimido? Você vive no século XXI, portanto, claro, já se sentiu! Esse sentimento ocorre quando você tenta empurrar informação demais em uma mente racional que simplesmente não está equipada para lidar com tanto volume. A *opressão* é o sinal de que a mente consciente atingiu uma sobrecarga e você corre o risco de queimar o fusível do cérebro. A opressão continua quando você tenta manter o controle usando sua mente racional. Controlar suas emoções é um modo melhor de abordar a opressão porque permite que você se dê um tempo.

Tentar encontrar um caminho através da opressão da informação ou da tarefa é inútil. Mas sua intuição pode ajudar — se você se sentir livre para fazer isso. Afaste-se da situação e tente clarear sua mente (consciente) racional. Quando você para de tentar processar mentalmente as informações, ganha perspectiva e suas habilidades sensoriais podem contribuir, geralmente permitindo-o chegar a uma decisão que precisa tomar. Esta é uma das vezes em que contar com a intuição, ao invés do pensamento prático, dá uma vantagem. Com prática, este exercício poderá ajudá-lo a ver simplicidade em qualquer situação complexa. E a partir dessa simplicidade, você pode descobrir soluções.

Equilibrando o Racional com a Intuição

Se você frequentou uma escola de negócios, há chances de que tenha aprendido apenas sobre os processos racionais da tomada de decisão. As escolas tradicionais de negócios enfatizam o uso da abordagem racional, supondo que o mundo dos negócios é previsível. Infelizmente não é.

As abordagens racionais têm sua aplicação, mas nos ambientes imprevisíveis, de rápida mudança, complexos e altos riscos, você tem decisões mais rápidas e precisas quando usa a intuição. As empresas de mais alto desempenho e mais longa duração no mundo são inteligentes intelectual e intuitivamente.

Aplicar abordagens racionais e intuitivas em suas decisões é muito parecido com uma dança. Quem conduz? Quem segue? A resposta depende do tipo de decisão e da situação com a qual você está lidando. A seguir, estão algumas diretrizes gerais em relação a como equilibrar a intuição e a tomada de decisão racional em várias situações. Lembre-se de que são diretrizes *muito* gerais; toda situação encontrada será única:

✔ Nas situações de movimento rápido, mudança rápida e altos riscos, deixe que sua intuição assuma o controle. Não haverá tempo para nenhuma outra intervenção. Embora exista sempre uma chance de que mais informações possam surgir, a decisão não pode esperar. Os executivos ou empreendedores que tomam decisões corajosas e de alto risco enfrentam esse tipo de situação o tempo todo. Você precisa confiar em seus instintos e ficar comprometido em expandir seu pensamento para evitar um raciocínio limitado.

Por muitos anos, as Forças Armadas americanas apoiaram uma abordagem que requeria usar a análise para refletir. Então, em 2003, endossou aplicar uma intuição quando percebeu que mais de 90% das decisões sendo tomadas eram feitas de modo intuitivo.

- Nas empresas start-up sob pressão para passar ideias adiante enquanto conseguem um fluxo de caixa positivo, você geralmente engaja uma mistura de intuição, análise e instinto. Na verdade, você pode não estar totalmente consciente de como está tomando suas decisões. Nestas circunstâncias, chegar a um acordo sobre como você decidirá é uma boa ideia. Considerar que a taxa de falhas das start-ups é ridiculamente alta, reduzir a velocidade para estar consciente de como você está decidindo pode tornar sua empresa aquela que sobrevive.

- Se você for um empreendedor que toma uma decisão de alto risco após outra, considere delegar ou compartilhar a tomada de decisão, usando um método sistematizado compreendido por todos os tomadores de decisão na empresa. Fazer isso aliviará alguma pressão e trará uma sensação de ordem para o que pode parecer um completo caos. Essa abordagem também reserva as energias intuitiva e intelectual para responder a perguntas maiores como, por exemplo, se você aceita uma oferta para comprar a participação acionária de sua empresa.

- Se seu trabalho requer seguir um regulamento específico ou padrões técnicos, você usa inicialmente a abordagem racional para seguir as diretrizes formais do procedimento. Contudo, quando ganhar experiência, poderá melhorar ao adicionar velocidade e precisão da tomada de decisão aplicando a intuição. Consulte a seção anteriormente "Formando padrões a partir de dicas" para ver maneiras de encorajar a transição da confiança em procedimentos para uma abordagem mais intuitiva.

- Quanto mais altos os riscos e mais importantes as decisões, menos tempo você tem para tomá-las. Deixe que seu supercomputador intuitivo misture os fatos com outras informações obtidas nos ambientes social e emocional. Fazer isso dá uma forte sensação de como a decisão se alinha com sua finalidade e valores básicos.

Os empreendedores e executivos bem-sucedidos usam sua intuição como um atalho para entender as grandes quantidades de informações factuais e sensoriais. Eles têm um sentimento inato de que estão no caminho certo e podem adaptar-se prontamente às surpresas. Para ler mais sobre a pesquisa que descobriu a conexão entre o sucesso comercial e a inteligência intuitiva, verifique o livro *Profit for Life: How Capitalism Excels* (Society for Organizational Learning [SoL]) do consultor financeiro Joseph Bragdon.

- Se você toma decisões sob o olhar público ou regulatório — geralmente o caso em situações nas quais é requerida responsabilidade com os fundos públicos (ou do investidor) — use uma abordagem racional para assegurar que fez com a devida atenção. Esse tipo de abordagem torna o processo de tomada de decisão transparente e assegura que você cobrirá todas as bases requeridas. Lembre-se, contudo, que quanto mais complicada for uma decisão, mais tempo levará ao aplicar uma abordagem racional. Use seu melhor julgamento para pesar o tempo e a complexidade com velocidade e precisão.

Capítulo 7: Compreendendo a Tomada de Decisão Intuitiva 113

> ✔ Se a decisão está sendo tomada com equipes ou parcerias remotas, intactas ou interdisciplinares, comece com uma pegada intuitiva, então, explore uma abordagem racional para tomar a decisão e siga confirmando a decisão usando a intuição coletiva. Esta estratégia é melhor porque os participantes em um processo de tomada de decisão com várias partes geralmente representam e são responsáveis por seus próprios gerentes, agências, unidades comerciais ou público. Pensar racionalmente sobre a decisão fortalece a relação e fornece um fórum para os interesses, necessidades e diversas visões dos participantes a serem considerados; também fornece a todos as informações necessárias para comunicar os procedimentos para aqueles que precisam saber.

Como disse anteriormente, essas são diretrizes amplas, portanto, use seu julgamento para adotar uma abordagem que seja mais adequada em cada situação encontrada. E não se esqueça de que isto não é um jogo do tipo ou/ou. A melhor abordagem é misturar a intuição com o racional para tomar boas decisões. Qual tem prioridade depende das circunstâncias.

O processo escolhido tem um impacto no suporte para a decisão final. O suporte coletivo ajuda a todos a estarem na mesma página ao comunicarem a decisão e durante sua implementação, particularmente quando as coisas não seguem segundo o plano. Vale a pena o tempo gasto para assegurar que todos consigam um nível confortável com o resultado, que suas preocupações tenham sido endereçadas e que sua especialização tenha sido incorporada no resultado final.

Por que uma abordagem racional não é necessariamente a melhor

Se você acredita que a tomada de decisão racional aumentará de algum modo a certeza de que sua conclusão é *a* resposta certa, pense de novo. Várias coisas causam confusão:

✔ **Psicologia humana:** Os humanos têm inclinações ocultas que operam sem notar. Mesmo quando notadas, são difíceis de controlar. Você pode encontrar informações sobre como lidar com suas próprias inclinações ocultas no Capítulo 4.

✔ **Tentações de se comprometer cedo demais:** A necessidade de estar certo cria um sério limite tentando se comprometer cedo demais com uma opção que pode não ser a melhor. Para aprender como manter suas opções abertas, consulte o livro *Commitment* de Olav Maassen e Chris Matts (Hathaway te Brake Publications).

✔ **Velocidade e quantidade de informações de entrada:** O ambiente das informações está movendo-se rápido demais atualmente e as situações são complexas demais para supor que uma abordagem fixa irá estabilizar a incerteza.

✔ **Ciência:** Uma pesquisa no campo da Psicologia mostra que a tomada de decisão racional não é mais precisa. Na verdade, o oposto parece ser o caso.

Capítulo 8
Criando a Base para Todas as Decisões

Neste Capítulo
▶ Articulando uma finalidade clara e o resultado desejado de uma decisão
▶ Determinando quando o momento é certo para fazer uma mudança
▶ Reconhecendo como a estrutura do gerenciamento impacta a tomada de decisão
▶ Planejando as responsabilidades e as obrigações
▶ Escolhendo uma abordagem de tomada de decisão e reunindo uma equipe

*V*ocê toma decisões por motivos diferentes: para resolver um problema, implementar uma nova política, ter uma conduta diferente para seu negócio ou mudar como lida com as transações diárias, por exemplo. Não importa qual é a motivação inicial, ter clareza sobre o que você busca conseguir e quais expectativas tem antes de iniciar oferece muitas vantagens. Economiza tempo e evita problemas durante o processo de tomada de decisão, facilita uma comunicação eficiente e permite adaptar-se às surpresas durante a implementação.

Neste capítulo, explico as coisas sobre as quais você deve refletir se deseja tomar decisões melhores — coisas como qual evento ou situação motiva ou inspira ação e qual decisão deve ser realizada antes da implementação. Também o ajudo a criar a base para tomar uma decisão e criar um plano de ação que realmente funcione. Portanto, se você estiver pronto para um caminho simples e direto para tomar decisões, leia.

Revendo o Básico das Decisões Acertadas

Se a decisão é tomada de modo intuitivo ou racional (consulte o Capítulo 7 para ver os detalhes), ser claro sobre o que será realizado e o motivo fornece a você e à sua equipe uma compreensão clara e, de preferência, compartilhada do objetivo.

Parte III: Intervindo: A Tomada de Decisão Prática

Tal clareza é boa por algumas razões:

- **Ajuda a reduzir o risco, caso as coisas saiam do caminho.** Tendo uma imagem compartilhada do que será realizado, evitado e melhorado, você e sua equipe poderão adaptar-se e improvisar quando for necessário.

- **Estabelece quem você envolverá e como decidirá.** Compreender esses pontos assegura que a experiência e as diversas perspectivas requeridas para avaliar o tempo, direção e curso de ação estejam presentes.

Cobrir esses pontos básicos apenas ajuda a tomar decisões melhores, não importando o tamanho do negócio operado.

Identificando a finalidade

A finalidade identifica o(s) motivo(s) de você estar tomando uma ação. Ela responde às grandes perguntas "Por que estamos fazendo isto?" e "Por que existimos?" Saber a finalidade confirma a prioridade e o foco para os resultados de curto prazo e a direção de longo prazo. Ser claro sobre a finalidade é importante para quando você está tomando decisões imediatas ("O que estamos tentando conseguir tomando uma ação?") e decisões relacionadas à razão de existência da empresa.

Articulando a finalidade no nível da tomada de decisão

No nível da tomada de decisão, a finalidade aponta o caminho até o *ponto final*, o objetivo que a decisão deve atingir. Com as decisões tomadas internamente, a finalidade fornece o foco e mantém o esforço nos trilhos. O motivo é saber muito claramente por que você está tomando uma ação para que possa comunicar efetivamente a finalidade para sua equipe e dar um senso de prioridade.

Uma afirmação sólida de finalidade fornece uma indicação do valor — "dar ao cliente final um serviço para que ele retorne contente", por exemplo. Uma afirmação clara da finalidade oferece estas vantagens:

- **Permite que seus funcionários se adaptam e ajustem às condições que surgem.** Quando você articulou a finalidade da decisão, os membros da equipe tiveram liberdade para reagir aos eventos inesperados sem precisarem de permissão. Como resultado, sua empresa será capaz de se ajustar às circunstâncias mais rapidamente.

- **Esclarece como a decisão atende a empresa ou o cliente.** Uma afirmação clara de finalidade conecta o ponto final desejado a como ele é realizado.

- **Foca nas novas iniciativas e ajuda as equipes que não estão muito esclarecidas sobre o que devem fazer.** As equipes geralmente se formam sem saberem por que ou o que irão conseguir. Uma afirmação clara de finalidade, neste caso, fornece o comprometimento necessário para o trabalho em equipe.

Capítulo 8: Criando a Base para Todas as Decisões **117**

As armadilhas de não definir claramente a finalidade

Trabalhei em uma empresa varejista onde o objetivo determinado era o serviço ao cliente de alta qualidade, mas a empresa não definiu o que significava "serviço ao cliente de alta qualidade". Para os membros da equipe, significava que as prateleiras estivessem cheias. Com essa compreensão, os funcionários ajudavam os clientes e se o item solicitado não existisse, eles explicavam ao cliente que o item não estava disponível atualmente. Nenhuma opção era oferecida. Resultado? Os clientes saíam pela porta sem um motivo real para voltar.

Agora, suponha que a declaração de finalidade da empresa fosse como a estabelecida anteriormente — oferecer um alto serviço ao cliente para que ele volte feliz. Tal declaração de finalidade foca em deixar o cliente feliz. Neste caso, os funcionários focariam nas necessidades dos clientes, ao invés de estocar as prateleiras. Como resultado, eles estariam inclinados a buscar o item em uma das outras lojas, ligar para o cliente para que ele soubesse quando o item entraria ou sugerir uma alternativa.

Conclusão: sem uma ideia do resultado (a definição de serviço ao cliente da empresa e até que ponto o funcionário pode ir para satisfazer um cliente), o conceito de serviço ao cliente com qualidade não tinha nenhum significado. A equipe não sabia o que eles estavam tentando conseguir. Era uma boa ideia comunicada de modo ruim.

Quando você estiver trabalhando com equipes, foque em identificar o "motivo" do trabalho dela. Basicamente, você deseja responder à pergunta: "O que podemos conseguir trabalhando juntos?" Muitas disfunções da equipe podem ter sua origem em não ter um bom motivo suficiente para trabalhar junto.

Articulando a finalidade em um nível mais alto

Em um nível mais alto, a finalidade articula o que uma empresa pretende. Ela inspira esforço. Sem um senso de finalidade, as pessoas ficam muito ocupadas, embora nem todas possam dizer por que ou saibam para onde estão indo.

Em um nível mais alto, a finalidade é muito mais do que "Existimos para ganhar dinheiro". A finalidade é como a empresa serve à sociedade, comunidade e ambiente. Definir sua finalidade — seu "motivo" — ajuda sua equipe e seus clientes (atuais e potenciais) a saberem o que você pretende. E mais, como o autor e orador Simon Sinek diz em seu livro *Start with Why: How Great Leaders Inspire Everyone to Take Action* (Portfolio Trade), o "motivo" é convincente e inspirador por si só.

Uma empresa cria significado quando sua finalidade determinada (assim como sua missão, visão e intenção determinadas) corresponde às suas decisões e ações. As empresas que enviam sua declaração de missão e valores sustentados, então falham em conectar suas ações às palavras, perdem credibilidade com seus funcionários e clientes.

Por que, ah por que, esses cupcakes são tão especiais?

A inspiração por trás de uma empresa de cupcakes encontrava-se nas consequências do 11/9. Objetivo? Restaurar a nostalgia e o conforto no mundo. Os cupcakes da empresa eram especiais, mas eles ainda eram cupcakes. Por que os clientes pagavam duas vezes mais por esses cupcakes? Porque eles conectavam os clientes a um tempo em que a vida e a sociedade eram menos violentas e consideravam mais a comunidade.

Essa empresa de cupcakes não estava no negócio para vender cupcakes, embora fosse o que fazia. Estava no negócio para oferecer um produto que fazia uma conexão emocional com os bons e velhos tempos, quando a vida era mais simples e o mundo mais seguro.

Vendo à frente: Esclarecendo o ponto final

A necessidade de tomar uma decisão começa quando um problema precisa ser resolvido, quando uma oportunidade para melhorar a prática atual apresenta-se ou quando existe necessidade de mudar radicalmente como as coisas são feitas. Uma ação é requerida. O que você deseja conseguir — seu *ponto final* (basicamente o objetivo ou o resultado) — é definido pelo modo como a mudança atende a empresa e o cliente. Esses eventos — a circunstância que inicia a ação e o ponto final das decisões que são tomadas em resposta — marcam o início e o fim de qualquer decisão.

Identificando o que será diferente

Saber o ponto final ajuda você a prever como é um resultado bem-sucedido e estrutura as questões que o resultado deve endereçar, se você estará resolvendo um problema, mudando a política de uma empresa ou articulando uma direção de longo prazo.

Os problemas e as oportunidades geralmente motivam a ação. Para chegar a um ponto final lógico e atingível, considere o que precisa ser diferente como resultado de tomar uma ação. Um problema será resolvido, uma oportunidade será usada para ter vantagem ou os custos serão reduzidos? Articular o que será diferente ajudo-o a ter clareza sobre o que você busca conseguir.

Articulando o ponto final

Identificar o problema em sua situação atual permite que você reconheça o problema que está endereçando. Se o problema que você está endereçando é o alto custo da taxa de rotatividade de sua empresa, poderá identificar os pontos finais, como os seguintes:

Capítulo 8: Criando a Base para Todas as Decisões

- ✓ **Reduzir os custos da rotatividade dos funcionários em 20% até o final do próximo trimestre:** Este ponto final usa uma métrica financeira para sinalizar o sucesso. Ao resolver problemas ou questões, os pontos finais descrevem qual solução bem-sucedida de um problema ou questão estará em termos mensuráveis.

- ✓ **Tornar sua empresa um ótimo lugar para trabalhar:** Como alternativa, você pode recuar para adotar uma abordagem mais visionária. Por exemplo, você pode perguntar: "O que podemos fazer para tornar nossa empresa o melhor lugar para trabalhar?" Este exemplo articula um objetivo mais alto — tornar a empresa um ótimo lugar para trabalhar — que convida soluções criativas e que pode engajar as ideias dos funcionários para como conseguir o objetivo.

Observe a diferença no foco entre esses dois exemplos. No primeiro exemplo, você foca em reduzir a rotatividade dos funcionários, uma lente mais limitada que provavelmente irá engajar uma abordagem de solução de problemas lógica e racional. O segundo exemplo (tornar sua empresa um ótimo lugar para trabalhar) é mais ambicioso e inspirador, e provavelmente sua solução é mais aberta. Como resultado, atrairá mais soluções criativas. Qualquer abordagem pode conseguir o objetivo de reduzir a rotatividade dos funcionários nos 20% desejados. A diferença está no processo e no tipo de pensamento que você encoraja e aplica para conseguir essa redução.

Esclarecer o ponto final

Depois de você articular seu ponto final, seu próximo passo é definir a direção e acordar com os resultados do desempenho. Um modo é perguntar aos membros da equipe: "Quais mudanças vocês desejam ver ou observar quando a mudança tiver terminado?"

Se, por exemplo, o ponto final for tornar sua empresa um ótimo lugar para trabalhar (o segundo exemplo da seção anterior), você poderá perguntar algo como: "Quando perguntado por que nossa empresa é o melhor lugar para trabalhar, o que os funcionários diriam?" As possíveis ideias poderiam incluir: "Temos um aprendizado autodirecionado e um plano de desenvolvimento" ou "Temos um espaço reservado para relaxar e trocar ideias casualmente".

Ao usar esse método, evite respostas que sejam realmente etapas no processo, ao invés do ponto final. Por exemplo, se você quiser ver uma redução na rotatividade dos funcionários, você não preencheria a lacuna com "quando entendemos por que as pessoas estão saindo". Isto é o mesmo que dizer que o ponto final para construir uma casa é terminar os projetos. Descobrir por que as pessoas estão saindo é apenas um passo de muitos em direção a conseguir o objetivo determinado. Um ponto final mais claro neste cenário seria algo como: "Teremos reduzido a rotatividade de funcionários quando eles se virem como membros valorizados da família e escolherem ficar, ao invés de buscarem emprego no concorrente".

Quando os processos perdem a finalidade

A ABC Company cria um novo plano de compensação todo ano para seus representantes de vendas. Aparentemente, o objetivo por trás da nova compensação é criar um incentivo para os vendedores aumentarem o negócio a partir dos clientes existentes, adicionarem novos clientes e desenvolverem novos mercados. Neste ano em particular, o ponto final não foi definido claramente. Uma representante de vendas, ao receber o novo plano de compensação, fez alguns cálculos. Ela descobriu que, se não fizesse nada o ano inteiro, mas fizesse ligações de contato com os clientes existentes e os ex-clientes, sua compensação seria um centavo a menos que do ano anterior.

Você acha que a empresa conseguiu seu objetivo: estimular o desenvolvimento do negócio ou inspirar a força de vendas? Obviamente o plano de compensação errou o alvo.

Um ponto final mal pensado ou obscuro pode perder tempo e esforço, e confundir os funcionários. Sua equipe precisa saber quais são suas expectativas sem ter que apelar para descobrir, quando passam pelo processo, o que você não deseja. Para ter um exemplo de como um ponto final mal pensado pode realmente prejudicar o desempenho dos funcionários e melhorar os objetivos, veja a seção "Quando os processos perdem a finalidade".

Uma comunicação ineficiente quase sempre resulta em um esforço desarticulado porque nem todos sabem ou entendem o ponto final ou o destino que você está visando. Portanto, quando você quiser comunicar com eficiência o ponto final, comunique-o ao grupo para evitar que ele seja passado de um membro para outro.

Determinando o tempo: Por que agora?

O tempo é tudo. Ao avaliar qualquer decisão, você tem que descobrir se seu plano de ação precisa ser colocado em vigor agora ou se pode esperar. Algumas empresas operam permanentemente no modo de crise, tratando tudo como sendo urgente; outras aplicam uma abordagem mais estratégica e contam com um senso de intuição para fazer uma entrada oportuna em novos mercados, por exemplo, ou iniciar o desenvolvimento de um novo produto.

Os fatores que determinam o tempo incluem os seguintes:

- Detectar ou descobrir as necessidades que surgem não declaradas no mercado
- Reconhecer as mudanças sociais que abrem oportunidades para a inovação

Capítulo 8: Criando a Base para Todas as Decisões

- Saber quando parar, mudar de direção ou afastar-se
- Identificar as inovações que atendem as diversas necessidades e para as quais existe uma demanda implícita

As prioridades de sua empresa

O quanto é importante tomar uma ação para conseguir objetivos da empresa de longo ou curto prazo? As prioridades expressam a importância. As empresas que controlam o desempenho usando alvos trimestrais arriscam comprometer a direção estratégica. Você deve considerar o curto e longo prazos quando define e comunica as prioridades.

A direção de longo prazo para sua empresa

Trabalhar para objetivos de longo prazo ou estratégicos ocorre em etapas progressivas. Manter os olhos no longo prazo ajuda a evitar perder oportunidades para se adaptar rapidamente.

Considere, por exemplo, o problema das editoras de livro tradicionais. Muitas fracassaram em se adaptar ao surgimento da compra de livros online. Na verdade, uma empresa — a Borders Books — terceirizou sua divisão online e, sem perceber, sua futura existência quando falhou em considerar as preferências de mudança dos consumidores quanto aos livros e à música.

Os objetivos de curto prazo de sua empresa

Como eles são fáceis de reagir, os objetivos de curto prazo geralmente roubam o foco dos objetivos de longo prazo. As empresas start-up e os pequenos negócios são particularmente tentados a lidar apenas com as necessidades imediatas, abandonando as etapas requeridas para assegurar a sustentabilidade de longo prazo por causa do entusiasmo e da emoção de tomar uma ação agora. Saber por que sua empresa existe e quem se importaria se ela desaparecesse ajuda a ter clareza sobre o que você precisa conseguir em curto prazo que ajuda a ficar no jogo por um tempo maior.

É tentador, ao trabalhar em curto prazo com aumentos de tempo, tentar fazer mutia coisa de uma só vez, o que pode sobrecarregar a todos. Ao contrário, recue para selecionar as prioridades estratégicas. Fazer isso ajuda a conservar energia enquanto mantém o foco em alcançar os principais resultados.

Como a decisão afeta as outras áreas de sua empresa

Considere as ramificações ou as implicações de sua decisão e ações. Como o resultado afetará positiva ou negativamente as outras áreas em sua empresa? Com muita frequência, as decisões são tomadas sem relação com as implicações em outras unidades comerciais ou outras decisões em consideração. Recuar para ver o que mais está acontecendo, combinado com comunicar a intenção e analisar as consequências, ajuda a evitar as consequências não intencionais. As consequências não intencionais são cobertas mais completamente no Capítulo 6.

Parte III: Intervindo: A Tomada de Decisão Prática

Qual é a urgência da situação

Decidir agora impedirá o agravamento de problemas ainda maiores mais tarde? Ao ter essa determinação, lembre-se que algumas decisões são urgentes e outras apenas parecem ser. Você pode dizer a diferença observando se o local de trabalho de sua empresa trata tudo como uma emergência — algo que eu considero uma maluquice deliberada. Quando tudo é uma emergência, é difícil separar o real da reação. Para tomar a devida ação, considere as consequências de não tomar uma ação em termos de saúde do funcionário e segurança, ou reputação da empresa. Use âncoras baseadas em acordos para avaliar a situação. Falhando isso, saiba em que você está baseando sua decisão para que possa escolher deliberadamente.

Toda empresa tem sua própria dinâmica interna que impacta quais problemas são considerados urgentes e quando tomar uma ação. Eis algumas considerações:

- **Decisões consideradas urgentes e importantes para sua organização:** Estas decisões geralmente ficam no domínio da tomada de decisão executiva e são tomadas rapidamente, usando uma tomada de decisão intuitiva.

- **Decisões que são urgentes, mas não tão importantes quanto os outros itens em sua mesa:** Para estas decisões, identifique as implicações de parar as decisões por um tempo e os gatilhos ou sinais que trarão a decisão para o foco. Também considere se tomar uma ação em uma área irá endereçar a situação.

    Toda decisão tem uma marca de tempo; se for importante, você não pode adiar eternamente. E mais, algumas decisões estão relacionadas. Com relação ao tempo, use os fatores citados na seção anterior "Determinando o tempo: Por que agora?" para ter orientação. Você está usando sua inteligência intuitiva. Veja o Capítulo 7 para descobrir como utilizar e fortalecer o acesso à sua intuição.

    Nos locais de trabalho com falta de tempo, é tentador adiar as decisões importantes de longo prazo, mas fazer isso cria um ambiente de tomada de decisão no qual você e sua equipe acabam lutando o tempo inteiro. Use seu julgamento ao decidir se você deve adiar uma decisão importante e note se adiar as decisões se torna um hábito.

- **Decisões que são importantes, mas não urgentes:** Se a situação for importante, mas não urgente, a decisão pode ser aquela que atende a um objetivo de longo prazo. Para as decisões que são importantes estrategicamente, controle o tempo para fazer a análise necessária, mesmo que tomar a decisão final não seja urgente. As decisões baseadas financeiramente, como um investimento ou decisões de tecnologia, por exemplo, precisam de tempo para que você possa reunir as informações requeridas para pesar e tomar uma decisão final.

- **Decisões que não são nem urgentes nem importantes:** Estas decisões podem ocupar grande parte do seu dia. Elas são rápidas e podem não requerer sua entrada consciente. Contudo, quando pequenas decisões começam a substituir as decisões maiores e mais importantes, como aquelas que definem a direção das empresas, você precisa recuar e dar uma olhada para onde estão indo seus esforços.

Capítulo 8: Criando a Base para Todas as Decisões

> Se necessário, delegue as decisões operacionais menores para aqueles que, como têm acesso às informações em tempo real que você precisa procurar, estão em uma posição melhor para tomar as decisões.

Tudo é urgente nas start-ups ou nas empresas que lutam para sobreviver. Em tais ambientes, as decisões são tomadas dinamicamente em relação às novas informações, e o medo ou o pânico reina com frequência. A mensagem subjacente? "Reaja agora ou o céu irá desabar!" Uma empresa no modo de sobrevivência ou crise constante pode ter o hábito de ter reações automáticas, ao invés de deixar a lógica, a razão e o bom senso prevalecerem. Se você se encontra nessa situação, recue para ter perspectiva. Algumas vezes, não fazer nada dá tempo para você refletir e adotar uma abordagem mais ponderada.

Sempre que a saúde e a segurança estão envolvidas, tome uma ação. Ponto. As empresas que adiam os custos escolhendo não tornar seus locais de trabalho mais seguros correm o risco de que seus funcionários pagarão o preço com ferimentos relacionados ao trabalho e doenças crônicas.

A disponibilidade dos recursos

Quando os recursos — dinheiro ou tempo — são escassos (um dilema que a maioria das organizações compartilha), as decisões são adiadas. Talvez, o problema não seja a disponibilidade de recursos, mas a criatividade com a qual os recursos são gerenciados. Se você estiver adiando uma decisão porque falta recursos, explore métodos criativos e não convencionais de alocação de recursos. Pergunte se você pode conseguir a tarefa em particular de um modo diferente. Pense em como uma pessoa de fora — alguém fora de seu local de trabalho — resolveria o problema. Uma visão nova e uma perspectiva diferente podem mostrar uma abordagem diferente.

As informações disponíveis

Obviamente, você não deseja agir até ter todas as informações necessárias e ter analisado o suficiente. Todavia, adiar uma decisão quando você espera assimilar todas as informações e completar sua análise pode ser uma armadilha.

Novas informações sempre aparecerão. Você pode tomar uma decisão baseado apenas no que sabe agora. Portanto, como você sabe quando sabe o suficiente? Em algum ponto, você sentirá puramente com seu pressentimento. Esse "pressentimento" — um produto de sua intuição e experiência acumulada — permitirá que você tome uma decisão de julgamento informada. Combinando a análise da situação com sua experiência de decisões parecidas no passado, você será capaz de decidir. Ao mesmo tempo, a pressão pode prejudicar suas faculdades racionais e intuitivas, portanto, use as dicas e as ferramentas no Capítulo 5 para entrar em um estado de calma. Então, decida.

Os tomadores de decisão comerciais não são os únicos a aproveitarem a intuição ao determinarem o tempo certo. O julgamento organizacional é melhorado quando as empresas também equilibram a análise com bom senso. Vá para o Capítulo 7 para saber mais sobre o papel que a intuição desempenha na tomada de decisão.

Avaliando o compromisso: O seu próprio e de seus colegas

Você pode ter a melhor equipe no mundo trabalhando em colaboração, mas se você ou seus colegas não estiverem comprometidos em transformar a decisão em realidade, será melhor ir para sua cafeteria favorita, pedir grandes quantidades de cafeína e falar sem parar. O compromisso pode ser minado pelo seguinte:

- **Planos ou decisões mal elaborados:** Muitas ideias meio prontas acabam sendo implementadas sem ser elaboradas completamente.

- **Cansaço com a tarefa:** Quando uma empresa empilha uma ação sobre outra, resulta em cansaço com a tarefa. Os funcionários parecem descomprometidos quando realmente estão exaustos.

- **Escopo ou viabilidade da tarefa proposta:** O tamanho impressionante do que deve ser implementado ou o quanto viável é a solução ou o plano é percebido como outros fatores que podem fazer o comprometimento desmoronar.

- **Falta de engajamento emocional:** A falta de compromisso para seguir adiante em uma decisão pode indicar que os membros da equipe não estão engajados emocionalmente. O engajamento emocional inspira os funcionários a contribuírem com algo que tem significado. Intelectualmente, a tarefa pode ser cumprida. Mas quando os esforços forem sentidos pela metade, as iniciativas que são mais mecânicas do que significativas não terão suporte, apesar das melhores intenções dos funcionários.

Posso praticamente garantir a você que, sem o comprometimento da equipe com a decisão ou a mudança, a decisão não será implementada. As rodas não irão girar. Determinar o nível de comprometimento para você e os membros de sua equipe é imperativo. Você deve avaliar o nível de comprometimento no início e monitorar quando a decisão é implementada. Você pode detectar o nível de comprometimento quando consulta e reúne informações internamente com os funcionários e colegas, e externamente com os parceiros prestando atenção nos itens que descrevo nesta seção. O comprometimento não é algo que você força. É inspirado através dos méritos do que você está fazendo e como contribui com uma finalidade mais alta (consulte a seção anterior "Identificando a finalidade").

As dinâmicas da equipe e organizacional

As dinâmicas da equipe e organizacional referem-se à qualidade das relações de trabalho entre os indivíduos e as equipes. Ela engloba como o conflito é usado, o grau de confiança e o nível de suporte entre os colegas de trabalho. Ao observar a dinâmica, lembre-se deste princípio-chave: a energia flui onde está a atenção.

Muita atenção entrando em luta e competições doentias trabalham contra a colaboração e a implementação. Em oposição, quando uma atenção coletiva é focada em conseguir o objetivo, existe mais chance de que todas as partes trabalharão juntas para conseguirem os objetivos do desempenho.

Para observar as dinâmicas organizacional e da equipe, considere o seguinte:

- **As informações são trocadas de modo aberto e honesto?** Se a resposta for sim, então, os tomadores de decisão têm informações mais confiáveis disponíveis do que têm quando a resposta é não. Se a resposta for não, as informações provavelmente serão usadas para atender ao interesse pessoal. O efeito é uma ética "salve sua pele" que mina tomar e implementar as decisões.

- **Os recursos são abordados ou compartilhados?** Nos locais de trabalho onde as avaliações do desempenho recompensam o esforço pessoal, há pouco incentivo para uma equipe ajudar a outra, a menos que exista boa vontade suficiente para superar essa barreira. O grau no qual os funcionários e as unidades comerciais são encorajados a compartilharem recursos para atender aos objetivos da empresa reflete como os tomadores de decisão valorizam o esforço da equipe ao controlarem como as coisas são feitas em um nível de desempenho pessoal.

Onde seus colegas de trabalho podem contribuir

Revele a sabedoria e a experiência dos outros membros de sua equipe descobrindo o que eles aprenderam, sendo bom ou ruim. Explorando o seguinte você pode sinalizar as armadilhas em potencial no início, no processo de tomada de decisão:

- **Se os colegas de trabalho trabalharam em problemas parecidos antes ou sob as mesmas condições:** Se trabalharam, descubra o que funcionou, o que não funcionou e o motivo.

- **Se os colegas de trabalho estão querendo apoiá-lo, ativamente ou sondando as reações:** Os partidários ativos são aqueles que participam ativamente na tomada de decisão e na implementação, enquanto os que sondam as reações são aqueles que, embora não estejam envolvidos ativamente em seu projeto, podem oferecer uma orientação e conselho úteis.

O que as pessoas mais altas na cadeia de comando farão

Muitas decisões boas foram paradas por falta de apoio ou manobra política por parte das pessoas mais altas na cadeia de comando. Portanto, se sua decisão é afetada (ou deve contar com) pelas ações ou pelo apoio das pessoas mais altas em sua organização, você precisa medir o grau de apoio que pode esperar. Quando você tentar descobrir essa informação, preste atenção no seguinte:

- **A política interna da organização:** Se a rivalidade, falsidade e manipulação são usadas para aumentar o status político internamente, você precisa saber abertamente para que possa estar mais bem preparado para as iniciativas que são sequestradas para um ganho pessoal ou desmontadas, caso a iniciativa corra o risco de falhar.

    Os ambientes políticos altamente carregados são caracterizados por pessoas influentes observando para saber qual cavalo as levarão até a linha final mais rapidamente e trocando as posições a qualquer momento. Em tais ambientes, você pode esperar que as pessoas digam uma coisa e façam outra. Portanto, mantenha suas opções abertas por mais tempo antes de se comprometer com um curso de direção ou outro.

✔ **O estilo do gerenciamento:** Os ambientes de tomada de decisão que contam muito com um estilo de gerenciamento do tipo comando e controle prevalecem mesmo nas empresas pequenas e médias. Um ambiente de comando e controle, na maioria das circunstâncias, conta com a autoridade para ditar a tomada de decisão. Você pode esperar que suas iniciativas sejam comandadas por seus superiores e as decisões passem por um processo longo. Lidar com um ambiente de comando e controle, uma característica de uma abordagem mais tradicional para o gerenciamento, é mais uma questão de aprender como navegar as relações interpessoais.

Em oposição, quando as pessoas mais altas na cadeia de comando se veem não como líderes, mas como iguais e fazendo parte da colaboração, você pode respirar com mais facilidade. Os valores que sustentam a colaboração criam um ambiente de tomada de decisão mais confiável. Você será capaz de medir melhor e confiar no grau de apoio que sua decisão provavelmente reunirá e saberá com o que pode contar para assegurar os recursos necessários. (Vá para a seção "Levando em conta o estilo de gerenciamento e o ambiente de trabalho" para obter informações sobre esses estilos de gerenciamento.)

Calculando o risco e o impacto de não fazer nada

Nas situações de mudança rápida, complicadas e imprevisíveis, os tomadores de decisão podem hesitar porque têm medo de cometer um erro ou ficam dominados pela incerteza. A hesitação, assim que se torna um hábito, enfraquece as confianças pessoal e organizacional. Mas não cometa nenhum erro: não fazer nada é uma decisão. Se você escolher não fazer nada, verifique se é uma escolha, ao invés de uma posição padrão para lutar com o desconhecido.

Fatores a considerar antes de decidir não tomar uma ação

Como qualquer decisão, a decisão de não fazer nada precisa de uma consideração cuidadosa. Eis alguns fatores a considerar antes de decidir não tomar uma ação:

✔ **Esperar custará mais financeiramente ou terá um impacto negativo nas principais relações:** Refletir sobre os riscos financeiros da falta de ação ou adiamento ajuda a decidir se não fazer nada é realmente a melhor opção. O dinheiro não tem que ser perdido em uma grande coisa para ser prejudicial para as finanças de seu negócio. Alguns custos ocorrem em pouco tempo, mas com o passar do tempo, eles se somam. Embora você possa ficar tentado a adiar a tomada de uma decisão que endereça o que chamo de problema de "vazamento lento", fazer isso funciona contra a viabilidade financeira da empresa.

Capítulo 8: Criando a Base para Todas as Decisões 127

- ✔ **O problema que você está endereçando é mais grave e provavelmente irá aumentar ou expandir se você não fizer nada:** Os problemas que têm uma tendência de expandir e ficar piores se ignorados incluem questões como problemas de manutenção (como válvulas com vazamento), preocupações com a saúde e a segurança (como máquinas antigas funcionando ou com funcionamento indevido), problemas interpessoais no local de trabalho (como bullying, conflito destrutivo e rivalidade) e comportamento antiético (roubo de suprimentos ou emitir notas falsas).

  Tudo que é tolerado é considerado aceitável e o comportamento pode aumentar como resultado. Se os funcionários estão roubando a empresa, praticando bullying (acontece com mais frequência do que você pensa) ou comportando-se de outras maneiras antiéticas, e o gerenciamento tem ciência desses problemas e não toma nenhuma ação, a empresa tem um grave problema. Você precisa enfrentar o problema. Veja o Capítulo 19 para saber como definir os padrões éticos como parte de um local de trabalho saudável.

- ✔ **Se não fazer nada causará um problema de segurança:** Você nunca deseja virar suas costas para uma situação que apresenta uma preocupação de segurança ou saúde.

  Assim que você tem ciência de um risco de saúde ou segurança, não fazer nada é irresponsável e pode ser catastrófico. Pegar atalhos durante um projeto de construção pode economizar dinheiro, por exemplo, mas aumenta o risco de danos para o público, podendo levar a uma ação — e possivelmente até criminal — civil.

- ✔ **Se adiar resultará em custos sociais ou ambientais mais altos:** Quando as ações de uma empresa afetam negativamente a saúde pública, a situação requer uma ação imediata. Ao invés de estar no lado errado da lei, as empresas podem remediar o problema e assumir total responsabilidade e endereçar a questão.

  Não suponha que apenas as grandes empresas podem causar danos ambientais significativos. Até as pequenas empresas ou pessoas individuais em qualquer empresa são capazes de cometer grandes erros pelos quais a comunidade ou o ambiente pagam. Por exemplo, um funcionário de uma empresa de tratamento de grama que contratou um herbicida em spray pode limpar seu tanque e despejar os resíduos em um canal que corre para o fornecimento de água da comunidade.

Reconhecendo quando é melhor não agir

Algumas vezes, não fazer nada é melhor do que as alternativas disponíveis. Não fazer nada pode ser uma opção melhor nestas situações:

- ✔ **Quando a confusão é maior do que a clareza:** Estresse, medo e dúvida destroem a mente, negando o acesso a um estado emocional calmo que permite aos tomadores de decisão ficarem receptivos às novas informações. Portanto, reserve um tempo para parar o vozerio e acalme o sistema nervoso antes de decidir.

Parte III: Intervindo: A Tomada de Decisão Prática

- **Quando a falha de comprometimento sugere que a implementação não terá sucesso:** Se a equipe não estiver totalmente comprometida com a decisão e a direção, qualquer ação ou plano pode acabar sendo falho ou ficar parado. Neste caso, espere até que o nível de comprometimento seja mais forte ou até que os motivos da hesitação fiquem claros e sejam resolvidos.

- **Quando você detecta que algo não está certo:** Se os colegas de trabalho ou a equipe mostra um comportamento incomum (como um desempenho diminuído), podendo significar pressões em casa ou problemas de vício. Neste caso, suspenda a decisão até saber com o que você está lidando. Monitore e observe a situação. Então, antes de uma decisão ou de colocar suas desconfianças em teste, verifique suas suspeitas fazendo perguntas e verificando os fatos.

Quando a lista anterior fica clara, algumas vezes, a melhor decisão é não fazer nada. Contudo, verifique se você não está mantendo o status quo só porque se sente familiarizado e seguro.

Algumas empresas parecem acreditar que fingir que nada está mudando, nada mudará. Essa abordagem é arriscada. As condições comerciais são dinâmicas e imprevisíveis. Como um líder comercial, você está muito melhor desenvolvendo habilidades que permitem trabalhar com ambientes incertos e imprevisíveis, ao invés de esperar que tudo ficará igual ou voltará aos trilhos como antes. O guia definitivo em relação a quando esperar e quando agir é a autoconsciência; você pode ler mais sobre isso no Capítulo 5.

Decidindo Quem Decide

Onde a ordem e a estrutura são importantes para uma empresa, os funcionários devem seguir procedimentos estabelecidos. Tal "plano de voo" esclarece quem faz o quê, para que cada membro da equipe saiba seu papel e o que esperar. Nesta seção, explico como decidir quem toma a decisão final e compartilho os vários fatores — estilo de gerenciamento, ambiente de trabalho, estruturas de autoridade etc. — que influenciam a dinâmica da tomada de decisão.

Levando em conta o estilo de gerenciamento e o ambiente de trabalho

Como as coisas são feitas importa. Algumas organizações são hierárquicas, isto é, as decisões, instruções, informações etc. tendem a fluir do topo para baixo. Outras organizações têm estruturas que tendem a facilitar um fluxo mais livre de informações; como resultado, as decisões tendem a ser mais colaborativas. Observar o caminho que as decisões tomam dentro da organização aumenta a consciência de como o poder é usado. Você pode aplicar esse conhecimento para determinar como proceder melhor:

- **Organizações hierárquicas:** Nas organizações hierárquicas, as decisões geralmente fluem para baixo e a autoridade que toma a decisão é alocada e governada em cada nível. Chamo isto de *modelo de tomada de decisão de comando e controle*.

  Nas empresas que focam a atenção no resultado final (essas empresas geralmente têm níveis mais baixos de autoconsciência, como explico no Capítulo 5), é criada uma mentalidade de silo. Em um silo, as funções são isoladas e geralmente competem com o resto da organização, mesmo com custos para os objetivos da empresa ou para a satisfação dos clientes. Você pode ver essa mentalidade funcionando quando um departamento não está querendo compartilhar informações ou especialização com outro. A competição pode ser saudável, mas não desse tipo.

- **Organizações em rede:** Nas organizações em rede, as informações fluem livremente e são compartilhadas abertamente. As decisões tendem a ser tomadas por consenso. O papel de um gerente não é controlar ou direcionar o desempenho, mas dar apoio ao trabalho em equipe, retirando as barreiras que podem impedir que o trabalho seja feito para conseguir um objetivo em comum. Tal ambiente aumenta a eficiência e dá apoio à colaboração.

A responsabilidade para onde? Autoridade e responsabilidade

Neste contexto, o termo *autoridade* se refere à posição que uma pessoa tem na empresa e o poder de tomada de decisão que segue com essa posição. A autoridade que você tem em sua empresa determina como você executa suas responsabilidades, fornece direção para as outras pessoas, assume a responsabilidade de uma situação ou toma decisões em relação à alocação de recursos. Aqueles com *autoridade de aprovação* assinam contratos e podem comprometer a empresa com uma direção financeira ou estratégica. A autoridade de aprovação é onde a responsabilidade para, por assim dizer.

O termo *responsabilidade* se refere às obrigações legal e moral para realizar o término de uma tarefa e aponta para a pessoa que arca com as consequências, caso a tarefa falhe. A *responsabilidade coletiva* se relaciona ao desempenho de um grupo, independentemente das contribuições individuais.

O tipo de responsabilidade e autoridade que cai em seus ombros depende em grande parte da estrutura de sua organização:

- **Empresas de auto-organização ou horizontais:** Nas organizações autogerenciadas ou "sem chefe", o nível do gerenciamento não existe. Cada pessoa desempenha um papel de gerenciamento. A responsabilidade e a autoridade são colocadas em todos os funcionários. Todos são responsáveis e têm autoridade, embora algumas empresas possam atribuir áreas específicas de responsabilidade a alguém com mais capacidade ou experiência. A responsabilidade de negligenciar a saúde financeira da empresa pode recair sobre um dos parceiros que é mais forte na especialização financeira, por exemplo. O trabalho é focado em conseguir os objetivos da empresa e ter o trabalho pronto, ao invés de gerenciar as pessoas.

✔ **Organizações hierárquicas:** As empresas hierárquicas são geralmente associadas a uma autoridade de cima para baixo. As hierarquias existem sem o uso da autoridade para exercer poder, mas para a maior parte, os executivos, gerentes e supervisores (níveis de gerenciamento) têm autoridade e responsabilidade, a menos que a tomada de decisão seja descentralizada. Algumas organizações centralizam toda a autoridade da tomada de decisão, que tem o efeito de tornar o processo de aprovação demorado. Em outras, a tomada de decisão é descentralizada, portanto, a empresa é mais ágil e capaz de responder às condições que surgem.

Se você sabe como sua empresa é organizada e como a autoridade e responsabilidade fluem, sabe como mover as decisões na organização. As empresas que usam uma tomada de decisão hierárquica e baseada em autoridade são estruturadas em torno da organização das relações de trabalho. A mudança no foco faz uma grande diferença em quanto poderosa se torna a empresa.

Investigando os Modelos da Tomada de Decisão

Em relação a como a autoridade da tomada de decisão é usada e abusada, o tamanho de uma empresa não importa. Até as microempresas podem ter uma estrutura hierárquica baseada em autoridade e usam a abordagem de comando e controle, onde o chefe age como um ditador, ao invés de fazer parte de uma equipe que trabalha para conseguir o sucesso da empresa. E as empresas grandes podem escolher não ter chefes, usando uma abordagem claramente esquematizada para a tomada de decisão, utilizando a cooperação e a colaboração em intervalos de tempo específicos. Algumas empresas usam uma abordagem híbrida, que combina os títulos da unidade e os "cabeças" que mantêm a autoridade da tomada de decisão, mas utilizam uma abordagem participativa e aberta que permite um melhor fluxo de informações.

Decidir por uma estrutura é uma questão de selecionar internamente uma abordagem para a tomada de decisão que tem a melhor chance de conseguir velocidade e informação em tempo real, e corresponde a seus valores. Muitas empresas auto-organizadas têm tanta estrutura quanto as dirigidas por hierarquias baseadas em autoridades, mas visam definir responsabilidades pessoais para fazer o trabalho.

Nesta seção, explico como o poder da tomada de decisão e a autoridade são usados em cada uma dessas abordagens. Para ter mais informações gerais sobre o impacto da estrutura da empresa na tomada de decisão, vá para o Capítulo 3.

Restabelecendo decisões de cima para baixo: O estilo de comando e controle

As decisões tomadas no topo da organização definem a direção e guiam o estabelecimento do objetivo. Essas decisões informam à equipe e aos clientes o que é importante para o negócio e o que ela significa para eles. Como resultado, o *modo* como as decisões na direção e os objetivos são comunicadas define o tom de *como* o objetivo é conseguido e se as pessoas fazem sua parte por obrigação ou entusiasmo.

No estilo de gerenciamento clássico de comando e controle, as decisões são transmitidas para baixo nas camadas organizacionais, com cada camada recebendo sua instrução da camada acima. Para o funcionário em linha, a decisão vem do supervisor; para o gerente de nível médio, vem de um diretor e assim por diante, subindo nas linhas de autoridade.

Eis alguns cenários típicos e dinâmicas que caracterizam as decisões de cima para baixo:

- **Quando algo dá errado, as pessoas tendem a culpar a pessoa no nível mais alto.** O jogo de culpa cria uma lacuna entre *nós* e *eles*. É um desafio organizacional crítico para muitas empresas, inclusive as pequenas. Como você engaja as outras pessoas e toma suas decisões pode ajudar a conseguir colaboração.

    O que você pode fazer: promova um engajamento inicial na especialização funcional e entre os envolvidos em criar e comunicar uma decisão. Fazer isso envia a mensagem de que você reconhece o valor que essas pessoas trazem para a situação. Para obter sugestões sobre como construir um consenso entre as equipes e fortalecer as relações, vá para os Capítulos 11 e 12.

- **Como as decisões podem parecer impostas, muitos funcionários ficam com a impressão de que não têm nenhum controle.** O gerenciamento que microgerencia a equipe tende a negligenciar ou desconsiderar as ideias criativas. No final, os funcionários ficam passivos, esperando ser informados sobre o que fazer porque é menos arriscado.

    O que você pode fazer: embora os funcionários individuais possam não ser capazes de influenciar *qual* é a decisão, eles podem influenciar diretamente *como* é fornecida. Quando o gerenciamento foca no que precisa ser feito, a equipe pode adicionar ideias e modelar o resultado nos locais onde as etapas da decisão e da ação são menos definidas.

- **O ambiente do local de trabalho fica competitivo internamente e as unidades comerciais podem não se comunicar o bastante para facilitar a toca de especialização ou experiência.** Esta situação geralmente ocorre quando as relações de trabalho são excessivamente controladas. As unidades comerciais são organizadas na vertical — com o efeito que os silos, ao invés da interação das equipes, formam (consulte a seção anterior "Levando em conta o estilo de gerenciamento e o ambiente de trabalho" para saber mais sobre os silos).

O que você pode fazer: abra as linhas de comunicação e trabalhe para quebrar as barreiras. Para facilitar compartilhar as informações-chave, identifique e elimine os procedimentos e medidas que bloqueiam a troca de informações e a colaboração. Uma comunicação efetiva de decisões transmite expectativas; então, durante a implementação, transmite como as coisas estão funcionando em um nível operacional, por exemplo, ou compartilha a entrada do cliente.

A tomada de decisão de cima para baixo é um estilo de gerenciamento de alto risco nos ambientes comerciais que mudam dinamicamente. As decisões de baixo para cima requerem adesão. *Adesão* significa que uma decisão está sendo *vendida* ou *informada*. Em outras palavras, a decisão está sendo imposta e o apoio deve ser conseguido através de coerção ou influência. Resultado? Muito esforço gasto em convencer as outras pessoas que a decisão é boa. Sem adesão, você acaba com uma falta de comprometimento, falta de ação ou, no pior caso, sabotagem. Se você não consegue adesão, o problema real não é se a decisão é ruim, embora possa ser, mas que os funcionários não estavam engajados em modelar a implementação ou em adaptar a decisão para ajustar as realidades diárias. As pessoas têm talento criativo e elas querem usá-lo. Fornecer-lhes a oportunidade de fazer isso é muito inteligente.

Usando o consenso

O consenso é um processo de tomada de decisão em grupo no qual o resultado final requer o acordo de todas as partes envolvidas. Para ter consenso, você convida diversas perspectiva para que os grupos possam explorar o problema de diferentes ângulos. O consenso adiciona valor construindo apoio e comprometimento para a implementação de uma decisão e plano de ação. É uma oportunidade de examinar coletivamente e prever as consequências em curto e longo prazos. Você pode saber mais sobre a tomada de decisão em consenso no Capítulo 11; nas seções a seguir, compartilho alguns pontos-chave sobre como usar esse tipo de modelo.

Usar efetivamente o modelo de consenso requer que todos os participantes compartilhem uma ideia comum da direção e da visão na qual estão trabalhando. Não significa que todos cantem exatamente as mesmas notas em uníssono ou que todos estejam fixados em uma estratégia precisa e unidirecional apenas para conseguirem o objetivo.

Lidando com as diferenças de perspectiva e opinião

Em um modelo efetivo de construção de consenso, as diferenças de perspectiva são dadas durante a emissão; elas não são recebidas como irritantes ou obstáculos, mas vistas como oferecendo valor ao processo.

Capítulo 8: Criando a Base para Todas as Decisões

Ter consciência dos processos de raciocínio e tendências emocionais que ocorrem no grupo ajuda a criar uma melhor experiência de construção de consenso. Fazer isso permite que o grupo identifique e enderece imediatamente os problemas que podem aparecer. Considere designar alguém para manter os olhos na dinâmica. Os processos de consenso se desintegram quando as diferenças de opinião ficam no campo do "estou certo", o que realmente significa "eles estão errados".

As reservas ou preocupações sérias precisam ser apresentadas para que possam ser endereçadas. Na verdade, as perguntas de exame e, algumas vezes, difíceis podem mostrar as ideias necessárias. As decisões de ruptura geralmente ocorrem ouvindo a pessoa preocupada com algo que ninguém se sentiu confortável em dizer. Mantenha estes pontos em mente:

- Os ambientes de trabalho ou equipes que valorizam a harmonia acima de tudo tendem a pressionar os indivíduos para o que maioria sente como sendo a melhor decisão, ao invés de buscar ativamente o ponto de objeção. Ao invés de pressionar os membros do grupo para se adequarem, exploram as questões subjacentes e encorajam os membros da equipe a fazerem perguntas com curiosidade genuína. Tais perguntas podem revelar problemas ocultos e critérios possivelmente bem valiosos.

- Se você estiver lidando com pessoas cínicas, então lembre-se que o valor do cinismo é adicionar um pensamento crítico aos pontos onde os membros da equipe podem ficar tentados a seguir em frente, supondo que nada dará errado. Se o grupo não incluir nenhum cínico, então adicione um traço de cinismo como uma verificação necessária. Fazer isso assegura que o problema potencial seja identificado e endereçado antes de continuar. Mas tenha cuidado com o cinismo excessivo que pode parar o progresso de sua tomada de decisão e afundar a conversa na negatividade.

Tomando decisões que são aceitáveis para todos

Na tomada de decisão em consenso, os participantes devem focar em tomar a decisão de um modo que seja aceitável para todos.

O consenso não funciona quando o direito ao veto é permitido. Em um processo de consenso, o veto é permitido, mas dar poder de veto a qualquer pessoa pode distorcer a experiência em um jogo de poder visado para atender a si mesmo, ao invés dos interesse em comum, negando todo o valor de um processo de consenso.

Dedicando a quantidade certa de tempo para tomar a decisão

Ter a decisão certa em primeiro lugar pode levar tempo, entretanto, se o processo for longo demais, as pessoas perderão o interesse e você perderá um momento valioso. Para compensar esse risco, estruture seus intervalos de tempo, mas permita uma janela de flexibilidade. Seu senso intuitivo de determinação do tempo pode ajudar a obter o tempo certo. Vá para a seção "Determinando o tempo: Por que agora?" anteriormente para ter orientação.

Os locais de trabalho que valorizam uma ação rápida mais do que uma tomada de decisão acertada tendem a ter mais tolerância por fazer o trabalho duas vezes, ao invés de pensar nas decisões em primeiro lugar. Quando você está sob pressão para decidir, pode ficar tentado a tomar atalhos, como ignorar um conselho profissional necessário e não buscar uma entrada útil. Negligenciar dados importantes porque você está sob pressão para tomar uma ação pode levar a erros e a decisões pouco otimizadas.

Construindo uma Equipe para uma Tomada de Decisão Participativa

Se sua empresa usa um estilo de comando e controle ou de construção de consenso para tomar uma decisão, você pode estar trabalhando com uma equipe. Tomar decisões como um grupo de trabalho ou equipe fortalece o comprometimento com a implementação e ajuda a colocar os problemas na mesa para fazer considerações. Ao decidir quem você envolverá na tomada de decisão, considere fatores como os seguintes:

- **Quem tem experiência ou especialização que poderia trazer valor para a equipe?** Traga especialização das várias funções na organização. Também considere envolver os clientes que adicionam valor às suas necessidades e perspectivas, e através de relações.

- **Quem será impactado pela decisão?** Construa pontos de vista a partir das pessoas impactadas pela decisão, sendo o impacto antecipado como positivo ou negativo. Isto pode significar adicionar seus melhores clientes à equipe.

- **Quem será responsável por implementar a decisão?** Envolver no processo de planejamento as pessoas que irão implementar a decisão é muito inteligente. Endereçando as considerações operacionais no início (as considerações que com muita frequência são omitidas na discussão inicial da tomada de decisão), você pode tornar a implementação muito mais suave. Se, por outro lado, você ignora a experiência valiosa e o conhecimento que as pessoas que implementam a decisão têm, arrisca criar resistência e um custo extra.

Engajar e planejar soluções em conjunto como uma equipe interdisciplinar inspira o grupo de especialistas na empresa e oferece uma melhor chance de prever o que pode não estar de acordo com o plano. Resumindo, ajuda a solucionar problemas, também ajuda a fortalecer as relações internas. Manter as pessoas — especialmente aquelas que precisam ter sucesso — no escuro não faz sentido. Você pode encontrar ferramentas da tomada de decisão participativa nos Capítulos 11 e 17.

Capítulo 9

Fundamentos: Percorrendo o Processo de Tomada de Decisão

Neste Capítulo

- Identificando por que uma decisão precisa ser tomada
- Reunindo e analisando os dados
- Gerando opções viáveis e tomando a decisão final
- Comunicando e implementando a decisão
- Compreendendo a tomada de decisão intuitiva

Como um tomador de decisão, você enfrenta todos os tipos de situações em seu negócio. Cada situação requer uma abordagem diferente de tomada de decisão. Algumas abordagens são racionais e analíticas; outras são mais intuitivas. Apesar das diferenças, os pensamentos racional e intuitivo reúnem e entendem as informações em uma tentativa de chegar ao melhor curso de ação.

Seja qual for a abordagem usada, você pode aproveitar a compreensão das etapas básicas para tomar decisões acertadas. Na verdade, para cada decisão tomada, você lembrará — acidental ou intencionalmente — das etapas descritas neste capítulo. Também mostro como sua intuição permite que você tome decisões rápidas em situações de mudança rápida e de alto risco.

Esclarecendo a Finalidade da Decisão

Ser claro sobre o motivo de você estar tomando uma ação orienta a implementação. Estabelecer uma finalidade (e *por que*) é uma tarefa obrigatória e inicial porque, quando você sabe o motivo de estar fazendo algo, reduz o risco de erros e más compreensões quando as circunstâncias mudam. A finalidade melhora o foco para o pensamento, ação e todas as microdecisões que levam ao resultado.

Identificando o motivo da decisão

As decisões são tomadas por vários motivos. No negócio, os dois motivos mais comuns para tomar uma decisão e uma ação são endereçar um problema ou agarrar uma oportunidade:

- **Resolvendo um problema:** Operacionalmente, quando o equipamento não está funcionando, os produtos não são entregues a tempo ou os clientes não recebem o que pediram quando você prometeu, é um problema. Quando os problemas ocorrem, você precisa tomar uma ação para descobrir por que ele existe. Em uma floricultura, por exemplo, ter uma geladeira quebrada que deve armazenar a mercadoria de hoje e não ter uma reserva é um problema. A pergunta é, isto é simplesmente uma pequena falha mecânica ou a situação é bem mais grave?

- **Agarrando uma oportunidade:** As oportunidades têm muitas formas: um encontro casual com alguém que tem o potencial de se tornar seu maior comprador, por exemplo, ou uma mudança nas leis de zoneamento em uma área onde você deseja expandir. Outras oportunidades aparecem como problemas: a falta de engajamento de um funcionário, por exemplo, é uma oportunidade para criar um local de trabalho melhor. Reconhecer as oportunidades significa ver situações como essas não como problemas a serem resolvidos, mas como uma chance de fazer as coisas de modo diferente.

Quando a razão para tomar a decisão é esclarecida, ser superclaro sobre o que você está esperando conseguir (o resultado) fornece o foco para chegar lá. Verifique se você pode articular o seguinte (consulte o Capítulo 8 para obter detalhes sobre como criar uma declaração de objetivos):

- Por que você está tomando uma ação agora e não depois
- O que haverá quando o plano de ação terminar
- Quais condições você deseja que a solução atenda

Fornecer uma imagem convincente do resultado desejado mobiliza as mentes e os corações dos funcionários e outras partes afetadas.

Adotando uma abordagem tática ou estratégica

As ações podem ser impulsionadas pela urgência (você precisa fazer algo rapidamente) ou inspiradas pela visão e oportunidade a longo prazo. Articular o que você deseja que a decisão consiga dá uma boa ideia se precisa adotar uma abordagem tática ou estratégica.

Para entender a diferença entre as ações estratégicas e táticas, considere esta situação: a carga de trabalho em sua empresa ficou intolerável e seus funcionários estão estressados e pedindo o pagamento de horas extras. Ao endereçar o problema, você pode adotar uma abordagem tática ou estratégica:

Capítulo 9: Fundamentos: Percorrendo o Processo... 137

- **Tática:** Você vê as opções que resolvem o problema imediato, como terceirizar algum trabalho ou contratar alguém para aliviar a sobrecarga em seus funcionários.
- **Estratégica:** Você recua para observar como o trabalho está sendo delegado e comunicado, como os recursos existentes estão sendo usados etc. para que possa descobrir e endereçar o que está criando a pressão em primeiro lugar. Com esse conhecimento, você pode instituir mudanças que a longo prazo reduzirão o estresse e a carga de trabalho dos funcionários.

É fácil parar o problema tomando uma ação rapidamente antes de realmente entender a situação. Fazer isso pode resultar em ter que rever o problema quando a solução provar ser ineficiente. As empresas, por exemplo, algumas vezes corrigem o comportamento indesejado do funcionário enviando-o para um treinamento, ao invés de explorarem o que está criando a situação no sistema (cultura) em si.

Descortinando: Obtendo Todas as Informações Relevantes

Muitas decisões que falham, assim acontece porque foram tomadas usando um pensamento limitado. O pensamento limitado pode sabotar suas decisões comerciais. Considere a proprietária do negócio que, quando suas decisões eram questionadas, sempre respondia: "Eu sei o que estou fazendo". Ela continuou... até a falência. Para evitar os perigos do pensamento limitado, experimente reunir informações relevantes de quantas perspectivas diferentes forem possível, especialmente aquelas das quais você discorda.

Nesta seção, descrevo as origens das informações e informo como verificar as informações encontradas. Para saber mais sobre como os modos diferentes de pensar podem ser usados a seu favor, vá para o Capítulo 7.

Fazendo sua pesquisa

Dependendo do problema que você está tendo ou o motivo de estar tomando uma ação, você pode ter que fazer uma extensa pesquisa, consultar colegas que já enfrentaram com sucesso uma questão parecida e consultar funcionários e clientes. Ao fazer isso, sua intenção deve ser aprender, ao invés de confirmar se suas próprias ideias estão certas. Uma investigação genuína constrói confiança e revela os principais fatores críticos para tomar uma decisão.

O objetivo básico neste estágio do processo de tomada de decisão é ver a situação de quantos ângulos diferentes você pode possivelmente. Algumas vezes, essa tarefa pode ser difícil, em especial quando você não concorda com as ideias ouvidas, mas vale muito a pena. Fazer um trabalho completo de coleta de informações dá uma grande variedade de pontos de vista a considerar, releva as armadilhas em potencial e mostra as necessidades não mencionadas que devem ser endereçadas, caso sua decisão seja efetivada.

A seguir, estão algumas maneiras de você ter uma ideia variada e as informações buscadas:

- Monitore e participe das discussões no LinkedIn que sejam relevantes para seu negócio.
- Assine newsfeeds online, como o Huffington Post, ou outros meios de notícias internacionais, nacionais e regionais.
- Participe de associações profissionais nas quais você encontra seus clientes.
- Peça aos funcionários e clientes informações usando grupos de foco ou pesquisas.
- Hospede sessões de informação para descobrir como os grupos constituintes veem a situação.
- Consulte seus colegas para descobrir suas visões sobre o projeto ou a iniciativa.
- Dê aos funcionários uma oportunidade para fazer perguntas para as pessoas na liderança e em posições de gerenciamento de uma maneira aberta e honesta.

O estágio para reunir informações geralmente é fluido e rápido, ao invés de excessivamente estruturado. Para descobrir mais sobre como a estrutura de sua empresa orienta o modo como as informações fluem e são compartilhadas, consulte os Capítulos 3 e 12.

Ganhando alguma distância para ser objetivo

Você pode ver uma situação mais claramente quando não colocou seu nariz nela. Por isso, quando você reunir informações, desejará manter alguma distância. Fazer isso ajuda-o a avaliar mais objetivamente as informações recebidas. Você será mais capaz de ver quais perguntas precisam ser feitas e reconhecer quem precisa estar envolvido.

Ganhar distância é mais fácil de dizer do que de fazer por dois motivos:

- **Você é aquele que tem que lembrar de recuar e refletir.** Se você não arrumar um tempo para refletir no processo de tomada de decisão, ela não acontecerá.

- **Você tem um ponto fraco — inclinações desconhecidas ou, pior, preconceitos — que trabalha contra sua tomada de decisão.** Há chances de que você não tenha consciência dessas inclinações sobre si mesmo, mas pode apontá-las facilmente nos outros. Para evitar ser pego de surpresa por aquilo que você não consegue ver em si mesmo, peça a alguém em quem confia para apontar quando você estiver negligenciando o óbvio.

Suas crenças orientam em quais dicas você presta atenção e como as interpreta. Todavia, suas visões e percepções são limitadas — limitadas por quanta informação você teve acesso e as experiências adquiridas em sua vida. Manter uma mente aberta é um modo de manter uma verificação e equilíbrio em suas percepções. Abre seus olhos para o que os outros veem que você não consegue ver. Também ajuda a ser mais eficiente. Para assegurar que você não está limitando as informações àquelas com as quais está familiarizado, siga estas sugestões:

- **Permaneça curioso.** Abordar cada situação com uma mente curiosa expande a percepção. O Capítulo 5 analisa o que influencia a percepção.
- **Observe quando você está sendo defensivo ou sente-se forçado a provar que está certo.** Tome estas reações emocionais como sinais de que você está pensando de modo rígido ou sentindo-se ameaçado. São bons indicadores de que você está negligenciando informações importantes que podem mudar como lidera.

O Capítulo 4 tem mais informações sobre como as crenças e as inclinações influenciam suas percepções e como assegurar que não irão sabotar sua tomada de decisão.

Prestando atenção nas diferentes perspectivas

Reunir informações precisas em um ambiente de comunicação altamente interconectado é desafiador, especialmente porque cada pessoa pode ver apenas uma parte da imagem geral. O que as pessoas veem depende de suas perspectivas únicas e o que elas compreendem é determinado por aquilo que sabem sobre sua parte da imagem. Por isso, você precisa prestar atenção em quantas perspectivas diferentes forem possíveis. Ao reunir a inteligência, experimente fazer o seguinte:

- **Use tantas fontes diferentes quanto puder.** Leve em conta a experiência pessoal, dados factuais e fatores sociais e emocionais que irão impactar o ambiente de tomada de decisão e a situação de implementação.
- **Preste atenção nas informações conflitantes.** As informações conflitantes apontam para os buracos na imagem e são um sinal de que você precisa continuar buscando informações com pessoas diferentes. Experimente fazer os tipos de perguntas que uma pessoa completamente não familiarizada com o assunto faria. Essa estratégia pode trazer uma luz sobre como diferentes visões se convergem para formar a grande imagem.

- ✔ **Incorpore diversas perspectivas, especialmente aquelas com as quais você pode não concordar, em seu pensamento.** Tais perspectivas destacam as coisas que você precisa considerar ao tomar a decisão; elas também fornecem critérios para os fatores que devem ser endereçados ao reunir os planos de ação e implementação.

Separando o fato da especulação

Os fatos — como quanto dinheiro foi alocado para um projeto e quanto foi gasto, quantos funcionários trabalham para a empresa, qual é a taxa de rotatividade de funcionários etc. — podem ser verificados e comprovados. Porém, em algum ponto, os fatos podem ficar misturados com as opiniões (com base nas percepções) e as ideias. O segredo é conseguir discernir entre eles e o desafio é conseguir fazer isso no meio da mudança.

Quando as pessoas estão no meio de uma mudança e o futuro é desconhecido ou incerto, elas começam a adivinhar sobre o que acontecerá para se sentirem mais certas sobre o que se aproxima. Bem antes, a especulação está atacando às cegas porque as pessoas não sabem o que esperar ou perderam a confiança de onde e como se encaixam no mundo que muda.

Quando as pessoas começam preencher as lacunas sozinhas porque não sabem como se encaixam na imagem maior da empresa, você sabe que a empresa falhou em comunicar sua intenção e a direção de suas direções de modo suficiente. Quando você ouve especulações, sabe que uma comunicação mais aberta é necessária e que a decisão deve levar em conta uma confiança instável entre os funcionários da empresa. Seja o que for, não confunda especulação com informações para a tomada de decisão.

Você pode endereçar a especulação de duas maneiras:

- ✔ **Descubra o que as pessoas estão dizendo — elas veem as consequências da iniciativa sob uma luz positiva ou negativa?** Fazer isso permite que você descubra as preocupações importantes relacionadas ao resultado da decisão para que possa endereçá-las, se necessário.
- ✔ **Comunique-se.** Descreva o que é conhecido e não é. Explique a direção. Fazer isso ajuda a reduzir a preocupação.

Incluindo os sentimentos como informação

A ideia de que os humanos são seres lógicos é ótima, mas não é real. Embora os fatos apelem para a mente racional, os sentimentos orientam o que as pessoas fazem. Portanto, quando você estiver reunindo informações, desejará incluir o ambiente emocional. Fazer isso pode fornecer dados valiosos.

Quando uma de suas decisões não está sendo implementada ou, pior, sai pela culatra, há chances de que você falhou em considerar o que importa para as pessoas. A menos que você considere as necessidades emocionais e sociais das pessoas afetadas pela decisão, correrá o risco de estar sem sincronia com as necessidades do cliente ou negligenciar as pequenas coisas que podem fazer uma grande diferença para o bem-estar do funcionário e desempenho, ou para a lealdade do cliente.

Você não encontra esse tipo de informação em relatórios nem em gráficos de dados. Você a encontra fazendo conexões com as pessoas, sendo genuinamente curioso e ouvindo ativamente, com sua mente — não sua boca — bem aberta.

Se você usa pesquisas combinadas com relações entre as pessoas, engaja-se em projetos conjuntos ou facilita abrir linhas de comunicação com os funcionários e clientes, você pode seguir essas estratégias simples para descobrir o que importa para seus funcionários e clientes:

- **Faça perguntas sobre o que funciona e não funciona.** Se você estiver testando um novo produto, a melhor maneira de obter informações úteis é dar à equipe ou aos clientes em potencial o produto e descobrir como ele funciona para eles de modo prático ("Suas roupas ficaram limpas?") e em termos de atender os valores ou preferências específicas ("O que você achou de usar o produto?"). As respostas oferecem critérios para o que funciona e o que não funciona para o mercado que você está atingindo.

- **Construa confiança com seus funcionários para que, mesmo quando eles disserem coisas que você preferiria não ouvir, eles não tenham medo de represálias nem punição.** Nem todo proprietário de negócio está preparado para ouvir o que soa como Átila, o Huno. Mas você deve ser capaz de receber informações difíceis de ouvir sem romper em lágrimas ou ter um ataque de cólera. Nenhuma abordagem constrói confiança nem credibilidade.

- **Engaje-se com a comunidade construindo parcerias com organizações sem fins lucrativos locais e outros negócios locais.** Tais parcerias fornecem um fluxo sólido de informações sobre o que importa.

No Sustainable Food Lab (http://www.sustainablefoodlab.org — conteúdo em inglês), as empresas fazem parcerias com organizações sem fins lucrativos para inserir práticas sustentáveis na cadeia de suprimentos alimentícios. Esta grande colaboração, na qual os parceiros trazem mentalidades totalmente diferentes, desenvolve habilidades de liderança internas enquanto cuida simultaneamente de uma questão maior.

Sabendo quando você tem o bastante

Reunir informações não é sentir-se absolutamente certo ou esperar até que tudo esteja perfeito antes de agir. É ficar 80% satisfeito que você tenha visto a situação a partir de muitas direções possíveis e que você tem informações suficientes para tomar uma boa decisão. Então, você está pronto para continuar. Ao determinar quanta informação é suficiente, considere os seguintes fatores:

- **A quantidade de tempo que você tem disponível:** Fique aberto às novas informações até que o prazo final para fazer a escolha chegue.

> **Se você está satisfeito por ter feito perguntas suficientes e tem informações suficientes:** Você saberá respondendo à pergunta: "Temos informações suficientes para analisar os méritos de cada opção ou cenários em consideração?" Se sua resposta for sim, você estará pronto para continuar.

Saber quando as informações suficientes são o bastante nunca é um cálculo preciso. Apenas depois de refletir sobre a decisão para ter conhecimento com o processo você aprende, uma decisão por vez, a determinar de quanta informação você precisa. Intuitivamente, é muito provável que você sinta uma calma centrada em seu íntimo ou no coração.

Filtrando e Classificando os Dados: Análise

Depois de reunir as informações, o próximo passo é entendê-las. Resumindo, é hora de analisar os dados. Os fatores que determinam como você prosseguirá incluem quanto tempo está disponível e se você precisa justificar sua decisão para os investidores, clientes, funcionários ou envolvidos.

Conduzindo sua análise

Siga estas etapas para classificar e analisar as informações reunidas:

1. **Identifique os fatos, dados e números brutos relevantes para a decisão e determine como você irá digerir os números para que eles possam informar a decisão ou a seleção das opções.**

   Big data é o termo dado à proliferação e a abundância de dados que os tomadores de decisão devem considerar. Os programas de computador disponíveis para analisar dados complexos incluem as apresentações espacial, visual ou baseada em nuvem. Para ter um exemplo, veja http://www.spatialdatamining.org/software (conteúdo em inglês). Você pode encontrar uma lista dos principais softwares de análise de dados gratuitos aqui: http://www.predictiveanalyticstoday.com/top-10-data-analysis-software/ (conteúdo em inglês).

2. **Classifique as informações sociais e emocionais em temas.**

   Os temas podem ser *tendências* (a direção das preferências sociais), a *dinâmica* (as inter-relações que existem) e as necessidades ou preferências (que apontam para os valores subjacentes que informam as decisões), por exemplo. Essas coisas informam sobre o que se aproxima para que você possa prever qual será a resposta para sua decisão. Use-as como uma lente para identificar o que você precisa considerar ao escolher as opções ou assegurar que você atende as necessidades sociais e emocionais durante o processo de implementação.

Capítulo 9: Fundamentos: Percorrendo o Processo... 143

3. **Identifique as considerações vistas como relevantes para tomar a decisão ou implementá-la.**

   Para sintetizar o que é importante para considerar em sua tomada de decisão, explore os fatos (a parte racional-lógica) e o que está acontecendo na situação (sentimentos/emoções ou relações/social). Extraia as principais ideias para usar nas etapas subsequentes. Você pode usar um mapa mental, um método para mapear visualmente as ideias relacionadas (veja o Capítulo 11 para saber como desenhar um mapa mental) ou pode colocar as ideias relacionadas em pontos-chave para que possa ver as relações entre as informações reunidas.

   Por exemplo, se você estiver entrando em um novo mercado, como a Target fez recentemente no Canadá, gostaria de perguntar aos clientes canadenses quais produtos Target eles preferem. As preferências dos clientes seriam um tema; o produto, nível de preço e expectativas do cliente quanto ao serviço formariam uma parte da tomada de decisão em segundo plano.

4. **Mapeie as consequências — como a decisão irá impactar a equipe, clientes, funcionários e fornecedores, por exemplo.**

   Saber as consequências ajuda a fazer ajustes e informa o que e como você comunicará qualquer mudança para os ouvintes, com base no que eles esperam atualmente ou estão familiarizados. (A ferramenta do mapa mental descrita no Capítulo 11 fornece um modo efetivo de identificar as consequências.)

5. **Se você estiver usando um processo de tomada de decisão racional, selecione os critérios que usará para considerar as opções antes de fazer uma seleção final.**

   Você precisa identificar os critérios que usará para avaliar as opções em consideração. Consulte a seção "Estabelecendo e pesando os critérios" para obter detalhes.

Agora, você saberá quais informações são mais relevantes, se você está contando exclusivamente com a análise dos dados ou combinando-a com sua experiência intuitiva. Se você estiver tomando sua decisão apenas intuitivamente, usará o que percebe como sendo importante e contará com o modo como os dados são apresentados para extrair os principais pontos.

Durante sua análise, continue comunicando-se com sua equipe. Fazer isso não apenas ajuda a todos a saber o que está acontecendo, como também encoraja discordar das visões e das perspectivas alternativas que se apresentam.

Avaliando criticamente seus dados

Erros são cometidos quando o pensamento crítico não é aplicado. Quando você pensa criticamente, torna-se seu próprio advogado do diabo, por assim dizer. Você examina e reflete sobre seu próprio pensamento e questiona as suposições ou conclusões.

Se você acha que o pensamento crítico é difícil de ter sozinho, peça a ajuda de um colega ou engaje a equipe inteira fazendo uma reflexão individual primeiro, então, reunindo-se para trocar as observações.

Para avaliar criticamente seus dados, faça estas perguntas:

- O que não estamos dizendo? O que estamos negligenciando?
- Onde estamos fazendo suposições ou quais suposições estamos fazendo?
- Onde estamos colocando nossos próprios valores e visões sobre as informações que estamos vendo?
- O que possivelmente poderia dar errado?

Pensamento crítico e ceticismo não são a mesma coisa, embora possam trazer valor. Enquanto o pensamento crítico é um exercício intelectual que desafia a validade de uma ideia para testar seu mérito, o ceticismo é algo totalmente diferente. Quando o ceticismo levanta sua cabeça, você ouve comentários como "Tentamos isso antes" e "Isso nunca funcionará!" O ceticismo oferece crítica sem dar critérios. Se você cair nessa armadilha, correrá o risco de descartar uma ideia sem realmente avaliar se ela tem mérito e se você descartar um cético simplesmente porque seus comentários não são úteis, estará perdendo a oportunidade de aprender algo valioso. Se você tiver um cético na equipe (ou começar a ouvir seu próprio cético interior), descubra o que pode ser aprendido com a experiência do passado dele que pode ajudar na situação atual.

Fazendo suposições intencionalmente... ou não

As decisões são tomadas o tempo inteiro com base em suposições. As suposições podem ser adivinhações calculadas feitas quando você está perdendo as informações essenciais ou podem ser ideias que você aceita como verdadeiras sem prova e sem consideração. Dependendo do tipo de suposição que você está fazendo — o tipo de adivinhação instruída ou o tipo "acredito só porque" —, as suposições poderão ajudar ou atrapalhar sua tomada de decisão.

Fazer suposições permite que você converta as incertezas em algo com o qual pode trabalhar, pelo menos temporariamente. As suposições também fornecem um modo de seguir adiante até que novas informações esclareçam qualquer incerteza e apresentem uma oportunidade para refletir sobre suas prioridades para que, se algo inesperado acontecer, você possa mudar de direção rapidamente. (Para saber mais sobre as prioridades, vá para a seção "Implementando a Decisão".)

Usar suposições funciona nestas condições:

- **Você sabe que está fazendo-as.** Quando não há informações essenciais, você converte intencionalmente o desconhecido em suposições. Suponha, por exemplo, que seu escritório esteja planejando ir para um local maior. Você não tem dados relacionados à taxa de crescimento de sua empresa nem o número de funcionários remotos empregados conectados à empresa — informações necessárias ao determinar quais novos locais têm espaço suficiente para acomodar sua força de trabalho. Portanto, você faz a suposição de que, nos próximos cinco anos, a equipe dobrará e que os funcionários conectados estarão fisicamente na empresa um dia toda semana. Essas suposições permitem preencher as lacunas e continuar.

- **Você ajusta suas suposições quando novos dados ficam disponíveis.** Quando as condições mudam, você revê suas suposições e ajusta-as para adequar à realidade que surge. Se as informações necessárias em primeiro lugar ficarem disponíveis, você poderá eliminar toda a suposição.

As suposições não funcionam quando você não está ciente de que está fazendo-as ou quando elas ficam sem verificação, então, provam ser imprecisas. Se você não estiver consciente de suas suposições ou não testar as suposições que fez conscientemente com a realidade da situação na qual está, poderá estar operando em uma ilusão perigosa.

Verifique suas suposições antes de tomar uma decisão para ver quais pensamentos não notados estão entrando em suas deliberações. Para descobrir as crenças subjacentes, pergunte abertamente quais suposições você e sua equipe estão fazendo. Sem declarar as suposições, você corre o risco de tomar uma decisão ruim que parece acertada inicialmente, mas mina seus esforços depois.

Estabelecendo e pesando os critérios

Em um processo de tomada de decisão racional, você usa as informações para reunir e estabelecer critérios que especificam o que cada uma das alternativas em consideração deve atender para conseguir o objetivo. Você pode criar o critério por si só (para as decisões pessoais) ou coletivamente, como faz quando trabalha em uma equipe ou em um empreendimento de colaboração.

Estabelecer uma lista de critérios pelos quais julgar as opções fornece vantagens como:

- Ajudar a pensar em toda a decisão
- Trazer as alternativas mais práticas para a superfície

- Fornecer uma estrutura clara que guia o processo de avaliação
- Ajudar a equipe de tomada de decisão a concordar com o que ela está esperando
- Tornar o pensamento por trás de sua escolha final visível, claro e preciso — o que é especialmente importante quando você toma decisões que estão sujeitas a um exame aberto.

Os critérios especificam as condições que devem ser atendidas para uma opção ser considerada. Explico como estabelecer e pesar os critérios nesta seção.

Listando e classificando seus critérios

Comece fazendo uma lista curta, porém, completa, das condições que devem ser atendidas. Se você estiver contratando, por exemplo, liste os critérios que qualquer candidato viável deve ter. Você não deseja ser a empresa que contratou um vice-presidente apenas para descobrir que ele tem medo de voar!

Classifique os itens da lista em uma das duas categorias: Imprescindíveis e Comparativos.

- **Imprescindíveis:** Pense na categoria Imprescindíveis como a categoria ir/não ir. A opção sendo considerada (ou o candidato, no caso de uma decisão de contratação) atende os critérios ou não. Se atende os critérios, continua no processo de revisão. Se não atende, fica fora.

  Teste os itens na lista Imprescindíveis para assegurar que listou os essenciais. Por exemplo, imagine que você esteja contratando um novo gerente de vendas e acha que um diploma é essencial. Para estar esse critério, pergunte: "Se um candidato aparecer com experiência bem superior a um diploma ou que não tem um diploma, mas tem um histórico comprovado, ainda rejeitamos esse candidato por não ter diploma?" Se você disser que ainda consideraria o candidato, mesmo sem o diploma, então, o critério de ter um diploma é comparativo, não essencial!

- **Comparativos:** A categoria Comparativos mantém as medidas que você aplicará nas opções que passaram na primeira tela (os Imprescindíveis). Você atribui a cada critério uma classificação (peso) com base na importância que você ou sua equipe pensa que tem. Explico como atribuir e usar classificações na próxima seção.

Pesando seus critérios

Os critérios comparativos são geralmente atribuídos a um peso de 1 a 10, com 1 indicando não importante e 10, muito importante. (Qualquer coisa abaixo de 6 provavelmente não é importante o suficiente para ser um critério.) Nesta seção, forneço duas ferramentas para você aplicar critérios em sua tomada de decisão.

Capítulo 9: Fundamentos: Percorrendo o Processo... 147

Pontuando suas opções com um pouco de matemática

Quando você estiver considerando vários critérios comparativos, cada um com uma importância relativa, siga estas etapas para ver como as diferentes opções se comparam:

1. **Crie uma tabela na qual você lista cada critério comparativo e atribua a cada um valor numérico em um total de 10 pontos possíveis.**

   A importância, ou o valor relativo, é determinada em relação a outro critério.

2. **Para cada opção sendo considerada, atribua uma pontuação avaliando como a opção atende esse critério.**

   Meça cada opção com o critério, pontuando cada um usando o peso relativo atribuído. Se os critérios comparativos tiverem uma possível pontuação 8 alta, por exemplo, e a opção em consideração atender totalmente ao critério, dê um 8. Se não atender, dê uma pontuação mais baixa.

3. **Depois de pontuar cada uma das opções, multiplique a pontuação da opção pelo valor relativo do critério e — voilà! — você tem uma contagem final.**

   Por exemplo, se o valor relativo de um critério for 8 e a opção foi pontuada com 6, a contagem final será 48. A Tabela 9-1 mostra como usar os valores relativos dos critérios para avaliar as opções. Coloque a opção no topo da tabela e avalie cada alternativa., usando a folha de pontuação. Quando terminar, você terá uma pontuação que informa como a opção foi em relação ao critério definido.

Tabela 9-1	Opção de Pontuação A — um Exemplo		
Critério	*Valor Relativo*	*Pontuação da Opção 1*	*Contagem Final da Opção 1*
Amistoso para o cliente	10	8	80
Fácil de repetir	8	5	40
Ajusta-se no espaço de armazenamento de um avião	8	6	48

4. **Some as pontuações para cada opção para ter um total para cada alternativa.**

   Realizar essa etapa extra permite comparar, vendo, as pontuações totais para saber qual de todas as suas opções têm a maior pontuação.

Usar tal folha de pontuação permite que todos vejam o pensamento coletivo. Você pode fazer com que os membros da equipe preencham juntos as pontuações (supondo que vocês estão todos no local) ou fazer com que preencham online. Então, as pontuações são compiladas para mostrar como a equipe de tomada de decisão classificou as opções.

Aplicando ferramentas de pensamento: A Matriz Pugh

A Matriz Pugh, nomeado segundo o professor Stuart Pugh, responde à pergunta "Qual opção irá melhorar mais o que existe agora?" incluindo um parâmetro nos cálculos usados para pesar os critérios comparativos. O uso do parâmetro indica se a opção irá melhorar positivamente ou subtrair negativamente o que existe no momento.

Para usar a Matriz Pugh, siga estas etapas:

1. **Faça uma lista dos cinco ou menos critérios ou condições mais importantes.**

   Mais de cinco e a lista fica complicada. Dez são demais.

2. **Quando você considerar cada critério e cada opção, pergunte: "O resultado será melhor ou pior do que o sistema atual?"**

   Se a opção for melhor do que o sistema atual, atribua +1. Se for pior, atribua -1. A Tabela 9-2 mostra um exemplo da Matriz Pugh em ação.

3. **Conte os mais e os menos para ver qual é a melhor opção.**

   Neste exemplo, a Opção 3 domina com três mais e um menos, tornando-se a escolha lógica.

Tabela 9-2 Avaliando as Opções Usando a Matriz Pugh

Critério	Parâmetro (O que Temos Agora)	Opção 1	Opção 2	Opção 3
1	0	+1	-1	+1
2	0	+1	+1	-1
3	0	-1	-1	+1
4	0	-1	-1	+1

Evitando a paralisia da análise

Uma organização que adia tomar uma decisão por muito tempo provavelmente está presa no estágio da análise. Se você fosse perguntar por que uma decisão não foi tomada, ouviria motivos como "Não há informação suficiente"; "As condições estão mudando rápido demais"; ou "Temos opções demais para escolher". Resultado? Nenhuma decisão é tomada ou nenhuma opção é escolhida.

As empresas e as pessoas se encontram nesta situação difícil por algumas razões:

- Elas pensam e analisam demais as informações, opções ou implicações da decisão.
- Elas operam com um medo subjacente de cometer um erro.
- Elas são totalmente dominadas pela incerteza ou caos interno com um excesso de mudança.
- Elas não veem nenhuma opção clara ou têm opções demais para escolher.

Não tomar uma decisão que precisa ser tomada aumenta a pressão que os funcionários sentem, que, por sua vez, leva a consequências, tais como, doença relacionada ao estresse, frustração, moral baixa e desempenho ruim. Nada bom. Nesta situação, os funcionários perderam a confiança na inteligência intuitiva da empresa.

Como você sai da paralisia da análise? O que você pode fazer para restaurar a moral dos funcionários? Comece reconhecendo que as condições estão mudando constantemente. Para recobrar o controle e abrir um caminho que lhe permita tomar decisões concretas e ter planos de ação, siga estas sugestões:

- **Identifique as decisões que são fáceis e prontas, e tome uma ação.** Um pouco de sucesso construirá o momento e essas decisões de pouco perigo e baixo risco não são difíceis de implementar. Portanto, tome uma ação nelas.
- **Tome uma decisão por vez.** Limitar-se a uma decisão por vez permite que a confusão e a frustração sejam retiradas. Resolva um problema, então, vá para o próximo.
- **Obtenha uma nova perspectiva sobre as decisões em consideração.** Pergunte a alguém fora da unidade o que faria. Ou mude seu ambiente para ver a decisão a partir de um contexto diferente.

Uma pesquisa mostra que mais informações não significa necessariamente melhores decisões. Hesitar em tomar a decisão porque você não tem a melhor informação é uma armadilha. Significa que você precisa ser perfeito ou estar certo. Evite isso.

- **Confie em si mesmo e em seus colegas.** Trabalhar com uma base de confiança é muito mais fácil do que trabalhar com uma base de medo. Certamente, pode requerer muita fé, mas solte a hesitação e prossiga. Embora um pouco perturbador inicialmente, se você der passos graduais, poderá ajudar a construir o momento e restaurar a confiança, e logo as coisas estarão fluindo de novo.

A análise não é ruim nem boa. É apenas um modo de pensar. Há outras maneiras de pensar, cada uma oferecendo uma vantagem diferente. A análise é reduzida. No pensamento analítico, você divide o todo. Entretanto, em um ambiente comercial onde a complexidade e a diversidade dominam, o pensamento geral é necessário. Por isso, o pensamento analítico pode não ser a melhor opção. A flexibilidade é necessária.

Gerando Opções

Na tomada de decisão, o termo *opções* refere-se às diferentes alternativas ou soluções em consideração. Se você está comprando um computador, melhorando o espaço do escritório ou contratando um contador, por exemplo, deve decidir qual alternativa oferece a melhor solução. Algumas decisões, como comprar equipamento, devem resultar na seleção de apenas uma das várias alternativas. Outras decisões podem beneficiar-se de trabalhar com mais de uma opção simultaneamente.

Nesta seção, explico como propor opções, como trabalhar com o risco da incerteza e o que fazer quando você tem opções demais ou muito poucas para escolher.

Evitando a armadilha de uma única opção

Quando você está tomando uma decisão, ter apenas uma opção a considerar não é realmente uma opção. Quando você foca em apenas uma ideia para endereçar seu dilema, enfrenta dois riscos: que sua falta de visão (ou de sua equipe) ignorou potencialmente as melhores soluções e que qualquer decisão tomada o manterá seguro, e potencialmente estagnado, no status quo.

Há dois motivos para pensar que você tem apenas uma opção:

- **Pensamento limitado:** Neste caso, você considera apenas o que foi feito antes, independentemente de ter funcionado. Você desconsiderou as ideias criativas ou não comprovadas.
- **Pensamento de medo:** Neste caso, a decisão está sendo iniciada por medo ou o ambiente de tomada de decisão é caracterizado pelo medo ou ter medo de correr riscos.

O pensamento racional limitado ou de medo subjacente ao tomar uma decisão é que, se nada muda, então, nada mudará. É um modo de ficar na zona de conforto e manter o status quo. E causa o desengajamento dos funcionários, incapacidade de manter talentos, estresse e, consequentemente, decisões ruins.

Ampliando o leque de opções utilizando a criatividade dos outros

A solução para superar o pensamento limitado ou de medo é despertar e aplicar a criatividade. Busque ideias e opções adicionais envolvendo os funcionários, clientes, fornecedores e outros envolvidos (e não esqueça de dar crédito onde ele for devido!). Utilizar ideias criativas de fontes adicionais ajuda a evitar perder uma solução ideal que nenhuma outra pessoa pensou ainda.

Pense nas opções como oportunidades. Você pode gerar opções dando passos criativos para atingir e procurar ideias que passariam despercebidas.

O livre debate vem sendo usado para propor ideias, mas nele, as pessoas teimosas acabam geralmente pressionando as outras para agirem segundo uma visão — a delas! Como o trabalho criativo é mais bem feito de modo privado — grande parte das ideias brilhantes aparece no chuveiro ou quando estamos trabalhando no jardim —, recomendo que você adote uma abordagem diferente. Siga estas etapas:

1. **Peça aos membros da equipe para identificarem uma ou mais soluções por si mesmos.**

   Independentemente, propor ideias permite que ideias criativas sejam apresentadas, podendo não ser ouvidas em uma situação de grupo.

2. **Examine as soluções em potencial para que tenha acesso a uma faixa maior de possibilidades.**

   Reunir as ideias permite que a equipe, trabalhando remotamente ou no mesmo local, veja quais alternativas se encaixam.

3. **Discuta os méritos das principais ideias.**

   Ofereça as principais ideias com as quais trabalhar. Solicite as perspectivas dos membros da equipe sobre qual alternativa agrada e por que tem mérito. Inclua qualquer risco associado na opção, assim como seus prós e contras.

   Sempre considere as visões divergentes porque elas têm critérios valiosos. A colaboração pode acabar criando uma nova solução ou, no mínimo, identificar as alternativas mais viáveis.

4. **Após a discussão, faça uma lista curta das alternativas — faça com que os participantes selecionem suas três principais escolhas, por exemplo — então, tenha o consenso da equipe.**

   Um modo fácil e confiável de listar é usar a votação de ponto, na qual você dá pontos aos participantes (você pode comprar esses pontos em papelarias), que eles usam para identificar a(s) alternativa(s) que consideram mais interessante(s).

   A votação de ponto é uma ótima maneira de classificar as ideias ou ver onde as preferências ficam. Você não a utiliza para tomar a decisão final. E mais, há algumas regras, como quantos pontos você dá (esse número é baseado em quantas pessoas estão trabalhando e quantas escolhas estão em consideração) e se pode permitir que os participantes preencham seus pontos em uma ideia (geralmente não!). Para obter instruções detalhadas sobre a votação de ponto, vá para o Capítulo 11 ou para http://www.dotvoting.org (conteúdo em inglês).

Neste momento, você deve ter uma lista curta de opções viáveis que mantém abertas enquanto continua.

Verificando suas principais opções

Se você estiver usando um processo de tomada de decisão baseado em critérios, poderá agora combinar suas opções com os critérios definidos anteriormente. Consulte a seção "Estabelecendo e pesando os critérios" para obter detalhes. Em oposição, você pode selecionar um ou vários para continuar simultaneamente. Continue lendo para obter detalhes.

E o vencedor é! Selecionando uma opção

Procurar uma opção ou solução funciona melhor quando você precisa apenas de uma solução, como quando compra um pacote de software, seleciona um novo local para seu escritório etc. Nestes casos, você precisa selecionar uma opção melhor que atenda às suas necessidades.

Um processo de tomada de decisão super-racional funciona bem em ambientes previsíveis, onde as informações estão movendo-se de modo arriscado e você pode reservar um tempo para deliberar. O processo que descrevo na seção anterior "Estabelecendo e pesando os critérios" — especialmente em relação a usar a folha de pontuação ou a Matriz Pugh para descobrir a melhor opção diante de você — pode ajudar a fazer isso.

Usando a previsão do cenário

No caso da implementação do projeto ou, em um nível mais alto, ao determinar a direção estratégica, novas informações surgem o tempo inteiro. A situação é imprevisível e bem fluida. Selecionar uma única opção para seguir é como tentar colocar um pé para fora enquanto o trem ainda está em movimento. Ao contrário, veja suas opções como cenários. Fazer isso ajuda nos casos em que há diversas possibilidades em circunstâncias que mudam rapidamente.

Nos ambientes incertos de tomada de decisão ou quando você está prevendo o futuro, manter suas opções abertas é a abordagem melhor porque corrigir uma solução cedo demais pode criar estresse (você está forçando uma solução que não funciona bem) ou resultar em uma oportunidade perdida (você negligenciou uma solução que funcionaria melhor). Quando o ambiente de tomada de decisão é complexo e muda rapidamente, você não pode permitir-se ser inflexível em sua abordagem.

A *previsão do cenário*, uma abordagem do gerenciamento de risco explicada no livro *Commitment* de Olav Maassen e Chris Matts (Hathaway te Brake Publications), é um modo de manter as opções abertas explorando os cenários e mudando como você aloca recursos. Na previsão do cenário, você se prepara para um mundo com vários futuros possíveis criando um plano concreto para lidar com um evento futuro abstrato, porém provável.

Capítulo 9: Fundamentos: Percorrendo o Processo... **153**

Quando você usa cenários para se preparar para os futuros eventos, está pensando com confiança de modo grande e reduzindo a exposição aos riscos. A sorte favorece os preparados. Considere o FedEx, por exemplo, que conta com o petróleo como sua fonte de energia. Se a previsão global prevê uma falta mundial de petróleo, aumentar os preços da gasolina aumentará o risco do FedEx de contar unicamente com uma fonte de combustível. Trabalhando nesse tipo de cenário — imaginando um mundo no qual o petróleo está em falta ou imaginando as opções que endereçam os problemas causados pela falta de petróleo — o FedEx pode identificar vários modos de reduzir seu risco. Pode ver estratégias que reduzem o uso de energia, identificar fontes confiáveis de energia alternativa, tais como, biocombustíveis, ou investigar outras opções que reduzem a confiança no petróleo.

Avaliando os Riscos Imediato e Futuro

Trabalhar com o risco é arriscado. Embora sua mente possa avaliar o risco logicamente, psicologicamente você lida com o risco de uma maneira totalmente diferente. Nesta seção, explico como calcular o risco em sua mente, vejo como a psicologia humana funciona ao enfrentar o risco e, finalmente, mostro como evitar o risco subestimado.

Identificando os riscos

Calcular o risco racionalmente engaja sua mente de um modo que identifica o risco e atribui um valor à gravidade dele. Siga estas etapas:

1. **Comece fazendo a pergunta: "O que possivelmente pode dar errado?"**

   A resposta identifica os riscos potenciais que surgem de diferentes fontes. Eles são únicos para a situação. Por exemplo, na construção de uma ponte, um modo como você usaria essa lente é para descobrir as potenciais falha de engenharia. No marketing, usaria para identificar as suposições sendo feitas sobre o mercado.

2. **Pergunte a si mesmo: "Qual é a probabilidade deste evento estar acontecendo?"**

   Atribua a probabilidade a uma classificação alta, média ou baixa. Esta etapa separa os grandes riscos dos minúsculos e ajuda a identificar a probabilidade de que você enfrentará o risco na realidade.

   Se você detectar um risco que está na periferia do que todos estão prestando atenção, mencione-o.

3. **Identifique a gravidade do impacto do evento em seu negócio, usando a classificação alta, média ou baixa.**

   Esta etapa isola os riscos que podem ter uma baixa probabilidade de acontecer, mas consequências muito graves, caso aconteçam — uma falha do reator em uma usina nuclear, por exemplo. Por outro lado, vários riscos podem aparecer tendo uma alta probabilidade e alta gravidade.

   Vendo a probabilidade e a gravidade junto, você identifica os riscos que precisa endereçar no processo de tomada de decisão, criando um plano de contingência ou endereçando o risco no início do processo para evitá-lo inteiramente ou diminuir seus efeitos.

4. **Desenvolva e incorpore modos de evitar, reduzir ou eliminar o risco em seu processo de tomada de decisão.**

   Se você não conseguir impedi-lo, planeje ter um plano de segurança. Por exemplo, no caso de uma interrupção elétrica, a maioria dos prédios tem um gerador de segurança. O quanto você realiza esforços para reduzir o risco depende da gravidade das consequências.

Considerando a resposta ao risco das pessoas

Quando um risco é real, específico, concreto ou imediato, ele é muito mais fácil de identificar. Por exemplo, quando você atravessa a rua distraidamente em uma zona de alto tráfego, o risco de ser atropelado por um carro é bem real. Em oposição, um risco que é possível, mas intangível — como a chance de precisar interromper uma viagem — é tratado de modo diferente. Por quê? Por causa da psicologia humana. Considere os seguintes pontos:

- **As pessoas tendem naturalmente a focar no tangível e desconsiderar o teórico.** Em outras palavras, é mais provável que você preste atenção em um risco específico que está enfrentando no momento do que antecipar um risco que pode acontecer no futuro. Esta tendência explica por que a atenção vai para o que as atrizes vestem no Oscar, ao invés dos níveis elevados do mar ou por que um empreiteiro usa materiais inferiores de baixo custo para atender o orçamento, ao invés de focar no provável risco futuro (a estabilidade do prédio e a possibilidade de que o produto inferior possa falhar).

- **Especialmente ao tomar decisões complexas, algumas pessoas veem as *consequências não pretendidas*, os efeitos não antecipados e maiores que resultam de uma ação.** Pense em uma teia de aranha. Se você mover um fio, o sistema inteiro é afetado. As decisões tomadas podem ter efeitos parecidos. Se você limitar sua atenção a apenas um fio — ou seja, você toma uma decisão vendo apenas uma parte da imagem geral — não verá como os fios estão interconectados. Tal falta de visão causa erros de tomada de decisão.

Quando você vê a imagem geral, pode identificar com mais precisão as consequências diretas de uma decisão e planos de ação, e pode prever os efeitos indiretos. Fazer isso reduz a chance de que será pego de surpresa ou tomará uma decisão que tem uma queda brusca. Use um processo de mapeamento mental, que explico no Capítulo 11, para ver como uma decisão pode ser usada para ver quem será afetado direta e indiretamente.

✔ **As pessoas percebem o futuro como distante, desconhecido e não concreto.** Tradicionalmente, a maioria das empresas tem operado com a suposição de que a mudança climática não era relevante para a sustentabilidade do negócio a longo prazo. A probabilidade da mudança climática, dado o modo como o risco é avaliado psicologicamente, não tem sido incluída tradicionalmente nas decisões sobre como os recursos são usados ou na pegada de carbono da atividade comercial. Como consequência, as ações que poderiam ter reduzido as emissões de carbono não foram tomadas. Agora, segundo a pesquisa do Carbon Disclosure Project, as empresas S&P 500 estimaram que 45% do risco aparecerão nos próximos cinco anos, com alguns custos de produção já sendo sentidos. O efeito da tendência psicológica de ver os futuros potenciais como uma apresentação de slides é que a ação é adiada, resultando em um custo mais alto depois.

Na sequência tradicional de pensar, planejar, fazer, o risco não é real até que você chegar ao estágio de fazer. Contanto que você esteja pensando ou planejando, as coisas que aparecem durante a noite — as consequências de suas ações — não são reais. Mas quando você toma uma ação, as pessoas reagem e as consequências aparecem. Para avaliar o risco, você deve ser capaz de entender a realidade das coisas dando errado. Você pode reduzir o risco de cometer erros no planejamento de riscos imaginando os possíveis cenários e descrevendo em termos reais o que aconteceria como resultado das opções que está considerando. Este exercício dá uma melhor ideia de um determinado caminho estar melhorando a situação, piorando ou não ter nenhum efeito. Ver cada opção através dessa lente prepara-o melhor para a implementação.

Uma mente fresca vê as coisas que uma mente cansada não consegue. Se você estiver confuso, pare sua decisão até que readquirida clareza, o que pode levar apenas uns minutos ou um dia ou dois. Algumas vezes, a melhor maneira de ter clareza é relaxar e não pensar na decisão ou situação. Dê um tempo e retire-se do ambiente: faça uma caminhada no campo, vá a um show, vá à academia, passe um tempo com a família. Explico o valor de um estado emocional relaxado na seção "Tomando a Decisão".

Nas situações nas quais reina a incerteza, a tendência humana é decidir agora — mesmo que significa estar errado — apenas para restaurar a certeza. Aqueles que não se sentem confortáveis com o desconhecido ou que se sentem inseguros podem comprometer-se com uma opção cedo demais. Para entender como avaliar o risco no contexto da incerteza ou da não familiaridade, vá para o Capítulo 3 e para descobrir sua relação pessoal com o risco, vá para o Capítulo 5. As duas análises podem ajudá-lo a saber quando esperar, quando avançar lentamente e quando fazer um movimento radical.

Mapeando as Consequências: Sabendo Quem É Afetado e Como

A maioria das decisões que saem pela culatra faz isso por duas razões:

- ✔ As pessoas que devem implementá-las não estão envolvidas na tomada de decisão.
- ✔ A decisão falha em levar em conta as necessidades emocionais e os valores do cliente (ou qualquer outra pessoa impactada pela implementação). Essas necessidades e valores não estão imitados unicamente ao impacto que a decisão tem sobre as pessoas. O impacto da decisão no ambiente e na comunidade onde reside o negócio também é uma consideração importante.

Uma ferramenta popular para mapear quem ou o que a decisão impacta é um mapa mental (uma invenção de Tony Buzan, especialista em cérebro, memória, criatividade e inovação). Os mapas mentais, sobre os quais você pode ler mais no Capítulo 11, são incrivelmente úteis porque ajudam os participantes a utilizarem os pensamentos criativo e linear-lógico. Os mapas mentais representam graficamente os vários aspectos de um tópico. No caso da tomada de decisão, eles podem colocar as peças do quebra-cabeça ou do processo em uma imagem visível.

Para criar um mapa mental das relações internas, comece mapeando qual equipe ou unidades comerciais internas estão envolvidas (faça perguntas como "Quais departamentos são necessários para a implementação?" e "Quem precisa lidar com assuntos delicados?"). Então, adicione mapas para incluir as implicações naqueles afetados direta ou indiretamente pela decisão. Inclua os impactos social, emocional e ambiental, tais como oportunidades de emprego, diminuição nos valores prediais, destruição do habitat selvagem etc. Tal mapa ajuda a ver as relações entre as diferentes partes da situação para que você possa preparar-se melhor e construir modos que reduzam o risco do impacto negativo ou inventar uma estratégia para endereçá-lo.

Tomando a Decisão

Uma decisão efetiva tem três características:

- ✔ **Reflete uma atitude positiva:** A negatividade é como uma cola. Ela reduz a velocidade de tudo, drena a energia e mina o momento. Se sua atitude é negativa durante o processo de tomada de decisão ou se o ambiente de tomada de decisão é altamente estressante, você fará uma escolha ruim. Ponto. O Capítulo 21 descreve como encontrar sua calma interna para que esteja em plena forma para a tomada de decisão.

- Atitudes negativas e pensamento crítico não são a mesma coisa. O pensamento crítico envolve uma decisão. Vá para a seção "Avaliando criticamente seus dados" para ter uma explicação da diferença.

- **Alinha o que você pensa e como se sente em relação à escolha final:** Avançar porque você se sente obrigado é cansativo. Quando seu coração simplesmente não está presente, mesmo que você pense que a ideia é boa, nada acontecerá ou se estiver presente, será necessário muito esforço e pode ser bem extenuante.

- **Equilibra sua intuição com seu trabalho racional e analítico:** Como ideal, você deseja que seu interior e mente trabalhem juntos, cada um fornecendo uma verificação e equilíbrio ao outro. Um empreendedor me disse, por exemplo, que ele tinha estado em uma reunião com um investidor na qual o lançamento parecia bom e os números eram legítimos, mas como ele tinha tido um mau pressentimento sobre o negócio, não aceitou. O Capítulo 7 descreve como funciona a intuição e como usá-la para informar seu sentimento racional-analítico e vice-versa.

- **Inclui um tempo para contemplar e refletir:** O tempo pode ser seu aliado quando você está decidindo sobre um curso de ação. Em geral, as melhores ideias ocorrem quando você está relaxado e fazendo algo diferente de se concentrar na decisão. No Capítulo 21, informo como conseguir um estado emocional de paz que permite às decisões efetivas aparecerem.

Inclinação, preconceito e dúvida influenciam as decisões, com você percebendo ou não. Aqui estão algumas sugestões para ajudá-lo a superar os três:

- **Dúvida:** A dúvida simplesmente sinaliza que um medo oculto está entrando no caminho. Pergunte a si mesmo: "Qual é a preocupação?" Quando você coloca seu medo abertamente, geralmente acha que as dúvidas e as preocupações perdem o poder sobre você.

- **Inclinação e preconceito:** O preconceito e a inclinação criam um ponto fraco e você precisa da ajuda de outras pessoas que podem apontar o que você não consegue ver. Para minimizar as chances de que a inclinação e o preconceito não vistos estejam influenciando suas escolhas, observe quando você está preferindo uma solução ou perspectiva a outra. Falo sobre a inclinação e o preconceito no Capítulo 4.

Comunicando a Decisão Efetivamente

A transparência da informação cria confiança, o que é importante nos ambientes comerciais e vital quando uma mudança está sendo feita. As decisões tomadas a portas fechadas sempre são suspeitas. Portanto, depois de uma decisão ser tomada, você precisa comunicá-la. *Como* você comunica a decisão é tudo.

Basicamente, você deseja que sua mensagem resuma a decisão tomada, por que foi tomada e o que significa para o público que você está endereçando. Quando você comunicar sua decisão, inclua o seguinte:

- **O motivo da decisão ter sido necessária:** Inclua um pequeno resumo da oportunidade ou questão que a decisão e o plano de ação endereçam. Explique o "motivo".
- **A decisão final:** Muito simples.
- **As implicações:** O que a decisão significa para sua rede interna e seus clientes ou clientela. Endereçe como as soluções irão ajudar e fale diretamente das mudanças que esses grupos provavelmente veriam como perdas.

Algumas coisas são piores do que ouvir a velha frase ultrapassada: "Fora com o velho, que entre o novo". As pessoas temem a perda e a mudança mais do que valorizam o ganho. Atender as necessidades emocionais quando você está tomando e comunicando uma decisão é frequentemente negligenciado, mas tem uma vital importância. As pessoas estão menos interessadas na decisão em si e mais no que essa decisão significa para elas.

- **O que acontecerá em seguida e o que você precisa que seja feito para dar apoio à decisão:** O retorno e as informações diretas permitem ajustar-se à mudança.

Para evitar um retrocesso, endereçe as principais preocupações que foram levantadas durante o processo de coleta de informações; consulte a seção "Prestando atenção nas diferentes perspectivas".

A credibilidade vem de falar com o coração, de modo genuíno e honesto. Diga à sua equipe e a todas as partes envolvidas o que você sabe e o que não sabe. Não pense que você tem que cobrir os pequenos detalhes. O que eles precisam saber é exatamente o que é esperado e o que a decisão resultante significa para eles pessoal e profissionalmente.

Implementando a Decisão

Finalmente — é hora da ação (como se você estivesse sentando o tempo todo)! Ter as coisas feitas é onde os pensamentos racional e lógico realmente entram. Portanto, o que fazer? Você cria um plano de ação. Esta seção tem os detalhes.

Reunindo seu plano de ação

Um plano de ação guia a implementação da decisão e ajuda a monitorar o progresso. Quanto mais complexa a tarefa, mais pessoas envolvidas e mais atividades-chave e atividades secundárias são necessárias. Em um plano de ação, você lista as tarefas que precisam ser feitas, identifica as partes responsáveis por cada tarefa, define o calendário para o término e indica como deve ser o término bem-sucedido de uma tarefa.

Para reunir seu plano de ação, siga estas etapas:

1. **Liste individual ou coletivamente todas as etapas que precisam ser realizadas para fazer o trabalho.**

    Envolva a equipe e qualquer outra unidade que estará envolvida na implementação da decisão. Fazer isso assegura que nenhuma tarefa seja omitida sem querer.

    Se você estiver fazendo a tarefa pessoalmente, coloque uma etapa de ação em uma nota adesiva ou em uma ficha 3x5. Então, poderá reorganizá-las para ter o tempo e a ordem planejada.

2. **Defina as prioridades.**

    Algumas ações são imediatas e outras podem esperar. Para estabelecer quais decisões ou parte de um plano de ação são mais críticas, defina as prioridades. Para obter informações extras sobre as prioridades, consulte a próxima seção.

3. **Extraia os itens de ação de nível mais alto, então, reorganize as atividades secundárias para que cada uma apareça abaixo da ação de nível mais alto à qual está associada.**

    As ações de nível mais alto são como as mães das restantes; ter cuidado com elas resolve outros problemas abaixo. (O termo *mãe-filha* refere-se às ações que estão relacionadas entre si. Tendo uma ação como a mãe, você cuida da filha. Observar tais relações permite alavancar seus esforços.)

    Por exemplo, se você estiver iniciando uma empresa, a ação de nível mais alto pode ser registrar a empresa legalmente. As atividades secundárias podem incluir decidir qual registro legal é adequado, gerar e enviar nomes para a empresa para que o nome de sua empresa seja único etc.

    Esta etapa permite ver como cada atividade secundária contribui com o objetivo geral; também ajuda a identificar as tarefas associadas a cada etapa de ação.

4. **Para cada tarefa, indique que é responsável por ela.**

5. **Defina intervalos de tempo para o término ou, no mínimo, pontos de verificação para uma revisão.**

   Evite o rótulo "Em andamento". "Em andamento" pode levar as pessoas a pensarem que as coisas estão acontecendo neste item de ação quando, na verdade, podem estar paradas ou negligenciadas.

6. **Defina qual tarefa será realizada para que o ponto final seja claro.**

   Concorde com o que o término bem-sucedido cumprirá. Todos os envolvidos na implementação precisam estar na mesma página, mantendo a mesma imagem do que o resultado deve conseguir para que possam adaptar-se durante a implementação quando as condições mudarem. Como indiquei no Capítulo 8, fazer isso permite flexibilidade quando surgem novas oportunidades ou informações.

Os planos de ação mudam o tempo todo quando novas informações alteram o curso. Esteja preparado para se ajustar. Use esse tipo de estrutura para pôr em movimento o lançamento. Depois, a comunicação com sua equipe irá controlar o que está acontecendo.

Para os projetos grandes e com diversas partes, é necessário um software de gerenciamento de projetos sofisticado. Eis alguns links úteis:

- Para obter uma lista dos 10 principais programas de software de gerenciamento de projetos (código aberto): `http://www.cyberciti.biz/tips/open-source-project-management-software.html` (conteúdo em inglês)
- Para programas de equipes remotas: `http://www.hongkiat.com/blog/project-management-software/` (conteúdo em inglês)
- Para programas gerais de gerenciamento de projetos: `http://www.softwareadvice.com/project-management/` (conteúdo em inglês)

E mais, ferramentas de colaboração social ajudam a facilitar a troca de informações. Uma grande variedade de soluções está disponível e novos produtos de software aparecem o tempo todo. Empresas como `http://www.Nooq.co.uk` (conteúdo em inglês) facilitam a troca rápida de informações em empresas de pequeno e médio portes. As plataformas sociais da IBM ou os produtos da Microsoft, como o Sharepoint, oferecem soluções de gerenciamento de conteúdo de grande escala. Vá para `http://mashable.com/2012/09/07/social-collaboration-tools/` (conteúdo em inglês) para obter detalhes.

Decidindo o que é importante: A métrica

Provavelmente você ouviu falar da máxima comercial "O que é medido, é gerenciado". Resumindo, a métrica importa. Estabelecer as medidas que você usará para controlar o desempenho assegura que prestará atenção no que importa e para quem — o cliente ou as operações internas? Escolha a métrica certa e obterá informações que ajudam a tomar boas decisões; escolha a métrica errada e poderá criar, sem querer, problemas com os quais terá que lidar. Nesta seção, dou dois exemplos de como sua escolha da métrica pode apoiar ou minar seus objetivos comerciais.

Exemplo 1: Serviço ao cliente

Ter a métrica certa pode levar um tempo, mas saber o que você deseja conseguir é o ponto de partida. Suponha, por exemplo, que você trabalhe para uma empresa de telecomunicação e ela deseja melhorar a retenção do cliente. Para conseguir esse objetivo, ela visa a função do serviço ao cliente e decide usar o tempo de duração da chamada como sua métrica, supondo que um tempo melhor resultará na satisfação e retenção maiores do cliente. Parece razoável, certo? Afinal, ninguém gosta de ficar na ligação de serviço ao cliente por uma eternidade.

Agora, coloque-se no lugar dos clientes. Imagine estar em uma chamada com seu provedor de celular, onde seu problema *nunca é resolvido*, mas eles tiram você da ligação em menos de cinco minutos. Você, como cliente, considera a ligação um sucesso? Sem chances. Se o desempenho do serviço ao cliente é medido pelo tempo de duração da chamada, ao invés do problema do cliente ser resolvido com sucesso, você realmente não melhorou a satisfação do cliente ou a retenção, embora possa ter melhorado o tempo da chamada. O cliente estará longe de se sentir contente. De fato, você pode ter chateado tanto o cliente que ele procura outro provedor.

Agora, suponha que a métrica usada seja o problema do cliente ser resolvido para sua satisfação. Há chances de que sua empresa terá clientes mais contentes que provavelmente continuarão a usar seu serviço.

Exemplo 2: Retenção dos funcionários

Suponha que você queira reduzir a taxa de rotatividade porque sabe que substituir as pessoas sai caro. A métrica usada para medir os custos reais de perder um funcionário direciona o foco de seus esforços para manter as pessoas:

- **Vendo a situação de uma perspectiva matemática:** Quando um funcionário se demite, você pode calcular os custos em uma equação matemática relativamente simples:

    custo de um funcionário perdido = salário desse funcionário + custo da substituição + tempo de treinamento

    Com esse cálculo, você pode descobrir, por exemplo, que a substituição de um funcionário custa 2,5 vezes o salário do funcionário perdido.

- **Tendo uma visão completa dos custos:** Observe que a equação anterior omite os custos ocultos. Quanto, por exemplo, custa substituir o conhecimento e a experiência que saiu pela porta? Os clientes perdidos? A lealdade do cliente à equipe? Os danos para a reputação de sua empresa? Esses fatores não podem ser medidos e, todavia, são importantes para pesar como as coisas estão funcionando bem.

Definindo as prioridades

Para assegurar que você fará as tarefas na ordem correta e alocar recursos, o que tende a estar em escassez crônica na maioria dos negócios, você deve definir prioridades. Definindo as prioridades, você sabe em que prestar atenção primeiro e onde direcionar sua atenção para que não tente fazer tudo de uma só vez.

Ao estabelecer prioridades, pense em termos destas três categorias:

- **Essencial (1):** Estes são os itens de ação que devem ser iniciados imediatamente após a decisão e o plano de ação serem finalizados. Indique os itens de ação essenciais usando o número 1.
- **Importante (2):** Estes itens de ação não são essenciais, mas ainda importantes para o sucesso geral do plano. Indique-os usando o número 2.
- **Bom (3):** Pense nesses itens de ação como a cobertura do bolo. Eles não são essenciais, mas bons se fossem implementados. Atribua-lhes um 3.

Aprendendo com o processo de implementação

Quando a implementação da decisão se desdobrar, você acabará fazendo ajustes em seu plano devido às realidades práticas e que surgem como consequências não pretendidas, e às condições que mudam.

Adaptando-se às realidades que mudam

Quando você implementar as mudanças, monitore as consequências da decisão e ajuste o plano de implementação para refletir o que está acontecendo. Eis algumas sugestões:

- **Preste atenção a quantos resultados negativos aparecem e se você encontra bandeiras vermelhas o tempo todo.** Para que você possa adaptar-se rapidamente às realidades que surgem, experimente estas táticas:
    - **Concorde com a equipe antes que qualquer membro da equipe possa solicitar uma reunião de revisão no caso de surgir uma preocupação ou oportunidade para melhorar o plano de ação.** Durante a reunião, a equipe pode decidir coletivamente como responder às condições que mudam.

Capítulo 9: Fundamentos: Percorrendo o Processo... 163

- **Tenha um plano de contingência pronto.** Este é um modo de você poder usar os cenários desenvolvidos durante sua fase de planejamento. Você também pode desenvolver planos de contingência a partir de sua avaliação de risco. Veja a seção "Usando a previsão do cenário".

✔ **Trate as ocorrências inesperadas como uma oportunidade em potencial para melhorar criativamente o trabalho que você está fazendo.** Alguns eventos inesperados podem ter consequências negativas, mas uma abordagem criativa pode converter um problema potencial em uma oportunidade criativa.

Refletindo sobre o que aconteceu

A menos que você e sua empresa sejam dedicados ao aprendizado, você cairá em um padrão de reciclar as mesmas decisões sempre de novo. Você também pode usar a autoconsciência e a consciência organizacional para evitar este destino. As empresas que desenvolvem essa consciência têm uma vantagem clara. Um modo de aumentar a autoconsciência e a consciência organizacional é reservar um tempo para a reflexão. A seguir, estão duas abordagens:

✔ **Para as decisões maiores que saíram muito do caminho, reflita coletivamente sobre cada parte do processo de tomada de decisão.** Faça perguntas profundas, como:

- Qual tipo de pensamento foi aplicado (analítico, geral, causal etc.)?
- Quais suposições foram feitas?
- Quais perguntas não foram feitas?
- Quais bandeiras foram ignoradas?

Aplicar uma revisão crítica e construtiva permite que a organização aprenda com o processo de tomada de decisão.

✔ **Planeje um tempo semanal ou mensal para se engajar na reflexão dentro da unidade comercial.** Como um grupo, faça perguntas como: "O que precisamos para parar (ou iniciar) isto?" e "O que precisamos melhorar?". Então, incorpore os resultados em seu trabalho diário. Este método sistemático permite que você siga o que está acontecendo e dá uma oportunidade de identificar as ações que são habituais, mas inúteis quando as condições mudam.

Quando uma decisão acaba sendo uma falha ou não se desenvolvendo de acordo com o plano, a reflexão fornece as ferramentas para reconhecer o que deu errado, aprender como evitar repetir os erros e melhorar seus futuros esforços de tomada de decisão. O processo de usar os erros para fortalecer a tomada de decisão encontra-se no Capítulo 6.

Tomada de Decisão no Piloto Automático: A Intuição em Ação

A maioria das decisões ocorre instantaneamente (o processo inteiro da tomada de decisão pode ser feito em milissegundos) e é tomada inteiramente sem seu conhecimento consciente. Quando você não tem tempo para trabalhar conscientemente no processo da tomada de decisão, o que você faz — faz um adivinhação maluca? Não, você usa sua intuição.

A *intuição* é a capacidade de saber e identificar uma solução sem o pensamento consciente. E de onde vem essa capacidade? Uma fonte é da experiência que você tem tomando decisões, algo chamado de *conhecimento implícito*, que descrevo no Capítulo 7. Com um conhecimento implícito, a forma reconhecida da intuição, quanto mais experiência você tem tomando decisões em situações diversas, complexas e não estruturadas, mais rápidas e precisas são suas decisões. Nesta seção, forneço mais detalhes sobre como a intuição funciona em situações estáveis e altamente voláteis.

Entendendo a tomada de decisão intuitiva

Quando você está sob pressão, pode não ter tempo para gerar mentalmente opções diferentes, avaliar sua praticidade, então, escolher uma. Você precisa agir rapidamente! A intuição o equipa para tomar decisões rápidas, precisas e viáveis em condições complexas, que mudam dinamicamente e pouco familiares. As decisões estratégias de nível mais alto contam muito com a inteligência intuitiva, por exemplo. Eis como seu supercomputador, a intuição, opera:

1. **Processa as informações de entrada em altas velocidades.**
2. **Seleciona as informações factuais e situacionais pertinentes a partir de uma tonelada de dados.**
3. **Busca as dicas e os padrões que você encontrou antes.**
4. **Decide se esta situação é típica ou não familiar.**
5. **Opera os cenários a partir de seu inventário do que funcionou antes para ver como as soluções terminarão na situação atual, então, ajusta a solução para adequar à situação.**
6. **Escolhe uma e — shazaam! — a decisão é tomada.**

E faz isso em milissegundos!

Vendo mais de perto a intuição em diferentes situações

Como as etapas anteriores indicam, parte do processo intuitivo da tomada de decisão é uma avaliação da situação ser típica ou não. Se a situação é típica, seu supercomputador recupera as opções que funcionaram antes, testa-as rapidamente, faz uma varredura quanto às fraquezas e modifica-as se necessário, antes de selecionar uma. Este processo, descrito por Gary Klein em vários de seus livros, a saber *Streetlights and Shadows: Searching for the Keys to Adaptive Decision Making* (Bradford), é mostrado na Figura 9-1.

Se a situação não for típica, seu supercomputador fica em marcha acelerada. É onde a experiência importa. Seu supercomputador interno procura mais informações até sentir que o bastante foi reunido, então, percorre os cenários para ver qual funcionará, faz qualquer ajuste necessário e — BAM! — a decisão é tomada! A Figura 9-2 mostra este processo.

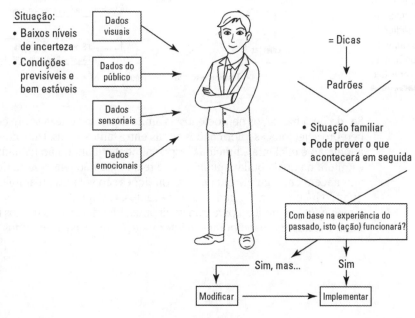

Figura 9-1: A tomada de decisão intuitiva em condições estáveis, bem previsíveis.

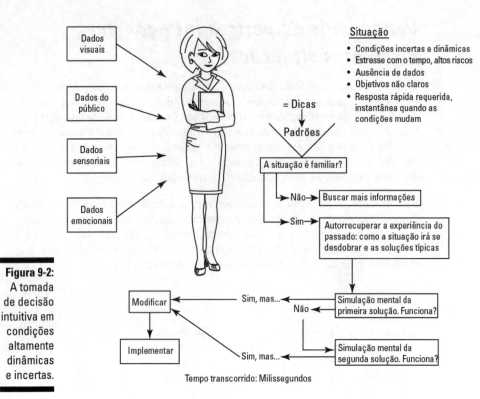

Figura 9-2: A tomada de decisão intuitiva em condições altamente dinâmicas e incertas.

Sendo bem franca, os neurocientistas ainda não têm certeza sobre como o cérebro seleciona as informações certas entre tantos sinais. Uma coisa é certa: a intuição é eficiente e funciona, especialmente quando não há nenhuma estrutura na qual confiar, quando você realmente não tem certeza do que acontecerá em seguida, quando as condições são voláteis ou ambíguas e quando há uma reação imediata aos eventos. O Capítulo 7 vê internamente a mecânica da intuição para que você possa identificar seus pontos fortes intuitivos naturais e melhorar sua interpretação dos sinais recebidos.

Capítulo 10
Cuidando de Vários Tipos de Decisões Comerciais

Neste Capítulo
- Vendo a estrutura dos diferentes tipos de decisões
- Fortalecendo a consciência do que prestar atenção

A menos que você saiba como refletir sobre uma decisão, pode facilmente ficar falando sobre 12 coisas de uma só vez e acabar com os sentimentos dispersados e confusos. O segredo é familiarizar-se com as etapas envolvidas na tomada de decisão. Quanto mais familiarizado você estiver com essas etapas, mais facilmente conseguirá aplicá-las em diferentes tipos de decisões, tornando sua abordagem mais automática. Saber como refletir sobre as coisas ajuda a descobrir o que está acontecendo agora e o que precisa acontecer em seguida, estando você em reuniões, tendo conversas casuais ou trabalhando em um projeto. Essas etapas também podem ajudar a mudar a direção, quando necessário.

Neste capítulo, forneço diferentes tipos de decisões que provavelmente você enfrentará em seu negócio, explico o pensamento em cada cenário e destaco algumas questões principais a lembrar.

Decisões Visionárias: Entendendo a Direção e o Foco

A *visão* é uma observação de longo prazo que articula a contribuição da empresa para o mundo. Considere-a como uma descrição visual e visceral do que inspira as decisões da empresa e guia a direção. Ela captura sua imaginação.

Para ter uma visão que inspira ação, ela deve capturar emocionalmente os clientes, funcionários e redes de fornecedores que contribuem com o desempenho da empresa. Eis alguns exemplos:

- **HootSuite:** A HootSuite é pioneira no gerenciamento de mídia social. Segundo o CEO, Ryan Holmes, o objetivo da HootSuite é "capacitar as pessoas e as marcas para atingirem mercados globais, usando a mídia social — para ajudá-los a se conectarem, informarem e terem sucesso como nunca tiveram antes".
- **Patagonia:** A Patagonia é uma empresa de roupas para usar ao ar livre. Seu motivo de existência reflete os valores intrínsecos dos fundadores e funcionários da empresa: um estilo de vida minimalista que combina com surfar, escalar e outros esportes que não usam motores. A visão da Patagonia: "Construir o melhor produto, não causar nenhum dano desnecessário, usar o negócio para inspirar e implementar soluções para a crise ambiental".

No negócio, ter uma visão compartilhada permite estabelecer objetivos de longo prazo que se alinham com seu motivo de existir. Em um nível alto, a visão ajuda as pessoas a entenderem a finalidade da empresa; em um nível mais baixo, ajuda-as a visar os resultados certos do projeto. As pessoas sabem onde se encaixam, como podem contribuir e para onde está indo a empresa. Uma visão bem articulada inspira o melhor das diferentes unidades comerciais, suas redes profissionais, fornecedores e clientes. Manter uma visão clara para onde você está indo e o que você busca conseguir gera um desempenho extraordinário. E nos momentos mais sombrios, pode mantê-lo focado e ajudá-lo a ficar no curso.

Para aplicar sua declaração de visão na tomada de decisão, faça perguntas como: "Como esta decisão se alinha com nossa visão (e valores)?" Você terá uma ideia clara da direção em consideração estar levando-o para onde deseja ir.

Desenvolver uma declaração de visão engaja a criatividade do funcionário, para que seja divertida, visual e viável. Uma declaração de visão é positiva quando vista como um exercício intelectual. A visão evoca uma conexão emocional com os valores da empresa, contanto que o que a empresa faz seja consistente com sua visão. Quando você usa sua declaração de visão como um barômetro de como suas decisões estão voltadas para o alvo, insere integridade no processo de tomada de decisão.

Decisões Estratégicas: Indo Daqui para Lá

As decisões estratégicas são geralmente tomadas em um nível mais alto, têm um risco mais alto e focam nos interesses de longo prazo da empresa. As decisões estratégicas definem a direção e apontam para a visão de longo prazo.

Capítulo 10: Cuidando de Vários Tipos de Decisões Comerciais   **169**

Uma falha na visão: Eastman Kodak

Assim que a empresa entrou no ramo de filmes e processamento de filmes, a Eastman Kodak, conhecida globalmente apenas como Kodak, falhou em reconhecer que a tecnologia digital mudaria a cara da fotografia. Como consequência, ela perdeu a chance de se adaptar, vendendo filme e processamento de filmes, para a fotografia digital, mesmo que soubesse que a mudança estava no horizonte por bons 10 anos antes de ter acontecido. Ela entrou em falência em 2012.

Embora a Eastman Kodak tenha surgido como uma empresa de imagem digital menor, falhando em usar a previsão — não reconhecendo o impacto profundo que a troca para a fotografia digital teria ou recusando-se a adaptar seu modelo de negócio quando necessário —, ela perdeu a oportunidade de fazer as coisas de modo diferente quando era o melhor momento.

Eis uma analogia. Pense em uma longa viagem. Primeiro, você escolhe um destino (em um nível alto, isto é equivalente à visão de sua empresa; no nível do projeto, é o equivalente a um objetivo), então, decide quais estradas pegará para chegar ao destino. As decisões estratégicas constituem a rota até seu destino. Resumindo, a visão é seu destino e sua estratégia é o caminho até lá.

A estratégia falha quando o senso de futuro está confuso, é de curto prazo ou inexistente, e quando existe um nível alto de conexão com a estratégia atual. Nestes casos, os resultados podem ser horríveis. As falhas na estratégia podem arruinar uma empresa, como demonstra o destino da Eastman Kodak (vá para a seção "Uma falha na visão: Eastman Kodak" para obter detalhes).

Tomando decisões estratégicas de alto nível

Você tem sua visão, sabe o que oferecer para os clientes e sabe por que existe como uma empresa. Também sabe o que o separa da concorrência. O que vem em seguida? A estratégia. As decisões de nível estratégico, que são geralmente complexas e de altos riscos, descrevem qual direção você tomará para realizar sua visão. Considere estes exemplos:

- Uma estratégia de marketing descreve as necessidades atuais e antecipadas do cliente e como você cumprirá sua promessa de atender essas necessidades através de uma relação de compra satisfatória. Descreve os canais de entrega e os mecanismos de retorno do cliente, e pode engajar o cliente em ajudá-lo a definir ou aprimorar seu produto ou ofertas de serviço. Sua estratégia de marketing será guiada por objetivos de longo prazo, mas deve ser capaz de se adaptar à mudança social. Como você aborda o marketing mudará como vai de iniciar um negócio a ter uma marca estabelecida. Também mudará quando as condições do mercado mudarem.

> ✓ Uma estratégia de tecnologia da informação descreve como você usará a tecnologia internamente (para apoiar a produtividade e as comunicações internas) e externamente (para oferecer um produto ou serviço aos clientes e aos envolvidos, e facilitar a comunicação e construir o reconhecimento da marca). A tecnologia se move rapidamente, portanto, os sistemas internas são grandes investimentos. Sua estratégia descreverá como você ficará atualizado para que possa fornecer aos funcionários o apoio que eles precisam para atender de modo ideal a satisfação do cliente.

O desafio ao tomar decisões estratégicas de alto nível é que você geralmente deve fazer isso quando os fatos relevantes ainda são incertos — um cenário típico nas situações que mudam com rapidez. Esses tipos de decisões também são complexas (e devem explorar as muitas camadas que cruzam todas as funções dentro e além dos limites de sua empresa) e de alto risco (um erro poderia resultar em falha, alto custo ou perda grave.)

Tomar decisões no nível estratégico utiliza todas as suas habilidades e intuição. Força-o a expandir sua base de conhecimento para entender todas as funções da empresa e desenvolver suas habilidades de parceria para que possa construir relações de confiança. Embora você seja responsável por tomar a decisão final, você não pode trabalhar isoladamente; ao contrário, você arrisca negligenciar as informações ou considerações importantes. Para ler mais sobre como tomar decisões no nível estratégico, vá para o Capítulo 13.

As decisões estratégicas fornecem direção em um nível mais alto, independentemente do tamanho da empresa. As empresas pequenas podem pensar globalmente. Para usar a estratégia como uma empresa melhor, pratique ver a si mesmo como um jogador global para que não caia na armadilha de esperar que nada mudará ou afetará você. As livrarias que não prestaram atenção nas mudanças que a mídia social e a publicação digital trouxeram não existem mais. Expandir seu pensamento para ver à frente ajuda você a se preparar para a mudança.

Aplicando o pensamento estratégico nos objetivos de baixo nível

Você também pode aplicar o pensamento estratégico para conseguir objetivos de nível mais baixo. Se sua missão é criar um plano estratégico para reduzir a retenção dos funcionários, por exemplo, você seguiria estas etapas:

1. **Tenha clareza sobre a situação presente perguntando: "Onde estamos agora?"**

   Para reduzir a retenção do funcionário, você analisaria coisas como a rotatividade dos funcionários, como a rotatividade de sua empresa se compara com a média da indústria e por que os funcionários estão saindo de sua empresa. Você pode descrever sua situação atual como a seguir:

Capítulo 10: Cuidando de Vários Tipos de Decisões Comerciais

Estamos perdendo anualmente 14% em rotatividade dos funcionários de alto valor, com um custo em dólar de $200.000.

Nota: Há outros custos que não são medidos. Falo sobre eles no Capítulo 9 na seção sobre a métrica.

2. **Determine seu resultado desejado (aonde você deseja ir) perguntando: "O que queremos conseguir?"**

   A resposta para esta pergunta deve descrever o ponto final o mais especificamente possível, cobrindo os fatos relevantes ("Economizamos $_ reduzindo a perda devido à rotatividade dos funcionários") e o lado da relação ("Melhoramos o ambiente de nosso local de trabalho para que os funcionários de alto valor saibam que eles são valorizados e escolha ficar"). No exemplo, você pode determinar o resultado desejado como a seguir:

   Reter 95% de nossos funcionários talentosos anualmente.

3. **Identifique as tarefas ou ações que você deve realizar para ir de seu estado atual (Etapa 1) para o estado futuro identificado na Etapa 2 perguntando: "O que precisa ser feito para conseguir o resultado desejado?"**

   No exemplo, você perguntaria: "O que precisa ser feito para conseguir 95% de retenção dos funcionários talentosos que estão sendo perdidos atualmente para outras firmas?" Esta pergunta rápida deve fornecer uma longa lista de ações, mas apenas algumas se qualificam como estratégicas.

4. **Organize sua lista em itens de ações estratégica e tática (não estratégica).**

   Os itens da ação estratégica capturam a Grande Ideia e servem como um leque para o resto. Obtenha-os e você deverá ter uma lista supercurta de excelentes ações que levam ao caminho certo. Todas as outras etapas da ação se encaixam abaixo, tornando-se etapas no caminho à frente. Por exemplo, você pode decidir usar a mídia social como sua estratégia de marketing. Taticamente, você precisaria selecionar quais plataformas de mídia social usar, seguido pelo lançamento de uma página do Facebook e criação de seu perfil no Facebook. (Lembre-se, os itens de ação tática se referem às ações mais específicas para fazer o trabalho.)

As direções estratégicas vêm do preenchimento da lacuna entre a situação atual e o resultado final. Elas descrevem por que a direção foi selecionada em relação às alternativas e como você irá de seu estado atual (identificado na Etapa 1) para onde deseja ir (mostrado na Etapa 2). As tarefas ou planos de ação colocados ajudarão a conseguir com sucesso seu objetivo.

Ajustando sua estratégia quando necessário

O ambiente comercial de hoje está movendo-se rapidamente. A estratégia deve permanecer nova, vibrante e em sintonia com a realidade que surge. Para acompanhar as realidades que mudam, você deve manter sua estratégia em primeiro plano. Faça a si mesmo estas perguntas semanalmente:

- **"Por que estamos fazendo deste modo?"** e **"O que estamos buscando conseguir em termos de missão ou visão?"** Você irá verificar e validar seu foco ou direção.

- **"Quem são nossos clientes?"** e **"O que eles valorizam e com o que se importam?"** Você identificará e irá alterar qualquer suposição sendo feita sobre quem é o cliente, com o que seus clientes se importam e como eles tomam suas decisões. Em um ambiente social que muda, essas perguntas ajudam a verificar se você não está contando com uma antiga estratégia em novas circunstâncias.

- **"Quais resultados estamos obtendo?"** Você sabe o que deseja, mas como as coisas estão sendo realizadas pode ser bem diferente. A menos que você reconheça o efeito da estratégia na retenção do funcionário ou do cliente, por exemplo, poderá ficar com uma estratégia obsoleta.

Decisões Operacionais: Buscando Eficiências

As decisões operacionais visam como as coisas são feitas com eficiência (velocidade e melhor uso dos recursos) e efetivamente (funcionou bem?). As decisões operacionais ocorrem diariamente e podem ser implementadas com rapidez. A direção definida guia *o que* é feito. Os valores da empresa, transmitidos pela liderança e pela cultura do local do trabalho, guiam *como* o trabalho é feito.

Indo até os funcionários da linha de frente para ter ideias

Ao buscar eficiências, ninguém sabe melhor onde encontrar aperfeiçoamentos do que as pessoas mergulhadas na operação — os funcionários da linha de frente, que enfrentam o cliente diariamente, e os funcionários da manutenção ou operadores de equipamento, que sabem o que está funcionando e onde existem barreiras que eles têm que resolver. Esses funcionários trabalham na interseção onde o que é feito colide com como é realizado. Como você utiliza sua especialização depende da estrutura e da cultura da empresa:

Capítulo 10: Cuidando de Vários Tipos de Decisões Comerciais

- **Nas empresas dedicadas ao aprendizado:** As melhorias na eficiência fluem pelos mecanismos de retorno de informações informais e formais colocados para manter a empresa responsiva. Nessas empresas, os funcionários atarefados com a tomada de decisões operacionais têm o mesmo poder de fazer uma mudança em relação àqueles no topo da organização.

- **Nas empresas de médio a grande portes organizadas por hierarquia, onde a tomada de decisão é centralizada nas posições de autoridade:** As pessoas mais altas na organização podem esquecer de ouvir os tomadores de decisão da linha de frente ou operacionais. Como resultado, uma lacuna pode desenvolver-se entre o que o gerenciamento superior diz que deseja ver acontecer em um nível operacional e o que é prático e se ajusta às realidades operacionais e do cliente. Se você estiver buscando ideias para melhorar a eficiência e eficácia, pergunte à equipe que implementa os processos diários e ouça com cuidado as respostas. Suspensa qualquer ideia preconcebida que você tenha sobre como as coisas devem ser feitas. Suas tropas na linha de frente sabem e contanto que você tenha inserido um senso de confiança no local de trabalho, elas dirão o que você precisa ouvir.

A especialização da eficiência da Toyota transforma o banco de alimentos de Nova York

Em alguns casos, o conhecimento ganho em um negócio pode trazer uma perspectiva valiosa para um tipo de negócio totalmente diferente. Para saber como ver além de sua empresa — ou até além de sua indústria — para obter soluções que podem produzir as respostas que você busca, considere o impacto que a especialização da Toyota teve em um banco de alimentos de Nova York.

A Community Kitchen & Food Bank of West Harlem é uma organização de caridade que fornece até 50.000 refeições gratuitas por mês. Ela enfrentava três problemas: longas filas no lado de fora, uma longa espera (até uma hora e meia para ter uma refeição) e uma sala de refeições, em média, usada apenas cerca de três quartos de sua capacidade.

A Toyota, um patrocinador associado de caridade, decidiu oferecer sua especialização em eficiência comercial, ao invés de dinheiro, para ajudar a Community Kitchen a superar esses desafios. Especificamente, ela queria aplicar o conceito *kaisen*, ou melhoria contínua, na operação da Kitchen. Ao fazer isso, a equipe da Toyota reduziu o tempo de espera pelas refeições de 90 minutos para 18 minutos, eliminando assim as longas filas e preencheu a sala de refeições em 100% de sua capacidade. A Toyota tem compartilhado desde então sua especialização em eficiência com outros bancos de alimentos, ajudando-os a fornecer serviços com mais eficiência e rapidez.

A reação inicial no envolvimento da Toyota nos processos operacionais de bancos de alimentos foi o ceticismo. Afinal, o que um fabricante de carros poderia saber sobre alimentar os pobres? Mas o sucesso da empresa mostra que as melhores ideias podem vir de qualquer lugar.

A cultura da empresa faz diferença na busca por maior eficiência. Nas empresas onde você segue à frente passando por cimas das outras pessoas, os funcionários têm menos probabilidade de responder com entusiasmo a uma solicitação por grandes ideias porque eles certamente viram um superior apropriar-se de suas ideias e apresentá-las como se fossem suas. Esse tipo de ambiente cria funcionários passivos que esperam para ser informados, ao invés de tomarem a iniciativa.

Porém, em uma empresa onde os funcionários têm suas ideias e recebem o reconhecimento por sua contribuição, ajustes criativos são feitos o tempo todo, permitindo que a empresa acompanhe as condições sociais e econômicas que mudam. O respeito está no centro das boas relações de trabalho. Veja mais sobre o que torna as relações de trabalho e a cultura do local de trabalho uma força positiva na tomada de decisão no Capítulo 2 e vá para o Capítulo 3 para obter detalhes sobre como a estrutura do local de trabalho afeta como as coisas são feitas.

Tomando decisões operacionais: Coisas a considerar

Você tomará decisões operacionais se trabalhar no varejo; produção; manutenção de estradas, avião ou carros; ou outras áreas onde as especializações técnicas ou regulamentos fornecem um sistema estruturado. As decisões operacionais são específicas, concretas e, com muita frequência, tomadas em circunstâncias previsíveis, com todos estando muito esclarecidos sobre o papel que desempenham. Tomar decisões operacionais geralmente conta com procedimentos (seguir as especificações técnicas no caso da manutenção de equipamentos, por exemplo). Quando você ganha experiência, aplica essa prática em resolver o problema rapidamente, diagnosticar e tomar uma ação.

Se for seu primeiro dia ao tomar decisões operacionais, sua primeira tarefa será conhecer muito os regulamentos ou parâmetros técnicos do trabalho, em particular, as questões de segurança. Também faça perguntas quando estiver em dúvida ou incerto sobre em que prestar atenção, particularmente em termos de segurança. (Lembre-se, quando você está navegando em um ambiente operacional diferente, não há nenhuma pergunta boba!) Finalmente, tente associar-se a alguém que tenha muita experiência e esteja querendo compartilhar sua especialização. Um mentor pode orientar seu processo de tomada de decisão do início ao fim e você ganhará um grande discernimento muito mais rapidamente do que teria trabalhando sozinho ou lendo um manual. Você pode ler mais sobre como tomar decisões que impactam a segurança dos outros no Capítulo 19.

Decisões Financeiras: Elevando e Protegendo Seu Negócio

Livros inteiros foram escritos sobre vários tópicos relacionados às finanças das empresas. Nesta seção, aponto algumas coisas a considerar para que você esteja preparado quando chegar o momento de tomar decisões estratégicas e financeiras operacionais.

Assegurando as finanças

As finanças são uma questão principal para todas as empresas, mas a novidade é que os métodos para encontrar financiamentos em expansão nos bancos ficaram mais avessos a riscos e surgiram abordagens de empréstimo e financiamento inovadoras para atender às necessidades que os bancos não estavam preparados para endereçar.

A tomada de decisões financeiras para assegurar financiamentos é geralmente iniciada por três eventos:

- **Iniciar a empresa:** Você precisa decidir de quanto dinheiro precisa e qual é a melhor fonte. Além as fontes convencionais de financiamento, tais como, empréstimos bancários, família e amigos, você tem acesso a outras fontes, como financiamentos participativos, microfinanciamento e empréstimos de colegas.

  Encontrar fontes para fundos de start-up é um grande assunto; você pode obter definições rápidas das principais opções em http://www.dummies.com/how-to/content/business-financing-terminology.html (conteúdo em inglês).

- **Operar a empresa:** Você pode precisar buscar fundos para ajudá-lo a gerenciar seu caixa em condições econômicas difíceis ou temporadas lentas, ou para adquirir novos ativos. Os fundos para adquirir fundos podem vir de seu fluxo de caixa atual ou de um empréstimo ou investidor.

- **Crescer e expandir em novos mercados:** Você pode buscar financiamento para dar apoio ao crescimento (tamanho) de sua empresa, assim como sua expansão e novos mercados. Os fundos para essa finalidade vêm do fluxo de caixa interno ou de investidores externos, tais como, participações privadas ou firmas de capital de risco.

Vários livros estão disponíveis para ajudá-lo a entender as opções de financiamento e financiamento seguro. Verifique o livro *Small Business Finance All-in-One For Dummies* da Faith Glasgow (Editor), *Small Business Financial Management Kit For Dummies* de Tage C. Tracy e John A. Tracy; e *Venture Capital For Dummies* de Nicole Gravagna e Peter Adams, todos publicados pela John Wiley & Sons, Inc.

Sustentando o fluxo de caixa

Uma das ferramentas mais valiosas para tomar decisões financeiras é uma declaração de fluxo de caixa. Por quê? Porque tomar decisões melhores é simplesmente mais fácil quando você pode ver quanto dinheiro está entrando, quanto está saindo e com quanto você ficou no final de cada mês em um período operacional de 12 meses.

As declarações de fluxo de caixa são usadas para gerenciar o crescimento e fazer grandes compras. Por isso, saber como suas exigências de caixa correspondem aos rendimentos mensais ou ciclos de rendimento comercial no ano permite melhorar a finança do crescimento de sua empresa e tomar decisões sobre como adquirir novos ativos. Os modelos para preparar uma declaração de fluxo de caixa estão disponíveis online (http://office.microsoft.com/en-ca/templates/12-month-cash-flow-statement-TC001017512.aspx — conteúdo em inglês).

Evitando os cinco erros financeiros mais comuns

O destino de uma empresa é baseado em dois fatores maiores. O primeiro é a relevância da finalidade de uma empresa para o que é importante para os clientes e isso leva ao segundo: a lucratividade da empresa. Se você retirar esses obstáculos com sucesso, o próximo passo será assegurar que o dinheiro seja gerenciamento com inteligência. Aqui estão cinco maneiras das decisões financeiras fracassarem e como você pode evitar estas armadilhas:

- **Superestimar os rendimentos projetados:** Errar no lado conservador de modo que, se seus clientes não ficarem muito entusiasmados quanto pensa que ficarão, você esteja preparado.
- **Subestimar ou não endereçar suas exigências orçamentárias imediatas:** Há uma tentação em pedir menos do que você precisa, mas fazer isso funciona contra seu sucesso. Se você precisar de $50.000 para iniciar, peça pelo menos essa quantia.
- **Pesar que, se você tiver rendimento, também terá fluxo de caixa:** Rendimento significa que o caixa está entrando. O fluxo de caixa informa quanto está ficando para trás para cobrir as surpresas e as despesas inesperadas. Conte com seu fluxo de caixa para ver como os fundos de entrada e saída se equilibram.
- **Esquecer dos impostos e de outros custos regulares:** É especialmente fácil como único proprietário esquecer de reservar dinheiro para a coleta de impostos. Tenha uma conta separada para o dinheiro do imposto para que não pense que você tem acesso ao caixa que será exigido pelo Governo mais tarde.

✔ **Subestimar os ciclos de desenvolvimento comercial:** Todo negócio é diferente em termos de quanto tempo leva desde o momento que você promove seus serviços e produtos até quando consegue novos clientes, muito menos mantê-los. Pesquise a característica do tempo de desenvolvimento médio de seu negócio, então, use uma estimativa conservadora ao calcular o crescimento ou as projeções de rendimento. Ganhar experiência no mercado ajuda. Com o tempo, você será melhor ao decidir o que fica à frente enquanto gerencia o que está na conta bancária.

Decisões para a Solução de Problemas: Chegando à Raiz dos Problemas

Quando deparado com um problema comercial — algo que não está ocorrendo nem operando como você esperava — você entra no modo de solução de problemas, no qual tenta descobrir a causa do problema, então, remediá-lo. Você pode adotar uma das duas abordagens ao trabalhar com os problemas:

✔ Você pode buscar a raiz do problema — o que está impedindo o resultado desejado — e corrigi-lo.

✔ Você pode tratar o problema como um trampolim para encontrar criativamente (e intuitivamente) um modo de solucionar a questão até ela desaparecer.

Você nota a principal diferença entre essas duas abordagens? A primeira olha para trás e utiliza mais análise; a segunda olha para frente e engaja a criatividade e a intuição. Qual estratégia você usa depende da complexidade do problema.

Descobrindo e endereçando a causa básica

Em circunstâncias simples e descomplicadas envolvendo um problema que deve ser resolvido, você procura a causa básica dele para que possa corrigi-lo e, assim, solucioná-lo. Comece com a pergunta: "O que deu errado e como corrigimos?" Essa pergunta inicia um processo de seguir o rastro até o ponto onde algo aconteceu que causou um ou mais problemas (uma pequena falha na linha de montagem que resultou em uma quantidade incomum de erros no produto final, por exemplo). Essa estratégia pode ser eficiente, contanto que você tenha estes pontos em mente:

✔ **Você usa-a para endereçar o problema e adicionar culpa.** Algumas vezes, quando você olha para trás, descobre que alguém — ao invés de algo — é a raiz do problema. Nesses casos, você precisa usar isto como uma oportunidade de aprendizagem. Se uma pessoa cometeu um erro, ela tinha treinamento suficiente? Compreender por que ocorre um evento ajuda a melhorar as práticas.

178 Parte III: Intervindo: A Tomada de Decisão Prática

Porém, com muita frequência, essa estratégia é usada para colocar a culpa, uma prática que é muito perturbadora e funciona contra a produtividade e o desenvolvimento de relações de trabalho confiáveis.

✔ **O problema é simples.** Você poderá rastrear para encontrar a causa quando estiver lidando com uma situação simples: uma válvula que não está funcionando, por exemplo, ou o motor que não está operando. Mas usar uma análise de solução de problemas com problemas complexos quase garante que o problema voltará. Nessas situações, uma abordagem mais criativa e intuitiva geralmente é a melhor opção, como explico na próxima seção.

O efeito da perspectiva

Quando você investigar um problema para encontrar sua causa básica, encontrará diferentes perspectivas, tornando sem sentido insistir que uma visão do problema é a única "correta". As coisas raramente são como parecem e todos têm uma perspectiva diferente. Veja um recall de carros. Para o consumidor, é uma questão de segurança e uma enorme inconveniência. Para a empresa, é uma questão de controle de qualidade. Para o executivo, é um erro de foco na tomada de decisão. O gerente de projetos pode ver como uma falha pessoal e os engenheiros podem ver como um problema no processo.

Determinar a causa básica terá várias abordagens, dependendo do ponto de vista que está conduzindo a investigação. O exemplo de recall da Toyota no Capítulo 13 descreve como o CEO endereçou o problema internamente enquanto atraía simultaneamente os interesses dos clientes. O importante a saber sobre a solução de problemas é que chegar a um acordo sobre qual é o problema requer que você leve em conta as diferentes perspectivas, com cada uma contribuindo com o aprendizado e desenvolvimento gerais da empresa.

Cuidando dos problemas com criatividade

Os problemas que envolvem uma mudança de tecnologia e organizacional, ou outras situações nas quais as relações interpessoais ou a interconectividade entre as partes do sistema (um software de tecnologia, por exemplo) são profundas e multifacetadas, fazem com que encontrar a causa básica seja impossível ou ineficiente. Nessas situações, uma abordagem criativa é a melhor estratégia para a solução do problema. Você usa uma abordagem criativa sempre que está lidando com a dinâmica humana e situações complexas porque o que aparece na superfície é apenas a ponta do iceberg.

Procure padrões. O problema continua voltando, não importa o que você muda? Ele pode assumir formas diferentes, mas ainda é o mesmo problema? Quando os problemas se reciclam, isso informa que a causa básica está escondida em algum lugar no sistema de desempenho da empresa ou é resultado de uma crença cultural antiga e subjacente. Em outras palavras, os sistemas e os procedimentos estão recompensando o comportamento que você não deseja, ao invés do comportamento desejado. Você encontrará mais sobre como a cultura do local de trabalho direciona as decisões no Capítulo 3.

Os problemas sistemáticas nos sistemas complexos, geralmente tecnológicos por natureza, são ótimas oportunidades para usar uma abordagem criativa para resolver problemas. Por quê? Quando as definições do software parecem ter uma mente própria — sua senha para de funcionar aleatoriamente, por exemplo, ou as definições de seu e-mail se redefinem por nenhum motivo explicável —, descobrir o motivo não é eficiente. É pior do que procurar uma agulha no palheiro, dadas as variáveis e a natureza aleatória dos sistemas complexos, como o software. Ao invés de remontar a causa básica, encontre soluções criativas olhando para frente. Eis algumas soluções:

- **Experimente descobrir o que funcionará para resolver o problema, usando um foco no futuro.** Redefina sua senha ao invés de tentar descobrir porque ela parou de funcionar. É por isso que a maioria dos produtos de tecnologia tem suporte de tecnologia, não apenas para ajudá-lo a percorrer o manual passo a passo, mas para também endereçar os problemas que o manual não pode prever.

- **Invista em soluções criativas para ajudar como o trabalho é feito para que o foco esteja em conseguir os objetivos, ao invés de modificar o comportamento.** Os problemas interpessoais geralmente são cuidados tentando corrigir as pessoas. Ao contrário, desenvolva em colaboração uma abordagem totalmente diferente para como o trabalho é feito, para que o foco esteja em conseguir os objetivos, ao invés de mudar o comportamento.

- **Use processos criativos e joint ventures para propor inovações que os meros mortais veem como impossíveis.** Adotar uma abordagem "corrija este problema" implica em algo sempre estando errado. Nas situações complexas, como nas interações organizacionais, usar o que não está funcionando para inventar uma abordagem melhor cria resultados melhores.

Tomando Decisões de Parceria e Joint Venture

Quando você está limitado pelo tempo, dinheiro, recursos ou especialização, as parceiras e as joint ventures podem ter um tremendo valor:

- Em uma *joint venture*, duas empresas concordam em combinar seus recursos para realizar uma tarefa específica e o empreendimento existe por um período de tempo específico. As joint ventures fornecem às empresas grandes e pequenas uma capacidade expandida de atingir novos mercados ou comercializar produtos e serviços.

✔ As *parcerias* são formadas quando duas ou mais pessoas combinam a especialização para operar uma empresa. Em uma parceira, uma relação de trabalho contínua é estabelecida. O sorvete da Ben & Jerry é um bom exemplo de parceria americana bem conhecido.

Confiança, lealdade mútua e bastante diferenciação para criar valor são os ingredientes que fazem essas organizações funcionarem.

Determinando se é para buscar uma joint venture ou uma parceria

O sucesso em uma joint venture ou parceria é baseado no que você deseja obter da relação, então, se os valores entre as partes envolvidas são compatíveis. Para avaliar o valor de entrar em uma parceria ou joint venture, faça estas perguntas:

✔ **Como a outra empresa pode ajudar?** O que ela traz que valorizamos? Quais pontos positivos ela tem que complementa os nossos? A resposta identifica o valor, a capacidade ou os benefícios que você espera ganhar.

✔ **Como podemos ajudar a outra empresa?** O que trazemos que a outra empresa valoriza? De sua perspectiva, o que a organização oferece em termos de valor adicionado, capacidade e benefícios?

Cada parte responde a estas perguntas por si mesma; então, as duas partes se encontram para ver como suas respostas combinam. Combinando as duas listas, você pode ver a proximidade com a qual as percepções são combinadas. Foque se suas empresas podem apoiar-se em seus esforços. Com reciprocidade, vocês dois ganham.

Depois de trabalhar os pontos para determinar se os seus são uma combinação perfeita, mas antes de assinar o acordo, dê a si mesmo uma noite de sono. Fazer isso dá tempo à equipe para ajustar qualquer ponto incerto para a discussão. Se as coisas parecerem tão boas quanto eram no dia anterior, então, provavelmente você tem uma relação que funcionará.

Sem uma boa relação de trabalho entre duas empresas, a parceria ou o empreendimento simplesmente não irão decolar. Confiança e comprometimento são dois ingredientes centrais para fazer as relações de trabalho cooperativas funcionarem. Um modo de determinar o quanto são fortes essas qualidades em sua parceria é considerar como suas duas empresas lidarão com situações nas quais as coisas dão errado. Se a resposta for culpar o outro, sua parceria ou empreendimento tem problemas. Porém, se os dois puderem ter uma conversa, colocar as questões na mesa, encontrar uma solução, então, continuar, vocês estão perto de ter uma relação que funcionará quando as coisas saírem do caminho.

A ponte que caiu

O que faz as parcerias e as joint ventures funcionarem é a boa vontade de assumir a responsabilidade, ser confiável e focar coletivamente em encontrar soluções não importa quais. Para mostrar isso, considere a história de um contrato de demolição de ponte, no qual o empreiteiro disse para seu capataz para derrubar a próxima ponte. Então, o capaz demoliu a próxima ponte à vista. O problema? Ele demoliu a ponte que não estava na *lista de pontes a serem demolidas;* o capataz achou que a próxima ponte era a que estava à vista. Foi um erro de comunicação simples, mas caro.

O tráfego na hora do rush foi devido ao cruzamento dessa ponte mais tarde naquela tarde. Todavia, ao invés de passar horas atribuindo a culpa, todos que precisavam estar envolvidos em resolver a situação se reuniram, fizeram um plano e distribuíram. Quando a hora do rush da tarde chegou, o tráfego foi redirecionado com sucesso. Depois da urgência ter sido endereçada, iniciou-se uma conversa para determinar o que deu errado, como evitar uma falta comunicação parecida no futuro e como lidar com que viria em seguida — o que iria substituir a ponte que tinha sido derrubada por engano. Durante esse período, o foco da equipe foi seguir em frente, aprendendo com o que tinha acontecido e não apontar dedos.

Capítulo 11

Explorando o Kit de Ferramentas da Tomada de Decisão

Neste Capítulo

▶ Explorando modos de engajar sua equipe quando a decisão vem de cima
▶ Investigando a negociação e a busca de consenso como estratégias da tomada de decisão
▶ Colocando as equipes envolvidas através de uma tomada de decisão participativa

Toda empresa aborda a tomada de decisão de uma maneira única. Muitas contam com a fórmula ensinada nas escolas de negócios, *pensar, planejar, fazer*. Essa abordagem é muito lógica e previsível — até reconfortante —, a menos que acabe parecendo mais com fazer, pensar, refazer, uma possibilidade real para as empresas que estão correndo 24/7. Outras empresas abordam a tomada de decisão de modo mais aleatório. Elas tomam uma decisão após outra, esperando que, ao jogarem ideias suficientes na parede, uma finalmente irá colar.

Qualquer que seja a abordagem usada, você deve escolher as ferramentas mais adequadas ao ambiente de trabalho e que produzem os melhores resultados. Sua eficiência como tomador de decisão também depende de como você usa sua autoridade para se comunicar e engajar a equipe.

Neste capítulo, explico como seu estilo de comunicação pode impactar o engajamento da equipe nas decisões, mostro as diferentes abordagens na tomada de decisão e forneço algumas ferramentas para usar na tomada de decisão participativa.

Adotando uma Abordagem que Obtenha Engajamento e Resultados

Muitas empresas são organizadas em torno de camadas de autoridade, em termos de estrutura de relatório (você informa a um chefe que informa a um chefe que informa... bem você entendeu) e tomada de decisão, nas quais as decisões são tomadas nos níveis superiores e transmitidas para baixo para a execução. Nesta seção, identifico os dois tipos principais de estrutura de cima para baixo e explico como as pessoas com autoridade podem usá-la para engajar, ao invés de alienar, seus funcionários durante o processo de implementação.

Nota: Neste capítulo, usei o termo *tomada de decisão de cima para baixo* para me referir às situações nas quais o chefe toma as decisões, define a direção, então, espera que a equipe implemente as decisões.

Diferenciando entre autoridade e poder

Poder e autoridade acabam significando a mesma coisa, mas na realidade são bem diferentes. *Autoridade* implica em poder designado legalmente que combina com manter uma posição. *Poder* vem da integração de um espectro inteiro de inteligências e consciência. A diferença é evidente em como as empresas se organizam:

- **As empresas que organizam o trabalho em torno de *como* ele é feito focam em gerenciar as pessoas:** A autoridade e o poder são vistos como sinônimos. Embora o tamanho da empresa possa fazer diferença, o que faz a maior diferença é sua relação com o modo como você usa a autoridade como um substituto da verdeira delegação de poderes. Em geral, os níveis altos de poder e a autoridade de tomada de decisão nas empresas hierárquicas tomam as decisões que as transmitem para baixo para a implementação. Até nas pequenas empresas (aquelas com 2 a 150 funcionários), geralmente o chefe toma decisões com pouca ou nenhuma entrada de sua equipe.

- **As empresas que se organizam em torno de ter o trabalho feito passam o poder para seus funcionários:** A autoridade pode ainda ser designada com as lideranças, mas o poder de fazer o trabalho é distribuído usando acordos muito explícitos de responsabilidade do colega de trabalho. Ao invés da autoridade forçar o engajamento, os colegas e um senso de responsabilidade compartilhada encorajam o engajamento. Modos de organizar o trabalho que substitui a tomada de decisão tradicional de cima para baixo e baseada em autoridade estão chamando a atenção.

Se a estratégia é usar a autoridade para forçar o desempenho, algo entra no caminho ao engajar os funcionários para que foquem naturalmente no trabalho concluído. Todavia, quando o foco está em conseguir os objetivos comerciais e a empresa está organizada em torno de fazer o trabalho, então, o engajamento é bem natural, supondo que a finalidade é compartilhada e inspiradora.

Capacitando uma força de trabalho mais engajada

Se uma decisão parece imposta ou é recebida favoravelmente depende da saúde do local de trabalho e *isso* depende de como você, como pessoa de autoridade, usa seu poder pessoal.

Quando o poder é usado para trabalhar *com* os funcionários, como iguais que trabalham juntos, os funcionários têm a liberdade de determinar como conseguir o objetivo. Nesse ambiente, eles têm um forte senso de controle porque sabem que podem tomar a iniciativa sem arriscar suas carreiras. Quando o local de trabalho é mais saudável e positivo, há chances de que os funcionários perceberão as decisões como uma direção clara, sabendo que podem modelar como a decisão é implementada. Durante o processo de implementação, eles têm liberdade para contribuir com sua criatividade e ideias.

Quando o poder é usado para ganhar controle *sobre* os funcionários, os gerentes tendem a microgerenciar seus funcionários e trabalho. Esse tipo de ambiente reprime a contribuição criativa dos funcionários e o crescimento individual, basicamente criando funcionários passivos. O custo da doença relacionada ao estresse é um indicador explícito de que uma empresa está usando a autoridade para ter poder sobre os funcionários, ao invés de escolher engajá-los emocional e intelectualmente para alcançarem os objetivos comerciais. Nessas condições, você pode notar o seguinte:

- **A decisão pode ser implementada imediatamente, mas a moral do local de trabalho cai a níveis extremamente baixos.** Não fique muito surpreso se você vir custos mais altos com doença relacionada ao trabalho, depressão e absenteísmo.

- **As decisões são implementadas... como consequência.** Quanto mais cooperação é necessária entre as unidades, mais tempo leva para implementar a decisão. Quando o poder é usado sobre os outros, um ambiente competitivo pouco saudável aparece. Nas grandes empresas, o termo usado comumente para se referir a esse fenômeno é *silos*, mas uma dinâmica parecida pode aparecer mesmo nas empresas de pequeno a médio portes.

- **Uma resistência sutil, mas efetiva, ocorre.** Neste caso, a decisão nunca é implementada ou a implementação ocorre lentamente. A resistência também surge quando a equipe tem uma escolha, uma que vem do topo. Neste cenário, a equipe sente que não tem controle e está sendo tratada como criança, o que pode ser muito irritante. Quando os funcionários acreditam que não têm controle, eles fazem o trabalho, mas com um nível maior de estresse porque sua criatividade está sendo reprimida.

Os funcionários trazem o combustível para a realização. O ambiente do local de trabalho pode aumentar ou drenar o engajamento entusiasmado. A falha em implementar é o primeiro sinal de que a autoridade está sendo usada sem uma compreensão suficiente do que faz o local de trabalho funcionar para as pessoas.

Engajando-se em Métodos Formais de Tomada de Decisão

Algumas ferramentas aprovadas pelo tempo podem ajudá-lo a chegar a muitas decisões que sua empresa deve tomar diariamente. Nesta seção, mostro alguns desses métodos para chegar a decisões. Se você está no negócio por algum tempo, isso parecerá familiar.

Usando a negociação para tomar decisões mutuamente aceitáveis

Na tomada de decisão, você geralmente enfrenta uma situação na qual acha que um curso de ação é melhor, mas a outra parte está em desacordo com sua recomendação. Nesta situação, vocês dois podem negociar para chegar a uma decisão que atenda suas necessidades e as necessidades da outra pessoa.

Na tomada de decisão, a negociação é boa para lidar com as tarefas mais simples, como decidir onde alugar um espaço ou chegar a um acordo sobre o nível do salário. A negociação também é usada em discussões mais complexas, tais como, determinar o valor de uma empresa para que os proprietários da empresa vendida e da empresa fazendo a aquisição sintam que o preço é justo. Embora você não use a negociação para iniciar uma joint venture (você precisa conhecer a outra), engaja-se na negociação na relação joint venture para calcular como trabalhará junto.

A seguir, estão algumas etapas gerais que você segue em uma negociação:

1. **Prepare-se para negociar reunindo todas as informações necessárias, discutindo com sua equipe o que vocês precisam conseguir como resultado da negociação e esclarecendo seus objetivos.**

    Estas etapas permitem que você saiba o que precisa ganhar e o que pode deixar. Também permite reconhecer quando o acordo atende o que você definiu como sucesso.

    Focar nos motivos pessoais pode influenciar negativamente a negociação. Portanto, verifique se você é claro sobre o que a empresa precisa conseguir como sucesso e identifique onde suas próprias motivações da carreira se sobrepõem.

2. **Negocie para ter uma decisão de ganho mútuo, na qual todas as partes ganham.**

    Tente evitar os resultados em que o outro perde, no qual uma parte vence e a outra perde. Nesse tipo de cenário, acordo tem sido tradicionalmente o nome do jogo, mas na realidade, acordo significa perder algo importante.

Capítulo 11: Explorando o Kit de Ferramentas da Tomada de Decisão

3. **Chegue a um acordo e implemente-o na decisão e no curso de ação ou próximas etapas.**

   Depois de finalizar o acordo e criar um curso definitivo de ação no qual as duas partes estão acordadas, você estará pronto para prosseguir!

Para ser um negociador efetivo, você precisa conseguir defender o que deseja e saber quando recuar para conseguir seu objetivo. Todavia, nem todos são um mestre da negociação. Felizmente, é uma habilidade que você pode aprender. Dois excelentes recursos sobre como negociar são os livros *Negociação Para Leigos*, tradução da 2ª Edição, de Michael Donaldson e David Frohnmayer (Alta Books) e *Getting to Yes: Negotiating Agreement Without Giving In* de Roger Fisher e William Ury (Penguin Books).

Buscando consenso

A palavra *consenso* vem do verbo latino *consentire*, que significa "sentir junto". No consenso, diversas partes se reúnem para expor o que elas veem como problemas e quais são seus interesses, então, exploram coletivamente as soluções e acordam em uma solução.

Consenso requer um nível mais alto de autoconsciência e domínio pessoal porque os membros da equipe podem discordar em pontos importantes ou trazer posições endurecidas para a discussão que eles não estão querendo ceder. Lidando com esses tipos de conflitos de um modo que ajuda o grupo a ver os méritos em cada ponto, você cria um ambiente onde todos são capazes de trabalhar melhor em colaboração e conseguir um melhor resultado. Nesta seção, explico o que é necessário para construir consenso e quais armadilhas comuns de construção do consenso evitar.

Vendo os prós e os contras do modelo de consenso

Na tomada de decisão comercial, o consenso permite verificar como os participantes estão prontos para chegar a uma conclusão e acordo sobre uma decisão final. Também pode verificar o grau de solidariedade. Além disso, a confiança e o compartilhamento aberto de informações tornam o consenso efetivo porque, após uma decisão ser tomada, ela tem o apoio daqueles que participaram. A Tabela 11-1 lista os prós e os contras de usar o modelo de consenso.

O veto tem feito parte tradicionalmente do processo de consenso, mas não tem causado nada, exceto problemas. Se o veto é permitido na tomada de decisão final, ele fornece uma abertura para os grupos de interesse especiais — ou um indivíduo — voltarem ao status quo. Ao invés de usar o veto, use uma ferramenta, como a ferramenta Graduações do Acordo, para que a capacidade de encerrar uma decisão não fique nas mãos de uma pessoa.

Tabela 11-1 Os Prós e os Contras da Tomada de Decisão em Consenso

Prós	*Contras*
Os membros da equipe estão envolvidos e sentem-se valorizados, contanto que suas entradas sejam respeitadas e incorporadas no resultado final.	Construir a confiança e o comprometimento necessários para seguir em frente pode levar tempo.
Constrói comprometimento, empatia pelas visões diferentes, compreensão das implicações e apoio para uma decisão.	Quando a votação é usada para tomar a decisão final em um processo de consenso, a maioria domina, o que nega o motivo de trabalhar para o consenso, especialmente em ambientes de baixa confiança.
Fornece um fórum que permite aos participantes contribuírem com pontos de vista e terem compreensão.	As visões conflitantes podem ser usadas para desacreditar o processo.
Embora leve tempo na extremidade inicial, fornece comprometimento para a implementação na outra ponta.	As pessoas com agendas ocultas podem tentar manipular o resultado para atender a seus interesses às custas dos outros.
Constrói relações, engaja a boa vontade de todos os envolvidos e pode construir confiança.	

Evitando a armadilha "perfeita harmonia"

Uma suposição comum com o modelo de consenso é que todos devem estar em um acordo quase perfeito. Essa mentalidade cria obstáculos para ter consenso, pois as diferenças são percebidas como indesejáveis. Se você tem desacordos e o pensamento corre, você não atingiu um consenso, mas este não é realmente o caso. Os conflitos são, de fato, benéficos na tomada de decisão em consenso. Eis o motivo:

- **O conflito ajuda a evitar uma falta de visão.** Trabalhar com o modelo de consenso é uma ótima maneira de expor visões muito diferentes, assegurar que informações suficientes estejam disponíveis para tomada a decisão e garantir que as implicações sejam vistas através de valores e visões de mundo diferentes (especialmente importantes nas situações de diversidade cultural).

- **Os conflitos podem fortalecer as relações e encorajar a compreensão.** O conflito não é uma parte lutando contra a outra. São as diferentes visões ou valores que colidem. A colisão abre a porta para a curiosidade e a compreensão. Fazer perguntas que exploram os valores subjacentes e crenças resulta em decisões e soluções melhores. As relações são fortalecidas. Quando mais compreensão e aceitação (não necessariamente acordo) há da perspectiva de todos, melhor.

Empatia como o veículo para uma maior consciência

Mais do que todos os outros processos disponíveis em seu kit de ferramentas, o consenso e a tomada de decisão participativa constroem empatia. A *empatia* é a expressão mais intensa da conexão profunda entre uma pessoa e outra. Uma pessoa empática experimenta as emoções e as experiências dos outros como se fossem suas. A empatia é uma qualidade importante para os líderes que surgem porque sem ela, o alto desempenho e os locais de trabalho ágeis não podem ser desenvolvidos, nem uma relação entre a humanidade e tudo que sustenta a vida em nosso planeta floresce. Construir empatia nas culturas da empresa é o segredo para ser relevante para a sociedade.

Em seu livro *The Empathic Civilization: The Race to Global Consciousness in a World in Crisis*, o filósofo social Jeremy Rifkin sugere que o modo de evitar mais ruptura ecológica de nosso planeta e seu colapso econômico é desenvolver uma empatia global e, com isso, a consciência humana. A empatia global transcende o medo criado a partir do autointeresse ou das diferenças culturais para que a experiência humana e as decisões sejam reconectadas ao laço que conecta os humanos à vida. Adotando a empatia para expandir o que é levado em conta na tomada de decisão comercial, o negócio pode tornar-se uma força valiosa de mudança positiva.

Com uma empatia fortalecida, podemos engajar nossa habilidade coletiva para cuidar do ar, água e fontes de alimentos, e teremos a capacidade de colaborar para superar os desafios — como os efeitos da mudança climática — que afetam a todos nós. Resumindo, podemos tomar decisões que forjam o futuro da civilização.

Quando a construção de consenso entrou na cena da tomada de decisão nos anos 1960 e 1970, chegou o momento em que lidar com mandatos parecia ser mais eficiente do que trabalhar com as pessoas. O curso percebido de fazer com que todos concordem era a rapidez e o esforço. Todavia, o que os negócios aprenderam desde então é que, embora conduzir uma decisão sem um acordo possa parecer mais eficiente, não é muito eficiente. Muitas empresas agora estão lutando com a realidade de que a tomada de decisão é menos eficiente sem o engajamento das pessoas afetadas.

Usando Ferramentas de Tomada de Decisão Participativa

A tomada de decisão participativa engaja uma equipe para tomar decisões que são propriedade de todos os participantes. Possuindo a decisão, os participantes aceitam o respeito e a responsabilidade pelo resultado final. O tamanho da equipe, tipo de decisão e quantidade de tempo designado para os participantes contribuírem com a discussão determinam qual ferramenta é mais adequada.

Quando você engaja ativamente a equipe ou equipes na tomada de decisão, pode usar várias ferramentas para aumentar e aperfeiçoar o processo de tomada de decisão. Essas ferramentas incluem a ferramenta Graduações do Acordo, votação de ponto e mapeamento mental, tudo explicado nesta seção.

Um excelente recurso para a tomada de decisão participativa é o *Facilitator's Guide to Participatory Decision-Making* de Sam Kaner (Jossey-Bass).

Ferramenta Graduações do Acordo

A ferramenta Graduações do Acordo é um modo visual de verificar onde uma grande equipe ou pequena empresa está em relação à decisão em consideração. Também pode ser usada para finalizar uma decisão quando o grupo sente que tem informações suficientes e está pronto para decidir.

Você usa as Graduações do Acordo nas seguintes situações:

- Ao testar o comprometimento com uma decisão pode ajudar a unificar a comunicação e a implementação.
- Quando os participantes precisam saber quanto suporte tem uma decisão, assim como o que está guiando a decisão.
- Quando você está trabalhando com um grupo maior de pessoas (mais de seis, por exemplo) e deseja sua participação.
- Quando você precisa determinar onde as opiniões fortes e diferentes existem para que possa explorá-las mais profundamente.

Com essa ferramenta, os participantes ficam embaixo do cartaz que melhor caracteriza seus sentimentos sobre a decisão em mãos. Pode parecer estranho ficar de pé, ao invés de fazer tudo em uma mesa da sala de reuniões, mas movimentar as pessoas ajuda a estimular a energia e o engajamento. Continue lendo as instruções e a orientação sobre como usar essa ferramenta com eficiência.

Onde as diferenças surgem no ponto de vista, elas servem para produzir mais discussão. Quando os participantes estão indecisos, na maioria dos casos as informações são insuficientes ou as implicações precisam ser mais exploradas. Essa ferramenta dá um modo de assegurar que a conversa necessária ocorra para que as lacunas nas informações ou na compreensão sejam preenchidas, e as pessoas possam usar as perspectivas de um modo informal e de preferência divertido.

Usando a abordagem Graduações do Acordo

Para usar a ferramenta Graduações do Acordo quando todos estão na sala (e não espalhados pelo mundo), siga estas etapas:

1. **Anote os seguintes cabeçalhos em folhas de papel de 8,5 x 11: "Forte apoio", "Apoio", "Indeciso", "Sentimentos confusos" e "Não posso conviver com isso".**

Os rótulos significam o seguinte:

Rótulo	Tradução
Forte apoio	Realmente gosto disso.
Apoio	Posso conviver com isso.
Indeciso	Preciso de mais informações.
Sentimentos confusos	Não gosto disso em seu estado atual, mas não quero atrasar as coisas.
Não posso conviver com isso	Não quero estar associado à decisão ou estar envolvido em sua implementação.

2. **Pendure esses cabeçalhos em uma longa parede na sala de reuniões.**

   Para assegurar que todos na sala possam ver as categorias, coloque os cabeçalhos acima da altura da cabeça. Também espace-os para que você tenha espaço suficiente sob cada um para as pessoas se reunirem.

   Basicamente, você está definindo um gráfico humano (supondo que você tenha 15 ou mais pessoas). A definição deve permitir que os participantes fiquem embaixo dos cabeçalhos adequados às suas visões e vejam onde as outras pessoas ficam.

3. **Na presença do grupo, confirme se ele está onde todos os participantes desejam ver onde os membros do grupo estão em relação à decisão.**

4. **Atribua uma ou duas pessoas ao papel de observador.**

   Os observadores compartilham o que veem depois dos participantes terem assumido a posição (Etapas 7 e 8). Ao fazer isso, eles ajudam o grupo a ver o quanto o grupo está forte no acordo.

5. **Apresente a decisão.**

   Por exemplo, se a decisão é mudar a prática do local de trabalho para comunicar abertamente os problemas quando eles surgem, pergunte: "O que vocês acham da ideia de comunicar abertamente os problemas quando eles surgem?"

   Você pode testar a compreensão das pessoas que são novas no sistema Graduações do Acordo fazendo uma pergunta engraçada como "Dirigir e enviar mensagem pelo celular não se misturam. Qual é sua posição?" Então, peça que as pessoas fiquem na frente do rótulo que representa melhor seus sentimentos. A prática permite assegurar que os membros do grupo saibam o que fazer.

6. **Peça aos participantes para selecionarem o rótulo que combina melhor com seus sentimentos sobre a decisão e se alinhem abaixo dele.**

Ter o grupo alinhado abaixo dos cabeçalhos montados na parede permite que todos vejam como cada pessoa se sente em relação à decisão em mãos.

7. **Peça às pessoas de pé sob cada rótulo para discutirem entre si mesmas por que escolheram o rótulo; após 5 a 10 minutos (dependendo do tamanho do grupo sob o rótulo), peça que compartilhem o que aprendem entre si com o grupo inteiro.**

   Compartilhar essas informações permite que todos ouçam os pensamentos e as suposições dos outros.

8. **Diga às pessoas que elas podem mover-se para ficar sob outro rótulo se mudarem de ideia, com base na discussão na Etapa 7.**

   Não fique surpreso se as pessoas forem para uma coluna diferente.

9. **Peça os observadores (veja a Etapa 4) para compartilharem o que eles observam.**

   Os comentários podem levantar motivos para a decisão fazer sentido, por que os sentimentos estão confusos, o que é necessário para esclarecer a confusão ou quais informações estão faltando. Isso dá ao grupo, que não pode ver a imagem inteira, uma chance de ouvir alguém que está observando.

10. **Pergunte se alguém tem perguntas, particularmente se os grupos indicam uma diferença de opinião — você tem grupos distribuídos em extremidades opostas do espectro, por exemplo.**

    Você e eles precisam saber onde estão as diferenças e o que é necessário para entender as visões divergentes. Este não é o momento de chegar a conclusões, apenas de explorar as perspectivas e as percepções.

11. **Pergunte aos observadores se eles sentem que a decisão é clara ou se mais trabalho ou conversa é necessário; então, pergunte se eles podem apoiar a decisão o suficiente.**

Interpretando os grupos

O modo como as pessoas se agrupam sob os rótulos indica o nível de acordo. Se a maioria fica sob os rótulos Forte apoio e Apoio, você tem comprometimento. Se a maioria fica embaixo dos outros rótulos, você não tem. Quando você tem uma mistura, algo mais é necessário: mais tempo, mais informação ou mais conversa. Explore e documente as visões divergentes, que oferecem critérios, então, reveja a decisão mais tarde.

Um modo fácil de ver a ruptura é criar uma escala do maior apoio ao menor apoio à decisão. Você organizaria suas colunas como mostrado na Tabela 11-2, então, sob cada rótulo, anote quantas pessoas estão nesse grupo. Usar uma escala como esta torna as opiniões visíveis para todos.

Capítulo 11: Explorando o Kit de Ferramentas da Tomada de Decisão

Tabela 11-2 Uma Escala das Graduações do Acordo em Ação

Forte apoio	Apoio	Indeciso	Sentimentos confusos	Não posso conviver com isso
1	2	5	4	2

Se você visse uma escala como na Tabela 11-2, veria que o grupo é bem ambivalente quanto à decisão. Apenas três participantes apoiam a decisão; dois são completamente contra ela; e a maioria está indecisa ou tem sentimentos confusos. Obviamente, mais informações e discussão são necessárias!

Você deseja descobrir por que as pessoas sentem e pensam deste modo sobre a decisão. As perguntas que pode fazer incluem as seguintes:

- **De quais informações as pessoas indecisas precisam?** Você aprenderá quais informações estão faltando ou foram mal compreendidas.

- **Por que a decisão em consideração não pode ser tolerada?** Você aprenderá quais riscos não estão sendo levados em conta e o que precisa ser considerado para a decisão ser aceitável.

- **Por que os sentimentos estão confusos?** Você aprenderá quais dúvidas ou preocupações estão criando indecisão ou falta de confiança nas soluções em consideração.

- **O que está atraindo àqueles que apoiam ou apoiam fortemente a decisão?** Você aprenderá como a decisão atende alguns interesses. Compartilhar as perspectivas dará uma imagem mais clara do que precisa acontecer antes de uma decisão merecer o apoio.

Conseguir aprovar uma discordância para evitar conflito não é uma boa ideia. Há chances de que as outras pessoas compartilhem da mesma visão, mas não estejam querendo dizer, e ignorar a preocupação pode alienar mais pessoas do que você percebe. Ao contrário, use as visões divergentes para ter maior compreensão. Fique curioso e, quando fizer perguntas, tente evitar inclinações sobre o que é uma resposta "boa" ou "ruim". Suspendendo o julgamento, você ganha critérios.

Votação de ponto para medir a opinião e o progresso

A votação de ponto ajuda a chegar a uma decisão, usando pequenos pontos adesivos que você compra em papelarias. Esses pontos têm tamanhos diferentes, cores e formas, dando-lhe muitas opções para como usá-los.

A votação de ponto é um modo rápido e fácil de descobrir a opinião de um grupo, pessoalmente ou online, permitindo que você pule a tarefa chata do debate e das deliberações. Também ajuda a engajar todos na decisão porque, por sua natureza, não permite que uma pessoa ou grupo domine, e assegura que todos participarão.

A votação de ponto tem várias aplicações. Nesta seção, descrevo as regras básicas e instruções para ela. Para obter mais informações e uma plataforma de votação online, vá para http://www.dotvoting.org (conteúdo em inglês). E se você estiver interessado em ver como a votação de ponto pode ser usada para a governança e a participação da comunidade, vá para http://www.dotmocracy.org (conteúdo em inglês).

Colocando seus pontos alinhados: As regras

A votação de ponto é realmente muito simples: cada participante pega certo número de pontos e pode usá-los para indicar qual das opiniões apresentadas prefere. Quando a sessão da votação de ponto terminar, o grupo inteiro poderá ver facilmente quais opções têm mais ou menos apoio. E se a distribuição dos pontos não mostrar uma preferência clara, o grupo saberá que é necessário ter mais discussão.

Eis as regras básicas (lembre-se de que você pode modificá-las quando necessário para sua situação em particular):

- **Quantos pontos você dá a cada pessoa?** Você tem duas opções:
  - **Faça o cálculo.** Veja o número de pessoas que você tem, olhe o número de opções e ideias que tem para escolher, então, divida mais ou menos o número de participantes pelo número de ideias, e dê a cada membro da equipe os pontos. Se você tiver 20 participantes e 5 ideias, cada participante terá 4 pontos. Se você estiver definindo as prioridades, prefira de 3 a 5 pontos, independentemente do tamanho do grupo. Não mais.
  - **Siga seu pressentimento.** Este método depende de a qual tipo de decisão você está tentando chegar e o número de possíveis opções ou respostas. Por exemplo, se você estiver querendo identificar as prioridades de nível superior, 5 pontos são excelentes. Se estiver querendo adotar muitas ideias e extrair os temas principais da discussão em um período definido de tempo, poderá alocar de 5 a 8 pontos. Este é um lugar para aplicar seu julgamento. Com experiência, você aprenderá o que funciona melhor para extrair resultados claros. Você sempre pode pedir orientação à sua equipe.
- **Quais tipos de decisões servem para uma votação de ponto?** A votação de ponto é ótima para o seguinte:
  - Tomar decisões melhores de baixo risco, como determinar quais tópicos cobrir nos próximos 30 minutos
  - Medir rapidamente o acordo e seguir em frente em uma decisão
  - Tomar decisões quando um processo de tomada de decisão formal não foi desenvolvido ainda (como normalmente é o caso nas empresas start-up ou pequenas)
  - Reunir ideias em temas ou categorias
  - Identificar as áreas de prioridade

Capítulo 11: Explorando o Kit de Ferramentas da Tomada de Decisão 195

- Identificar as ideias divergentes que você não deseja perder ou verificar para saber se qualquer problema ficou sem ser endereçado

Em geral, há resistência em usar a votação de ponto para tomar uma decisão final em ambientes de baixa confiança, onde os pensadores criativos são rejeitados ou ignorados, ou onde a decisão resultante é usada para forçar a obediência. Nos ambientes do local de trabalho com alta confiança, onde as visões divergentes são respeitadas e ouvidas, usar a votação de ponto para decidir geralmente não é um problema.

Ao comprar pontos em sua loja de materiais de escritório, você pode comprar uma cor diferente para cada categoria se precisar classificar as ideias, como faria quando está definindo a prioridade ou distinguindo entre os cenários atual e futuro, por exemplo. E mais, se você não tiver acesso a pontos adesivos, marcadores de texto coloridos funcionarão igualmente bem.

Conectando os pontos, passo a passo

Quando todos os seus pontos estiverem alinhados, você estará pronto para fazer uma votação de ponto. Siga estas etapas simples para sua próxima sessão de votação de ponto:

1. **Liste as ideias ou as ações com as quais está trabalhando.**

    Coloque as ideias em notas adesivas; liste-as em folhas de papel de 8,5 x 11, uma ideia por página; ou faça uma lista em um cavalete, permitindo espaço suficiente entre os itens para os participantes colocarem seus pontos. Seja qual for o meio escolhido, ele deve ser grande o bastante para o grupo ler e ter espaço suficiente para os pontos que serão posicionados.

2. **Distribua um número específico de pontos para cada pessoa e peça os participantes para colocarem seus pontos ao lado da(s) escolha(s) preferida(s).**

    Se você usar cores para classificar as ideias, então, explique o que cada cor representa.

3. **Aplique os pontos, então, recue para discutir os resultados.**

    O foco da discussão é guiado pela finalidade de usar os pontos. Se você estiver identificando prioridades, irá retirar aquelas que receberam um claro apoio, então, conversará sobre aquelas que receberam um apoio inexpressivo. Descubra por que a ideia foi vista como importante, mesmo que apenas por uma pessoa, então, conclua como lidar com isso para que a ideia seja respeitada, ao invés de descartada.

4. **Verifique cada pessoa quanto aos pontos imprevisíveis antes de interromper a reunião.**

    Os pontos adesivos podem ser colados em seu rosto, mãos e outros lugares aleatórios!

Votação como uma ferramenta de tomada de decisão direta

Embora a votação possa ser usada para indicar a pulsação do grupo, você não deseja usá-la para decidir se um consenso real foi conseguido. Por quê? Simplificando, quando a maioria domina, você não considera as visões divergentes e o foco está na conformidade com uma conclusão da maioria. Isso é arriscado quando as ideias divergentes oferecem muitos critérios e oportunidades em potencial. Se você usar a votação em suas sessões de tomada de decisão, tenha estes pontos em mente:

- **Limite sua aplicação.** No negócio, a votação é geralmente usada com um modo simples de indicar se os membros da equipe estão "dentro ou fora" — ou seja, em acordo ou não.

- **Tenha cuidado de que não seja usada para substituir a discussão necessária.** Simplesmente ter um voto (ou uma série de votos) não é suficiente para assegurar que as principais questões sejam expostas e resolvidas. Falhar em engajar a discussão necessária se voltará contra você mais tarde quando precisar de envolvimento para a implementação.

- **Verifique se todos estão trabalhando com a mesma base de informação.** Para tanto, você deve engajar-se na discussão e em uma troca de perspectivas. Lembre-se, mais mentes são melhores que uma!

Visualizando as consequências, relações e ideias: Mapeamento mental

Os mapas mentais são representações espaciais de ideias afins. Eles inspiram a capacidade do cérebro em fazer associações entre diversas ideias para formar uma imagem unificada — a grande imagem, por assim dizer. Portanto, quando você precisar ver as relações — quem é impactado pela decisão em consideração, por exemplo, ou quais etapas precisa realizar para implementar uma decisão —, desenhe um mapa mental. Os mapas mentais são ótimos para os aprendizes visuais, mas também inspiram o pensamento craniano, que é útil em situações complicadas.

Criando um mapa mental

Em um mapa mental, a ideia central aparece no meio e as ramificações estendem-se a partir dela. Cada ramificação representa uma ideia principal, que por si só pode ter ramificações estendendo-se dela e essas ramificações secundárias podem ter ramificações etc., criando uma rede de conexões entre as ideias. A Figura 11-1 exibe um exemplo de mapa mental mostrando as relações básicas da empresa.

Para criar um mapa mental de uma ideia, siga estas etapas:

1. **Pegue uma folha grande de papel em branco, canetas coloridas e, se quiser, imagens.**

    A cor pode ser usada para destacar cada ramificação ou separar as categorias umas das outras. Você pode anotar as ideias ou usar imagens (corte-as de revistas ou desenhe-as) que capturem graficamente a ideia.

Capítulo 11: Explorando o Kit de Ferramentas da Tomada de Decisão

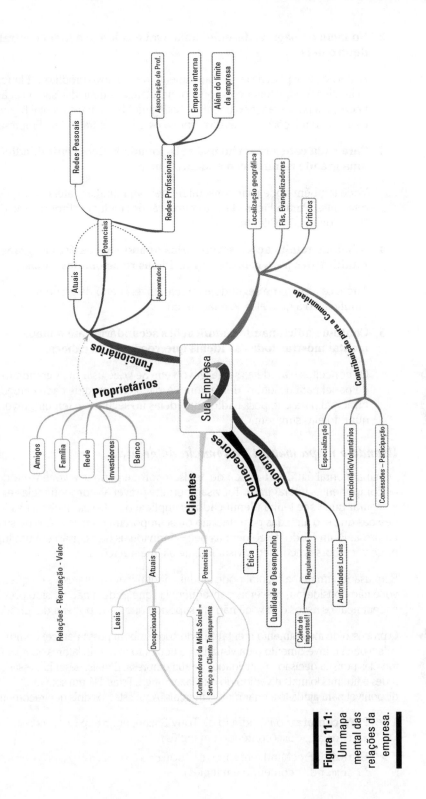

Figura 11-1: Um mapa mental das relações da empresa.

2. **No meio da página, desenhe uma oval e coloque a ideia central dentro dela.**

   A ideia central poderia ser o "Lançamento de um novo produto", "Plano de marketing" ou qualquer coisa que forma a tarefa central, decisão ou ação necessária para avançar o trabalho. Na Figura 11-1, o mapa mental busca destacar as relações básicas da empresa e a ideia central é "Sua Empresa".

3. **Para cada categoria principal relacionada à ideia central, adicione uma grande ramificação e identifique-a.**

   Você também pode usar cores diferentes para marcar categorias diferentes. Para a Figura 11-1, as ramificações incluem "Proprietários", "Funcionários", "Clientes" etc.

4. **Adicione ramificações secundárias quando necessário às grandes ramificações para representar as ideias relacionadas a elas.**

   Anote os tópicos no segundo e terceiro níveis perto da grande ramificação à qual eles se relacionam.

5. **Continue adicionando ramificações secundárias até o mapa mental mostrar todas as ideias que você tem na cabeça.**

Os conceitos e as ideias se desenvolvem. Se você usar uma grande folha de papel para desenho, deixe muito espaço em torno de cada categoria principal para que possa adicionar ideias no segundo e terceiro níveis, quando elas surgirem.

Usando o mapa mental na tomada de decisão

O mapa mental é útil na tomada de decisão porque permite a você ver todos os componentes interagirem. Tal visão permite prever as consequências e assegurar que você tenha identificado as implicações de sua decisão nas pessoas que são afetadas pela decisão ou se importam com as ações de sua empresa. É um modo de colocar as peças individuais da decisão em um lugar onde você possa reconhecer visualmente as inter-relações.

Bem usado, um mapa mental pode ajudar a identificar os interesses de quem você não considerou, prever as consequências que podem não ter sido previstas e identificar os riscos que você não viu supondo que nada poderia dar errado.

O processo de mapeamento mental é poderoso. Embora possa parecer demorado, vale a pena o investimento para visualizar o conjunto maior de fatores ou relações tocadas por sua decisão ou atividades de sua empresa. E mais, desenhar essas redes é um modo mais divertido do que fazer longas listas. Há um software disponível para ajudá-lo a criar mapas mentais. Aqui estão os dois que recomendo:

- **Para comprar:** o iMindmap de Tony Buzan, em http://www.imindmap.com (conteúdo em inglês)
- **Gratuito:** FreeMind, em http://sourceforge.net/projects/freemind/ (conteúdo em inglês)

Capítulo 12

Fortalecendo as Relações com Funcionários e Clientes

Neste Capítulo
▶ Fortalecendo o bem-estar do local de trabalho em conseguir a lealdade do cliente
▶ Construindo boa vontade e confiança com clientes e a comunidade
▶ Usando a mídia social para conseguir relações genuínas
▶ Consultando funcionários e clientes
▶ Integrando o fluxo aberto de informações para ter decisões melhores

A intenção importa. O desejo de buscar um trabalho que tenha significado está acionando uma revolução no pensamento comercial. O lucro não é mais considerado a única finalidade de uma empresa; hoje, as start-ups inovadoras ousam fazer as coisas de modo diferente estabelecendo o negócio para criar uma mudança positiva no mundo enquanto ganham dinheiro.

O foco mudou de ganhar dinheiro a qualquer custo para ganhar dinheiro para que você possa dar algo de volta, resolver um problema social ou ambiental, ou dedicar-se a uma causa. O crescimento desse movimento está fazendo algumas mudanças importantes: tem produzido novos tipos de empresa que não se encaixam nos modelos de financiamento tradicionais e enfatiza o valor de relações mais fortes com funcionários e clientes. O que está na frente das empresas que aceitam ou adotam esse novo tipo de ambiente comercial é uma chance emocionante de fazer as coisas de modo diferente, que começa restaurando a confiança nas relações com funcionários e clientes.

Neste capítulo, mostro como a construção das relações com os funcionários têm um efeito propagador na lealdade do cliente, compartilho uma ferramenta que você pode usar para entender melhor os valores do cliente, dou ideias para consultar formalmente os clientes e funcionários, e explico maneiras de colocar mecanismos de retorno informais.

Melhorando o Bem-Estar no Trabalho

Para muitos, a deia de melhorar o bem-estar no trabalho parece uma questão comercial boba. Afinal, o que a caminhada na manhã e o entusiasmo em ir trabalhar têm a ver com a lealdade aumentada do cliente? Como resultado, tudo.

Não acredita? Faça uma pesquisa com alguém. Pergunte a si mesmo: Trabalhar com uma ótima equipe de pessoas e fazer o trabalho que você adora faz diferença em suas relações pessoal e profissional? Você se sente inspirado a atender a cota de vendas ou assegurar que seus clientes saiam contentes com o que queriam ou precisavam? Como se *sente* sobre seu trabalho impactando como você *faz* seu trabalho.

As estatísticas do engajamento indicam que 70% dos funcionários nos Estados Unidos não estão engajados emocionalmente com seu trabalho e que 75% daqueles que deixam voluntariamente seus trabalhos deixam seus chefes, não seus empregos. Por outro lado, as empresas que engajam seus funcionários encontrando maneiras de conectar o trabalho aos valores e desejos deles para que façam contribuições significativas aproveitam duas vezes e meia mais do lucro líquido que os concorrentes que não engajam. Se os números agradam sua mente racional, então eles apontam para o valor de um local de trabalho saudável.

Desde funcionários contentes até clientes leais: Criando um efeito propagador

O modo mais lógico de cortar os custos, melhorar os rendimentos e criar clientes contentes é reconstruir a confiança com os funcionários porque, quando eles ficam entusiasmados, esse entusiasmo se estende até os clientes. Essa estratégia tem funcionado para grandes empresas como a Southwest Airlines, assim como para as empresas de pequeno e médio portes, que estão mudando os ambientes do local de trabalho para produzirem um efeito propagador de dentro para fora.

Eis as coisas a lembrar quando você buscar melhorar o bem-estar no trabalho:

- **Inicie no topo:** Estabelecer relações de trabalho saudáveis começa com você. Aceitar a responsabilidade pessoal por sua saúde emocional e capacidade de se conectar e construir relações significativas com as pessoas, independentemente de seu papel na empresa, é o centro das relações pessoal e profissional saudáveis. Embora seja fácil ficar absorvido em sua lista de tarefas, mude seu foco para agradecer sua equipe quando você chegar no trabalho. Cumprimente cada um pessoalmente e tenha um interesse genuíno em seu bem-estar. Estar presente com as pessoas com quem você convive e vigilante de seu estado emocional constrói conexão, que constrói uma comunidade.

Capítulo 12: Fortalecendo as Relações com Funcionários e Clientes

✔ **Enderece as questões pessoais e relacionadas ao trabalho que afetam as relações dos funcionários.** Há vezes em que você precisa ser mais que um patrão pagando salário. Os funcionários sob estresse em casa ou outras pressões agem impulsivamente. Ao invés de punir os sintomas, direcione sua atenção para descobrir o que está acontecendo, então, ajude o funcionário a desenvolver melhor suas habilidades emocionais e sociais. Fazer isso beneficia as relações do cliente, a retenção do funcionário e a atmosfera geral no local de trabalho. Ao invés de dar atenção ao drama mais recente, foque em apoiar respostas melhores às pressões.

✔ **Coloque sistemas que permitam a você encorajar relações saudáveis, com os funcionários e seus clientes.** Algumas empresas operam com regras não mencionadas, tais como, "Não diga a seu chefe qualquer coisa que ele não queira ouvir". Todavia, isso funciona contra o desempenho efetivo. Ao contrário, defina fóruns regulares nos quais os funcionários possam ter um acesso aberto a você. Se as equipes são remotas, encontre maneiras de permitir que os funcionários vejam seu rosto e faça perguntas (experimente os Hangouts on Air do Google, por exemplo). Se você estiver no local, vá para onde seus funcionários estão. Organize férias anuais para toda a empresa, com as famílias incluídas. Encontrar oportunidades para comemorar as novidades e falar sobre questões mais difíceis mantêm as relações saudáveis.

R. J. Allen Construction, um exemplo

A R. J. Construction, Inc., uma empresa com menos de 100 funcionários, é especializada em demolição e corte de concreto. Andy Allen, CEO da R. J. Allen Construction, criou um local de trabalho que mostra como as decisões de um líder podem iniciar o efeito propagador que leva a um lugar que encoraja respeito e, consequentemente, a lealdade do cliente.

Começando no topo

Andy enfrentou vários desafios simultaneamente; seu divórcio, que foi difícil, ocorreu ao mesmo tempo em que a empresa estava no processo de mudar de agir instintivamente para estabelecer sistemas. Para passar por esses desafios, Andy contratou um psicólogo para trabalhar com ele e seu pessoal na criação da equipe, habilidades de autoconhecimento e comunicação. Ele também matriculou todos em um curso de programa de ação do gerenciamento e contratou um treinador pessoal. Quando a pressão emocional de seu divórcio deixou-o mal para lutar, Andy soube que suas decisões sofreriam, portanto, foi até sua equipe e falou: "Vejam, eu estou mal. Preciso que vocês cuidem das coisas enquanto eu cuido de mim mesmo". Então, foi a um terapeuta.

A decisão de Andy destaca a importância de aceitar a responsabilidade pessoal como a chave para desenvolver o bem-estar e a lealdade do cliente: deparado com duas opções — livrar-se de sua empresa para que sua ex-esposa não tivesse nada ou ficar acima do drama trabalhando arduamente com seus recursos internos — Andy investiu em si mesmo e no trabalho árduo. Resultado? Ele se tornou um líder e modelo para sua equipe. Para a R. J. Allen, é como o efeito propagador iniciou.

Endereçando os problemas que afetam as relações pessoais e no trabalho dos funcionários

Um excelente capataz na equipe de Andy tinha o hábito de se entregar a um comportamento inadequado no trabalho e em casa. Ele se entregava à raiva, de modo incontrolável. Andy o alertou sobre seu comportamento e deu um aviso: na próxima vez em que o capataz perdesse a calma, Andy acabaria com o trabalho dele. Quando o capataz disse a Andy que queria aprender a lidar com sua raiva de um modo mais construtivo, Andy ofereceu-lhe ajuda, contanto que o capataz ficasse comprometido em fazer o trabalho pessoal necessário. Desde então, mais funcionários se aproximaram para ter ajuda com problemas mais profundos que afetavam suas relações pessoais e no trabalho. E mais, ao aprender que alguns funcionários lutavam para pagar suas hipotecas e reconhecer que muitos nunca tinham aprendido maneiras de gerenciar o dinheiro, Andy ofereceu ajuda para estabelecer um plano inteligente e separar $20 de cada salário na conta. Além de ajudar os funcionários, as políticas de Andy também ajudaram o negócio: a rotatividade de funcionários diminuiu.

Estabelecendo sistemas que promovem boas relações e decisões

Antes da introdução dos sistemas, a R. J. Allen pegava qualquer trabalho que pudesse. Não rejeitando nada, a empresa estava no jogo para sobreviver e ficava ocupada demais para lidar com os problemas recorrentes que sequestravam a produtividade e descobrir por que os mesmos se repetiam. A empresa estava ocupada demais para descobrir quais projetos ganhavam dinheiro e quais não ganhavam. Porém, quando os sistemas financeiros foram estabelecidos, a empresa foi capaz de identificar os projetos lucrativos e os não lucrativos. Também descobriu que os clientes com os quais ele estava gastando grande parte do tempo — os clientes mais irritados — estavam ligados aos projetos menos lucrativos. Esta percepção mudou o processo de tomada de decisão da R. J. Allen. Ao invés de pegar qualquer projeto, ela considerava com cuidado a relação de trabalho, assim como o valor ou as oportunidades que os projetos em potencial ofereciam. Resultado? A empresa mudou seu foco para pegar projetos de alto valor cujos clientes valorizavam as relações de trabalho confiáveis.

Quando o CEO lidera a partir de um lugar profundo e autêntico, o efeito geral é profundo e toca a todos. A R. J. Allen, por exemplo, tornou-se flexível, adaptável a muitos clientes diferentes e mais eficiente, investindo muito nas comunicações interpessoais. O resultado dessas mudanças? A maioria dos clientes da R. J. Allen é leal, os clientes passam adiante e muitos agora a consideram a empresa certa para o trabalho de demolição.

Capítulo 12: Fortalecendo as Relações com Funcionários e Clientes 203

Reconhecendo o Cliente como um Agente de Mudança

Quando vejo a paisagem dos setores comerciais — produção, tecnologia da informação, finanças ou varejo, por exemplo —, noto que algumas empresas são mais avançadas que outras. Ou seja, são mais adeptas a reconhecer quando chegou o momento de mudar radicalmente o que estão fazendo e trocar para uma abordagem diferente.

No Capítulo 1, falo sobre as tendências gerais que influenciam a paisagem comercial e colocam pressão nas empresas para se adaptarem. O que desejo focar nesta seção é como o cliente está mudando e como você pode posicionar sua empresa para atender às necessidades imediatas de seus clientes e acompanhar seus desejos emergentes. Resumindo, o cliente está tornando-se um agente de mudança para sua empresa. Portanto, o que você pode fazer? Continue lendo para descobrir.

Mantendo os olhos fora das tendências

Acompanhar regularmente as tendências gerais maiores ajuda a ver à frente e ajustar-se agora. O negócio está tendendo para uma *economia de colaboração*, significando que os clientes e a comunidade desejam participar do desenvolvimento do produto e ajudá-lo a promover seu produto, com base em seus méritos e valor para suas vidas e o ambiente. Para continuar avaliando as tendências mais amplas, faça o seguinte:

- Consulte o inventário anual das tendências reunido pelas empresas, como a Deloitte (http://dupress.com/periodical/trends/business-trends-2014/) ou a PWC (http://www.pwc.com/gx/en/ceo-survey/) (conteúdos em inglês) para ver suas pesquisas do CEO anuais.

- Para as empresas de pequeno e médio portes, monitore o que está acontecendo com as start-ups, iniciativas de inovação social e websites de liderança do pensamento, como http://www.managementexchange.com ou http://www.Management-Issues.com (conteúdos em inglês).

- Vá a conferências, como http://www.Business4Better.com ou www.ConsciousCapitalism.com (conteúdos em inglês), ou a conferências que apresentam as tendências em seu setor.

- Ouça programas de rádio ou veja podcasts que apresentam informações sobre as tendências ou ideias que não se encaixam no pensamento predominante atual. Por exemplo, http://todmaffin.com/category/cbctech (conteúdo em inglês) fornece informações sobre as tendências da tecnologia.

Para descobrir mais sobre a economia de colaboração, veja o TED talk de Rachel Botsman, "The Currency of the New Economy Is Trust" em https://www.ted.com/talks/rachel_botsman_the_currency_of_the_new_economy_is_trust (conteúdo em inglês).

Conversando com os clientes

Uma ótima maneira de ficar informado sobre o que seus clientes precisam é simplesmente passar um tempo conversando com eles informalmente. Pergunte coisas como por que eles usam seus serviços e por que recomendariam (ou não) seus serviços ou produto a um amigo. Ter um retorno de seus clientes dá ideias para maneiras de poder construir relações que apoiam sua comunidade e seus clientes. Agindo nas informações que seus clientes fornecem, você fica valorizado demais em sua comunidade de clientes para fracassar.

O aprendizado inicia quando você admite que pode não saber tudo que há para saber. Quando você falar com seus clientes, faça perguntas com uma curiosidade genuína; separe qualquer noção preconcebida que possa ter sobre o que você acha que ouvirá. Mantendo sua mente aberta, você dá às ideias intuitivas a oportunidade de surgirem.

Reconectando o Negócio com o Serviço ao Cliente

Em 2017, a geração Milênio, nascida mais ou menos entre 1977 e 2000, terá o maior poder de compra de qualquer geração da história. Isso diz muito, dado que seu poder de compra atual é de $215 bilhões. Esses consumidores compram de modo diferente em relação às outras gerações: eles contam muito com a mídia social e questionam as regras ou as reescrevem. Os Boomers, nascidos entre 1946 e 1964, também têm um grande poder de compra. Ambas as gerações valorizam a autenticidade e a confiança, e esse conjunto de valores compartilhados muda como as empresas precisam relacionar-se com eles para terem e manterem seu negócio.

Eis algumas grandes mudanças no comportamento do comprador a lembrar, caso você queira que sua empresa permaneça sendo relevante para os clientes:

- Os consumidores de todas as idades usam a Internet e a mídia social para pesquisarem os produtos e as empresas. Então, eles compram online ou vão para a loja física para fazerem suas compras.

- Cada vez mais clientes estão comprando para apoiarem as empresas cujos valores combinam com os seus. Aplicativos estão ficando cada vez mais disponíveis para apoiarem as decisões do cliente. O aplicativo Buycott (http://www.buycott.com/ — conteúdo em inglês), por exemplo, ajuda os consumidores a alinharem suas decisões de gasto com seus princípios e valores pessoais. (Para ver uma lista de oito aplicativos deste tipo, verifique http://www.maclife.com/article/gallery/8_apps_fair_trade_and_ethical_shopping — conteúdo em inglês.)

- Os clientes vão para a mídia social para determinarem o motivo de uma empresa: Ela apenas quer parecer boa ou interage com um senso genuíno de cuidado?

Capítulo 12: Fortalecendo as Relações com Funcionários e Clientes

Nesta seção, explico a lacuna que existe entre o que as empresas estão fazendo agora e o que precisam fazer para manterem a fortalecerem a lealdade do cliente. Também mostro uma ferramenta para entender seus clientes e analiso como a mídia social pode aumentar ou fechar a lacuna entre o que sua empresa oferece e o que os clientes e consumidores estão procurando.

Fechando a lacuna para conectar seus clientes

É fácil dizer que sua empresa está conectada a seus clientes. Afinal, os clientes não compram seus produtos e você não tem um canal de atendimento ao cliente? Mas a conexão entre sua empresa e seus clientes não está limitada ao desafio de comunicar sua mensagem ou a seus clientes sentindo-se bem quanto às suas compras. Você também deve assegurar que seus clientes saibam que você os valoriza mais do que sua contribuição no resultado final. Como você interage com seus clientes, responde às suas preocupações e engaja-os em desenvolver produtos e serviços diferencia você e cria um valor compartilhado.

Uma pesquisa sugere que apenas 23% dos clientes acham que as empresas valorizam seu negócio e andarão um pouco mais por elas. Pior, as duas maiores gerações de compra — os Milênio e os Boomers — acreditam que os clientes se importam mais do que as empresas. Até que as relações de confiança com os clientes e funcionários sejam revitalizadas, os clientes confiarão na opinião dos outros consumidores, e não nas informações da empresa.

Para sua empresa se destacar no pacote, você tem que ser diferente e criativo. Até o açougue da vizinhança não pode ser complacente quando a consciência ecológica aumenta e as pessoas alteram suas dietas para reduzirem o consumo de carne. Eis algumas etapas que você pode realizar para fechar a lacuna entre sua empresa e seus clientes:

- **Vá para onde estão seus clientes.** Se seus clientes têm entre 16 e 50 anos de idade, preste atenção na mídia social, como o Facebook, Pinterest ou Twitter. Para obter informações sobre como usar a mídia social para aprender sobre os clientes, vá para a seção "Usando a mídia social para obter retorno".

  As tendências da mídia social são importantes para controlar quando o terreno muda. O Facebook, por exemplo, muda seu cálculo sem aviso, portanto, as vantagens que costumavam existir para o negócio requerem adaptação. Para controlar as tendências da mídia social, alguns sites facilitam; verifique o `http://www.socialmediaexaminer.com/social-media-marketing-industry-report-2013/` (conteúdo em inglês), para ter um exemplo.

Parte III: Intervindo: A Tomada de Decisão Prática

Air France, bagagem perdida e Twitter

O Twitter é um local onde o serviço em tempo real pode resolver os problemas rapidamente. Veja a cliente que voou pela Air France no Natal, chegando sem sua bagagem. Um mês depois, os canais tradicionais de serviço ao cliente não conseguiram nada. Após a viajante postar uma mensagem "Eles não se importam" no Twitter, a Air France pegou o tweet e respondeu. Dentro de 48 horas, a mulher conseguiu sua bagagem. O que foi mais importante para essa cliente? A empatia. Os procedimentos usuais de serviço ao cliente não conseguiram fazer o que um tweet de 140 caracteres fez. Se a Air France não estivesse no Twitter, teria perdido o tweet e a oportunidade de transformar uma cliente descontente em uma satisfeita. (As empresas que usam a mídia social também devem monitorar os feeds para que uma postagem irresponsável possa ser endereçada antes de se transformar em uma brincadeira viral.)

- **Elimine as tentativas maquinais de fornecer serviço ao cliente.** Abrir caminho no atendimento automático sem fim não tem o mesmo toque de uma troca pessoal. Engajar na comunicação direta é o segredo. Novas ferramentas móveis baseadas em tecnologia estão surgindo que, quando usadas devidamente, podem abrir-se ao diálogo.

  Verifique o echo**bravo** (http://www.echo-bravo.com/ — conteúdo em inglês), um aplicativo de tablet que gera um boletim e reúne as sugestões de melhoria. As empresas com interações com o cliente que se repetem e são contínuas, como restaurantes, cabeleireiro e hospitais, podem obter um retorno imediato e iniciar uma conversa com os clientes antes deles saírem pela porta.

- **Veja com mais atenção o que você está medindo.** A métrica usada para avaliar ou recompensar o desempenho indica o problema e impacta em que seus funcionários prestam atenção. Vá para o Capítulo 9 para descobrir como assegurar que a métrica usada dê suporte, ao invés de minar seus objetivos do serviço ao cliente.

Entrando na cabeça do cliente: Mapeamento da empatia

Quando você deseja entender seus clientes, um mapa da empatia, como o criado pela firma de consultoria de design XPLANE (http://www.xplane.com — conteúdo em inglês) (veja Figura 12-1), pode ser bem útil. Um mapa da empatia ajuda a desenhar uma imagem de seus clientes e entender suas necessidades. Desde sua implementação inicial, o mapa da empatia tem sido adaptado e adotado para o marketing, relações do cliente e outras finalidades.

Capítulo 12: Fortalecendo as Relações com Funcionários e Clientes

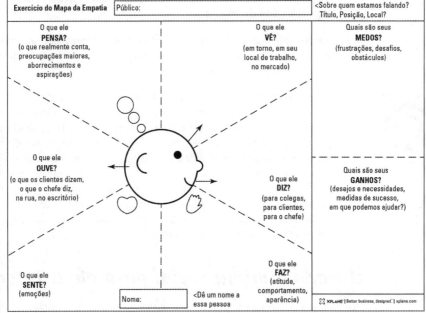

Figura 12-1: Use um mapa da empatia como este, cortesia da XPLANE, para entrar na cabeça do cliente.

A melhor maneira de entender seu cliente-alvo é entrar em sua cabeça, e um mapa da empatia ajuda a ver o mundo através do ponto de vista do cliente. Se você está buscando entender os clientes, usuários ou funcionários, pode usar um mapa da empatia para definir o que eles pensam e quais forças estão operando em suas vidas. Sabendo essas informações, você pode começar a entender como resolver melhor seus problemas.

Para criar um mapa da empatia para seus clientes, siga estas etapas:

1. **Desenhe uma representação gráfica de seu cliente-alvo em um pedaço de papel; dê um nome ao cliente.**

   Desenhe-o com qualquer profundidade e critério que puder — um círculo grande o bastante para poder colocar uma descrição de quem é seu cliente: Sara, 29, gerente de marketing digital, por exemplo. Ou use uma fotografia para ilustrar.

2. **Crie categorias para as informações que você precisa ver através de seus olhos.**

   Por exemplo, na categoria "Visão", você descreve como seu cliente vê o mundo; na categoria "Pensamento", você descreve o que seu cliente pensa sobre o mundo. Em certo dia, o que a pessoa está experimentando? O que está pensando e vendo? O que está fazendo e sentindo?

3. **Sob cada rótulo, escreva os pensamentos, sentimentos e experiências do cliente.**

   Você reúne essas informações fazendo uma pesquisa para entender a perspectiva do cliente no mundo, então, sentindo o que é importante, com base em seus dados.

   Ser capaz de ver as coisas do ponto de vista dos clientes *como se você fosse eles* é o segredo para criar empatia. O melhor modo de entrar nas mentes dos clientes é realizar entrevistas para aprender diretamente o que é importante para eles e preencher cada componente do mapa da empatia. Quando a entrevista com os clientes é impossível, coloque-se em seu lugar. Porém, lembre-se que adivinhar como seus clientes se sentem e pensam é arriscado. Você também pode pedir ajuda às pessoas em sua equipe ou de vendas na linha de frente para ajudarem a preencher as lacunas. Ofereça diretrizes claras à equipe para que eles saibam como fornecer as informações de um modo útil.

Usando a mídia social para obter retorno

Hoje, muitos clientes em potencial contam muito com o conteúdo gerado pelo usuário — em outras palavras, as experiências das outras pessoas — que eles encontram postado na mídia social. Eles usam o Yelp, Trip Advisor e o Facebook, por exemplo, para saberem o que os outros clientes têm a dizer sobre suas experiências com a empresa ou serviço. Portanto, se sua empresa não está conectada à mídia social, você está em uma posição complicada: seus futuros clientes saberão mais do que você sobre como seus clientes atuais se sentem em relação à empresa.

As empresas que contam unicamente com pesquisas padrão com caixas de seleção que permitem aos clientes marcarem uma série de respostas definidas limitam as informações. As respostas predefinidas não dão aos clientes a liberdade de oferecem os tipos de detalhes que podem ajudá-lo a melhorar sua experiência. Isso não quer dizer que sua empresa não deva realizar pesquisas; apenas não se limite a uma pesquisa como o único método para obter retorno. Amplie seus mecanismos de retorno para incluir a interação da mídia social, permitindo-o fazer o que um formulário impresso não pode.

Para usar a mídia social para o retorno do cliente, considere estes pontos:

- ✔ **Facilite que os clientes encontrem você online.** Vá para onde estão seus clientes: Pinterest, Facebook, LinkedIn (para os serviços profissionais), Yelp, Trip Advisor (serviços de viagem) etc.

- ✔ **Monitore constantemente os comentários.** Sua reputação online é frágil. Quando um problema repercute nas pessoas, ele se espalha como fogo, para o bem ou para o mal. Endereçar os problemas no início é melhor para todos.

- ✔ **Desenvolva uma relação de trabalho com os principais bloggers que cobrem seu setor.** Teste as ideias em consideração.

O lado positivo de usar a mídia social é que você tem um retorno honesto no momento e uma chance de corrigir os erros ou ver qual é o boato do cliente. A desvantagem é que, se você não melhora continuamente ou se falha em responder aos problemas com rapidez, perde — ou pior, sabota — as oportunidades de atrair os clientes.

Algumas empresas contratam pessoas para darem um falso retorno para parecerem boas. Se você adotar tal abordagem imoral e postar informações falsas ou enganosas na mídia social, destruirá sua credibilidade. Verifique se sua empresa promove um retorno honesto e é genuína em sua comunicação e interação com os clientes. A mídia social é uma ótima maneira de se engajar diretamente com os clientes atuais e em potencial, mesmo que você faça isso apenas através de tweets de 140 caracteres — mas se usada sem escrúpulos, será um tiro pela culatra.

Focando no que é importante para o cliente

Em que você foca como um tomador de decisão — alegrar o cliente ou alegrar o contador minucioso? É fácil para os negócios ficarem preocupados com os problemas internos e colocarem o que é conveniente ou mensurável no centro das decisões. Isso também é perigoso. Quando o foco de suas decisões é manter a contabilidade feliz, você não está focando no serviço ao cliente, oferecendo um produto de qualidade nem assegurando que suas decisões sejam compatíveis com os valores do cliente. Ironicamente, focar unicamente em manter os custos baixos pode realmente reduzir o lucro.

Você pode fazer o seguinte para assegurar que suas decisões não protejam o resultado às custas das necessidades do cliente:

- **Reserve um tempo para recuar antes de finalizar sua decisão.** Você ganhará uma perspectiva maior em relação àquilo que está prestando atenção, uma perspectiva que ajuda a tomar melhores decisões — aquelas que não custam o rendimento comprometendo o relacionamento e a satisfação do cliente.

- **Considere o que seus funcionários e clientes acham recompensador.** É a satisfação de criar uma cota do mês ou a gratificação de fornecer um serviço inesquecível?

Quando você focar na prioridade certa — atendendo as necessidades do cliente — descobrirá que está criando uma experiência, não apenas terminando uma transação. Essas experiências importantes e satisfatórias são as coisas que encorajam os clientes a voltarem sempre.

Quando observar os custos sai caro

A história da Ford Taurus é um estudo de caso clássico de como focar em manter os custos baixos pode realmente reduzir os lucros. O gerente de projetos original responsável pela Ford Taurus manteve o retorno do cliente na mente durante o processo de design. O resultado foi um carro que era um enorme sucesso comercial e acima do orçamento. A Ford substituiu esse gerente de projetos por um que tornou uma prioridade ficar abaixo do orçamento. O produto resultante ficou dentro do orçamento, mas não era um sucesso comercial. O foco do segundo gerente de projetos no orçamento limitou a capacidade da empresa de realizar seu objetivo maior: vender um produto de qualidade que atendesse às necessidades dos clientes. A Ford esqueceu que embora manter os custos baixos fosse um objetivo razoável, não deve ser às custas de produzir um produto que os clientes querem comprar.

Promovendo a Comunicação com Clientes e Funcionários

O fundamental ao construir relações e chegar a decisões melhores é saber como os funcionários e os clientes se sentem quanto ao local de trabalho ou veem seu produto. Para criar um ambiente que encoraja o compartilhamento aberto de informações ou de perspectivas diferentes, você deve ser honesto sobre seu motivo e claro sobre o valor que esse tipo de compartilhamento tem para você, para seus clientes e funcionários. Nesta seção, mostro como ser claro em sua intenção e dou ideias sobre como definir o fluxo de informações e mecanismos de retorno. Para obter métodos de consulta mais formais, vá para a seção "Ferramentas e técnicas para a consulta formal".

Estabelecendo a intenção e o valor

Quando você decide consultar os funcionários ou os clientes, a simples pergunta que está fazendo para si mesmo é: "O que eu quero conseguir?" A resposta depende de sua finalidade. Você deseja reunir um retorno contínuo ou regular; compartilhar as informações abertamente na organização; ou encorajar uma troca ativa de ideias e informações? A seguinte lista ajuda a articular sua intenção em cada um destes três cenários:

Capítulo 12: Fortalecendo as Relações com Funcionários e Clientes

✔ **Você deseja reunir um retorno regular dos funcionários e clientes.** Você precisa esclarecer como usará as informações.

Como você usa as informações define a saúde do ambiente do local de trabalho. Se você responde ao retorno e age nele, fortalece as relações. Se está apenas fazendo movimentos para dar a impressão de que se importa, quebra a confiança. Se você reúne o retorno, então, não o utiliza, perdeu o tempo e a energia de todos.

✔ **Você deseja compartilhar as informações abertamente.** Se esta é sua intenção, deve engajar sua equipe em remover as barreiras que podem entrar no caminho da eficiência. Essas barreiras podem variar de procedimentos sem sentido até questões interpessoais e egos. Colocar um valor mais alto na colaboração, ao invés do autointeresse, promove a abertura e permite que você reúna ideias de seus funcionários e/ou clientes para descobrir como eles gostariam de se relacionar, comunicar e trocar ideias.

✔ **Deseja engajar ativamente os funcionários e/ou clientes como uma parte-chave da tomada de decisão.** Neste cenário, defina claramente sua finalidade. Também lembre que a comunicação bidirecional está no centro da conversa. (Se a comunicação é unidirecional, você está dando informações, não conversando.)

O ambiente comercial está mudando de empresas tendo livre licença para fazer o que desejam fazer, independentemente do impacto nas comunidades, para empresas que percebem que ganham igualdade de relação trabalhando com as comunidades. Embora muitas empresas ainda sintam que têm o direito, usando uma contribuição econômica e criação de trabalhos como um trunfo, de fazerem qualquer coisa necessária para obterem o que desejam, essa abordagem tem deixado as comunidades com altos tributos e não querendo estender a carta branca às empresas. A nova geração de empresas está definindo um padrão mais alto, colocando maior valor nas relações com os funcionários, clientes, fornecedores e comunidades nas quais vivem. Tais empresas são muito mais bem equipadas para se manterem sustentáveis. Você pode adaptar-se mais prontamente e, se a confiança for estabelecida e continuar a ser adquirida, poderá concentrar-se em mantê-la — uma tarefa muito mais fácil do que reconstruir a confiança depois dela ter sido destruída.

Fique atento que a consulta comercial com as comunidades e funcionários não tem um histórico com ilustrações e este é especialmente o caso quando a consulta foi motivada para atender a exigências regulatórias. Se você estiver consultando uma comunidade apenas porque deseja fazer isso para atender às exigências regulatórias, precisará trabalhar muito e com mais inteligência para restaurar a confiança. Muitos negócios têm declarado que queriam ouvir autenticamente a entrada de uma comunidade, embora tenham mudado de ideia e não estejam interessados em novos fatos ou visões dela. O resultado é uma confiança, credibilidade e reputação prejudicadas.

UGG Australia: Relações entre fornecedor e cliente

O fundador da UGG Australia, Brian Smith, construiu fortes relações com os compradores para as grandes cadeias de varejo para as quais ele fornecida produtos. Essas relações eram baseadas em uma comunicação aberta e honesta, comportamento ético e um sentimento de lealdade — e foram colocadas em teste quando as coisas complicaram. Quando o fabricante de Smith vendeu os produtos da UGG para um concorrente grande, os compradores descobriram o que tinha acontecido e recusaram-se a comprar da nova empresa. As relações que Smith tinha construído com as cadeias de varejo eram pessoais e confiáveis. Algumas coisas simplesmente não têm preço.

Calculando os benefícios da comunicação

Para muitos proprietários de negócios, perguntar aos clientes o que importa para eles e como estão se saindo é intimidador e está fora de sua zona de conforto. Todavia, os negócios que consultam ativamente seus funcionários e clientes informam estes benefícios:

- **Ser capaz de monitorar as tendências que surgem:** Reconhecer as tendências permite que você reaja no início com rapidez aos padrões negativos e use um retorno positivo para fortalecer a posição de sua empresa no mercado.

- **Encontrar uma base comum para soluções mais viáveis:** Se você notar um retorno negativo ou tendências perturbadoras, você e sua equipe poderão criar uma solução que beneficie sua base de clientes e empresa.

- **Construir confiança e uma compressão mais ampla dos problemas:** Mantendo contato com o ritmo do mercado, buscando continuamente o retorno dos clientes e monitorando as tendências atuais dará uma vantagem sobre os concorrentes que não interagem com clientes nem monitoram as tendências.

- **Melhorar a probabilidade de que suas soluções terão sucesso:** Quando você tem acesso a informações atuais, pode basear suas decisões em um conhecimento sólido e dados, dando-lhes uma maior chance de ter sucesso.

- **Tomar decisões melhores:** Quando você consulta os colegas de trabalho e clientes, tem o conhecimento necessário para tomar decisões melhores que beneficiarão seus clientes e ajudarão sua empresa a crescer.

Não sair de sua zona de conforto pode deixá-lo cego para os tipos de mudanças gerais — como as mudanças nos valores e condutores que dão suporte à tomada de decisão dos clientes — que têm um efeito indireto na sobrevivência de sua empresa. Para saber mais sobre essas tendências gerais, vá para o Capítulo 1.

Definindo os objetivos de suas interações

Então, como você pode percebe os benefícios descritos na seção anterior em um nível mais concreto? Criando objetivos que guiarão suas interações com os funcionários e base de clientes.

Considerando alguns objetivos comuns

Para perceber os benefícios de consultar funcionários e clientes, você deve primeiro estabelecer o que espera perceber através de suas interações com os funcionários e sua base de clientes. Estabelecer objetivos ajuda-o a ter clareza sobre o que deseja da troca. Alguns objetivos que vêm à mente imediatamente incluem os seguintes:

- **Construir relações:** Quando você engaja ativamente os funcionários e sua base de clientes, constrói confiança e relações mais fortes. Os funcionários e clientes percebem que sua empresa se importa.
- **Ter especialização ou critérios para o que é importante:** Quando você busca ativamente um retorno dos clientes e funcionários, sabe que o que eles pensam é importante e pode considerar esses pontos quando toma uma decisão ou considera uma mudança.
- **Identificar as preocupações e os problemas que devem ser resolvidos:** A interação com os funcionários e clientes permite descobrir preocupações e problemas que você poderá, então, resolver rapidamente.

Descrevendo como a troca atende a todas as partes

Ao buscar interação com funcionários e clientes, você também precisa saber por que a troca é necessária e se ela beneficiará ambas as partes. A troca criará um conjunto de informações maior do que está disponível atualmente? Colocará sua empresa em contato com uma comunidade de pessoas com a mesma opinião que compartilham interesses parecidos?

Crie uma lista que descreva o que sua empresa e as outras partes ganham com a relação. Quando você entender como a troca atende a todas as partes, saberá o que todos precisam e aprenderá onde está a sinergia. Se ganhos mútuos não existirem para ambas as partes, a troca não irá durar nem crescerá.

Esclarecendo o que você e sua equipe desejam conseguir

Para estabelecer os objetivos gerais do processo de consulta, você deve iniciar confirmando a visão e os valores de sua empresa. Essa consciência permite ver a grande imagem, evita reações automáticas e as consequências não pretendidas que essas ações podem ter.

Com sua visão e valor em mente, você está pronto para esclarecer o que você e sua equipe desejam conseguir. Talvez, você queira compartilhar informações com funcionários e clientes, pedir a perspectiva ou opiniões sobre uma iniciativa específica, engajar os participantes para ajudá-lo a endereçar um problema específico ou obter um retorno sobre um produto ou serviço que sua empresa está lançando ou que está em análise.

Quando você estabelecer os objetivos para o processo de consulta, identifique quem é sua base de clientes e quais são suas preferências ou condições para a participação. Essas informações, além de seus objetivos, darão uma ideia sobre como obter as informações necessárias — se é para usar pesquisas da internet (alta tecnologia) ou um envolvimento pessoal e participação da comunidade. Na próxima seção, mostrarei vários métodos que você poderá usar para a consulta de seus funcionários ou clientes.

Entrando nos Métodos para Reunir Informações

Você pode usar métodos formais e informais para descobrir o que está acontecendo no interior de seus clientes e envolvidos. Pense nos métodos formais como aqueles que são mais impessoais e visam reunir dados; os métodos informais são mais pessoais e visam entender os valores emocionais e sociais que impactam o que você irá fazer ou decidir. Na economia de colaboração, onde o cliente tem mais poder e voz do que antes, a construção da relação é essencial para sustentar a relevância e o sucesso.

A pesquisa formal é mais controlada e sistemática, ao passo que a pesquisa informal segue uma linha mais intuitiva de questionamento que pode revelar critérios que os dados apenas não oferecem. Sabendo que você espera conseguir através de sua consulta com clientes e funcionários, você pode escolher o método de consulta que pode ajudá-lo com mais eficiência a conseguir os resultados desejados.

Independentemente do método escolhido, verifique se você respeita o tempo dos participantes. Uma estratégia que as agências de pesquisa usam comumente para atrair os participantes do público é oferecer uma recompensa pela participação (embora os incentivos sejam antiéticos ao trabalhar com o Governo ou uma clientela corporativa). Um provedor que eu uso recentemente pediu que eu preenchesse uma pesquisa de retorno em troca de um vale-presente de $50 do Amazon, por exemplo. Se você escolher não oferecer nada, mantenha a quantidade de tempo razoável para pedir que os participantes invistam. Certa vez concordei em participar de uma pesquisa por telefone que levou uma hora! A mensagem não mencionada foi clara: Seu tempo é nosso.

Ferramentas e técnicas para a consulta formal

Os métodos de consulta formal e práticas incluem as abordagens mais convencionais para apurar a resposta do cliente quanto a um novo produto, serviço ou conceito de design. Os métodos formais ficam em duas categorias:

Capítulo 12: Fortalecendo as Relações com Funcionários e Clientes 215

> ✔ **Métodos de qualidade:** Estes métodos buscam descobrir as nuanças de um problema ou questão. A pesquisa de qualidade reúne opiniões, crenças e perspectivas sobre o conceito, produto ou serviço.
>
> ✔ **Métodos de quantidade:** Estes métodos quantificam a faixa demográfica, gostos, desgostos e respostas para perguntas do tipo sim/não. A pesquisa de quantidade reúne dados através de exames, por exemplo.

Se seu objetivo é reunir informações, pesquisas ou usar terceiros, como, por exemplo, um grupo de foco, pode servir bem. Mas, se você quiser construir relações, uma consulta altamente pessoal será mais eficiente. Opte por métodos que envolvam entrevistas e conversas. As abordagens pessoais refletem um interesse sincero em se reunir com clientes e/ou funcionários onde eles se sintam mais confortáveis. Porém, lembre-se que quando você lida com as partes interessadas em um nível pessoal, deve conhecer sua fonte preferida de comunicação: online, pessoalmente, notícias pela Internet, notícias atuais etc.

Nesta seção, identifico algumas maneiras comuns de reunir informações dos funcionários e clientes, e explico os cenários nos quais são usadas comumente.

Grupos de foco

Um grupo de foco é um tipo de exercício de pesquisa interativa realizado por um moderador profissional no qual um pequeno grupo de pessoas recebe perguntas e dá suas impressões e opiniões sobre o produto ou o serviço sendo avaliado. As perguntas são estruturadas e feitas consistentemente para que os resultados possam ser comparados na faixa demográfica. Esse método é usado para o desenvolvimento de políticas, teste de mercado, pesquisa de opinião pública etc.

As empresas de pesquisa profissionais especializadas nesse tipo de sessão interativa são preparadas para fazer perguntas, organizar as descobertas e minimizar as inclinações, mantendo o nome do cliente (sua empresa) confidencial. Os grupos de foco são bons para reunir informações, não para trocá-las.

Pesquisas

As pesquisas incluem grupos de opinião pública que controlam as tendências do cliente, por exemplo, ou questionários como os que você pode enviar para seu banco de dados através de serviços, tais como, o SurveyMonkey (http://www.surveymonkey.com — conteúdo em inglês). Os grupos de opinião pública são conduzidos por agências de pesquisa com especialização em fazer perguntas, verificar e analisar os dados, então, fazer um relatório com eles. As análises cobrem as pesquisas de mercado, produto, pesquisas com participantes ou consumidores. Com questionários, adequados para as empresas menores, você compõe suas próprias perguntas e envia-as para seu banco de dados ou posta online, por exemplo.

Você usa as pesquisas, online ou por telefone, para medir o nível de engajamento dos funcionários ou avaliar a opinião pública sobre questões específicas, produtos e reconhecimento da marca da empresa. Você também pode usar as pesquisas para determinar de quem os interesses precisam ser considerados nos grandes projetos que impactam uma grande área geográfica, como o desenvolvimento de oleodutos. As pesquisas são impessoais, portanto, fornecem dados mais do que critérios.

Entrevistas pessoais ou conversas

As entrevistas individuais e pessoais, nas quais você entrevista um grupo específico, como CEOs ou membros da equipe, utilizam uma lista definida de perguntas para que a abordagem seja aplicada com consistência em todos as entrevistas. As entrevistas individuais servem para reunir informações que darão suporte para construir relações entre os membros da equipe ou informar as decisões maiores do gerenciamento.

As entrevistas podem ser usadas antes de um projeto iniciar, para reunir informações; durante um projeto, para monitorar o progresso; ou após o término, para ter o retorno individual ou planejar um curso de ação para dar continuidade. Para conduzir uma entrevista, você decide de quais informações precisa, então, propõe uma série de perguntas definidas para fazer a cada pessoa. Um ótimo guia na arte e ciência de fazer perguntas é o *Making Questions Work: A Guide to How and What to Ask for Facilitators, Consultants, Managers, Coaches, and Educatores*, de Dorothy Strachan (Jossey-Bass).

As conversas pessoais também podem ser usadas para ter um maior critério para aquilo que os indivíduos pensam, mas não revelam quando estão em um grupo ou em equipe. Você usa as entrevistas pessoais ao diagnosticar uma situação ou reunir perspectivas sobre uma determinada questão para ter ideias sobre o que não está sendo dito em um contexto de grupo.

Consultas facilitadas

Nas consultas facilitadas, você pede a um facilitador interno ou externo para guiá-lo em uma série de etapas designadas a reunir as perspectivas de um grupo sobre uma única questão ou uma oportunidade. O facilitador trabalha com você antes para concordar sobre o que precisa ser conseguido, em termos de realizar a tarefa e fazer isso de um modo que funcione para os participantes.

A vantagem das consultas facilitadas é que você pode trabalhar com equipes ou diversos envolvidos para reunir muitas informações em um curto período de tempo. Combinar entrevistas pessoais com a entrada do grupo clareia a dinâmica organizacional nas empresas. O que as pessoas dirão para você pessoalmente e o que elas dirão abertamente em uma discussão em grupo geralmente é diferente. As consultas facilitadas são boas quando você precisa testar a pulsação do interesse público em uma proposta sendo feita.

Reuniões públicas

Em uma reunião pública, você convida o público para ir a uma reunião com um local e tempo definidos. Essas reuniões são boas para reunir informações e dar um retorno. O formato escolhido é importante. Algumas reuniões públicas engajam um grupo de oradores que participam em um período de perguntas e respostas na sequência. Outro formato é estabelecer estações em uma sala,

Capítulo 12: Fortalecendo as Relações com Funcionários e Clientes

com cada estação sendo responsável por discutir sobre um tópico diferente. As pessoas vão até a estação e fazem ao anfitrião perguntas representativas ou o anfitrião pode fazer perguntas aos participantes.

Para uma reunião pública bem-sucedida, você deve equilibrar com cuidado o fornecimento de informações e o recebimento do retorno; pense nessa questão antes, para que as pessoas saibam o que esperar.

Estabelecendo canais informais para reunir informações

Muitas empresas projetam canais de retorno informais dos funcionários e encorajam uma comunicação aberta e contínua como um modo de manter todos na empresa cientes do que está acontecendo. Os métodos informais englobam interações mais casuais, como conversas diretas, ou usam a tecnologia para passar rapidamente o retorno pela organização para uma tomada de decisão em tempo real.

Nesse tipo de ambiente de retorno, existem líderes em todo nível e as informações viajam abertamente em toda direção. Até uma empresa com uma estrutura hierárquica pode manter a comunicação viajando abertamente; neste caso, a estrutura de cima para baixo da equipe não é usada para limitar o fluxo de informações. E mais, uma empresa de qualquer tamanho pode definir e manter linhas abertas de comunicação e o fluxo livre de informações. Eis algumas ideias sobre como você pode trocar informações com funcionários, clientes ou comunidade local:

- ✔ **Participe da comunidade, associações, redes ou iniciativas locais.** Ser voluntário e participar dos conselhos locais sem fins lucrativos também são modos eficientes de construir relações com credibilidade e obter informações que você pode colocar em suas decisões.

  As maiores ideias vêm de conversas casuais relaxadas. Construir sua rede de relações valiosas dá uma fonte constante de informações e critérios valiosos para a tomada de decisão.

- ✔ **Forneça oportunidades para um retorno construtivo e informal para manter contato com a alegria e a satisfação do funcionário.** O uso de aplicativos, como o Hppy, ajuda as empresas a controlarem o humor de seus funcionários. Veja http://www.gethppy.com (conteúdo em inglês).

- ✔ **Use ferramentas móveis para transferir rapidamente as principais informações da tomada de decisão na organização.** Empresas como a SnapComms (http://www.snapcomms.com — conteúdo em inglês) desenvolveram ferramentas internas de comunicação móvel.

Deixe que os funcionários saibam que seu retorno é importante. Você pode responder ao seu retorno com um simples "Obrigado". Quando você reconhece publicamente as contribuições dos funcionários, consegue mais participação.

✔ **Repense a caixa de sugestão.** A maioria das pessoas está familiarizada com uma caixa de sugestão, mas muitas empresas ignoram o conteúdo ou usam a caixa para dar uma aparência de que se importam, mas nunca usam as sugestões como uma ferramenta de retorno real. Felizmente, uma empresa — a agência de marketing Quirk — propôs uma abordagem melhor. O CEO da Woohoo, especialista em alegria no trabalho, Alex Kjeruif, divide o processo da Quirk em etapas fáceis de implementar. Verifique em http://positivesharing.com/2014/02/kill-suggestion-box-heres-much-better-way/ (conteúdo em inglês).

Se você for usar uma caixa de sugestão tradicional, então, que ela seja real. Coloque-a em um lugar aberto — não no balcão — e seja claro sobre os tipos de ideias você está procurando e querendo ter. Se, por exemplo, você deseja que sua empresa seja ecológica, peça aos funcionários ideias sobre como melhorar a eficiência da energia.

Crie um período semanal de perguntas e respostas com os tomadores de decisão de alto nível da empresa. Fazer isso coloca todos na mesma página.

A HootSuite, uma empresa de gerenciamento de mídia social, hospeda sessões Pergunte, colocando os principais tomadores de decisão na cadeira elétrica metafórica para responder perguntas que os funcionários presentes enviam pelo Twitter e outros canais de mídia social. As respostas são compartilhadas com os funcionários e nenhuma pergunta é considerada boba nem fora dos limites.

Os modos criativos de você poder abrir o fluxo de informações é limitado apenas por sua imaginação e pela imaginação de sua equipe. Qualquer que seja o método escolhido, verifique se sua receita inclui o seguinte: diversão, consistência, acesso através de vários canais e comunicação bidirecional.

Missão, objetivo, abordagem e benefícios da Method

A Method é uma empresa de limpeza que fabrica produtos "que trabalham para você e o ambiente". A missão da empresa: "Do mesmo modo como retiramos a sujeira limpando, lutamos para eliminar algumas práticas sujas do negócio". Seu objetivo é reduzir a pegada de carbono na extremidade inicial do negócio, ao invés de tentar compensar na outra ponta.

Para tanto, a abordagem da Method envolve melhorar o perfil ambiental do fornecedor e operações da produção. A Method e seus fornecedores se beneficiam: a Method faz progresso com seu objetivo, permitindo que os fabricantes e os fornecedores cortem os custos e aumentem a eficiência.

Manter-se informado é importante para os funcionários. A Method tem o que chama de "Área de Serviço", onde os funcionários deixam ideias, retorno e qualquer coisa que têm em suas mentes em quadros de aviso do teto ao chão. Esta estratégia fornece um ciclo de retorno constante, permitindo que os tomadores de decisão verifiquem a pulsação do ambiente de trabalho.

Parte IV
Tomando Decisões em Vários Papéis

Cinco Maneiras da Tomada de Decisão se Modificar com os Papéis que Mudam

- Quando a responsabilidade e o respeito aumentam, um estilo de tomada de decisão que direciona e controla o desempenho deve mudar para uma abordagem mais colaboradora. É uma diferença entre "Faça assim" e "Como podemos fazer assim?"

- Quando seu estilo de gerenciamento transforma-se de controlar os outros através do poder, medo ou intimidação para dar controle, você pode trabalhar e engajar a equipe, funcionários e clientes.

- Ir para um território desconhecido de tomada de decisão constrói seu inventário do que funciona e o que não funciona para que possa ter mais soluções disponíveis prontas.

- Ir de um papel operacional para um estratégico requer uma mudança completa em pensar como você vai de decisões baseadas em circunstâncias previsíveis para decisões que são ambíguas, incertas e de alto risco.

- Para ir de uma mentalidade fixa para uma de crescimento, você deve rejeitar noções fixas sobre o que faz o negócio ter sucesso. Fazer isso dá resiliência e capacidade de explorar as ideias abertamente.

Nesta parte...

✔ Descubra como, para se tornar um líder e tomador de decisão melhor, você deve mudar sua mentalidade quando aumenta a responsabilidade e o risco

✔ Explore o papel do gerente quando ele muda de controlar para atender aos funcionários

✔ Perceba o que estimula a ambição empreendedora e a resiliência, e descubra como utilizar essas forças para tirar o melhor de sua equipe

✔ Coloque sistemas que facilitem, ao invés de reprimir, o engajamento da tomada de decisão

Capítulo 13
Tornando-se um Tomador de Decisão Mais Efetivo

Neste Capítulo

▶ Passando das decisões operacionais para as estratégicas
▶ Desenvolvendo caráter como o principal elemento da tomada de decisão acertada
▶ Compreendendo como a liderança qualifica o impacto da tomada de decisão
▶ Lidando no início com situações difíceis

As grandes mudanças em suas habilidades e liderança não ocorrem quando as coisas estão seguindo com sucesso. Seu caráter e pontos positivos crescem quando você enfrenta julgamentos difíceis, lida com conflitos internos e interpessoais ou encara um território desconhecido, como uma nova carreira. Tomar decisões difíceis é apenas uma parte de ser um homem de negócios bem-sucedido. A outra parte está em descobrir quem você se torna como resultado das decisões tomadas. Tais decisões definidoras de caráter — aquelas que determinam a qualidade de suas principais relações pessoais e profissionais deste ponto em diante — impactam o que acontecem depois em seu negócio e sua vida.

Neste capítulo, mostro como usar os momentos desafiadores para desenvolver sua influência como um tomador de decisão e como adaptar seu pensamento assumindo uma responsabilidade aumentada pela direção de sua empresa. Também explico como lidar consigo mesmo quando as coisas dão errado ou quando você se confronta com um comportamento ruim. Não importa a prova de fogo, você pode aumentar a capacidade de liderança e construir caráter e suas relações no processo. Vá para os Capítulos 4, 5 e 6 para saber mais sobre seu crescimento como tomador de decisão.

Aumentando Seu Jogo: Transição entre as Decisões Específicas da Área e Estratégicas

Quando as pequenas empresas crescem rapidamente, os CEOs que desejam continuar sendo CEOs têm que crescer para acompanhar o ritmo da expansão. E segundo um estudo de Harvard, 79% dos melhores CEOs são contratados internamente. Isto significa que se você estiver visando uma posição executiva, seu pensamento e abordagem ao tomar uma decisão tem que se desenvolver para atender as aspirações de sua carreira. Aceitar níveis mais altos de responsabilidade muda seu jogo de tomada de decisão.

Quando suas responsabilidades crescem, não importa como esse crescimento se desdobra ou o tamanho de seu negócio, você será desafiado de duas maneiras:

- Você irá de tomar decisões diretas para decisões estratégicas e mais ambíguas. As decisões ambíguas não servem para uma resposta "certa" ou uma abordagem passo a passo.

- Enquanto que no passado você podia especializar-se — e ficar confortável com ela — em uma área, agora deve englobar e compreender a imagem maior.

O ambiente comercial é complexo e interconectado. Por isso, contar com apenas uma área de especialização limita sua visão como tomador de decisão e você cometerá erros como resultado. Para combater essa tendência, tente cuidar de decisões nas quais mais coisas estão em risco. Fazer isso dará a chance de empurrar os limites de sua zona de conforto. A ideia é dar a si mesmo uma chance de se estender, não a ponto de romper, mas o ponto de poder descobrir que você é capaz de mais do que pensa. As recompensas? Aceitando níveis mais altos de responsabilidade pessoal, você ganha liberdade para tomar decisões por si mesmo, ao invés de seguir as diretivas sem questionar. Essa liberdade define a base do comportamento ético, sobre o qual você pode descobrir mais no Capítulo 19.

Qualquer empresa, independentemente do tamanho, pode aproveitar o trabalho com visão de longo prazo. Na verdade, se você quiser fazer mais do que sobreviver como empresa, precisa misturar a estratégia (a parte do pensamento) com a criatividade (o elemento de inovação) para que possa continuar adaptando-se.

Destacando as decisões estratégicas

Se você toma decisões estratégicas ou não, suas decisões se beneficiam do pensamento estratégico. Quando você pensa estrategicamente, vê à frente na direção que está seguindo e pesa o risco, consequência e outros aspectos do processo de tomada de decisão. Resumindo, o pensamento estratégico permite que você trabalhe com a incerteza do futuro e use os detalhes nos quais presta atenção no dia a dia para definir uma direção para sua empresa. Quando você pensa estrategicamente, tem uma visão geral quando vai de sua posição atual para as possibilidades desejadas.

Nesta seção, foco no pensamento estratégico porque sem ele, há chances de que sua empresa falhará em crescer. (Vá para o Capítulo 10 para descobrir os parâmetros básicos para um processo de planejamento estratégico.)

Equilibrando as ações de curso prazo com a direção de longo prazo

Muitas empresas falham em pensar no final do mês seguinte ou no próximo trimestre, e a maioria associa estar constantemente ocupada com fazer progresso. O problema com essa mentalidade é que, se você não souber aonde está indo, poderá acabar seguindo em círculos e nunca fará progresso ou poderá acabar em algum lugar onde preferiria não estar. O pensamento estratégico coloca a bússola em suas mãos, permitindo que você equilibre as ações de curto prazo e imediatas (que todos adoram) com a direção de longo prazo que torna uma empresa resiliente e valorizada.

Adotando a visão do alto

O pensamento estratégico requer pensar conceitualmente para ver os padrões e as relações entre as peças aparentemente não relacionadas da informação, então, adicionar uma dose de imaginação (sem exagerar demais) para encontrar a oportunidade. O melhor modo de ver novas oportunidades é ver as circunstâncias de um ponto de vista mais alto. Quando você pensa conceitualmente, pode separar o que é importante do que não é ou pode ter uma solução que funciona em um lugar e aplicá-la com sucesso em uma situação totalmente diferente em outro lugar.

O explorador britânico Mark Wood abordou o Skype, uma empresa de software de bate-papo com vídeo e áudio por computador, quanto à instalação de um cibercafé no Nepal, onde os turistas pagariam uma taxa nominal para usar o Skype para ligarem para casa. A taxa deu às crianças nepalesas locais uma conexão com o resto do mundo.

Se você for como muitos, pode preferir evitar o pensamento conceitual porque os conceitos não informam o que fazer de diferente na segunda-feira de manhã quando você aparece para trabalhar. Afinal, a segurança de saber rotineiramente com exatidão o que fazer na segunda-feira de manhã é reconfortante... e uma armadilha:

- ✔ Se você não visualiza nem articula aonde deseja ir, fica sem direção ou finalidade.
- ✔ As rotinas podem cegar quanto ao que pode ser conseguido, caso você fosse ver além do final do mês, final do projeto etc.
- ✔ Sentir-se certo pode levá-lo a pensar que nada está mudando, mas está — e rapidamente.

Parte IV: Tomando Decisões em Vários Papéis

> ### Colocando em bom uso o pensamento estratégico: Medicare-Glaser
>
> Quando Harlan Steinbaum era presidente e CEO da Medicare-Glaser, sua empresa privada com crescimento rápido precisou de uma infusão no caixa. Um grande conglomerado com grandes recursos entrou em cena e concordou em comprá-la. Harlan ficou na empresa, com sua nova função sendo supervisionar 6 das 17 divisões. Deste ponto de vista, Harlan foi capaz de observar como o conglomerado tomava decisões e notou que a empresa era avessa a riscos; sua cultura focava em gerenciar os problemas, ao invés de resolvê-los.
>
> Reconhecendo que essa cultura não era uma que apoiaria a expansão — o motivo da Medicare-Glaser ter precisado de caixa em primeiro lugar — Harlan e seus parceiros negociaram uma recompra de alavancagem para recuperar o controle. Arriscado? Sim. Altos riscos? Sim. Porém, como consequência, comprar a empresa de volta permitiu que ela crescesse, que tinha sido o objetivo original. O segredo para essa decisão foi as coisas que Harlan trouxe para sua nova função: a capacidade de ver a situação de um ponto de vista mais alto e a capacidade de pensar conceitualmente. Fazer isso permitiu que ele reconhecesse que a Medicare-Glaser, como uma subdivisão da empresa maior, não estava bem posicionada para realizar seu objetivo original e planejar uma estratégia que colocaria a empresa no caminho certo para o futuro sucesso.

Como tomador de decisão, você tomará decisões menos estratégicas do que técnicas (vá para a próxima seção para descobrir a diferença), mas essas decisões poderão favorecer ou prejudicar o destino e o futuro de sua empresa.

Desenvolvendo suas capacidades de pensamento estratégico

Como pequeno proprietário comercial ou alguém que trabalha no nível operacional ou gerencial, você toma muitas decisões. A prática ganha nessas posições dá a experiência necessária para se orientar em situações bem previsíveis, operacional e taticamente. Contudo, com uma responsabilidade aumentada, suas decisões mudam de táticas, que cuidam das necessidades e projetos atuais, para estratégicas, que tentam responder à pergunta: "O que queremos conseguir?" A mentalidade muda de gerenciar ou controlar o processo (tático) para procurar resultados (estratégicos).

Você pode desenvolver seu pensamento estratégico das seguintes maneiras:

- **Recue e mude a perspectiva:** Tente observar seu negócio e sua posição na comunidade ou mercado de quantos ângulos forem possível. Fazer isso é crucial porque dá tempo para refletir para que você possa ver a imagem geral.

Capítulo 13: Tornando-se um Tomador de Decisão Mais Efetivo

Não hesite em explorar como um tipo de empresa totalmente diferente está cuidando dos mesmos problemas que você. A ideia não é transplantar suas ideias para a empresa, mas ter inspiração com seu pensamento e propor algo que se encaixe em sua situação.

✓ **Dedique um tempo a cada mês para refletir sobre sua posição no mercado, na comunidade e no mundo.** Reflita sozinho primeiro, então, reflita com sua equipe. Isto permite que você e sua empresa renovem seu pensamento com bastante perspectiva para tomar decisões criativas e planejar o futuro.

✓ **Use os critérios obtidos com suas observações e reflexão para modificar ou confirmar sua direção.** Tenha cuidado com a armadilha de pensar que uma vez desenvolvida uma estratégia, você terminou e tem apenas que atualizá-la periodicamente. Definir e estabelecer sua estratégia não significa que você, de repente, tem a capacidade de controlar o futuro, e nas condições que mudam rapidamente no ambiente comercial moderno, as coisas irão mudar. Controlar as mudanças nas condições do mercado, então, incorporar novas informações em seu pensamento permite que você acompanhe a mudança e até mude totalmente de direção. O Capítulo 12 descreve maneiras de acompanhar as mudanças externas.

Evitando os perigos do microgerenciamento

Em qualquer lugar no caminho para a responsabilidade aumentada, você pode ficar tentado a insistir em controlar, pensando que faz parte de ser "responsável". Na verdade, soltar o controle é a habilidade básica necessária. Se você não aprender a soltar, correrá o risco de microgerenciar. Como microgerente, você direciona toda ação e deve verificar a precisão de toda decisão porque não confia que seus funcionários sejam competentes.

Microgerenciar é realmente uma boa maneira de desmoralizar a equipe. Mostra que você não confia em sua equipe ou que sua necessidade de perfeição força-o a manter controle sobre tudo. Como se diz, "Compulsivo"? Para resolver o problema, você tem que primeiro reconhecer que está microgerenciando, então, mudar sua abordagem para um estilo mais estratégico. Você faz isso identificando a tendência por si mesmo ou perguntando à equipe.

Superar suas tendências de microgerenciamento oferece muitos benefícios:

✓ Você reduz seus níveis de estresse e ganha o engajamento de sua equipe.

✓ Delegar permite ver a imagem geral, o que dá a perspectiva necessária para pensar estrategicamente.

✓ Você pode realizar mais quando trabalha junto com sua equipe do que pode fazendo tudo sozinho.

✓ Perceber que você é humano e precisa do apoio da equipe para fazer o trabalho torna-o um líder mais compassivo e melhor.

Você é um microgerente?

Embora provavelmente você não admita ser um microgerente, é certo que sua equipe sabe. Eis um conjunto de características que indicam que você provavelmente é um microgerente:

- **Você se sente oprimido com frequência pelo trabalho enquanto as outras pessoas esperam que você lhes diga o que fazer.** Isto indica que você está suportando o peso da carga de trabalho e não delegando.

- **Você dita o resultado final, ao invés de trabalhar com a equipe para esclarecer as expectativas.** Ditar os resultados finais indica que você precisa estar em completo controle e não está usando os ativos e um grupo de especialistas à sua disposição.

- **Você pode delegar uma tarefa, mas se ela não estiver sendo feito como deseja, retira a atribuição e coloca-a de volta em sua mesa.** Este comportamento indica que você acredita que é a única pessoa que pode fazer o trabalho corretamente.

- **Você ouve essas palavras em sua mente ou saindo de sua boca:**
  - **"Se quiser algo feito corretamente, faça-o você mesmo".** Se você pensa nessas linhas, acredita que é o único que pode fazer o trabalho corretamente.
  - **"Nada pode avançar até ser aprovado por mim".** Esta é outra maneira de dizer que você precisa estar contente com os detalhes. Também sugere que você tem expectativas que não foram ditas à equipe ou não foram articuladas bem claramente; do contrário, sua equipe saberia como interpretar com precisão o que você quer dizer e produziria o que você deseja dela por si só.

Você se vê? Se vir, precisará superar essa tendência. Microgerenciar envia a mensagem de que você não confia que sua equipe conseguirá. A falta de confiança faz a segurança deteriorar. Também é a bagagem que você tem que alijar, caso queira progredir para níveis mais altos da tomada de decisão. Ninguém é perfeito, e uma pessoa apenas, mesmo com uma capa de super-herói, simplesmente não pode ser uma empresa inteira por si só.

Soltando o microgerenciamento

Se você confessou que é um microgerente, como relaxa? Siga estas etapas:

1. **Nomeie, com coragem e honestamente, a que você está preso e por quê.**

   Por exemplo, talvez você tenha tido um mau momento ao relaxar por causa de um medo de falhar ou medo de que não terá o resultado desejado.

Capítulo 13: Tornando-se um Tomador de Decisão Mais Efetivo

O controle é resultante do medo, portanto, saber o que você tem medo de perder e o motivo ajuda a decidir se é uma preocupação real e abre espaço para confiar no que acontece com você, ao invés de forçar os resultados.

2. **Decida se você está pronto para soltar o controle.**

   Lembre-se que nunca haverá o momento perfeito. Saber que o momento é certo é um instinto intuitivo ao qual o medo bloqueia o acesso. Pergunte a si mesmo se parar de intervir nas decisões da equipe, por exemplo, daria a você mais liberdade. Se a resposta for sim, então, é a hora. Lembre-se, o objetivo é reconhecer que, abrindo-se a novos resultados, você conseguirá lidar com o que acontece em seguida.

3. **Aceite o que acontece em seguida e confie que tudo estará bem, sem sua intervenção.**

   Sempre há um espaço vazio entre o que você sempre fez e o que vem em seguida. Para evitar voltar ao controle, simplesmente tenha paciência consigo mesmo, visualize a melhor abordagem e confie que estará certo. Para navegar pessoalmente, considere trabalhar com um orientador atencioso que possa ajudá-lo a ficar calmo. No trabalho, soltar o microgerenciamento pode significar que você desiste de tomar as decisões que os membros da equipe estão mais bem equipados para tomar. Eles estarão esperando que você interfira quando hesitarem. Não aceite esse convite! Continue perguntado o que eles fariam, então, aguarde.

Em geral, quando as pessoas ouvem que precisam relaxar, isto resulta em pânico porque pensam que significa soltar a responsabilidade ou a qualidade. Mas, na verdade, você está simplesmente substituindo a necessidade de estar no controle pela confiança em si mesmo, suas capacidades de gerenciamento e os outros em sua equipe. No final do dia, a única pessoa que você pode controlar é a si mesmo.

Se você não quiser relaxar, não porque precisa estar no controle, mas porque sua equipe não está pronta para assumir de modo independente as responsabilidades necessárias, então, libere lentamente. Dê à equipe inexperiente aconselhamento e suporte para que fique atualizada. E mais, encoraje-a a fazer perguntas quando não tiver certeza. Fazer isso ajuda-a a crescer em sua carreira.

Dando ainda mais passos para melhorar seu estilo de liderança

Quando você se recuperar da limitação experimental como microgerente, poderá continuar a expandir suas habilidades de liderança e o modo mais fácil de fazer isso é reservar um tempo para ouvir o que cada pessoa em sua equipe coloca — ou deseja colocar — na mesa. Ouvindo profundamente sua equipe, você conseguirá descobrir os avanços e soluções únicas. A liderança, como explico com mais detalhes posteriormente neste capítulo, não é ter todas as respostas certas; é fazer as perguntas certas.

Para fortalecer seu estilo de liderança, faça estas perguntas:

- **Você espera que a equipe faça o trabalho como faria ou simplesmente deseja que seja realizado com sucesso?** A diferença é um foco no processo (como é realizado) ou no ponto final (sucesso!). Os microgerentes focam em cada aspecto de como as coisas são feitas pelos outros. Você deseja focar em conseguir resultados, usando um processo que respeita e engaja sua equipe.

- **O que os membros de sua equipe veem como pontos de fortes uns dos outros e em quais responsabilidades cada um deseja crescer?** As informações vistas com esta pergunta orienta-o quando você decide como alocar as habilidades atuais dos membros da equipe enquanto ajuda-os a desenvolver novas habilidades. Também ajuda a equipe a ver onde estão suas aspirações de crescimento.

Com base nas respostas para essas perguntas, volte o poder da tomada de decisão para o devido nível e pessoas. Quando você retorna o poder da tomada de decisão, o resultado é que a tomada de decisão tem sustentabilidade, ou seja, a equipe pode se sair bem depois dos alvos assumidos. Os oficiais da Marinha americana que desenvolverem uma tripulação com tomadores de decisão descobriram que poderiam sair e o desempenho não cairia, mesmo que o próximo oficial tivesse uma abordagem menos evoluída. Resumindo, a tripulação podia liderar a si mesma.

Apoie a equipe quando os membros propuserem novas maneiras de ter diversão, trabalhar juntos e apoiar uns aos outros. Fazer isso mostra que você confia nos membros de sua equipe para resolver os problemas sozinhos.

Indo da especialização em uma área para trabalhar em várias funções

Várias forças estão levando os tomadores de decisão a manterem uma visão expandida não apenas de seus negócios, mas também de seus papéis. Você pode ler mais sobre essas e outras tendências no Capítulo 1, mas aqui estão os destaques:

Capítulo 13: Tornando-se um Tomador de Decisão Mais Efetivo

- **A mudança da antiga noção de que você é um especialista ou generalista:** Você pode especializar-se em uma função, mas sempre precisará saber onde se encaixa em termos do sucesso da empresa e como a empresa cabe no resto do mundo. Compreender qual é finalidade maior de uma empresa ajuda os funcionários a ficarem engajados enquanto conseguem essa finalidade.

- **A tendência de combinar funções complementares em um papel para que tudo possa funcionar de forma mais cooperativa:** As funções internas, como vendas versus marketing, por exemplo, costumavam competir entre si. Mas os negócios não podem mais ter esse gasto de energia produtiva em uma competição improdutiva entre os membros da equipe ou divisões da empresa. A ideia por trás de combinar as funções complementares é atender a comunidade de funcionários e ao cliente, não alimentar um conflito competitivo.

- **A mudança da tomada de decisão centralizada, na qual as decisões são tomadas por poucos, para a tomada de decisão descentralizada:** Esta estrutura encoraja a colaboração e respostas mais oportunas para mudar e todos contribuem com o sucesso da empresa.

Como um tomador de decisão, como você se prepara para essas mudanças? Tomando as ações que descrevo aqui:

- **Busque oportunidades para trabalhar em diferentes áreas de especialização.** Trabalhar com outras pessoas cuja especialização difere da sua torna-o um indivíduo experiente e dá critérios em outras áreas da empresa. Esta exposição a diversas áreas dá uma perspectiva nova e mais ampla que pode informar suas decisões e ajudar a prever qual impacto terá suas decisões.

- **Participe da tomada de decisão relacionada aos melhores projetos para avançar.** A qualidade, não a quantidade, de projetos ajuda no sucesso. Você terá experiência ao ver como os projetos reúnem a especialização de dentro da empresa e além dos limites dela. Mesmo que você esteja trabalhando em uma joint venture, terá critérios sobre como valores, critérios e crenças diferentes orientam a tomada de decisão.

- **Pratique a empatia.** Use cada conflito ou má compreensão para ver através dos olhos da outra pessoa. Fazer isso permite que você use as percepções diversas de sua equipe a seu favor. E mais, essa capacidade é uma qualidade essencial para qualquer pessoa prestar atenção na cultura do local de trabalho e relações do cliente. A ferramenta de mapa da empatia no Capítulo 12 pode ajudar, mas seu maior aliado é sua capacidade de ouvir.

- **Adote a ideia de que você não sabe tudo que há para saber.** Não acredite em tudo que você pensa. Há mais conhecimento, entusiasmo e oportunidades esperando, e a única coisa requerida para sua utilização é a curiosidade! Através da mídia social e outros recursos, as informações podem fluir instantaneamente pelo mundo. Essa nova realidade expande o que está disponível e abre novas relações a partir de muitas fontes diferentes.

Mostrando o Caráter Através da Tomada de Decisão

O caráter — basicamente sua garra, ética e integridade, tudo em uma só coisa — conta em todo nível. Como você usa o poder, seja o poder pessoal, que você consegue superando a adversidade, ou o poder delegado, que você possui quando conquista posições de autoridade, revela seu caráter. O caráter separa aqueles que lideram suas vidas com integridade daqueles que abusam da autoridade ou usam a força.

Espelho, espelho meu: Vendo a si mesmo de perto

Como você diz onde está em relação ao caráter? Use a Regra do Garçom. Basicamente, essa regra diz que dependendo de como você trata um garçom, isto revela quem você é como pessoa. Segundo Bill Swanson, CEO da Raytheon, "Se alguém é amistoso com você (alguém mais alto em autoridade), mas grosseiro com o garçom, a pessoa não é boa". E mais, dizer coisas como "conheço o dono e posso fazer com que você seja demitido" fala muito sobre como uma pessoa usa seu poder pessoal. Alguém que lança seu poder de posição por aí não respeita sua posição nem o poder que mantém, e não incorpora os traços de um bom líder.

Para descobrir como você vê o poder, faça a si mesmo estas perguntas:

- **Acho que tenho todas as respostas ou as outras pessoas podem oferecer uma visão com a qual posso aprender?** Refletir sobre esta pergunta mostra sua abordagem para aprender. Se você acha que tem todas as respostas e precisa ser o especialista permanente, incorporar a sabedoria da equipe será difícil. Leve esta mentalidade ao extremo e poderá ser qualificado como um ditador!

- **Trato aqueles que se dirigem a mim com o mesmo respeito como trato as pessoas em posições mais altas?** Se você trata a todos com o mesmo respeito, independentemente de sua posição, saberá que se sente confortável com a autoridade. Se não, saberá que você conecta a autoridade ao poder e, portanto, pode não respeitar seu uso.

- **Minha confiança diminui quando sou confrontado por uma figura de autoridade? Sinto que preciso manipular para ter o que desejo?** Se sua estratégia padrão e planejada é exercer controle sobre os outros ou usar a manipulação para fazer o que quer, haverá uma boa chance de que sua autoestima precisa ser encorajada. A baixa autoestima leva a decisões ruins. Construir confiança em si mesmo pode ajudá-lo a aumentar a confiança.

Capítulo 13: Tornando-se um Tomador de Decisão Mais Efetivo

> ✔ **Sinto mais poder quando estou dando ordens ou quando estou colaborando para conseguir o objetivo da equipe?** Em outras palavras, o que o deixa feliz: estar no comando ou trabalhar em colaboração para um objetivo em comum? Talvez, você se sinta confortável com ambos. Se você precisa estar no comando, pode recuar e deixar que outras pessoas tomem o poder sem sentir que perdeu o controle?

De todas as perguntas listadas, a última aponta para o ego. Nesse contexto, o *ego* se refere ao seu conceito do eu e sua relação consigo mesmo. A maioria das pessoas no negócio ainda conserva a crença antiga e geralmente imprecisa de que um ego exagerado é um pré-requisito para conseguir sucesso. A geração mais jovem, por outro lado, não assina essa ideia e essas "crianças" estão liderando empresas que estão crescendo como loucas. Muitas pessoas que têm relações ruins com seus egos protegem o ego tentando fazer com que se sintam melhores humilhando ou comparando-se com outras pessoas, mas esta é uma mentalidade que limita a carreira, especialmente em ambientes onde a colaboração é essencial. Quando seu conceito do ego é baixo, suas decisões sofrem porque se sentir melhor se torna mais importante do que tomar uma decisão melhor. Você pode ler mais sobre o ego, autoestima e tomada de decisão no Capítulo 4.

Usando os momentos de definição para construir o caráter

Do mesmo modo como os momentos de definição da carreira do líder de uma empresa modelam o futuro da empresa, os momentos de definição pessoal constroem o caráter. Nesses momentos de definição, geralmente você é apresentado a dois valores igualmente mantidos e altamente importantes, que você deve escolher.

Suponha, por exemplo, que você tenha descoberto que está agendado para ter uma reunião com um novo cliente em potencial na mesma hora em que prometeu à sua filha que estaria em sua apresentação na escola. O que você faz nessa situação? Não há como voltar e não há uma reposta certa, e sua resposta pode revelar algo que você não sabia sobre si mesmo ou sobre a outra pessoa envolvida. Você faz o que acredita ser mais importante ou o que se sente obrigado a fazer? De modo crescente, as decisões difíceis constroem seu caráter. Elas também mudam as relações.

Como você pode usar os conflitos que revelam o caráter para transformar o caráter? Há duas maneiras:

> ✔ **Descubra o que é importante para você, então, identifique os valores subjacentes.** Veja um sentimento em conflito não como sendo muito doloroso, mesmo que possa sentir-se assim, mas como uma tensão entre dois valores igualmente aceitáveis. Para identificar o conflito, pergunte a si mesmo o que é importante para você em cada demanda. Então, escolha o caminho mais alto e mais difícil que esteja alinhado com o que importa mais para você.

- **Tire sua mente do que é imediato e está na cara para permitir que seu lado criativo comece a trabalhar.** Saia do "ruído" do local de trabalho e faça algo que adora fazer: esquiar, caminhar, andar de bicicleta, tricô, jardinagem... qualquer coisa, mas antes de fazer isso, peça a si mesmo um critério. Então, quando estiver fazendo o que gosta, os critérios aparecerão quando menos esperar. Observe quando a lâmpada acende para mostrar os valores mais profundos.

  A ideia é liberar sua mente, não adormecê-la. Portanto, afaste-se da TV, controle remoto e frigobar.

Lidando consigo mesmo quando as coisas dão errado

Você pode ter ouvido o ditado: "O conflito constrói o caráter, mas a crise define-o". Mais cedo ou mais tarde, algo no qual você está trabalhando não sairá como o planejado — talvez, com resultados desastrosos — e você terá que lidar com isso. Como você lida consigo mesmo em tais situações é um momento de definição no desenvolvimento de sua capacidade de liderança.

Como líder e tomador de decisão, você deve estar preparado para lidar com a crise inesperada com honestidade e integridade. A seguir, estão algumas ações que você pode tomar para se preparar, lidar e aprender quando as coisas ficam difíceis:

- **Planeje com antecedência.** Se você não tiver um plano de equipe para uma crise, monte um e assegure que todos os membros estejam na mesma página em relação ao seguinte:
  - Uma explicação do que constitui uma crise para seu negócio
  - Como endereçar todas as questões legais
  - Como endereçar a percepção pública do que aconteceu e o que significa
  - A(s) pessoa(s) responsável(is) por colocar(em) o plano em ação para assegurar que, quando coisas ruins acontecerem, o plano será apresentado para orientar uma ação imediata

- **Na hora da crise, tome uma ação.** Mova-se imediatamente para endereçar os riscos para a segurança pública ou dos funcionários, e dê informações claras sobre o que acontecerá.

  Os especialistas em crise tradicionalmente dão menos de 48 horas para fornecer informações para o público ou a equipe, mas com o advento da mídia social e sua capacidade de uma comunicação instantânea, você tem muito menos tempo que isso. Sem informação, espere que as pessoas especulem.

Um estudo de caso do caráter: Akio Toyoda

No final de 2009 e no início de 2010, a Toyota fez um recall de mais de 7,5 milhões de carros devido a uma aceleração involuntária (e subsequentes mortes) atribuída ao acelerador fabricado por um fornecedor. Depois do recall de 7 milhões de veículos, o presidente da Toyota, Akio Toyoda, assumiu a total responsabilidade, dizendo: "Nos últimos meses, nossos clientes começaram a se sentir inseguros quanto à segurança dos veículos da Toyota e eu assumo a total responsabilidade por isso". Seu próximo passo foi descobrir o que aconteceu e endereçar o problema. Ele não se esquivou do que tinha descoberto:

> Eu gostaria de mostrar que a prioridade da Toyota tem sido tradicionalmente a seguinte: Primeiro, a segurança; segundo, a qualidade; terceiro, o volume. Essas prioridades ficaram confusas e não fomos capazes de parar, pensar e fazer melhorias tanto quanto fazíamos antes e nossa posição básica de ouvir os clientes para fazer produtos melhores enfraqueceu de algum modo. Buscamos crescimento acima da velocidade com a qual fomos capazes de desenvolver nossas pessoas e nossa organização, e devemos estar sinceramente atentos quanto a isso.

A Toyota tem uma cultura de aprendizagem e, conforme as regras, os líderes da empresa focaram em aprender por que os erros levaram ao recall. O presidente da empresa assumiu a total responsabilidade e não colocou a culpa em um bode expiatório abaixo nas posições inferiores. Quando conversei com os donos da Toyota na época (2010), eles me disseram que estavam comprando mais cotas na empresa. A lealdade é inspirada pelo cuidado e pela honestidade.

- ✓ **Mostre uma verdadeira compaixão pelas pessoas afetadas.** Devido à violência à qual as pessoas estão expostas todos os dias — programas de TV violentos e jogos de videogame, operações militares contínuas etc. — o psiquê público geralmente fica adormecido quanto à tragédia em geral. Portanto, quando você toma uma ação durante uma crise na qual seu negócio ou produto faz mal ao público — seja esse mal físico, seja na confiança pública —, você deve falar com o coração e colocar-se no lugar dele. Do contrário, sua resposta será recebida como não sendo sincera.
- ✓ **Depois da poeira ter baixado, descubra o que aconteceu, então, compartilhe esse conhecimento.** Seu objetivo após a crise não é buscar alguém ou algo para culpar, mas aprender com a situação. Reúna a equipe de funcionários da organização inteira e dê-lhe a tarefa de refletir, documentar, então, compartilhar coletivamente o que foi aprendido. Lembre-se, um julgamento organizacional acertado vem da aprendizagem, depois, do compartilhamento.

Uma crise pode ser o catalisador para fazer as coisas de modo diferente, para ter um maior benefício. Ela rompe os padrões e dá uma oportunidade para substituir os hábitos inúteis ou não refletidos. Mas, você não tem que esperar por uma crise antes de decidir pensar com criatividade sobre seus processos.

Melhorando Sua Tomada de Decisão Tornando-se um Líder Melhor

Para quem as pessoas se voltam na incerteza, quando precisam tomar uma ação, mas não sabem qual ação tomar ou quando têm um problema que não conseguem resolver sozinhas? Para os líderes. Resumindo, os líderes são as pessoas que os outros veem quando uma decisão deve ser tomada. Mas você já sabia disso. O que você pode não saber é o que o líder não é: ele não é a pessoa com todas as respostas e não é necessariamente a pessoa com a autoridade. Nesta seção, informo como você pode tornar-se um líder melhor, o que o transformará, por sua vez, em um tomador de decisão melhor.

Diferenciando entre liderança e autoridade

Apesar das semelhanças, ser um líder não é o mesmo que ter autoridade. Saber a diferença entre ser um líder e estar em uma posição de autoridade é necessário para operar em um mundo onde a colaboração é essencial. Eis algumas definições básicas:

- *Autoridade* se refere a possuir oficialmente, mesmo através de uma posição, o poder da tomada de decisão.
- *Liderança* se refere à qualidade que inspira as outras pessoas a se moverem para um objetivo em comum para superaram a adversidade ou dificuldades, e trabalharem juntas para conseguir os objetivos colocados diante delas. Liderança combina visão com inspiração e dizer a verdade.

Você pode ver a confusão sempre que alguém pergunta: "Quem é o líder?" e todos apontam para a pessoa responsável. Isso não é liderança. É onde está a autoridade. Agora, essa mesma pessoa pode também ser um líder, mas não é uma conclusão óbvia.

Embora a autoridade especifique quais decisões você tem o poder de tomar, a autoridade não o torna necessariamente um líder. Muitas pessoas em autoridade têm sido líderes ineficientes e muitos líderes importantes vieram de posições sem autoridade oficial.

Usando seu poder para o bem

Os líderes inspiram. Eles tornam o trivial algo significativo e motivam os outros a buscarem sua finalidade mais alta. Eles não têm todas as respostas, mas fazem as perguntas certas. Os líderes são decisivos e visionários.

Qualquer pessoa pode ser um líder. A noção de que as pessoas ficam em um dos dois grupos — líderes ou seguidores — não é precisa e foi menosprezada no último lugar que você esperaria: os navios de guerra da Marinha. Mesmo nas estruturas fortes de comando e controle, como a militar, cada pessoa pode demonstrar liderança porque não tem nenhuma relação com a autoridade. Tem relação com responsabilidade. As pessoas são encorajadas a tomarem a inciativa, proporem soluções e agirem nelas. Esse tipo de confiança nas capacidades das pessoas acima e abaixo na cadeia de comando é vital para o sucesso, não apenas no militar, mas também no mundo civil. Na verdade, o alto desempenho mantido depende disso.

Nos ambientes onde as pessoas devem tomar a iniciativa e agir nas soluções planejadas, as pessoas com autoridade — você, como dono do negócio ou gerente — desempenham um papel totalmente diferente. Seu papel é facilitar o surgimento da liderança. Para encorajar a liderança em sua equipe, pergunte aos funcionários quais soluções eles têm para o problema em mãos e continue pedindo a eles suas ideias, mesmo quando forem até você para buscarem direção. Então, ajude-os a refletir sobre a solução (o papel de mentor) e apoie a implementação.

Algumas pessoas em posições de autoridade exercem o poder de forma inadequada só para levantarem sua autoestima, ego e confiança. Fazer isso mina a moral e a contribuição da equipe. Como você lida com o poder e as pessoas quando está em uma posição de autoridade diz tudo sobre você.

Sendo um líder bom o bastante para fazer perguntas difíceis

A identidade de grupo — quando as pessoas acham que precisam estar de acordo com uma visão sem questionar — é tóxica para um trabalho em equipe eficiente. Ela leva a problemas importantes não sendo endereçados e a ideias criativas não sendo oferecidas. Ela preserva o status quo e deixa você e sua empresa vulneráveis.

Se você seguir em frente sem resolver os problemas ocultos, sua liderança e o crescimento de sua empresa irão parar em um padrão de retenção e o avanço será como estar afundado até a cintura. Você perderá momentos de progresso nos desempenhos pessoal, da equipe e organizacional.

Felizmente, a liderança eficiente pode superar a identidade de grupo. Os líderes devem ter coragem para fazer perguntas difíceis sobre si mesmos e suas equipes. Fazer isso coloca as coisas "não mencionáveis" na mesa. Fazendo perguntas difíceis, você assegura que o pensamento rotineiro não irá bloquear a realização de seu objetivo. O melhor momento de fazer uma pergunta poderosa ou duas é quando as coisas estão suspensas ou quando um acordo foi fácil demais. O que é uma pergunta poderosa? Eis um exemplo: "Há algo que não estamos vendo aqui?"

Para aproveitar as perguntas poderosas, faça o seguinte antes de finalizar a decisão; este exercício é especialmente importante quando você está tomando decisões grandes e estratégicas, como aceitar uma oferta para vender seu negócio:

1. **Faça um intervalo entre as discussões.**

   A finalidade deste intervalo é dar a todos uma chance de pensar sobre o problema em mãos. Os membros da equipe podem caminhar juntos ou sozinhos. Não dê instruções específicas (você não deseja levá-los a uma conclusão), mas pode dizer: "Vamos dar um tempo para pensar sobre isto".

2. **Quando vocês se reunirem novamente, faça perguntas ou ofereça uma a si mesmo.**

   Os avanços em geral podem ocorrer quando você abre a conversa para explorar alternativas que normalmente não estão na mesa. Se permitir espaço para a reflexão não produziu nenhuma pergunta, você poderá concluir a decisão.

Criando Locais de Trabalho Seguros e Estáveis

O trauma ocorre quando um indivíduo é oprimido psicologicamente e fica incapaz de lutar intelectual ou emocionalmente. Quando a origem do trauma é um evento catastrófico, como um furacão, tiro no escritório ou um perigo contínuo e generalizado (como existe nas zonas de guerra), é fácil identificar. Mas as pessoas também podem experimentar trauma como resultado de um acúmulo de fatores, como expectativas incertas, cargas de trabalho excessivas, julgamentos negativos repetidos, comportamentos e opiniões nocivos, pessoas com dificuldades patológicas ou tratamento abusivo dos supervisores. Parece familiar? Infelizmente, um ou mais desses fatores afetam muitos locais de trabalho.

O trauma causado pelo ambiente de trabalho tem um efeito negativo na criatividade, processamento mental das informações, produtividade e capacidade de se ajustar à mudança. Em outras palavras, os ambientes ruins do local de trabalho cultivam um desempenho ruim e decisões ruins. Em oposição, quando os locais de trabalho são seguros, as pessoas contribuem além do que é esperado, sem medo de reprimendas. Também tomam decisões melhores porque não estão estressadas.

Capítulo 13: Tornando-se um Tomador de Decisão Mais Efetivo

> ### Problema com os chefes
>
> Uma pesquisa realizada pelo Hay Group, uma firma de consultoria de gerenciamento global, descobriu que globalmente a maioria dos líderes, muito provavelmente em papéis de gerenciamento, está bloqueando o desempenho e inserindo nos locais de trabalho funcionários desmotivados, resultando em uma tomada de decisão ruim. Esses líderes dão instruções, então, focam no que estava errado, não no que estava certo. Os temas do estudo do Hay Group não estão sozinhos. Muitos nos papéis de liderança têm como padrão um estilo de gerenciamento de comando e controle como um modo de sentir poder, em particular quando as coisas parecem incertas. Como explico no Capítulo 8, o estilo de comando e controle tem seu lugar, mas para o desempenho diário, é desmoralizador. Em um ambiente assim, a tomada de decisão pode paralisar porque as pessoas têm medo de cometer erros.

Um local de trabalho seguro é aquele no qual os funcionários se sentem seguros emocional e financeiramente, reconhecidos e aceitos. Nesta seção, explico como você pode criar um local de trabalho que encoraja o bem-estar, criatividade, solução de problemas e tomada de decisão melhores.

Adaptando seu estilo de gerenciamento

O gerenciamento por medo trabalha contra uma tomada de decisão acertada e desempenho. Cria um local de trabalho carregado emocionalmente que não contribui com uma tomada de decisão racional nem intuitiva. Embora a produtividade seja possível em tal local, esse tipo de ambiente é ruim por alguns motivos principais:

- **Torna impossível adaptar-se às condições que mudam.** As pessoas seguirão as regras antes de conseguirem os objetivos ou assumirem riscos.
- **Compromete a inovação.** A inovação requer criatividade e correr riscos. Nos ambientes de tomada de decisão baseados no medo, as pessoas protegem suas costas e evitam correr riscos.
- **Impede ver à frente.** A visão do futuro requer intuição e empatia, duas coisas que são muito escassas nos ambientes baseados no medo.

Contar com a coerção não é lógico nem racional, todavia, é o estilo de liderança dominante no mundo. Se você trabalha em um ambiente de tomada de decisão complexo, você (e seus gerentes) precisam acessar os estilos de liderança mais adequados para criarem decisões melhores. Os estilos de gerenciamento que liberam a criatividade dos funcionários e abrem-se à comunicação para as conversas difíceis compartilham estas características (você pode ler mais sobre o que faz um gerente eficiente no local de trabalho moderno de hoje no Capítulo 14):

- Eles engajam os funcionários para encontrarem soluções criativas para os problemas.
- As decisões focam em conseguir objetivos comerciais, ao invés de aspirações pessoais de carreira.
- Eles engajam conversas difíceis que visam entender a situação, ao invés de buscar a falha.
- Eles se importam com o bem-estar dos funcionários, não em julgar, e abordam os problemas com mentes e corações abertos, permitindo uma comunicação aberta e honesta que se origina de um local genuíno.
- Eles inspiram confiança nas relações de trabalho.

Os locais de trabalho que não funcionam para os empregados não funcionam para a sustentabilidade da empresa. Um ambiente de trabalho saudável e confiável permite a você ir além de seus objetivos atuais de produtividade e cotas para conseguir um desempenho muito mais alto. É simples assim.

Dando passos para melhorar a qualidade do ambiente de trabalho

Um modo de endereçar os aspectos negativos no local de trabalho e assegurar que os funcionários possam trabalhar bem juntos como uma equipe é prestar atenção nas relações de trabalho. O mundo pode ser imprevisível, mas a qualidade das relações de trabalho fornece estabilidade. Nos locais de trabalho onde a confiança, um senso de fazer parte e um cuidado genuíno pelo outro são cultivados, os funcionários podem focar em dar à empresa ou ao projeto seu melhor absoluto.

Quando o ambiente não dá apoio às relações de trabalho de alta qualidade, seus funcionários passam mais tempo lidando com a política do escritório ou protegendo-se para reduzirem o risco pessoal. Se seu objetivo é criar relações de trabalho de alta qualidade entre os funcionários, supervisores e alta administração, dê aos itens analisados neste seção uma grande consideração.

Melhorando a segurança emocional

Para melhorar a segurança emocional, identifique as barreiras para as relações interpessoais de confiança (punindo a descoberta do risco de segurança, por exemplo), então, trabalhe com os gerentes e supervisores para estabelecer a responsabilidade pelas melhores práticas. Eis algumas sugestões:

- **Apoie as relações de trabalho gentis e respeitáveis.** Ao invés de confirmar o lado negativo, as relações devem apoiar o positivo. Um apoio emocional sólido ajuda as pessoas a se recuperarem de situações estressantes, ao passo que as relações que confirmam a negatividade no local de trabalho ratificam o trauma.

Capítulo 13: Tornando-se um Tomador de Decisão Mais Efetivo **239**

> ✔ **Dê oportunidades para falar sobre os traumas e liberar a emoção.**
> O trauma resulta de um evento doloroso, estressante ou de choque que pode ser repentino ou prolongado com o tempo. As experiências traumáticas incluem perder um colega de trabalho, uma demissão lidada de modo insensível, violência no local de trabalho ou bullying do chefe. Reconheça e cuide de seus próprios sentimentos também.
>
> ✔ **Planeje eventos casuais que apoiem a interação social, em um ambiente reconfortante.** Fazer isso permite que a comunidade do local de trabalho processe coletivamente sua experiência.

Geralmente, o gerenciamento envia a mensagem de que os funcionários precisam apenas superar ou que seus sentimentos sobre a situação indicam uma fraqueza. Essa atitude só piora o trauma. Em oposição, o foco excessivo pode fortalecer o trauma reforçando o sentimento de impotência. A diferença está entre permitir que as emoções sejam processadas versus reviver repetidamente a experiência.

Anne Murray Allen, em sua antiga função de diretora sênior da Gerência de Conhecimentos e Intranet da Hewlett Packard, sugere dizer algo assim para manter a conversa: "Estamos perdendo um processo aqui. Se conseguíssemos, a vida de todos seria mais fácil. Como podemos nos reunir para criar este processo para que ele funcione?"

Garantindo a segurança física

Para garantir a segurança física, defina padrões e viva segundo eles. Nas indústrias de construção e produção, a segurança do local de trabalho requer cuidado. Dê aos funcionários experientes a atribuição de identificar os perigos em potencial ou práticas.

Nas empresas onde a velocidade da produção pode minar a segurança pessoal, os funcionários "terão um por equipe", se o atendimento das cotas tiver uma prioridade mais alta do que a segurança do local de trabalho. Em alguns ambientes do local de trabalho, tal prioridade pode significar perder um membro — não é algo pelo qual você deseja receber o crédito.

Assegurando interações de alta qualidade

Para assegurar interações de alta qualidade entre os funcionários, supervisores e alta administração, crie uma atmosfera que confirme a confiança dos funcionários com um esforço de reconhecimento genuíno. Esta sugestão não significa ser o Sr. ou Sra. Ótimo 24/7. Significa que o reconhecimento é uma parte natural da interação entre você e todos os funcionários com os quais tem contato.

Elogie os funcionários espontaneamente pelos trabalhos feitos. Inclua diversão como parte do dia de trabalho. Quando você tiver diversão, não faça isso às custas do outro, mas pelo puro prazer de trabalhar com um ótimo grupo de pessoas. Seu entusiasmo genuíno e apreciação sincera por seus esforços podem fazer uma grande diferença, mesmo quando seus funcionários não se sentirem ótimos consigo mesmos ou com seu trabalho.

Sendo o líder que você espera ver nos outros

Quando a moral está baixa ou o pensamento pequeno, os pequenos problemas acabam parecendo grandes e as pessoas agem por frustração e falta de controle. Uma causa da baixa moral geralmente é um comportamento ruim não endereçado — bullying, ameaças e intimidação, por exemplo — no local de trabalho. Se você realmente deseja que sua empresa ou departamento tenha sucesso, precisa endereçar esses problemas.

A equipe vê suas ações para descobrir quais são as regras não escritas. As *regras não escritas*, sobre as quais escrevo mais no Capítulo 12, são as regras de facto que controlam o comportamento e as expectativas no local de trabalho, independentemente da política estabelecida. Normalmente, o termo se refere à diferença entre o que é dito — "Valorizamos o respeito no local de trabalho", por exemplo — e o que é feito — os gerente negligenciam o comportamento de bullying. Embora ninguém possa estar no local de trabalhando acenando com uma placa que informa "O comportamento ruim é permitido!", não fazer nada sobre tal comportamento contribui muito para dizer que é aceitável.

Ser um líder significa que você deve confrontar com firmeza, porém de modo profissional, os problemas interpessoais difíceis, inclusive o comportamento ruim no local de trabalho. Eis como:

- **Desafie o comportamento ruim, inclusive o bullying e o preconceito expressado abertamente.** Os valentões tendem a ser pessoas que pensam que não têm poder e usam a raiva e o comportamento agressivo para reivindicá-lo. Não tolere o comportamento inadequado nem o julgamento dos outros, mas ofereça uma instrução profissional ou oportunidades de desenvolvimento pessoal para que o indivíduo possa ter melhores habilidades interpessoais. No local de trabalho, ter pessoas responsáveis por seu comportamento reforça seu comprometimento com padrões mais altos.

  Lide com o preconceito de modo diferente porque é uma crença enraizada. Para lidar com o preconceito, reúna as pessoas para que os sucessos resultantes da relação de trabalho transformem a crença.

- **Trace limites claros sobre o que é aceitável e respeitável, e o que não é.** Ao lidar com um problema interpessoal, tenha uma conversa em particular com o indivíduo e se o funcionário for receptivo, dê instruções.

Capítulo 13: Tornando-se um Tomador de Decisão Mais Efetivo 241

Você também pode tentar um jogo que construa empatia. Tal jogo é o Know Me (Conheça-me), desenvolvido no centro da reconciliação do apartheid, como um meio de discordar com repeito, aprender a criar soluções melhores. Para obter detalhes sobre esse jogo e outros, vá para http://knowmegame.com/johari_window.html (conteúdo em inglês).

✔ **Rejeite a negatividade difundida.** Em alguns locais de trabalho, a insatisfação pode qualificar-se como um esporte olímpico. O pessimismo e a raiva podem ser úteis momentaneamente, mas se forem hábitos persistentes, deixarão todos para baixo.

Negatividade não é o mesmo que pensamento crítico. O pensamento crítico é necessário como uma verificação e equilíbrio; ele não tem que ser negativo nem uma punição. Para saber mais sobre como usar o pensamento crítico como um modo de descobrir soluções melhores e tomar decisões mais inteligentes, vá para o Capítulo 9.

✔ **Cuide das questões difíceis.** Muitas questões que impactam negativamente o local de trabalho ficam sem solução por medo de que as carreiras serão colocadas em risco se o problema for informado. Quando você encontrar um problema difícil, reúna abertamente os fatos, pule a culpa ou o julgamento, e envolva todas partes para desenvolver opções e soluções. Seja forte com o problema e suave com as pessoas. Quando você encara um problema difícil de frente e com integridade, abre a confiança e reforça que todas as pessoas importam, não apenas aquelas consideradas como tendo um valor mais alto.

Requer coragem e força lidar com situações adversas ou difíceis no local de trabalho, mas quando você consegue, mostra — e inspira — integridade e muito provavelmente toma decisões éticas (mais sobre isso nos Capítulos 2 e 19) e engaja-se no tipo de tomada de risco que salva as empresas.

✔ **Estabeleça expectativas claras sobre quais são e não são os comportamentos aceitáveis para todos no local de trabalho, incluindo os funcionários contratados.** Quando as expectativas definidas não estão sendo seguidas, você deve acompanhar e ter uma posição firme. Do contrário, a confiança será quebrada.

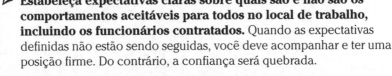

O guru do gerenciamento, Edwards Deming, diz: "Os gerentes falam sobre se livrar das coisas supérfluas, mas há apenas duas possíveis explicações das coisas supérfluas existirem: você contratou o supérfluo em primeiro lugar ou contratou o necessário, então, acabou com ele". Os funcionários improdutivos geralmente são criados quando você não presta atenção em como as condições do local de trabalho afetam o desempenho. Você pode mudar as condições do local de trabalho para torná-las melhores. Vá para o Capítulo 3 para saber mais sobre como o local de trabalho afeta o desempenho.

Capítulo 14
Tomando Decisões como um Gerente

Neste Capítulo

▶ Descobrindo as mudanças gerais no papel do gerente
▶ Identificando sua abordagem de liderança como gerente
▶ Escolhendo o uso mais eficiente da autoridade
▶ Evitando e endereçando as expectativas não atendidas

*Q*uando as empresas atingem um ponto (número de equipe) no qual sentem necessidade de organizar como o trabalho é feito, muitas adotam automaticamente hierarquias sem considerar outras opções. A hierarquia do tipo seguir para — o modo como tem sido sempre feito no negócio, com base na crença de que as pessoas precisam ser direcionadas, não confiadas — é aquele que conta com gerentes para controlar e direcionar o desempenho... ou seja, dizer às pessoas o que fazer e verificar se elas fazem o que é esperado delas.

Este modelo — e o papel do gerente — está mudando. Portanto, também é o modo como as decisões são tomadas. Agora, o foco está em engajar os funcionários e trabalhar em colaboração para tomar decisões acertadas rapidamente. Exploro as tendências gerais que afetam o papel gerencial, forneço algumas ferramentas que você pode usar para ter sucesso e compartilho estratégias para ajudar os trabalhadores mais antigos e novos a conseguirem maior satisfação em seu trabalho.

Reconhecendo o Papel de Mudança do Gerente

Tradicionalmente, o gerenciamento dos negócios é estruturado em torno de autoridade (poder legal ou com tomada de decisão delegada) com a maior autoridade/poder residindo no topo (o CEO e a diretoria, nas empresas maiores) e cada nível subsequente mantendo progressivamente menos autoridade. Imagine uma pirâmide — um gráfico que transmite com muita precisão a estrutura de poder nesses negócios —, a tomada de decisão ocorre nos níveis mais altos da pirâmide e o trabalho ocorre na base.

Em tais estruturas hierárquicas baseadas em autoridade, especialmente naquelas com muitas camadas, ter aprovação para as decisões leva muito tempo. No mundo interconectado da comunicação com alta velocidade de hoje, essa estrutura de tomada de decisão é lenta demais. Reconhecendo que as decisões precisam ser mais rápidas e mais precisas, as empresas estão empregando opções, tais como a seguir:

- **Descentralizando o poder da tomada de decisão.** O poder da tomada de decisão que trabalha com os funcionários e é descentralizada permite que as empresas respondam rapidamente às condições que mudam. Embora títulos como "diretor" possam ser usados, essas posições não incluem o poder de controlar os outros. A implicação é que o papel dos gerentes está mudando de controlar para apoiar o desempenho.

- **Distribuindo o gerenciamento a todos os funcionários quando as empresas têm responsabilidade e repeito, usando estruturas organizacionais alternativas sem chefes.** Estas estruturas são chamadas de *autogerenciamento* ou *estruturas horizontais*, ou como o Cocoon Project na Itália chama, *empresa auto-organizada líquida*. As organizações líquidas são adaptáveis, dinâmicas e baseadas em valores. Existe estrutura, mas ela não é centralizada em dizer às pessoas o que fazer. Criar valor é o foco. A implicação é que as responsabilidades gerenciais vão para o indivíduo, contando com a responsabilidade do colega e o respeito compartilhado para criar valor para o cliente, colegas e sociedade.

A ideia das empresas autogerenciadas não é nova. A Morning Star, considerada o maior processador de tomates do mundo, tem 400 líderes e nenhum chefe. A empresa está comprometida em operar como uma comunidade de profissionais de autogerenciamento e existe por mais de 20 anos.

Essas novas abordagens para fazer o trabalho são adaptáveis e focadas em velocidade, colaboração e autonomia do funcionário. Nesta seção, informo o que você precisa saber para se tornar o gerente fortalecedor que deseja ser — um novo papel que você pode aproveitar para ajudar a cultura de sua empresa a se adaptar.

Adotando seu papel como agente de mudança

Como resultado da tendência de uma tomada de decisão mais descentralizada e das estruturas organizacionais horizontais, até os gerentes nas estruturas hierárquicas estão mudando como desempenham seu papel para adicionar valor e aumentar o engajamento. Eles estão abandonando a ideia de que "estar no comando" define o que significa ser um gerente.

Capítulo 14: Tomando Decisões como um Gerente

Porém, essa mudança tem desafios. Para os gerentes mergulhados no papel tradicional, deixar de estar no comando pode ser ameaçador, mas não precisa ser assim. Na verdade, se você adota a ideia de que os gerentes são agentes de mudança e seu papel é produzir respeito e capacitação no local de trabalho, ao invés de controlar e microgerenciar, achará que esse novo tipo de papel de gerenciamento é realmente muito mais poderoso e significativo.

No final, não importa qual estrutura de gerenciamento você prefere, seu papel é restaurar a autonomia dos funcionários para que eles estejam livres para conseguirem os objetivos e serem totalmente responsáveis por suas realizações. O autogerenciamento é combinado com o esforço mútuo; cada pessoa contribui e apoia o sucesso da outra e o papel do gerente é apresentar as melhores pessoas e encorajar seu desejo natural de trabalhar junto.

O papel do gerente está mudando de controlar o desempenho para apoiá-lo. Como resultado, sua missão de gerenciamento é bem simples: descobrir o que sua equipe precisa para conseguir o objetivo, então, identificar e remover as barreiras que entram no caminho da realização. Ser um agente de mudança significa que você engaja os funcionários com o que importa coletivamente. Com o engajamento dos funcionários vem a colaboração, criatividade (onde faz sentido) e término (execução).

Reconhecendo os limites das estruturas hierárquicas baseadas em autoridade

A natureza exata de uma estrutura organizacional hierárquica baseada em autoridade implica que a direção vem do topo e o desempenho vem de baixo. Embora esta seja uma imagem metódica, também é uma ilusão. O gráfico da organização mostra como ocorre a prestação de contas e como os recursos são alocados, mas não determina como o trabalho é feito.

A direção pode vir de cima, mas o desempenho realmente ocorre nas redes que cruzam a empresa. Mesmo nas organizações de comando e controle, o desempenho orientado a objetivos ocorre em redes. Esta ideia é baseada na pesquisa feita pelo biólogo social Dennis Sandow, que descobriu o padrão natural e recorrente nas organizações de todos os portes, inclusive, em especial, a Hewlett Packard.

Como as redes de pessoas se estendem além dos limites de seus departamentos oficiais, os gerentes que tentam controlar o desempenho muito provavelmente têm mais esgotamento nervoso do que sucesso porque muito do que impacta o desempenho está além de seu alcance. Por que insistir em tanto estresse?

Adaptando seu estilo de gerenciamento

Se você puder ver o valor de gerenciar de modo diferente, a próxima pergunta lógica será, quando você informa à sua equipe como fazer trabalho e quando sai de seu caminho? Os gerentes sabem que fornecer à equipe o que ela precisa combina com a área de especialidade. Portanto, o maior desafio vai desde dizer e direcionar a equipe até apoiar e atendê-la. O papel de mudança requer uma ordem mais alta da liderança, uma que aplique mais talentos naturais. Nesta seção, informo como você faz essa transição.

Compreendendo o que lhe dá satisfação pessoal

Fazer a transição de um gerente que informa e direciona para um que apoia e atende começa com o autoconhecimento. Compreender o que lhe dá satisfação pessoal é o primeiro passo para entender o que você pensa ser o papel de um gerente. Faça a si mesmo perguntas para examinar suas preferências e descubra como você vê seu papel como gerente:

- **Sinto-me mais poderoso e satisfeito quando digo às outras pessoas o que fazer ou quando as ajudo a ter sucesso?** Sua resposta para esta pergunta informa se seu valor próprio vem de dentro ou de ter controle sobre os outros. Se você precisa ter controle sobre os outros, então, veja como parar de ser um microgerente no Capítulo 13. Tenha consciência de que enquanto você pode preferir estar no comando, seus funcionários podem preferir uma abordagem mais baseada em equipe.

- **Meus funcionários sabem mais do que eu, e se sabem, como me sinto em relação a isso?** Esta pergunta ajuda-o a identificar se você valoriza sua especialização tanto ou mais do que sua capacidade de desenvolver relações de trabalho fortes e respeitáveis. Se você precisa estar certo e ter todas as respostas certas, descobrirá que abandonar a necessidade de controlar será difícil para você. Porém, lembre-se que a confiança que você traz, mais que sua especialização, para a mesa, dá a você uma vantagem.

Construindo confiança em si mesmo e em sua equipe

Como mencionei anteriormente, os gerentes em todo o mundo, quando deparados com situações incertas, tendem a voltar para o direcionamento, o controle e — no pior dos casos — a intimidação de seus funcionários, mesmo que essas estratégias não os ajudem a conseguir seus objetivos tanto quanto ajudam a se sentirem no controle. Então, como você evita ser um gerente que conta com a coerção? A resposta se resume a como se sente confortável em aprender e lidar criativamente com a incerteza.

Quando você não tem certeza sobre o que acontecerá em seguida, pode começar a controlar a situação (a estratégia que bloqueia a contribuição criativa) ou pode tentar outra opção: você pode engajar sua criatividade e a criatividade da equipe fazendo escolhas deliberadas para desenvolver experimentalmente as soluções. Essa abordagem expande a potência intelectual que você tem disponível.

Como você não pode comandar as pessoas para que sejam criativas, coloca a confiança em sua própria capacidade de aceitar e lidar com o que acontece no momento, ao invés de direcionar o esforço para um resultado específico e preconcebido. Você ouve e faz perguntas, ao invés de adotar a abordagem tradicional de "dizer, vender e — quando não funcionar — gritar".

Pense nos jogadores de tênis. Eles não sabem para onde a bola irá em seguida, então o que eles fazem? Saltam para frente e para trás em alerta com seus pés para que estejam prontos para responder a qualquer coisa que surja no caminho. Considere a si mesmo como um jogador de tênis, capaz de se ajustar para onde quer que a bola vá em seguida. Se for obstinado, simplesmente ficará parado e será acertado por uma bola rápida.

Dando passos para apoiar o engajamento do funcionário

Quando você trabalha com sua equipe, o papel que desempenha determina como a equipe age e reage. Os seguintes pontos descrevem as coisas que você pode fazer para assegurar que suas ações apoiem sua equipe.

Forneça à equipe o que ela precisa para fazer o trabalho

Forneça dinheiro, especialização, experiência, talento, diversão, humor — basicamente qualquer coisa requerida para tirar a pressão da carga de trabalho.

Um modo de fazer melhores usos do tempo limitado (um cenário comum para os gerentes) é mudar como você aloca as principais pessoas. Em geral, por exemplo, as pessoas que têm mais experiência e especialização são atribuídas aos projetos primeiro. Resultado? O principal talento é geralmente comprometido em excesso. Ao contrário, atribua os menos experientes primeiro e desenvolva esse novo talento, enquanto reserva a equipe mais experiente para ir aonde é necessário. Esta tática, chamada de *modelo comercial de Opções Reais*, como descrito por Chris Matts e Olav Maassen (especialistas em gerenciamento de risco, gerenciamento de projetos e investimento financeiro), permite que você reserve a atribuição daqueles com níveis altos de experiência e especialização quando e onde são necessários — para os projetos mais importantes.

Descubra e remova as barreiras que impedem o trabalho em equipe

As barreiras podem aparecer de várias formas: problemas interpessoais, processos ineficientes etc. Por exemplo, imagine que você trabalhe em uma empresa onde a competição, ao invés da colaboração, é o traço dominante e o projeto no qual você está trabalhando envolva membros da equipe de diferentes departamentos. Esses membros da equipe informam você sobre o projeto, mas também são responsáveis por seus próprios gerentes, que são responsáveis por seu desempenho.

Agora, suponha que seu projeto tenha encontrado uma pequena falha que seria bem fácil de corrigir, exceto que o membro da equipe com especialização para a correção informe que não pode fazer isso em determinado momento. Sua posição coloca o cronograma do projeto em risco e você pode sentir que a pessoa está apenas dificultando, que não está comprometida com o projeto, que não está querendo ajudar etc. Mas se você abordar a situação com verdadeira curiosidade, poderá descobrir que, segundo os procedimentos que a própria gerente colocou para controlar o fluxo de trabalho, ela deve seguir um labirinto que requer muito tempo.

Em geral, os problemas interpessoais, inclusive os conflitos entre as unidades, são resultado de problemas com os processos. Quando você abordar essas questões com curiosidade — ou seja, investigar o problema com uma mente aberta — provavelmente descobrirá que a causa é algum processo ou procedimento que pode existir por nenhum motivo, exceto "que é o modo como as coisas são feitas por aqui". Portanto, sempre seja duro com o problema e suave com as pessoas. Quando você substitui a culpa e o julgamento por curiosidade, aumenta suas chances de descobrir e resolver o problema real, enquanto melhora as relações de trabalho.

Sempre que você tiver diversos gerentes interna e externamente atarefados com um trabalho em conjunto, invista um tempo inicial para determinar quais processos você usará e como lidará coletivamente com as pequenas falhas ou obstáculos. Use este acordo no curso do projeto para trabalhar com as surpresas durante a implementação.

Recue quando ficar tentado a interferir

Quando você ficar tentado a pular e controlar a situação, aguarde e observe. É difícil resistir à interferência, mas recuando, você poderá ver como a equipe se organiza. Se você sentir ansiedade, respire profundamente cinco vezes para permitir que seu cérebro fique calmo. A estratégia de recuar também ajuda os membros da equipe a desenvolverem suas próprias habilidades para resolver problemas, mostra sua confiança na competência deles e enfatiza que cada membro da equipe é uma parte integrante do processo.

As empresas que focam em dizer aos funcionários o que fazer criam funcionários que esperam para ser informados e, como resultado, perdem sua iniciativa. Evidentemente, se você estiver lidando com um problema de segurança e a instrução salvar vidas, forneça-a. Mas, do contrário, evite o hábito de sempre interferir. Do contrário, os membros da equipe irão esperar por sua instrução em qualquer situação. De seu ponto de vista, essa abordagem é menos arriscada (afinal, você é a pessoa que toma decisões — e, portanto, é responsável), mas não ajuda seus funcionários a crescerem e desenvolverem suas próprias habilidades. Ao invés disso, pergunte quais ideias eles têm e empurre a iniciativa para eles. Então, não decida se suas ideias estão certas ou erradas. Isto anula a ideia inteira. Se você estiver preocupado com os membros da equipe não tendo experiência ou prática suficiente, descubra o que pode fazer para ajudar: encontre mentores, assuma o papel de instrutor do grupo etc. A ideia é construir a força da equipe, não correr e salvar o dia fazendo tudo sozinho.

Se você precisa estar certo e no controle o tempo inteiro, não está pronto para ajudar seus funcionários a aprendem a liderar a si mesmos. Vá para o Capítulo 13 para ver maneiras de superar sua necessidade de estar no controle e deixar os membros da equipe liderarem. Os gerentes que fizeram a mudança, informaram que isto requer tempo, consistência, paciência e encorajamento a partir do gerenciamento e das posições, mas no final há uma alta recompensa por seu comprometimento.

Fiscalize a dinâmica da equipe

Você pode montar uma equipe de pessoas muito inteligentes na sala e, todavia, elas podem ainda tomar decisões que são menos inteligentes. Por quê? Porque o grupo pode não estar funcionando bem junto. Eis algumas fontes comuns do problema:

- **A equipe foi reunida sem uma noção clara de finalidade ou uma compreensão do motivo de cada pessoa ter sido selecionada.** Esclareça a finalidade do grupo e a contribuição de cada membro da equipe. Quando eles concluírem o que podem conseguir trabalhando junto, a finalidade do trabalho em equipe será amarrada. Com essa compreensão compartilhada, cada membro da equipe entenderá seu papel ao conseguir os objetivos do projeto.
- **A dinâmica do grupo pode estar desativada.** Observar como os membros da equipe interagem pode trazer critérios sobre o que está impedindo o sucesso da equipe. Quando você observar, faça isso sem procurar a culpa. Sua intuição é valiosa ao ver o que não é óbvio; vá para o Capítulo 7 para obter maneiras de utilizar sua intuição.

Saiba quando precisa controlar

Assuma o controle quando uma emergência determinar e que as pessoas estão correndo em volta sem uma dica sobre o que fazer sem seguida. Supondo que você saiba o devido curso de ação, intervir é adequado para restaurar a ordem no caos. Se você não souber mais nada do que sua equipe faz, reserve um tempo para parar, reagrupar e refletir. Antes de montar um plano de ação, identifique por que as pessoas estão sentindo-se confusas. Também intervenha quando tiver uma responsabilidade legal para assumir o controle ou se problemas de segurança forem uma questão.

Escolhendo Seus Estilos de Liderança e Gerenciamento

Apesar do fato de que "liderança" e "gerenciamento" são geralmente misturados em termos de como alguém desempenha seu papel, a crença geral é que os gerentes *não podem* ser líderes. O que as pessoas que têm essa crença não dizem é que os gerentes não podem ser líderes porque estão sobrecarregados com tarefas ou apagando incêndios diariamente. Saber quais estilos estão na interseção do gerenciamento e da liderança permite que você saiba as diferentes maneiras de usar a autoridade e exercer suas responsabilidades. Com essas informações, você pode tomar decisões deliberadas sobre qual tipo de gerente deseja ser.

Vendo os estilos de liderança

A literatura comercial classifica muitos estilos de liderança e você pode se ver em um ou em todos eles. Qual estilo você aplica em uma situação depende da situação em si, da dinâmica do grupo e do que é necessário. Ter consciência e flexibilidade para adaptar seu estilo é um ponto forte que você traz para seu papel como gerente (essa capacidade também depende do autoconhecimento, que cubro nos Capítulos 5 e 6). A seguir, estão alguns estilos diferentes de liderança.

Visionário

Os líderes visionários veem à frente. Embora não sejam muito capazes de prever o futuro, certamente eles têm a perspicácia de visualizar o destino. Se a visão é clara e todos a entendem, os colegas de trabalho e subordinados poderão usá-la como um guia quando converterem a ideia em realidade. A perspicácia orienta.

Instrução

Em um estilo de instrução, você trabalha a curto prazo, um por vez, com um funcionário para melhorar uma habilidade específica, como, por exemplo, nas habilidades de apresentação do funcionário ou sua capacidade de pensar estrategicamente. Se você estiver engajado em seu crescimento pessoal, poderá instruir com credibilidade os funcionários nas situações difíceis. Contudo, se não estiver comprometido com seu próprio crescimento, assumir o papel de instrutor irá transformá-lo em um instrutor microgerente, o que não é eficiente.

Se você for um microgerente confesso, não tente ser um instrutor para sua equipe. Ao contrário, invista tempo para se desenvolver como líder. Em particular, trabalhe para aumentar a confiança que você tem em suas próprias decisões antes de tentar guiar outra pessoa. Veja o Capítulo 13 para saber mais sobre o microgerenciamento.

Baseado em equipes (democrático)

No estilo de liderança baseado em equipes, seu foco principal está em fortalecer as relações da equipe. O objetivo central desse estilo de liderança é manter a harmonia para realizar um desempenho ideal. Porém, para ser bom, você deve conseguir confrontar o conflito com tato. Do contrário, a ênfase mudará de conseguir um desempenho mais alto para manter a harmonia e fazer elogios — um cenário que encoraja um senso de acordo artificial, ao invés de uma apreciação real pelo valor do desacordo. Resultado? Uma equipe que se descontrola porque a pressão de reprimir diversas perspectivas atrapalha o funcionamento ou a contribuição individual. Uma abordagem muito mais saudável é expor diversas visões para que os pontos sejam entendidos e incorporados.

Certa vez eu trabalhei com uma equipe na qual os membros queriam ser ótimos entre si para terem um acordo. Para conseguirem isso, os membros da equipe reprimiram as ideias que desafiavam a norma. Novas ideias, e as pessoas que as propunham eram rejeitadas. O ressentimento aumentou silenciosamente até um dia em que os membros da equipe sentaram para explorar por que estavam sem saber o que fazer. Não levou muito tempo para descobrirem. Quando uma pessoa comunicou sua experiência de ser excluída, o grupo ficou imediatamente ciente do problema e foi capaz de adotar uma abordagem diferente que não reprimia as ideias.

Construção do consenso

Um estilo de construção do consenso inspira as ideias e o conhecimento dos funcionários para preencher um vazio geralmente criado pela falta de direção (isto é, não há nenhum visionário por perto). O consenso é um modo de usar a sabedoria coletiva de um grupo para identificar um senso compartilhando de direção ou um objetivo compartilhado. Nesse estilo de liderança, você usa as habilidades de facilitação e os métodos descritos nos Capítulos 10 e 11.

A menos que seja um estilo de disputa (conferenciar, planejar, fazer), essa abordagem de liderança não será útil em uma emergência. Dito isso, a verdade mútua e a compreensão conseguidas pelo uso consistente do consenso pode fortalecer a capacidade coletiva de responder em situações nas quais não existe nenhuma autoridade, as coisas mudam rapidamente e a ação coordenada é necessária.

O consenso é vulnerável aos indivíduos sem papas na língua e dominadores que abrem seu caminho sequestrando a discussão e intimidando ou pressionando os outros para que se alinhem à sua visão. Como líder, suas habilidades em observar e exigir com gentiliza e firmeza a equidade são valiosas. Você também pode usar a votação de ponto (Capítulo 11) e uma abordagem de mesa redonda estruturada (Capítulo 17). Vá para o Capítulo 3 para obter detalhes sobre como os gerentes podem modelar as culturas do local de trabalho para darem apoio à tomada de decisão.

Usando a autoridade efetivamente: Diferentes estilos para diferentes situações

Você ouviu, sem dúvida alguma, o velho ditado: "Com grande poder vem grande responsabilidade". Bem, manter o poder para tomar decisões que impactam as vidas das outras pessoas é uma grande responsabilidade também. Decidindo intencionalmente como você deseja usar esse poder, você cria e monitora deliberadamente as condições para uma melhor tomada de decisão. Nesta seção, listo algumas abordagens diferentes. Experimente cada uma, como faria com um novo casaco, para ver como ela se encaixa e continue experimentando até encontrar um estilo que seja adequado a você. Você usará esse casaco até decidir mudar os estilos. (Sim, um velho cão sempre pode aprender novos truques!)

252   Parte IV: Tomando Decisões em Vários Papéis

Usar essas informações sobre os diferentes estilos ajuda a fazer o seguinte:

- ✔ Decidir onde envolver a equipe no processo de tomada de decisão, desde reunir informações até o momento da decisão. Também dê consideração ao apoio requerido para a implementação.
- ✔ Reconhecer quando tomar decisões sozinho e quando engajar outras pessoas. Algumas vezes, agir sozinho pode produzir um impacto negativo.
- ✔ Decidir como adaptar seu estilo pessoal para a situação em mãos. Sendo flexível e conhecendo as alternativas, durante qualquer situação, você saberá se mantém seu estilo pessoal ou modifica-o, temporária ou permanentemente.

Comando e controle: "Faça o que eu digo!"

Como é de se esperar, com estes estilo de gerenciamento, as decisões são tomadas unilateralmente e os funcionários são monitorados de perto (veja o Capítulo 13 para obter informações sobre o microgerenciamento). Nesse estilo, os funcionários geralmente têm a tarefa de fazer o trabalho — contanto que o método como eles realizam a tarefa e o resultado final atendam às expectativas do gerenciamento, independentemente dessas expectativas serem comunicadas claramente.

Embora esse estilo possa funcionar — e geralmente é o estilo usado tradicionalmente em muitos negócios —, o uso inadequado do comando e controle cria muito sofrimento no local de trabalho e geralmente leva a decisões ruins, cria estresse e é caro em muitos níveis:

- ✔ Na prática diária do gerenciamento, particularmente nos ambientes dinâmicos, o gerenciamento de comando e controle não engaja os funcionários e impede a implementação.
- ✔ Não contribui muito para a resiliência ou a liderança do negócio. Os gerentes que usam a coerção passam mais tempo procurando o que está errado, ao invés de reconhecerem o que está certo.
- ✔ Comportamentos como, intimidação, bullying e altas demandas irreais reprimem a iniciativa e criam funcionários muito passivos, ambientes desmotivados e baixa moral.
- ✔ Não é prático do ponto de vista da tomada de decisão — ou muitos outros pontos de vista — porque o estresse que entra no ambiente de comando e controle impede a eficiência. Nos piores casos, o trauma é uma possibilidade, que explico mais no Capítulo 13.
- ✔ O aprendizado vem com uma parada forçada e os funcionários habilidosos se desengajam ou saem. A tomada de decisão fica lenta com a burocracia e com os níveis onerosos de aprovação.

Não entenda mal, o comando e o controle têm seu lugar nas emergências, mas o gerenciamento em tempo integral com comando e controle não é uma garantia porque todo dia no trabalho não é uma situação ameaçadora — pelo menos não na maioria dos locais de trabalho.

Apesar do fato de usar um estilo de comando e controle no ambiente de tomada de decisão atual não seja lógico nem racional, quando prevalece a incerteza, muitos gerentes voltam para um estilo de comando e controle basicamente porque ele oferece a ilusão de estar no controle. Outras empresas usam o comando e controle mesmo que digam o contrário, mas você pode apostar que seus funcionários notam a diferença!

Você pode estar em uma posição de autoridade e não usar o estilo de comando e controle, mesmo nas instituições — como as Forças Armadas dos Estados Unidos — que parecem ser construídas sobre uma alta estrutura de comando e controle. Considere, por exemplo, David Marque, um ex-oficial da Marinha, que descreve como ele conseguiu uma liderança e desempenho sustentados em seu livro *Turn the Ship Around! A True Story of Turning Followers into Leaders* (Portfolio Hardcover [EUA]). Ben Simonton, um ex-oficial da Marinha, descreve o desenvolvimento de uma liderança autossustentável, capaz de suportar chefes ruins em seu livro *Leading People to Be Highly Motivated and Committed* (Simonton Associates), que você pode encontrar em seu website www.bensimonton.com (conteúdo em inglês). Ambos dão lições sobre a liderança e a tomada de decisão para os tomadores de decisões comerciais.

A abordagem unilateral: "Farei sozinho!"

A abordagem unilateral vem da crença de que você tem talento ou não tem, portanto, aqueles que agem unilateralmente acreditam que seus padrões definem o ritmo para o que é esperado. Os gerentes que usam esse estilo definem altos padrões e esperam que as pessoas atendam-nos ou excedam-nos. As decisões são tomadas sem consulta e os funcionários têm muito espaço para realizar o trabalho... a menos que falhem em atender as expectativas.

Esse estilo funciona bem quando os funcionários requerem pouca direção e são altamente competentes, e quando a cooperação e o trabalho em equipe não são requeridos. Contudo, ele não permite o desenvolvimento profissional e não é flexível o bastante para se adaptar a um ambiente de trabalho colaborador.

Abordagem autêntica: "Vamos fazer juntos!"

Este estilo conta com uma comunicação efetiva da visão, dando aos membros da equipe a flexibilidade e a liberdade de alcançarem o objetivo aplicando sua especialização e habilidades. As decisões são tomadas usando processos baseados em acordos, inclusive o consenso. (Você pode ler mais sobre o consenso no Capítulo 11.)

Os funcionários trabalham juntos para se apoiarem. A mistura de membros experientes e funcionários inexperientes é equilibrada quando os membros transferem o conhecimento necessário. Como esse estilo cria um ambiente onde a consistência e a confiança são partes-chave da relação de trabalho, é criada uma estabilidade.

Lidando com as expectativas não atendidas

Mais cedo ou mais tarde, alguém fará o oposto do que você esperava ou queria. Nesse momento, você pode adotar uma das duas abordagens: pode focar em decidir de quem é a culpa ou focar em onde a comunicação foi interrompida.

Em geral, as expectativas não atendidas ocorrem quando uma imagem do resultado previsto não está aparecendo na Tela da mente da outra pessoa. Você tem duas oportunidades para comunicar as expectativas com eficiência: no ponto da comunicação inicial e depois do erro de comunicação ter ocorrido. Eis alguns ponteiros para 1) ter o correto na primeira vez e 2) corrigir qualquer erro de comunicação que possa ter ocorrido.

- **Ao transmitir as expectativas, explique o que é necessário e o motivo, e como será usado.** Aqui estão alguns ponteiros:
    - **Forneça os detalhes:** Por exemplo, "precisamos fazer uma apresentação para um grupo de 10 executivos que respondem melhor ao visual do que a dados. No final da apresentação, esses 10 executivos precisam sentir-se confiantes de que o ajuste que estamos propondo atende seus objetivos melhor do que a versão anterior".
    - **Comunique o que você espera como resultado e explique como esta tarefa contribui para a direção-geral:** Por exemplo, se estiver implementado um projeto e surgirem novas informações indicando que as opções exploradas não são adequadas, você estabelece uma mudança que permite a preparação de várias abordagens simultaneamente: "A finalidade da apresentação é ter a aprovação de um cliente para um ajuste de um projeto que custará um pouco mais de dinheiro, mas oferecerá um produto melhor".

- **Quando um erro de comunicação tiver ocorrido, coloque o problema diante de todas as partes.** Aqui estão algumas sugestões para ter as mudanças necessárias:
    - **Transmita como o trabalho feito até o momento atende suas expectativas, então, peça melhorias específicas:** Por exemplo, "Atendemos as exigências básicas. Agora, o que podemos fazer para superar as expectativas?"
    - **Tenha consciência de suas emoções para que possa evitar uma explosão emocional que seja disfarçada como um retorno.** A raiva não servirá para melhorar a qualidade do produto nem a moral de sua equipe. Na verdade, é um modo de recobrar o controle.
    - **Dê a todos uma chance de acabar com qualquer erro de comunicação.** Lembre-se, o mais importante ao lidar com as expectativas não atendidas é responder e reservar um tempo para ser justo e escutar para que possa ouvir o que está no centro do problema.

Estas sugestões sobre como comunicar as expectativas com eficiência não se aplicam apenas às relações profissionais. Quando você compreender essa habilidade, irá melhorar suas relações pessoais também. Considere isso um bônus!

Capítulo 15

Tomando Decisões como um Empreendedor ou um Pequeno Proprietário

Neste Capítulo

- Identificando suas qualidades empreendedoras
- Estabelecendo uma base filosófica para as decisões
- Estabelecendo sistemas e processos
- Recuperando a paixão quando ela desaparece

*U*m empreendedor pode ser qualquer um, desde um empresário solitário maduro ou um pequeno proprietário até o fundador de uma corporação. Alguns empreendedores se especializam em empresas start-up, saindo quando elas vão para o estágio seguinte; outros são especialistas em recuperação, pegando as empresas falidas e retornando suas riquezas. Os empreendedores que se tornam pequenos proprietários trabalham para si mesmos e aceitam o risco e a incerteza em troca de liberdade para desenharem seus próprios destinos e os destinos de suas empresas.

Neste capítulo, mostro os tipos de decisões que os empreendedores tomam normalmente. Também mostro aqueles que foram empreendedores por um tempo para recuperarem a direção empreendedora e a paixão quando ela falhou. Como a liberdade permite a você reinventar-se e reinventar seu negócio à vontade, você desejará rever os pontos neste capítulo mais de uma vez ao ano e várias vezes durante seu negócio.

Conhecendo o que Faz Você Funcionar

Como empreendedor, você conta consigo mesmo, sua visão e suas decisões. Nem todas as suas decisões serão boas, mas os erros fornecem uma experiência valiosa e ajudam a tomar decisões melhores (vá para o Capítulo 6 para descobrir como usar os erros para melhorar). Apesar de todo o suporte que você receberá (alguns confiáveis, outros nem tanto), todas as críticas que ouvirá (algumas muito francas, outras menos) e todo conselho que terá (alguns ruins, outros bons), no final, você terá que acatar seu próprio conselho. Por isso, seus melhores aliados são seu autoconhecimento, sua equipe e seu desejo de cometer erros, aprender e continuar. Nesta seção, explico como o autoconhecimento e a reflexão direcionam suas escolhas.

Identificando suas qualidades de empreendedor

Enquanto os ambientes de trabalho falham em engajar as aspirações criativas dos funcionários, os números de empreendedores e pequenos proprietários está crescendo. Se você for um daqueles que sai de uma posição segura para iniciar seu próprio negócio, conhecer com quais qualidades interna você conta será útil. A seguir, estão os atributos e as mentalidades comuns dos empreendedores; quando você ler a lista, observe quantas dessas qualidades possui:

- São altamente autoconfiantes
- São pessoas dinâmicas que tomam a iniciativa, sentem-se no controle de suas vidas e têm uma visão positiva
- Têm altos padrões geralmente reunidos a um desejo de fazer a diferença
- São visionárias e progressivas, e focam no sucesso
- Veem oportunidades onde os outros veem problemas e tomam uma ação
- Aceitam o risco calculado em troca de uma alta recompensa e autonomia
- Removem as barreiras do caminho para alcançarem seus objetivos
- Estão comprometidas com o sucesso, mas se sua empresa estiver lutando, não se de esquivam de tomar decisões difíceis e permitem que elas mudam o curso
- Sentem-se confortáveis com a incerteza
- Expandem sua empresa permanecendo com a mente aberta
- São criativas ao ter ideias e aplicá-las para atender uma necessidade ou nicho

Resumindo, essas características marcam uma "mentalidade de crescimento" — uma na qual o aprendizado é encontrado a todo momento. Quanto mais esses atributos parecerem verdadeiros para você, melhor! De fato, coloque uma marca de verificação nos atributos com os quais você conta na maioria das vezes. A lista de seus atributos empreendedores específicos é importante, como explico na próxima seção.

A mentalidade empreendedora no trabalho: Skype

Os fundadores do Skype dão um bom exemplo da mentalidade empreendedora no trabalho. Em 2001–2002, os empreendedores suecos Niklas Zennström e Danish Janus Fiis, estavam trabalhando em sua segunda start-up, desenvolvendo um software de tecnologia de ponto a ponto. Eles estavam trabalhando com os engenheiros estonianos Ahti Heinla, Priit Kasesalu e Jaan Tallinn. As despesas da ligação de longa distância aumentavam devido à comunicação entre Estocolmo, Copenhague e Tallin, Estônia, estimulando o pensamento de que talvez a tecnologia que eles estavam desenvolvendo fosse uma solução em potencial. A pergunta mágica "e se" apareceu: E se fosse possível a comunicação de longas distâncias entre os computadores, dispositivos móveis e outros dispositivos? Eles conectaram sua necessidade ao software de tecnologia ponto a ponto para terem uma oportunidade e — shazaam! — nasceu o Skype.

Os fundadores do Skype compartilhavam esses atributos empreendedores: Um, eles eram pessoas com iniciativa e era sua segunda start-up (a primeira foi o Kazaa, uma plataforma de compartilhamento de música). Dois, eram visionários; eles puderam prever um futuro no qual os computadores eram o veículo para conversas no mundo inteiro. E três, eles aceitaram um risco calculado e removeram as barreiras para alcançarem seus objetivos (os investidores não tocariam na ideia).

No primeiro mês de operação, o Skype atraiu um milhão de usuários. Então, os investidores começaram a ligar.

Conseguindo clareza em seus valores e fundamentos filosóficos

Os empreendedores que se apressam em tirar suas empresas do chão geralmente não reservam um tempo para entenderem seus valores e a filosofia do negócio. Todavia, os valores básicos e as crenças subjacentes dos empreendedores formam os fundamentos filosóficos das empresas criadas. Também configuram o ambiente de tomada de decisão e a natureza das relações de trabalho, assim como orientam o desenvolvimento de *sistemas comerciais*, os processos estabelecidos para estruturar como o trabalho é feito e a métrica segundo a qual os resultados e o desempenho geral são controlados.

Entendendo por que os valores importam

Os valores básicos, ou o que é importante e não negociável, orientam o comportamento e direcionam o estilo das relações internamente com os funcionários e externamente com os clientes e a comunidade. Conhecer seus valores também fornece o foco ao tomar decisões porque ajuda a assegurar que o que é importe seja feito. Os exemplos de valores incluem coisas como responsabilidade com os clientes, respeito pelos recursos naturais usados e interação com os envolvidos.

Quando todos em uma organização sabem e prestam atenção nos valores básicos, a empresa pode adaptar-se mais prontamente aos cenários comerciais e crescimento de um modo que se alinha com esses valores, resultando em coisas boas acontecendo:

- **Uma empresa que escolhe com atenção como as coisas são feitas e alinha suas ações com seus valores constrói confiança com os funcionários e clientes igualmente.** A pesquisa mostra que as empresas que vivem segundo seus valores e não os abandonam quando as coisas ficam difíceis incutem maior lealdade do cliente e do funcionário e uma moral melhor do funcionário. As empresas maiores e mais bem-sucedidas no mundo — Novo Nordisk e Canon, por exemplo — são baseadas em valores.

- **Ter consciência e ser capaz de aplicar intencionalmente os valores para direcionar a ação coloca sua empresa à frente da concorrência.** O retorno total da Novo Nordisk para os investidores nos últimos 20 anos tem sido mais de 3.700%. Para ver o desempenho das outras empresas que operam com visão e valores básicos, visite http://lampindex.com/2011/10/house-of-futures-talk-copenhagen-denmark/ (conteúdo em inglês).

Em oposição, se esses valores básicos nunca são articulados ou são esquecidos, então, os hábitos baseados nas crenças do passado controlam a tomada de decisão. Resultado: os valores básicos são o fundamento de qualquer empresa bem-sucedida, ainda mais quando utilizados para a tomada de decisão. Integridade constrói confiança e um negócio confiável pode atrair e manter clientes com talentos de alto valor e leais. É um efeito propagador. Você pode ler mais sobre a tomada de decisão baseada em valores no Capítulo 5.

Vendo de perto suas crenças básicas

As crenças servem para filtrar as novas informações em duas categorias: primeiro, confirma o que eu já sei? e segundo, desafia o que eu penso que sei? Como consequência, elas trabalham a seu favor e contra você, como acontece quando você rejeita novas informações que desafiam o que funcionou no passado. As crenças também orientam o comportamento no local de trabalho. Elas podem limitar ou libertar o desempenho. Os exemplos de crenças incluem os seguintes:

"A única finalidade de uma empresa é ter lucro. Nada mais importa."

"Os funcionários não devem ser confiáveis. Eles têm que receber ordens."

"Confiamos em nossos funcionários e esperamos que sejam líderes."

As duas primeiras crenças são limitadoras, reprimem a criatividade e o pensamento independente, e encorajam sentimentos ruins. A terceira dá capacitação.

Suas crenças básicas ditam os tipos de riscos que o deixam vulnerável. Por exemplo, as empresas que acreditam em ter lucro a qualquer custo geralmente usam o medo, coerção e intimidação para atingirem seus objetivos. Como o lucro é o principal objetivo, elas negligenciam outras considerações importantes e, como resultado, tornam-se vulneráveis às violações da ética (optar por não fazer o recall de carros com chaves de ignição defeituosas, por exemplo, por causa do custo associado a fazer isso).

E mais, suas crenças sobre como obter os resultados que você deseja também impactam quais métricas usar para avaliar o sucesso, que tem suas próprias consequências, pretendidas e não pretendidas. As empresas podem acabar tomando decisões que economizam dinheiro a curto prazo, mas custam muito mais no futuro. As empresas que aceitam a ideia "ter um lucro a qualquer custo" criam números mais altos de doenças relacionadas ao estresse, desempenho mais fraco e relações piores com os clientes. Elas também ganham menos dinheiro porque suas decisões baseadas em centavos acabam aumentando sem querer os custos.

A Infusionsoft, uma empresa especializada em pequeno marketing comercial, acredita nas pessoas e em seus sonhos, portanto, criou uma posição Gerente de Sonhos — um trabalho dos sonhos, você não acha? O Gerente de Sonhos é responsável por instruir pessoalmente as pessoas que têm um sonho que desejam tornar real. Como a Infusionsoft acredita nas pessoas e em seus sonhos, eles as ajudam a transformar seus sonhos uma realidade.

Desde Ser Instintivo até Estabelecer Sistemas

Nos estágios iniciais de iniciar sua empresa, você tem que fazer malabarismos com muitas bolas, assegurando um financiamento, projetando campanhas de marketing, aumentando as vendas, construindo relações com o cliente, cuidando da contabilidade e tarefas da contabilidade... resumindo, fazer o trabalho de uma equipe, com cada tarefa requerendo sua própria especialização. Como empreendedor no modo start-up, seu tempo é precioso e você pode afogar-se em todos os trabalhos requeridos para construir um negócio ou pode dar os passos necessários para ver seu negócio indo de seu crescimento inicial até uma condição sólida. Nesta seção, forneço uma estratégia para reunir sua equipe, explico como construir os processos para fazer o trabalho e compartilho por que você deve sempre estar ciente de seu processo de tomada de decisão.

O maior risco dos empreendedores? Não conseguir mudar de trabalhar *em* seu negócio, totalmente preocupado com as operações e a administração diárias, para trabalhar *para seu* negócio, tomando decisões estratégicas de alto nível. Um componente-chave para fazer essa transição é delegar e terceirizar as tarefas que eles não precisam fazer para liberar seu tempo fazendo o que fazem melhor. Um livro que tem ajudado muitos empreendedores a saírem do ciclo vicioso é *The E-Myth Revisited: Why Most Small Businesses Don't Work and What to Do About It* de Michael Gerber (HarperCollins). Trabalhando em seu negócio, vendo-o de um ponto de vista mais alto, você pode conseguir mais prosperidade. No final, segundo Richard Branson do Virgin Group, os empreendedores no topo do jogo tomam de três a quarto decisões de mudança em um ano. O resto é lidado por suas equipes.

Indo da multitarefa para construir uma equipe

Quando você vai da multitarefa — realizar a maioria das funções do negócio por si mesmo — para construir uma equipe, precisa decidir quais funções delegar ou terceirizar. Para ter clareza sobre o que delegar, comece separando o que você pode fazer do que *precisa* fazer para a empresa ter sucesso. Realize as seguintes etapas para descobrir quais funções você deseja manter como parte de seu fluxo de trabalho e quais funções precisa terceirizar ou delegar aos membros da equipe existentes:

1. **Liste as funções do trabalho que são requeridas para o abrir seu negócio e oferecer produtos ou serviços.**

    Esta lista geralmente inclui as funções básicas, tais como, vendas de marketing, serviço ao cliente, distribuição, finanças e legais. As tarefas reais associadas a cada uma dessas áreas funcionais dependem da natureza de seu negócio. Se seu negócio estiver no serviço de alimentação ou produção, sua lista incluirá mais áreas.

2. **Identifique as funções na Etapa 1 que podem ser terceirizadas ou automatizadas.**

    As tarefas que são boas candidatas para a terceirização ou automação têm estas características:

    - Elas distraem você de tomar decisões estratégicas ou oferecer serviços de alto valor.

    - Outra pessoa pode fazê-las melhor e por um preço menor (em termos de valor do seu tempo) que você.

    - São tarefas nas quais você não é bom em particular ou não deseja aprender.

Neste ponto, você sabe quais tarefas deseja continuar fazendo e quais deseja passar para outras pessoas. Quando você distribuir as tarefas, combine a função com o ponto forte do membro da equipe. Se, durante sua avaliação dos pontos fortes dos funcionários existentes, você descobrir lacunas que sua equipe existente tem ao realizar algumas das funções, terá que tomar decisões: você retorna essas tarefas para você, treina a equipe existente ou contrata para preencher as lacunas?

Decidindo como o trabalho é feito

Como você faz o trabalho em sua empresa? Essa pergunta é uma que você precisa endereçar em vários estágios do crescimento da empresa. Ao responder a essa pergunta, você também decide que tipo de proprietário/gerente deseja ser: um que detém todo o poder da tomada de decisão para si mesmo; um que promove uma abordagem de auto-organização, onde todos contribuem; ou algo intermediário. Como você planeja organizar seu negócio quando crescer: Você deixará sua empresa ficar na estrutura hierárquica tradicional quando atingir 50 funcionários ou verá alternativas mais alinhadas com seus valores ou a necessidade de ficar ágil?

A primeira pergunta (como fará o trabalho?) depende muito da resposta para a segunda pergunta (que tipo de estrutura organizacional você prevê?). Na seguinte lista, descrevo os modos mais comuns como o trabalho é organizado agora:

- Nos negócios familiares ou pequenos, o proprietário toma decisões estratégicas, confere pessoalmente com a equipe principal para ter uma entrada, então, decide sozinho, com o conselho de funcionários confiáveis ou membro da família. O trabalho é organizado por função, mas como não há nenhum sistema formal em geral, essa estrutura organizacional pode parecer um pouco caótica e disfuncional. Adicionar sistemas formalizados traz eficiências.
- Nas empresas de médio a grande portes, os papéis e as responsabilidades são padronizadas e codificadas. A tomada de decisão é centralizada no topo ou distribuída nos níveis de autoridade. Esses negócios geralmente acabam um pouco burocráticos porque tendem a adotar a abordagem tradicional de organização quando crescem.
- As organizações horizontais são caracterizadas por altos níveis de autonomia e responsabilidade pessoal. As funções administrativas centralizadas fornecem um apoio básico e a tomada de decisão é estruturada intencionalmente para se adequar à importância do que está sendo decidido.
- As comunidades virtuais de prática (grupos de pessoas que compartilham uma habilidade e/ou uma profissão) têm algumas formas: em uma versão, a empresa inteira é uma rede de profissionais de diferentes especializações que são unidos por valores compartilhados ou interesse econômico compartilhado. Esses grupos se associam em projetos específicos para atenderem a uma clientela maior. Construir pontos fortes através da diversidade também pode ser conseguido com joint ventures ou alianças estratégicas entre duas empresas, que analiso no Capítulo 18. Uma terceira forma é a colaboração em cooperação entre dois ou mais profissionais trabalhando remotamente por um tempo específico para desenvolverem e comercializarem um produto. Como as ferramentas para a colaboração remota ficam cada vez mais disponíveis, os modos de poder trabalhar junto ficam limitados apenas pela imaginação.

A tomada de decisão descentralizada é bem mais ágil do que a centralizada e empresas de qualquer porte podem adotar a tomada de decisão descentralizada. Para fazer a estrutura descentralizada funcionar, você deve cultivar a liderança em todos os níveis, criando *empreendedores internos*, funcionários que adotam uma mentalidade empreendedora, mesmo quando trabalham dentro de uma comunidade formal. Em seu livro *Wiki Management: A Revolutionary New Model for a Rapidly Changing and Collaborative World* (AMACON), Rod Collins descreve como as empresas progressivas estão aplicando esse conhecimento para se adaptarem. Descubra mais em http://www.optimityadvisors.com/WikiManagement/ (conteúdo em inglês).

Tendo consciência de seu processo de tomada de decisão

Iniciar uma empresa é um desafio. Continuá-la é outro. Infelizmente, poucos empreendedores prestam atenção em como tomam decisões. Eles improvisam — e isso leva à falha. Como você pode evitar ter uma falha? Tome decisões conscientes e intencionais. Por exemplo, ao invés de pensar que terá sucesso quando tiver mais funcionários, poderá decidir limitar o crescimento e manter a flexibilidade. Alguns fatores que contribuem com a falha incluem aqueles analisados nas próximas seções (porém, há muitos outros).

As empresas start-ups têm um alto índice de fracasso. Mais de 90% das start-ups de tecnologia fracassam; essa porcentagem é um pouco menor para as empresas em outras indústrias.

Ficando sem caixa

Como menciono no Capítulo 10, gerenciar o fluxo de caixa é fundamental para iniciar com sucesso, crescer ou administrar seu negócio. As start-ups focam invariavelmente em gerar renda, ao invés de criar valor para o cliente; como consequência, elas ficam sem caixa muito cedo.

Algumas vezes, você tem que gastar dinheiro e outras, tem que manter. Quando você estiver no meio do desenvolvimento de um produto e ele não está pronto, seja econômico. Quando estiver pronto para crescer, poderá achar que o gasto deve exceder sua renda. Pise fundo no acelerador para reforçar seu crescimento! Pisar levemente é melhor no desenvolvimento inicial quando você ainda tem barreiras para superar e não tem um protótipo. Depois dos clientes confirmarem que seu modelo de negócio é acertado, você poderá acelerar para conseguir crescimento. Se você estiver acostumado a ser conservador, fazer a mudança será baseado em um senso interno de oportunidade (pressentimento). Vá para o Capítulo 7 para saber mais sobre como a intuição pode orientar as decisões, especialmente aquelas que são tomadas em áreas ambíguas.

Capítulo 15: Tomando Decisões como um Empreendedor... 263

Ter muito dinheiro não é garantia de sucesso também. Na verdade, as empresas com muito dinheiro e sem experiência suficiente de gerenciamento podem acabar com seu caixa antes de ter o produto pronto. Em geral, as empresas que estão mais bem posicionadas para aumentar seu crescimento em uma taxa sustentável são aquelas que foram forçadas a promover suas finanças, usando os recursos disponíveis.

Habilidades de gerenciamento inadequadas

Ótimos produtos sozinhos não são suficientes para tornar um negócio bem-sucedido. Para crescer, sua empresa precisa de ótimo talento e ótimas habilidades de gerenciamento comercial também. As empresas — até aquelas com grande potencial — poderão afundar se não iniciarem ou quiserem desenvolver boas habilidades comerciais. Os erros comuns e caros que enfraquecem as equipes incluem aceitar conselhos da família, subestimar o tempo e o esforço requeridos para colocar um produto no mercado ou aumentar um negócio, expandindo rápido demais, calculando mal as finanças e mais.

Você poderá evitar esses problemas se tiver uma boa equipe, souber que pode confiar em seus próprios instintos e reservar um tempo na extremidade inicial para planejar. Você também pode buscar um mentor sempre que precisar de conselhos.

Ser preso demais à sua ideia, modelo comercial ou empresa

Então, o que está errado em estar preso à sua empresa ou ideia? Nada, contanto que você não caia nestas duas armadilhas:

- **Você sabe que tem uma ótima ideia, então prossegue, supondo que tudo que tem que fazer é construir seu produto e o mercado irá materializar-se.** Bem, talvez sim, talvez não. Seus clientes em potencial podem não achar sua ideia tão brilhante quanto você pensa. Na verdade, eles podem não estar interessados, podem querer em um formato que você não considerou ou podem sentir-se bem com a solução atual (mesmo sem os acessórios que o seu produto tem). Talvez sua ótima ideia realmente seja ótima, mas pode estar à frente de seu tempo. Se você descobrir que ganhar e manter os clientes custa mais do que você ganha com suas compras, terá problemas de fluxo de caixa.

Fazer uma pesquisa de mercado completa pode evitar falhas. Pergunte a seu mercado-alvo em que ele investirá e por que abriria mão de seu dinheiro. Como ele toma suas decisões de compra? O critério básico: foque em seus clientes. Tenha empatia por seus clientes para que possa conectar seu produto ou serviço às suas necessidades. O mapa da empatia no Capítulo 12 é um guia útil.

- **Você está tão preso ao seu produto, modelo comercial ou empresa que falha em ver os sinais de que o mercado está mudando e segura seu bebê por tempo demais.** Resultado? Sua janela de oportunidade para fechar o negócio ou vender seu negócio evapora-se, deixando-o sem nenhuma outra opção, exceto fechar as portas.

Pensar em fechar ou vender seu negócio é difícil. Talvez, você ainda sinta paixão pelo que faz. Ou talvez se importa e tenha lealdade por sua equipe, que criou o valor da empresa. Sua decisão conta com sua intuição — um senso de saber se você conseguiu o que definiu conseguir e se chegou a hora de partir — e entender as tendências do mercado para seu produto ou serviço, assim como as considerações pessoais e comerciais que são únicas em sua situação. Porém, lembre-se que vender pode não ser a única opção. Outras abordagens podem ajudá-lo a conseguir seu objetivo de longo prazo.

Dando Passos Quando a Emoção Acabou

Todo negócio tem seu próprio ciclo de vida e todo proprietário tem uma vida. Como empreendedor, você dedica sua paixão, orientação, visão, comprometimento e trabalho árduo para tirar sua empresa do chão e assumir uma posição sólida. Mas suponha que a paixão que você sente por sua empresa tenha acabado ou suponha que a criatividade inerente em sua tomada de decisão deu lugar à tomada de decisão em crise, que requer grande parte de seu tempo que você está negligenciando para as pessoas importantes em sua vida.

Ser um empreendedor não é para todos. Atingir os pontos centrais em sua vida ou negócio dá a oportunidade de ir em novas direções, profissional e pessoalmente. Talvez, você queira revisar ou reinventar sua empresa. Talvez, queira reinventar a si mesmo! Recuperar sua paixão requer uma revisão desapegada de onde você está em sua vida e para onde vê seu negócio indo. Nesta seção, informo como decidir para onde ir em seguida.

Etapa 1: Descobrindo o que você deseja

O que você deseja fazer: aposentar-se? Dar um tempo em sua vida? Iniciar outro negócio e tornar-se empregado de novo? Para descobrir, o primeiro passo é observar, sem chegar a nenhuma conclusão, o que está acontecendo no mundo à sua volta e o que deseja em sua vida. Algumas vezes, registrar seus sentimentos e ideias ajudam a parar o vozerio para que possa ver mais claramente suas opções. Siga estas etapas:

1. **Reflita sobre o que você deseja para si mesmo e para o negócio.**

    Esta etapa envolve um pouco de pesquisa e percepção de onde estão suas prioridades. Você pode anotar. "Pessoalmente, quero ser uma mãe e esposa envolvida, e sentir que estou contribuindo de modo significativo em minha comunidade. Quero que meu negócio consiga crescer em valor, mas não às custas de minha qualidade de vida".

2. **Pergunte a si mesmo: "Atingi os objetivos definidos para mim mesmo e para a empresa?"**

   Esta etapa requer mais que uma resposta sim ou não. Liste suas realizações para que possa focar no que deseja seguir, ao invés de querer afastar-se. Se você estiver cansado, por exemplo, e focar apenas em como escapar da fadiga, ao invés de focar em suas realizações, poderá ir para um local diferente (talvez uma praia), mas essa mudança não iluminará o caminho para sua paixão. A direção e a energia aparecem quando você reconhece o valor que sua experiência lhe deu. Portanto, comemore seus ganhos em experiência, realização e em sua tomada de decisão!

3. **Liste seus objetivos pessoais e decida se você os atendeu.**

   Por exemplo, você pode listar que levou o negócio a um lugar onde ele está pronto para o próximo estágio de crescimento e fez isso mantendo suas relações pessoais, saúde ou boa forma. Contar suas vitórias ajuda-o a ter perspectiva sobre o que você conseguiu.

Etapa 2: Verificando onde está seu negócio

Depois de determinar o que você deseja, o próximo passo é assegurar onde está seu negócio e descobrir o que você deseja para ele. Essa avaliação ajuda a determinar se você ou seu negócio está em uma encruzilhada. Eis alguns cenários a considerar:

- **Sua empresa está crescendo rapidamente e para ir para o próximo nível, precisa de uma infusão no caixa e especialização que você não tem.** Se este cenário descreve seu negócio, você tem que decidir se deseja reunir parceiros comerciais que tenham capital e especialização que faltam, vender para uma empresa que pode trazer o caixa e a especialização necessários ou contratar gerentes comerciais profissionais que possam levá-lo ao próximo nível. As duas primeiras opções significam que você deve dar o controle e algum domínio.

  Prepare suas opções, então, reflita, dando a si mesmo bastante tempo para ver o que faz sentido. E mais, tente ver a situação de uma perspectiva diferente. Se um CEO de fora da empresa entrasse pela porta ou se você contratasse um novo CEO, qual decisão essa pessoa veria e qual decisão provavelmente tomaria?

- **Sua empresa está operando por si só (ou poderia operar por si só).** Se sua empresa está hesitando e você deseja fazer algo mais, poderá decidir fazer a transição do negócio. Se fizer, qual será a melhor maneira? Você deve vender o negócio diretamente ou deve delegar suas responsabilidades para outras pessoas para que possa ser um evangelizador, promovendo sua marca de fora?

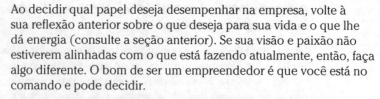

 Ao decidir qual papel deseja desempenhar na empresa, volte à sua reflexão anterior sobre o que deseja para sua vida e o que lhe dá energia (consulte a seção anterior). Se sua visão e paixão não estiverem alinhadas com o que está fazendo atualmente, então, faça algo diferente. O bom de ser um empreendedor é que você está no comando e pode decidir.

✔ **Seu negócio está lutando porque as condições do mercado mudaram e o valor que sua empresa oferecia para os clientes não é mais viável.** Se este for o caso, você poderá reinventá-lo para que, como uma fênix, ele possa sair das cinzas ou você poderá parar de funcionar.

 A MySpace iniciou antes do Facebook. É um exemplo de empresa que teve uma ótima ideia — rede social para entretenimento e fãs de música — que saiu um pouco do caminho. Uma combinação de erros estratégicos acompanhada pelo surgimento do Facebook atrapalhou a capacidade da MySpace de ajustar os recursos para melhorar a experiência do cliente, resultando em uma falha definitiva em atender as expectativas. Depois de se reinventar, em 2013, Justin Timberlake, que tem um investimento na nova versão, anunciou a nova MySpace como um streaming de mídia musical, reivindicando um nicho no mercado.

Principais perguntas quando você ainda não pode decidir

Ainda não está certo sobre qual caminho seguir? Não desista. Faça a si mesmo estas perguntas:

✔ **Você se sente puxado em cem direções? Estou reagindo constantemente à crise? Se estiver, o que estou fazendo para criar essa situação?** A resposta para estas perguntas ajuda-o a mudar como você lidera a si mesmo. Talvez você adore uma crise. Prosperar com a crise é a única maneira de se sentir vivo e vibrante, mas não é uma boa maneira de tomar decisões acertadas. Ir da crise para um estado mais consciente reduz o estresse e cria um ambiente melhor para a tomada de decisão. Se você realmente precisa da adrenalina correndo, considere fazer uma troca: ao invés de operar no modo de crise, experimente o bungee jumping!

✔ **Quais decisões comerciais estão à frente? As opções são claras? Tenho sentimentos claros sobre elas?** Dúvida, medo e confusão são simplesmente sinais para recuar e ganhar altitude (digamos alto o bastante para ver o planeta) para que você possa reconhecer o que é importante para você a curto e longo prazos. Então, decida qual caminho seguir. Do contrário, você ficará tentado a administrar as necessidades emocionais sem ter perspectiva sobre as consequências. Trabalhei com muitos donos de negócio que queriam vender porque estavam cansados e desejavam mais tempo para fazer o que importava para eles. O futuro desses negócios estava entrelaçado com os desejos pessoais de seus proprietários. Recuar permite ordenar o que está motivando uma decisão para que você possa ter clareza e ver mais opções.

Parte V
Aplicando as Habilidades da Tomada de Decisão em Desafios Específicos

Cinco Critérios para a Tomada de Decisão Ética no Negócio

- As empresas negociadas publicamente que incorporaram cuidado e compaixão pela vida (pessoas e planeta) em seu DNA cultural superam muito em desempenho suas iguais.

- As empresas que oferecem um ótimo lugar para trabalhar e utilizam um estilo de gerenciamento que engaja têm menos violações éticas.

- A tomada de decisão ética é criar um valor compartilhado para o melhor produto no presente e no futuro, e a tomada de decisão baseada em valores coloca as empresas no lugar do condutor, apontado para o futuro.

- As empresas mais vulneráveis às violações éticas enviam direta e indiretamente a mensagem de que seu principal objetivo é ganhar dinheiro a qualquer custo. Tal mensagem implica que o comportamento antiético é permitido ou ignorado, caso ele aumente o lucro. Lembre-se, as pessoas confiam no que você faz. Se as ações de sua empresa forem antiéticas, então, a mensagem para a equipe será que o comportamento antiético é bom.

- A transparência e o fluxo aberto de informações mantêm a comunicação honesta e aberta, e apoiam as decisões e os comportamentos éticos. Descentralizar a tomada de decisão para os funcionários fornece autonomia e cria um ambiente que apoia decisões oportunas e o aprendizado. A lealdade é baseada na confiança.

Nesta parte...

✔ Consiga a realização pessoal como parte de melhorar sua proficiência na tomada de decisão

✔ Descubra como ter as pessoas engajadas e envolvidas na tomada de decisão participativa

✔ Aprenda os critérios fundamentais da tomada de decisão para entrar em uma parceria ou joint venture

✔ Planeje padrões formais e informais para aumentar a integridade ética de sua empresa e dos funcionários

Capítulo 16
Usando a Mudança para Conseguir Realização Pessoal

Neste Capítulo

▶ Gerenciando sua vida pessoal através de interrupções inesperadas
▶ Reinventando a si mesmo depois das coisas saírem do caminho
▶ Encontrando sua paixão e finalidade
▶ Avançando para uma vida gratificante

Assim como as mudanças globais ajudam os negócios a recuarem e considerarem suas práticas, as interrupções inesperadas nas vidas pessoais — perdas de trabalho ou financeira, autossabotagem e decisões profissionais que você lamenta, por exemplo — dão às pessoas oportunidades para tomarem decisões que podem levar a vidas mais gratificantes! Este capítulo ajuda-o a ser mais autoconsciente para que possa tomar decisões melhores, fortalecer seu caráter e descobrir como aproveitar todas as experiências de sua vida, boas e ruins. Mostro como ter clareza sobre sua direção pessoal, apresento algumas dicas sobre como se reinventar e explico como se recuperar e integrar as lições de liderança aprendidas com os erros e os sucessos do passado.

Reinventando-se após um Contratempo

As pessoas trabalham muito para manterem o estilo de vida escolhido e aproveitarem os luxos da vida. Mas, algumas vezes, os melhores planos de carreira dão errado e sua existência confortável do passado é interrompida. Quando o tapete é puxado sob você, quando o trabalho que você odiava — ou adorava — acaba, quando as economias de sua aposentadoria evaporam-se ou você perde sua casa, você precisa seguir em frente.

Esses eventos, por mais perturbadores que sejam, dão a você a oportunidade de reexaminar quem você é e o que deseja da vida. Quando Murphy levantar sua cabeça feia e devastar seus planos de carreira, reorganize-se e escolha a nova vida que você deseja. Embora você possa temer a ideia de ter o impulso da mudança, algumas vezes, perder a segurança do trabalho ou dinheiro, ou até uma relação pode ser a melhor coisa que poderia acontecer. O desafio é descobrir como você pode ganhar mais com a situação.

Mudando sua mentalidade após um contratempo

Vários sinais, como os seguintes, podem iniciar um novo começo pessoal. Nesta lista, explico como algumas mentalidades podem impedir suas chances de um recomeço e o que você pode fazer com elas:

- **Perder o emprego com o qual contava para ter segurança financeira:** Perder um emprego pode ser igual a perder sua identidade. Mas você não é seu emprego! Você tem muitos talentos e apenas exercita alguns deles em cada situação na qual está. Reconheça a perda de um emprego como uma oportunidade para mudar de direção e explorar novos caminhos para seus talentos. Para descobrir como identificar a direção que deseja seguir, vá para a próxima seção.

  Um profissional com quem fui voluntária, era um gerente de banco cuja carreira era pouco convencional. Antes de se tornar gerente de banco, ele tinha sido garçom, motorista de táxi e piloto comercial. Ele escolheu seu caminho. Você também pode.

- **Perder suas economias e investimentos, sua casa ou outras posses que lhe dão uma sensação de segurança:** A vida fica complicada quando você tem coisa demais. Com "coisas demais" quero dizer muitas posses materiais. A maioria das pessoas tem muito mais do que realmente precisa para sobreviver e ser feliz. Perder tudo é a chance de voltar ao básico, simplificar sua vida e parar a confusão para que possa sentir a verdadeira felicidade. (Naturalmente, você não tem que esperar uma crise pessoal para simplificar; apenas agilize o processo.)

- **Perder um relacionamento importante:** Se você conta com outra pessoa para ter segurança emocional ou financeira, esse apoio poderá evaporar se a relação terminar. Mas você não precisa da dinâmica de uma relação para definir você ou seu papel; você pode defini-lo sozinho. Quando você perde uma relação importante, tem a chance de se reconectar com mais do que o faz se sentir intimamente seguro. Um grande senso de liberdade criativa resulta de aproveitar o momento.

- **Perder o sentimento de satisfação ou desafio que você costumava ter em sua função atual:** Ao invés de ficar em uma posição que é insatisfatória (e correr o risco de se tornar cínico ou desiludido), considere fazer uma mudança. As pessoas geralmente mudam de empregos ou carreiras porque desejam desenvolver-se e descobrir o que mais são capazes de fazer. Algumas até se reinventam.

Capítulo 16: Usando a Mudança para Conseguir Realização Pessoal

Quando a economia está caindo e os mercados hesitam, você pode ficar em um emprego que odeia porque sente que não tem escolha e está preso. Fazer isso tem um custo. Quando você não está feliz, suas relações pessoais e profissionais sofrem.

Uma mudança inesperada pode quebrar os padrões da rotina e lançar tudo no ar para um novo exame. Ir além de sua rede de segurança para explorar seu potencial requer coragem e autoliderança. Quando surgirem novas possibilidades, você verá que não há nenhuma barreira real para o que é possível, exceto sua imaginação e o desejo de tomar a iniciativa.

Dando os primeiros passos para um novo futuro

Então, o que você faz quando seu mundo está caótico e uma mudança é iminente? Experimente os seguintes gatilhos:

- **Reflita sobre o que lhe dá alegria para descobrir sua verdadeira paixão.** Você possui alguma habilidade ou talento que não desenvolveu de verdade? Há uma atividade que você adora fazer e faz bem, mas não cultivou? Descobrir os sonhos e as paixões que você pôs de lado por anos ajuda a guiá-lo para a próxima etapa. Apenas lembre-se de manter suas opções abertas até o caminho ficar mais claro.

  Se você acha que sucesso significa acumular posses materiais, a reflexão lhe dará uma chance para redefinir o que o sucesso significa para você. Talvez, seja não ter o carro mais caro na vizinhança, mas ter um tempo com qualidade com as pessoas importantes para você ou fazer as coisas que você gosta. Lembre-se, quando você se reinventa, todos os aspectos de sua vida estão na mesa e você tem que decidir quais pega de volta e quais deixa para trás.

- **Preste atenção naquilo que o entusiasma.** Fazer isso é um modo de separar as coisas que você faz rotineiramente das coisas que mantêm suas baterias totalmente carregadas. As atividades, situações, outras pessoas e dúvidas internas que esvaziam sua energia não são úteis. Foque no que faz você se sentir vibrante e ativo: é quando você está criando novas ideias ou quando está tomando uma ação, por exemplo? Então, incorpore o que o energiza como um critério necessário, se você cria seu próprio trabalho ou se seleciona uma empresa para trabalhar.

- **Identifique o que você tem a oferecer: especialização, caráter ou aptidão, por exemplo.** Você possui talentos únicos que pode usar para iniciar uma nova carreira ou conseguir um novo nicho em sua profissão atual.

- **Considere os motivos, além da obrigação, para você fazer o que faz.** Para ter de volta a diversão e o prazer, pegue a mesma atividade e adote um olhar mais positivo. Experimente separar a parte da obrigação ("Tenho que criar este relatório porque meu chefe pediu") da parte da diversão ("Posso usar qualquer criatividade para representar os dados graficamente").

- **Pense no que lhe dá um senso de finalidade — o que o faz acordar todas as manhãs sentindo-se entusiasmado com o dia.** Tenha uma imagem clara da diferença que você faz com sua contribuição para o mundo. Ofereço uma ferramenta visual na próxima seção. Ir de uma zona confusa de não saber o que fazer em seguida para uma sensação concreta do que importa pode guiar suas decisões.

- **Monitore as dúvidas ou os medos que você possa ter.** Quando você vai para um lugar pouco familiar, aceita o medo e a dúvida como parte do processo. Pense em si mesmo, "Estou pronto para me afastar para descobrir do que mais sou capaz". Apenas mantenha o controle do leme e não deixe que o pânico tome conta. Se você decidir manter o status quo, verifique se não está fazendo isso porque tem medo.

Conseguindo Clareza sobre Sua Paixão, Finalidade e Direção

Quando você está na área entre onde tem estado e onde deseja estar, pode sentir que está no meio do nada, sem um mapa para guiá-lo. Felizmente, há ferramentas disponíveis que podem ajudá-lo a acessar e descobrir as coisas que importam para você e sua vida. Ter consciência sobre as coisas que você tem paixão, o significado de querer a vida que você tem e a direção que deseja seguir permite que você tome suas decisões com um senso renovado de clareza. Nesta seção, você descobrirá como usar seu conhecimento inato para fazer acontecer o que, na correria da situação atual, não consegue ver.

Usando um painel de visão para ter clareza

A ferramenta mais fácil de usar para aproveitar visual e intuitivamente os desejos ocultos é um painel de visão. Um painel de visão tem várias imagens que você seleciona e apresenta como uma colagem; contudo, há uma diferença-chave. Nas colagens típicas — pelo menos aquelas que provavelmente você fez na escola —, você sabe exatamente qual significado deseja que o painel represente e seleciona cuidadosamente as imagens para representar esse significado. Com um painel de visão, você começa com uma ideia muito geral — "O que o sucesso significa para mim", por exemplo — que não dá muita ideia, então, seleciona as imagens, inclusive qualquer imagem que sensibilize você.

No final, você acaba com uma miscelânea de imagens, mas aí está a parte boa — e a eficiência — do painel de imagens: você selecionou as imagens por um motivo, mesmo que o motivo não tenha sido o que você pensou conscientemente. Descobrir esses motivos leva-o à autodescoberta. Você pode pensar, por exemplo, que o sucesso é ter uma casa grande, carro elegante e uma posição de alto poder. Mas se seu painel de imagens estiver repleto de campos ensolarados e famílias sorridentes, você acabou de descobrir algo muito importante.

Capítulo 16: Usando a Mudança para Conseguir Realização Pessoal   273

Resumindo, as imagens criam significado, o significado informa a finalidade e a finalidade ativa a energia. Sem uma visão inspiradora, as ideias ficam soltas, inativas e não implementadas. O painel de visão pode ajudá-lo a descobrir e, então, prosseguir em suas paixões reais.

Criando um painel de visão

Para criar um painel de visão, siga estas etapas;

1. **Reúna a matéria-prima para seu painel de visão pessoal nas seguintes fontes:**

    - Pelo menos 15 revistas antigas e quanto mais variadas, melhor. (Eu ataco as lixeiras.)
    - Tesoura e cola
    - Uma cartolina 60 x 90 ou pôster
    - Um bloco de notas e caneta

2. **Encontre um espaço de trabalho no qual criar seu painel de visão.**

    Uma superfície plana o bastante para a cartolina e outros materiais ajudam. Verifique se você tem espaço suficiente para se mover livremente enquanto cria seu painel.

3. **Faça uma pergunta para a qual você não tem uma resposta rápida.**

    Você pode fazer isto mentalmente, mas anote se necessário. Por exemplo, "Qual é minha paixão?" ou "Qual é minha finalidade?"

Faça apenas uma pergunta. Essa única pergunta dá foco para sua criatividade e intuição. Se você fizer mais de uma pergunta, enviará sinais misturados. Depois de identificar a pergunta, esqueça-a. Coloque-a em segundo plano e volte à sua pilha de revistas.

4. **Em revistas, retire quaisquer imagens que atraem você e coloque-as em uma pilha.**

    Reúna de 15 a 30 imagens. Duas não servem. Você precisa de bastante variedade para permitir filtrar e chegar a algumas imagens que o sensibilizam mais. Apenas pegue a imagem e coloque-a na pilha.

Não pense, não pense, não pense. Não analise se uma imagem responde à sua pergunta ou imagine porque você escolheu uma e não a outra. Você está apenas pegando e empilhando as imagens. Se você pensar em toda imagem que escolher, provavelmente queimará o fusível do cérebro ou terá dor de cabeça. Coloque a mente analítica em um estado neutro, Não pense. Aja por impulso.

5. **Depois de selecionar as imagens, pegue a pilha e escolha a imagem básica que diz tudo; coloque essa imagem no centro da cartolina (mas não cole ainda).**

6. **Volte para a pilha, selecione outras imagens que o sensibilizam e coloque-as em torno da imagem central.**

   Basicamente, você está criando uma pequena lista de imagens qualificadas que complementam a imagem básica escolhida na Etapa 5.

7. **Organize as imagens e quando ficar contente com a disposição, cole-as.**

   Seu painel de visão é criado. A imagem básica é a ideia central. As outras imagens servem para complementar essa ideia.

8. **Coloque o painel de visão em uma parece e afaste-se.**

   Reserve um tempo para que possa ter uma distância e uma nova perspectiva antes de interpretar o resultado. Fazer um intervalo insere distância entre você e o que você fez para que, quando vir de novo, possa observar melhor o que as imagens dizem ou representam. Esta é a próxima etapa.

Interpretando seu painel de visão

No dia seguinte ou depois de ter reservado um tempo longe do painel de visão, você poderá interpretar o que o painel significa. Quando você se afastar e observar seu painel de visão, siga estas etapas para ter algumas ideias:

1. **Anote as palavras que vêm à mente e veja como elas respondem simbolicamente à pergunta original.**

   Veja as imagens para saber o que o visual combinado representa. Você verá um fio surgir das imagens que endereça sua pergunta inicial. Por exemplo, as imagens que mostram padrões, cores e formas podem sugerir uma preferência por construir espaços para despertar um sentimento.

   As imagens são simbólicas; todavia, a interpretação é mais intuitiva do que representativa das imagens reais. Por exemplo, se você tiver muitas imagens de carros rápidos, não significa necessariamente que deseja um carro rápido ou gosta de carros rápidos. Talvez, os carros representem você: uma possível interpretação é que você adora ambientes de movimento rápido ou adora estar movendo-se.

2. **Conecte as impressões obtidas com o painel de visão com a pergunta original feita antes de iniciar.**

   Resuma as ideias que surgirem. Você deve ser capaz de identificar as qualidades que você valoriza ou as coisas com as quais se importa que a mente analítica simplesmente não consegue apresentar. Por exemplo, se você perguntou sobre finalidade, então, terá uma imagem de como pode contribuir no local de trabalho. Se você perguntou sobre paixão, então, use essa informação para orientar sua escolha de carreira ou identificar sua direção. Usando o exemplo anterior, uma paixão por mobilidade e situações com ritmo rápido podem apontar para uma paixão por ambientes de trabalho com movimento rápido, como uma start-up ou design, onde você pode ajudar a colocar as coisas em prática.

Capítulo 16: Usando a Mudança para Conseguir Realização Pessoal 275

Se você ficar olhando o vazio, peça às crianças (ou aos filhos dos amigos) que participem. Esteja pronto para receber qualquer coisa, inclusive sabedoria. As crianças geralmente são mais conetadas com seu lado criativo e podem ver coisas nas quais os adultos prestam pouca atenção. Adicione a entrada de terceiros, amigos ou colegas também. Você está procurando novas perspectivas que ofereçam uma visão que você pode não ter visto sozinho.

Testando seu comprometimento com uma decisão: Visualização

As decisões que levam à realização são guiadas pela inteligência de seu coração, não por sua vontade mental. A mente racional está no controle de fazer as coisas, mas o coração fornece a energia. Considere as muitas ideias boas que não engajaram sua paixão ou finalidade, ou que pouco significaram para você. Quando seu coração é inspirado, você fica comprometido com suas decisões e fazer isso realmente ajuda a reacender sua vida.

Suponha, por exemplo, que você esteja pensando em voltar para a escola. Você sabe que a ideia faz sentido racionalmente, mas ainda não está certo se é a melhor decisão. Para testar seu comprometimento com uma decisão, siga estas etapas:

1. **Visualize a ação (ou o resultado da decisão) como se fosse uma realidade.**

   Imagine-se na situação. No exemplo de voltar para a escola, imagine-se estudando, assistindo às aulas e apresentando um novo material.

2. **Observe suas reações ao que você visualiza.**

   Esta pergunta não é sobre o que você pensa; é sobre como se sente, o que lhe diz tudo. Você se sente energizado, entusiasmado, com medo, cansado ou oprimido quando se imagina em um auditório, fazendo anotações? Se você se sente desanimado, pode não ser a decisão certa. Sentir-se entusiasmado e com medo provavelmente é bom porque sugere que você está saindo de sua zona de conforto, mas vê isso como uma aventura. Você está certo. É isso!

Avaliar o comprometimento não vem da cabeça; vem do coração. Se seu coração não estiver presente, nada acontecerá. Qualquer coisa que você faça será inútil.

Fazendo do meu jeito? Escolhendo seu caminho

O desespero leva a escolhas ruins e escolhas ruins estão sujeitas a falhas. Sair de uma situação, como uma carreira ou emprego, antes de entender (ou mesmo gostar) o que aprendeu e conseguiu com a experiência é basicamente o mesmo que correr de si mesmo. A menos que você entenda o que tornou a situação intolerável ou por que seu interesse ficou para trás, escolher com sabedoria o próximo momento será difícil. Embora você possa se sentir impelido a aceitar qualquer emprego para atender às pressões financeiras, essa abordagem geralmente sai pela culatra porque o emprego não irá durar.

Para escolher o que você deseja, ao invés do que costumava fazer, você deve ter uma visão clara de onde deseja estar. Imagine seu futuro como se já tivesse alcançado-o. Assim, ao invés de se afastar de uma situação ruim, você estará escolhendo intencionalmente seguir para uma melhor. A distinção está em saber o que você deseja, ao invés de focar no que não deseja.

Para ter clareza sobre o que você realmente deseja, siga estas etapas:

1. **Desenhe um grande círculo em um pedaço de papel.**

    Deixe algum espaço no lado de fora do círculo.

2. **Dentro do círculo, liste as coisas que você deseja em sua vida.**

    Aqui, você define o ambiente de apoio que deseja criar. Inclua o seguinte:

    - **O tipo de pessoas e expectativas que você deseja em sua vida:** Você pode dizer, por exemplo, que deseja associar-se a pessoas positivas, enérgicas, afirmadoras e honestas.

    - **O tipo de trabalho que deseja fazer:** Nomeie o tipo de trabalho que combina com o que você sabe que pode fazer, mas convida-o a um território pouco familiar — por exemplo, um trabalho que combina seu amor por comida com sua especialização em química.

    - **Como se sente com seu trabalho:** Você pode dizer, por exemplo, que deseja um trabalho energizante e criativo, no qual sente que seus talentos estão sendo usados e desenvolvidos.

Se você não tiver um senso positivo e claro do que deseja, é pouco provável que tome decisões que atrairão uma realidade nova e atualizada para você.

3. **Fora do círculo, nomeie as coisas que você deseja manter fora de seu círculo ou deixar para trás.**

    As coisas que você deseja manter fora de seu círculo, por exemplo, podem ser a negatividade e um sentimento de que a vida sugou você no final do dia. Talvez, você queira deixar para trás um trabalho que o deixa seguro, mas insatisfeito.

Seja absolutamente implacável neste exercício. Seu objetivo é manter dentro do círculo o que você deseja criar e deixar fora de sua nova realidade qualquer coisa que não a apoie. Então, alinhe suas decisões com o que deseja.

4. **Aplique o que você aprendeu na tomada de decisão.**

    Aplique a nova consciência obtida na Etapa 3 quando tomar sua decisão. Claramente, isso significa ter um nível de comprometimento

Capítulo 16: Usando a Mudança para Conseguir Realização Pessoal 277

e, algumas vezes, coragem para, por exemplo, não aceitar um trabalho que atenda a necessidade da segurança financeira, mas falha no critério do local de trabalho. Também significa reservar um tempo para fazer perguntas para descobrir como as pessoas trabalham bem juntas em uma empresa que você está considerando.

Quando você fizer mudanças, treine sua mente para ficar positiva ou, se não positiva, pelo menos neutra. Limpe seus problemas emocionais e retire todo o sarcasmo. Perdoe aqueles que erraram com você para que possa ficar livre para atrair o que deseja.

Sua vida não está livre de acidentes. Muitas escolhas feitas são subconscientes, o resultado de crenças mais profundas que você pode nem mesmo estar ciente. Por exemplo, talvez você se veja como uma vítima e suas decisões tendam a reforçar a ideia de que não está no controle — ou é responsável. Ou talvez se veja como invencível (ou infalível) ou imune a cometer erros, e neste caso você negligencia as oportunidades para aprender. Exija o lugar do condutor em sua própria vida; do contrário, será levado para dar uma volta, sem nenhuma direção clara ou senso de finalidade. Escolha o que deseja. Intencionalmente.

Fortalecendo Sua Resiliência

Muitas coisas competem por seu tempo e muitas demandas podem puxá-lo em muitas direções. Nesse ambiente, é fácil perder o equilíbrio, sentir-se esgotado ou acreditar que nada está acontecendo, apesar de seus esforços. Nesta seção, ofereço algumas ferramentas que ajudam a identificar em que você está realmente focando para que possa ganhar mais confiança, mesmo quando estiver no meio do caos.

Avaliando seu estado de espírito pessoal

A menção da palavra *espírito*, e as pessoas supõem que você está falando sobre fantasmas ou religião. Embora sejam certamente interessantes, esta seção não é sobre nenhum desses dois tópicos. Aqui, analiso o tipo de espírito que é o combustível que move a realização nas vidas pessoais e nas empresas. O espírito no local de trabalho orienta o desempenho e inspira a energia necessária para superar os desafios.

Uma pesquisa realizada pela Kaizen Solutions (http://www.kaisensolutions.org/researchdetails.html-savs — conteúdo em inglês) define o espírito no trabalho como o trabalho que é engajador intelectual e emocionalmente, um sentimento de conexão com algo maior do que si mesmo, um sentimento de comunidade e conexão com uma finalidade compartilhada acompanhada por alegria e vitalidade. As empresas com um forte espírito no local de trabalho se beneficiam de funcionários altamente engajados, equipes com alto desempenho, foco geral alto nos objetivos da empresa e baixa rotatividade dos funcionários, por exemplo.

Nesta seção, informo como verificar seu espírito. Vários instrumentos de avaliação também estão disponíveis para você usar para fazer uma avaliação pessoal de seu espírito. Eis alguns:

- **OneSmartWorld:** OneSmartWorld (http://OneSmartWorld.com — conteúdo em inglês) fornece uma avaliação pessoal e critérios. Verifique esta postagem de blog para obter mais detalhes: http://www.onesmartworld.com/content/blog-x-factor-personal-spirit (conteúdo em inglês).

- **Barrett Values Centre:** O Centre oferece uma avaliação pessoal (http://www.valuescentre.com/pva/ — conteúdo em inglês) e avaliações mais completas designadas para empresas (http://www.valuescentre.com — conteúdo em inglês). Usando a avaliação da empresa, você pode descobrir coisas como onde sua empresa gasta energia ao lidar com os problemas interpessoais; se ela tem sistemas demais, processos e procedimentos que agem como barreira para fazer as coisas e se impedem as pessoas de usarem sua criatividade; etc.

Verificando os três pilares

Para realizar uma verificação da saúde em seu espírito, você precisa fazer check-ins regulares em três pilares básicos: seu *senso de controle* (se você se sente livre para gastar seu tempo pessoal ou tem controle sobre como faz seu trabalho), *iniciativa* (se você sente que pode assumir um risco e uma responsabilidade) e *perspectiva* (se sua atitude mental e visão da vida é positiva ou negativa). Esses três pilares se aplicam não apenas à sua vida pessoal, mas também são espelhados no desempenho da empresa e na saúde do local de trabalho.

Você pode determinar onde você fica em cada pilar respondendo às seguintes perguntas:

- **Senso de controle — Quanto controle você sente que tem para definir a direção e tomar decisões que afetam diretamente seu bem-estar?** Suas respostas informam quanta liberdade você sente que tem para direcionar seu trabalho ou vida pessoal de um modo que seja satisfatório. Se você sente que não tem nenhum controle, há chances de que seu bem-estar esteja baixo. Em oposição, sentir que você tem um alto nível de controle corresponde a um alto senso de bem-estar. Ir do nível baixo para o alto pode significar sair de um ambiente de trabalho que esgota ou mudar sua visão de mundo sobre a situação.

- **Iniciativa — Você é uma pessoa com iniciativa ou precisa ser informado sobre o que fazer antes de tomar uma ação?** A resposta para esta pergunta determina se você precisa de um empurrão para prosseguir ou está confortável em tomar uma ação sozinho. Em um cenário de local do trabalho, você está querendo tomar a iniciativa quando sabe que a falha é considerada parte do processo de aprendizagem ou quando sente que pode assumir o controle e ter uma alta probabilidade de sucesso. Se você precisa ser informado, há chances de que o local de trabalho recompensa a postura de ser informado, portanto, entrar no modo "tomar uma ação" requer que você se veja como trazendo valor, ideias criativas ou uma grande contribuição para a situação.

Capítulo 16: Usando a Mudança para Conseguir Realização Pessoal

✔ **Perspectiva** — Você vê seu copo como estando sempre meio vazio ou meio cheio? Tudo parecia fadado ao fracasso ou são negativas apenas as oportunidades para uma ação? Se você mantém uma visão triste de tudo, mude sua atitude e mudará sua vida. A visão de mundo, quando aplicada na tomada de decisão, é a diferença entre ver o risco como uma oportunidade para inovar ou um perigo a evitar.

Usando um formulário de autoavaliação pessoal do espírito

Para realizar uma autoavaliação, use o formulário na Tabela 16-1. Em cada linha, escolha a descrição mais adequada. No topo de cada coluna, você encontra um valor de pontuação. Para organizar seus resultados, anote os valores da pontuação de cada uma de suas respostas e some.

Tabela 16-1 Questionário de Autoavaliação Pessoal do Espírito

Categoria	1	2	3	4	5
Senso de controle	As coisas acontecem comigo; tenho zero controle.	Se apenas alguém me salvaria!	Hum... ninguém aparece. Posso ter que me salvar sozinho.	Minha vida está melhorando uma decisão por vez.	Tudo é uma oportunidade — tenho o poder de decidir.
Iniciativa	Levanto, saio e acabou. É difícil sair da cama de manhã. Dê uma razão.	Se apenas alguém me dissesse o que fazer em seguida. Embora seja terça-feira, fiz algo que deu certo.	Boa ideia. Posso descansar e ver se o sentimento passa... a menos... ei, isto poderia ser interessante!	Para cada porta que fecha, outra se abre, na maioria das vezes. Imagino o está por trás desta.	Viva! Agora posso fazer o que sempre quiser fazer. A vida é uma grande aventura.
Perspectiva	A vida esgota. Tenho recebido só limões.	É grande demais, opressor, incontrolável, impossível, difícil.	Vou tentar, mas há uma chance do céu cair em minha cabeça... ou talvez não.	Limões fazem uma ótima limonada.	Tudo que eu experimento tem valor. Mal posso esperar para ver o que vem depois.

Depois de completar a avaliação, conte seus pontos totais e consulte a seguinte lista para ter uma interpretação:

- **3–6 pontos: Seu espírito pessoal precisa fortalecer!** Trabalhe para mudar seu pensamento para focar no que você deseja, ao invés do que não deseja. Fazer isso mudará sua perspectiva para uma visão de mundo mais positiva. Para encorajar sua iniciativa, no final de cada dia, dê a si mesmo um crédito para o que realizou. Se você fortalecer sua base interna, poderá criar uma mudança positiva em sua vida. Estude maneiras de melhorar sua autoestima.

- **7–12 pontos: Seu espírito pessoal está no ponto de assumir a responsabilidade.** Foque no positivo e note onde você começou a oscilar para os antigos hábitos. Cerque-se de pessoas que se importam com você e veja seu melhor potencial e o mais alto. Continue construindo sua força interna e momento.

- **12–15 pontos: Seu espírito pessoal é forte.** Fique focado em encontrar pessoas que compartilham valores parecidos e que desafiam você a pensar de modo diferente. Selecione um trabalho ou locais de trabalho nos quais você sente que traz valor e se sente valorizado. Você conseguiu muitas opções disponíveis porque está conectado com o melhor combustível de todos... você mesmo!

Aplicando os resultados em suas vidas profissional e pessoal

Use esta avaliação para ter critérios sobre onde fortalecer seu espírito pessoal para ser flexível com o que acontece inesperadamente ou mudar como você experimenta a vida. Eis algumas ideias para ajudar a ter critérios sobre como seu espírito pessoal afeta seu trabalho e o que você pode fazer quanto a isso:

- **Monitore sua própria conversa e a conversa do local de trabalho.** Se, depois de monitorar a conversa do local de trabalho, você descobrir que é uma fofoca negativa persistente, calúnia, e você é um participante ativo, mude o padrão. Se você sentir que precisa reconstruir as relações do local de trabalho, comece fazendo elogios sinceros ou apreciando as outras pessoas. Diga obrigado quando alguém fizer um ótimo trabalho. Para construir sua própria força e confiança, reconheça o que você conseguiu no final de cada dia. O amor vem em pequenos e sinceros pacotes.

- **Observe qual é sua atitude no trabalho.** Você aparece para fazer o trabalho e desaparece ou você acorda entusiasmado para ir ao trabalho? Se seu trabalho não lhe dá energia ou grande satisfação, talvez seja hora de seguir adiante.

- **Preste atenção às circunstâncias que tiram o melhor ou o pior de você.** Por exemplo, se você descobre um ressentimento ou raiva aumentando, ou de repente fala rispidamente, sabe que em algum nível perdeu o senso de controle. No lado positivo, se você sente alegria em certas condições, preste atenção no que essas condições são para que saiba qual ambiente apoia melhor seu trabalho. O que você aprende

Capítulo 16: Usando a Mudança para Conseguir Realização Pessoal

com os prós e os contras em sua vida profissional e vida pessoal define seu caráter e o tipo de líder que é, mesmo se o único papel de liderança que você esteja querendo aceitar seja ser o líder de sua própria vida.

Vendo sua vida inteira como uma lição na liderança

O que você pode fazer para expandir seu autoconhecimento ou capacidade de liderar sua vida de uma maneira satisfatória? A seguinte lista dá algumas sugestões.

- **Use a incerteza para engajar a criatividade.** A incerteza fornece uma vantagem para o crescimento e a flexibilidade. Convida-o a ser criativo, a pensar sobre as coisas de modo diferente ou experimentar novas abordagens para descobrir mais possibilidades. Como as organizações estão sendo solicitadas a engajar seu talento criativo mais do que munda, aprender a ser mais flexível e criativo é o segredo de seu sucesso.

- **Observe onde e quando seu ego assume o controle.** As decisões baseadas no ego são centradas no sentimento de segurança para a sobrevivência básica e como você se sente valorizado no mundo. As decisões tomadas no serviço para conseguir realização são, essencialmente, baseadas em uma consciência interna de que você está lá para conseguir uma finalidade maior, que envolve usar suas experiências de vida para expandir sua consciência. As decisões baseadas em atender as necessidades do ego não são tão eficientes quanto as baseadas em conseguir um objetivo. Para saber mais sobre o ego, vá para Capítulo 4.

Eckhart Tolle, autor e professor espiritual, declarou que "o ego é a mente não observada". Em outras palavras, observando seus pensamentos, você ganha a habilidade de identificar quando as necessidades básicas por segurança ou sentir-se valorizado estão orientando suas decisões. Então, você pode decidir se acredita no que está pensando ou escolhe uma abordagem diferente.

As experiências de sua vida inteira estão repletas de lições de liderança. Para aproveitar essas lições, você deve abandonar a ideia de que você existe para sofrer. Do contrário, passará pela vida com uma postura de proteção, com medo de que mais coisas ruins acontecerão. Ao contrário, use as experiências ruins para mostrar mais de si mesmo para que possa tomar decisões deliberadas e criar a vida que você deseja viver. Enfrentar a adversidade também lhe dá oportunidade para atingir a parte mais profunda para recuperar sua capacidade criativa. Vá para o Capítulo 3 para descobrir mais sobre como o ambiente do local de trabalho afeta a tomada de decisão e o Capítulo 6 para ver maneiras de poder usar os erros para expandir sua autorrealização e habilidade de liderança.

Transcendência é a capacidade de se elevar acima das limitações internas ou, nas culturas comerciais, elevar-se acima das barreiras para ter sucesso, como, por exemplo, as condições incertas do mercado ou grandes problemas incontroláveis que podem pará-lo no passado. Se você puder transcender as experiências passadas, verá tudo e todos de uma perspectiva mudada. A carga emocional que costumava sequestrar uma resposta racional não será mais inicializada, mesmo quando as circunstâncias forem as mesmas. Sua reação será diferente. Você não responderá mais à negatividade com negatividade. Você viverá no presente, ao invés do passado.

Encontrando-se com seu eu profundo: Os lados escuro e claro

Cada um de nós tem um lado claro, brilhante, e um lado escuro. O lado claro e brilhante mantém a sabedoria no nível mais profundo. Ele inclui o amor, paixão, alegria, paz profunda, humildade, reconhecimento dos outros, estar a serviço da comunidade e do planeta, empatia, acesso à intuição e estar conectado com outras pessoas e alinhado com sua finalidade maior. O lado escuro engloba emoções como, medo, raiva, frustração, dúvida, preocupação (o medo projetado no futuro), culpa, vergonha, ressentimento, agressão, sarcasmo, cinismo, julgamento e acusação — todas as emoções intensas que resultam da bagagem emocional negativa e das feridas emocionais não cicatrizadas que bloqueiam a criatividade e a confiança. Você acessa sua sabedoria interna entendendo não apenas os aspectos claros e brilhantes de seu caráter, mas os lados escuros também.

Assim como as pessoas, as empresas também têm lados escuro e claro. Um local de trabalho que conta com o medo para controlar as pessoas cria passividade e doenças relacionadas ao estresse, e uma tomada de decisão debilitada. Em oposição, um local de trabalho que produz um senso de pertencer, liderança em todo nível, bem-estar e crescimentos pessoal e profissional lida com a mudança facilmente confiando na capacidade criativa coletiva da força de trabalho para se adaptar e trabalhar em conjunto.

Seria fácil dizer que o lado escuro é ruim e o lado claro é bom, mas essa interpretação é simplista demais. O lado escuro oferece diversas passagens para evoluir sua capacidade de liderança, saúde e satisfação com a vida escolhida. O lado claro alimenta as relações pessoais saudáveis e locais de trabalho saudáveis, apoia os níveis mais altos de realização possível e torna possível avanços espetaculares na confiança e no potencial não realizado.

Lembre-se, sua autoconsciência emocional e capacidade de controlar seus sentimentos definem bem sua relação consigo mesmo e ditam a impressão que você deixa nas outras pessoas. E mais, existe uma ligação direta entre o que você faz para conseguir realização pessoal e como sua empresa evolui e adapta-se em resposta às condições comerciais que mudam. Os líderes que não estão trabalhando diretamente com seus lados escuros para aprenderem e evoluírem não estão crescendo. De modo algum.

Capítulo 17

Facilitando as Reuniões Participativas de Tomada de Decisão

Neste Capítulo

▶ Identificando seu papel ao gerenciar reuniões
▶ Planejando reuniões efetivas e produtivas
▶ Preparando-se para reuniões de alto risco
▶ Lidando com a dinâmica do grupo para manter as reuniões nos trilhos
▶ Usando ferramentas para maximizar o envolvimento dos participantes

As reuniões fornecem um fórum para os colegas contribuírem, trocarem informações, implementarem um projeto ou definirem estratégias. Mais cedo ou mais tarde, você será atribuído para realizar uma reunião. Há algumas coisas simples que você pode fazer para facilitar uma participação igual e ativa, e é isso que cubro neste capítulo, as etapas para tirar o máximo do tempo e da especialização de todos. Você também terá ferramentas para a tomada de decisão participativa que poderá usar nas reuniões tradicionais e nas abordagens mais inovadoras para reuniões em pessoa, remotas ou online. A vantagem? Terá um engajamento valioso e criatividade enquanto minimiza simultaneamente as chances de que seus colegas irão cochilar!

As reuniões ineficientes são uma perda de tempo e dinheiro. Eis algumas estatísticas: em geral, 37% do tempo de um funcionário (as estimativas dizem 30% do tempo de um executivo) são gastos em reuniões e nem todas elas são produtivas. De fato, um estudo da Verizon mostrou que 91% dos presentes divagavam e mais de 39% cochilavam! Além disso, as reuniões custam de $700 (uma audioconferência) a mais de $5.000 (para reuniões locais) — uma quantia que exclui o custo dos salários dos participantes e outras despesas que incorrem durante o serviço.

Esclarecendo Seu Papel em uma Reunião

As reuniões são, no mínimo, locais onde as pessoas interagem socialmente para construírem ou fortalecerem sua comunicação e conexão entre si, e para controlarem o(s) projeto(s) no(s) qual(is) estão trabalhando. Para os líderes da equipe e gerentes de projeto, as reuniões são um modo de acompanharem o progresso. Você pode desempenhar os papéis de participante e facilitador simultaneamente, mas quando desempenhar, terá que ser cuidadoso. O poder que você tem como a pessoa que facilita a reunião pode ser mal usado. Nesta seção, informo como realizar o processo e contribuir com conteúdo sem manipular os resultados — um modo infalível de quebrar a confiança.

Distinguindo entre facilitar, moderar e presidir

Os termos *presidente*, *moderador* e *facilitador* são usados alternadamente, mas embora esses papéis sejam responsáveis por gerenciar o processo, cada um usa um estilo diferente. Quando você entender as diferenças, saberá o que esperar quando assumir um desses papéis. As seções a seguir explicam cada papel em detalhes.

Independentemente de qual papel você aceita, ser tiver um propósito no resultado, terá que evitar direcionar o grupo para o resultado esperado ou desejado. Tente ficar aberto ao resultado, mas não preso a ele. Mostrar tal restrição requer muita consciência e disciplina. Para descobrir como evitar essa armadilha comum, vá para a seção "Soltando a ligação com um resultado específico".

Facilitador

Como facilitador, seu papel é remover as barreiras (não à força) para que o grupo possa trabalhar efetivamente junto. As barreiras podem resultar, por exemplo, de estilos de comunicação diferentes, problemas ocultos sobre os quais ninguém deseja falar e usar ou abusar do poder de autoridade.

Quando você facilita, sua tarefa é conseguir um objetivo compartilhado ou acordado dentro de um período de tempo específico enquanto fortalece a apreciação dos diferentes pontos de vista. Para desempenhar esse papel, um facilitador primeiro faz perguntas para avaliar a situação, estabelece quando e onde a reunião começa e termina, então, planeja um caminho para conseguir os resultados passo a passo.

Suponha, por exemplo, que sua unidade tenha um problema recorrente que não foi resolvido, apesar de toda solução ter sido tentada. Como consequência, o trabalho deteriorou-se em um jogo de culpa. Para corrigir a situação, você planeja uma série de etapas que permitem ao grupo identificar o motivo sistêmico do problema retornar e chegar a um acordo sobre a ação a tomar. Seu papel é ajudar o grupo a pensar junto, permitindo aos membros se afastarem de culpar as pessoas (o que é fácil demais de fazer) para identificarem o problema sistêmico subjacente que precisa ser endereçado. Assim, o grupo poderá avançar construtiva e coletivamente.

Os facilitadores geralmente devem ter especialização no assunto, embora ser um especialista dificulte ser imparcial. Quando os egos estão envolvidos, há também muita tentação de manipular a conversa. Em um evento de consultoria que administrei, um dos facilitadores, que veio do ensino superior, pulou a orientação, dizendo que já sabia o que estava fazendo. Trinta minutos de contribuição do participante mais tarde, ele não tinha registrado nenhuma ideia no quadro do cavalete. Nenhuma. Quando perguntei por que ele estava ignorando as ideias dadas, sua resposta foi "Não ouvi nada com o qual concordei ainda".

Você já esteve em uma reunião na qual sua memória do que aconteceu e a gravação dos eventos da reunião nem mesmo foram fechados? Se já, o facilitador ou o moderador estava tão envolvido com sua ideia do resultado que a gravação foi manipulada mostrando isso. É um abuso de poder. Para evitar quebrar a confiança, observe o vozerio em sua mente. Você está avaliando mentalmente cada ideia quando ela é apresentada para ver se é adequada ao seu pensamento ou está realmente ouvindo? No primeiro caso, afaste-se do papel de facilitador até poder ouvir genuinamente o que está sendo dito.

Moderador

Os moderadores geralmente são necessários com discussões em mesa redonda — um formato de reunião que você pode usar quando está apresentando ou trocando informações com uma comunidade (em um contexto de consulta) ou conduzindo uma reunião com o fornecedor, por exemplo. Como moderador, seu papel é assegurar que a conversa cumpra o que prometeu fazer para conseguir os resultados desejados. As principais funções de um moderador incluem:

- Manter a conversa nos trilhos evitando rodeios e distrações, e fazer perguntas curtas e esclarecedoras
- Lidar com as apresentações e monitorar o tempo
- Encorajar e gerenciar a interação da mesa redonda e do público

Como moderador, você é menos ativo como gerente do processo e mais ativo como gerente de como o tempo é usado em benefício do público.

Presidente

A posição do presidente é mais formal (considere presidir uma força-tarefa, por exemplo, ou uma reunião do conselho). Você recebe essa posição de autoridade por indicação ou eleição. Como presidente, você preside os procedimentos da reunião usando um formato prescrito formalmente, como as Regras de Ordem de Robert ou sua própria versão das regras procedurais.

Assim como os facilitadores que também são especialistas no assunto devem ter cuidado para não dirigirem o conteúdo nem manipularem o resultado, os presidentes também devem estar cientes de que não estão conduzindo indevidamente o resultado para o que eles consideram ser a resposta certa.

Soltando a ligação com um resultado específico

Quando você tem um interesse no resultado, há uma tendência natural de conduzir o grupo para seu modo de pensar. Como facilitador, moderador ou presidente, você deve soltar o controle do resultado e permitir que o grupo determine como atender o objetivo da melhor maneira que pode.

Se você for um gerente que define seu papel como mantendo o controle dos outros, deixar seguir será excepcionalmente desafiador e você poderá não ter sucesso sempre. Mas com o tempo, com autodisciplina, os benefícios ganhos em deixar correr solto para alcançar o resultado excederão muito suas expectativas.

Você é uma pessoa na equipe, e como iguais, você está unindo seus QIs e forças únicas para conseguirem um objetivo em comum. No final, as soluções sustentáveis requerem mais cabeças que uma.

O Básico da Preparação da Reunião

A boa sorte e a produtividade favorecem o preparado porque quanto mais tempo for investido na preparação da reunião, mais alto será o valor percebido e maior a produtividade. Nesta seção, descrevo o básico: identificar a finalidade e o motivo da reunião, montar um plano básico e determinar se um formato de reunião formal ou informal é a melhor estrutura. Para obter informações detalhadas do planejamento, vá para a seção "Montando um Plano de Reunião para Decisões Complexas ou de Alto Risco".

Estabelecendo a finalidade da reunião

A preparação começa com a identificação da finalidade da reunião. Fazer isso é uma primeira etapa importante no planejamento da reunião por estes motivos:

- ✔ Guia a seleção dos processos que você usará para facilitar o resultado.
- ✔ Torna o foco claro para todos os participantes.
- ✔ Permite que você saiba quando está colocando tarefas demais da reunião em um curto período de tempo.
- ✔ Permite que você escolha com atenção a abordagem que usará para realizar cada etapa na reunião, inclusive o tempo necessário para a discussão e a reflexão.

Identificando os motivos para se reunir

Reuniões são organizadas o tempo todo. Os entrevistados de um estudo da Verizon, por exemplo, relataram que participaram, em pessoa ou por telefone, de mais de 60 reuniões em um mês! Todavia, muitas dessas reuniões não são necessárias; outros formatos poderiam ser usados para compartilhar ou reunir as informações desejadas. Portanto, quando você decidir organizar uma reunião, verifique se o motivo é importante o bastante. As reuniões são organizadas pelas seguintes razões:

- **Para trocar informações como parte da atualização de instruções ou do projeto:** A finalidade pode ser reunir os membros da equipe e tomadores de decisão sênior para agilizar ou, no caso da atualização de um projeto, verificar o status.

- **Para tomar uma decisão:** A finalidade da reunião determina o que você conseguirá como resultado da decisão.

- **Para resolver, de uma vez por todas, um problema recorrente:** A finalidade poderia ser entender por que o problema continua repetindo-se, com o resultado desejado sendo escolher a devida ação. Gerar opções criativas pode ser uma das etapas (você pode ler mais sobre como utilizar a criatividade dos outros para ampliar suas opções no Capítulo 9).

- **Para realizar uma revisão de pós-implementação da decisão ou os marcos do projeto para aprender o que deu certo e o que não deu:** Uma reunião como esta é usada para identificar as áreas de melhoria e melhorar a precisão da tomada de decisão.

- **Para planejar e alocar recursos para ter a tarefa, projeto ou decisão implementada:** A finalidade poderia ser chegar a um curso de ação que todos os participantes possam apoiar e comunicar claramente aos outros.

Montando um plano essencial

Uma reunião produtiva requer preparação e planejamento cuidadoso. Você pode usar as seguintes etapas como um guia ao planejar sua próxima reunião:

1. **Comunique claramente por que a reunião está sendo organizada.**

    Ter clareza sobre o motivo de você estar organizando uma reunião permite que você estabeleça diretrizes e prepare os participantes da reunião. Por exemplo, você pode decidir conduzir uma revisão de projeto para colocar um projeto problemático nos trilhos.

2. **Compreenda o que você espera conseguir quando a reunião for concluída.**

   Se você não souber o que deseja conseguir, será um encontro social, não uma reunião. Continuando com o exemplo de revisão do projeto na Etapa 1, o resultado final da reunião poderia ser identificar os obstáculos do projeto e propor soluções para removê-los.

3. **Identifique o que você fará com o conhecimento obtido na reunião.**

   Usando o exemplo do projeto problemático, você poderá informar à alta administração o que é necessário para mudar o projeto ou implementar as soluções desenvolvidas na reunião.

Se você está tendo reuniões formais ou informais (mais sobre isso na próxima seção), verifique se todos estão esclarecidos sobre o motivo da reunião ser organizada, sobre o que será falado, quanto tempo será alocado para a reunião, o que acontece com os resultados finais e como as conclusões serão comunicadas depois.

Nos ambientes com ritmo rápido, é tenador evitar a preparação básica da reunião para economizar tempo, mas quando você faz isso, corre o risco de ter que reservar um tempo para refazer o que não funcionou. Ao contrário, faça o que os construtores fazem: meça (planeje) duas vezes, corte (reunião) uma vez. Com uma preparação cuidadosa, você aumenta as chances de ter uma reunião produtiva e eficiente, e ganha o direito de usar seu tempo e das ouras pessoas nas reuniões.

Escolhendo uma estrutura de reunião formal ou informal

As reuniões têm duas formas: formal e informal.

- **Formal:** Em geral, as reuniões formais têm uma agenda acordada ao planejar a reunião e materiais antecipados são circulados para que os participantes possam preparar-se. Elas também têm uma estrutura definida e são bem planejadas e documentadas.

- **Informal:** As reuniões informais, como as organizadas em volta do bebedouro, na parte traseira do caminhão ou durante o voo em um ambiente rápido e divertido, servem como fóruns para trocar ideias, fornecer atualizações do projeto e resolver problemas para determinar o que acontece em seguida.

Se você usa um estilo formal ou informal para conduzir reuniões depende do ambiente de trabalho em sua empresa.

Montando um Plano de Reunião para Decisões Complexas ou de Alto Risco

Grandes decisões — decisões de grandes perigos, alto risco e geralmente estratégicas — correspondem a ligar uma série de decisões menores até que todas as peças convirjam no final. Por exemplo, se você estiver comprando uma franquia ou uma empresa, a decisão final — aceitar a oferta proposta — apenas ocorre após uma série de outras decisões tomadas: como se preparar para o lance inicial, se é para avançar após rever os dados financeiros e avaliar os pontos fortes e fracos respectivos do modelo comercial, como iniciar e participar das negociações etc. Cada reunião se baseia no trabalho terminado e nas decisões tomadas nas reuniões anteriores e, juntas, essas reuniões ajudam você a tomar as decisões hoje que o levam ao objetivo ou ao resultado a ser conseguido amanhã.

Quando muito está em risco em termos de custo, relações ou reputação, a preparação vale a pena em termos de produtividade e valor percebido. Nesta seção, mostro um modo de preparar as reuniões nas quais decisões complexas são tomadas. Usando uma estrutura de planejamento ou modelo (em grande parte disponível na internet), você poderá estruturar suas reuniões para que o trabalho seja realizado.

Etapa 1: Estabelecendo o objetivo e a métrica gerais

A primeira coisa que você precisa fazer é estabelecer o objetivo e a métrica gerais com as quais saberá se ele foi atingido. Saber o contexto geral da decisão que você está trabalhando para conseguir durante a reunião dá ao trabalho uma direção de longo prazo enquanto define simultaneamente a métrica. As métricas não são fáceis de acertar, portanto, monitore os resultados para ver se você está conseguindo o que visou para que possa aprender e ajustar-se quando surgirem as consequências. A seguir, está um exemplo de métrica:

- **Objetivo geral:** "Aumentar o engajamento dos funcionários no aprendizado e no desenvolvimento em 50%. As referências serão estabelecidas através de um processo de revisão dos colegas."
- **Medidas:** "No final do primeiro estágio de implementação, esperamos 75% de funcionários participando de um programa alinhado com seus objetivos de desenvolvimento. No final do primeiro ano da implementação, esperamos ver as relações de trabalho da equipe melhores em 50%, a velocidade de tomada de decisão melhorar em 20% e a força organizacional melhorar em 30%."

Etapa 2: Juntando uma estrutura para a reunião

Depois de determinar o objetivo, você estará pronto para configurar uma estrutura para a reunião, fazendo perguntas como as descritas na lista a seguir. Esta amostra usa o objetivo e a métrica descritos no exemplo anterior (aumentar o engajamento dos funcionários no aprendizado autodirigido):

- **Qual é a finalidade da reunião?** Decida a alocação do orçamento para as iniciativas de aprendizagem identificadas pelos funcionários.

- **Quem precisa estar na reunião e quem tem autoridade para tomar decisões?** O Financeiro e os Recursos Humanos precisam participar da reunião e os gerentes funcionais também precisam estar envolvidos.

- **Qual é o resultado esperado da reunião?** Decidir sobre a alocação do orçamento para o desenvolvimento de cada funcionário.

- **Quais materiais antecipados precisam ser preparados e distribuídos aos participantes da reunião?** As decisões anteriores e outras informações para os funcionários qualificados, assim como a alocação total do orçamento para o autodesenvolvimento do funcionário e as fases no plano de implementação.

As reuniões saem dos trilhos quando você tenta fazer muita coisa simultaneamente: trocar ou reunir informações, tomar decisões, resolver um problema, planejar, revisar etc. As reuniões também ficam problemáticas quando são excessivamente rotineiras, insistem em multitarefas ou não têm nenhum modo acordado de ir da discussão para a decisão. Você usa a finalidade da reunião para definir o ponto de partida e os resultados desejados ou o objetivo para ancorar a linha de chegada.

Etapa 3: Atribuindo tarefas na preparação para a reunião

O planejamento do trabalho prévio da reunião é acompanhado de um plano de ação que esclarece quem é responsável pela logística (reservar uma sala/espaço, comunicar aos participantes, enviar materiais antecipados etc.) e quem contacta os participantes para consultar sobre o que eles devem levar para a reunião em apoio ao trabalho. Uma estrutura de plano de ação típica responde às seguintes perguntas:

- **O que precisa ser feito?** Identifique tudo que precisa ser feito: reservar uma sala, serviço de bufê e coordenar as apresentações das informações secundárias relevantes para a reunião, por exemplo.

- **Quem cuida de cada tarefa?** Aqui, atribua um funcionário ou peça um voluntário para cada tarefa.
- **Qual é o prazo final de cada tarefa?** Atribuir prazos finais assegura que todos os envolvidos saibam quais necessidades serão cumpridas e em qual período de tempo.
- **Quais resultados eu espero?** Diga a cada funcionário atribuído a uma tarefa o resultado final que você deseja. Se, por exemplo, você estiver fazendo uma reunião para 85 pessoas, verifique se o funcionário atribuído à verificação da sala saiba isso. Também informe a cada pessoa envolvida no planejamento qual é o orçamento para que um gasto excessivo não seja um problema.

Etapa 4: Estruturando a reunião com um plano de reunião

Quando você planeja uma reunião, decide quanto tempo é alocado para cada item da discussão, qual a finalidade de cada item, o formato no qual ela é apresentada, os resultados esperados e o que vem em seguida na agenda. Para tanto, acompanhe sistematicamente as etapas de pensamento, uma de cada vez, como mostro aqui (você também pode colocar essas informações em um formato de tabela prático, como mostrado na Figura 17-1). Esse tipo de estrutura, ou uma parecida, mantém a discussão nos trilhos, permite que você corrija o plano quando necessário e permite ficar dentro do tempo alocado para reunião:

- **Item 1 da discussão (10 minutos) — Dar as boas-vindas aos participantes, apresentar o objetivo geral e como procederá com o tempo disponível.** A finalidade deste item é estabelecer ou verificar as expectativas para o que será realizado no tempo disponível. O formato é uma apresentação curta feita pelo presidente ou facilitador.
- **Item 2 da discussão (40 minutos) — Apresentação de qualquer informação secundária pertinente à reunião.** A finalidade deste item é assegurar que todos estejam na mesma página. Este período inclui apresentações de 10 minutos feitas pelos Departamentos de RH e Financeiro, seguido de um período de 20 minutos para esclarecer as perguntas. Um quadro branco é usado para capturar os pensamentos, ideias e preocupações dos participantes.
- **Item 3 da discussão (30 minutos) — Cenários de alocações fornecidos pelo Departamento Financeiro.** A finalidade deste litem é apresentar as informações financeiras com uma entrada dos Recursos Humanos. O formato será uma revisão de dois cenários possíveis com o resultado desejado, sendo que todas as partes compreendam as opções e suas implicações.

Parte V: Aplicando as Habilidades da Tomada de Decisão...

- **Item 4 da discussão (30 minutos) — Identificação do grupo dos critérios para orientar a alocação.** A finalidade deste item é tornar visível o que é importante para todos e concordar sobre como selecionar a melhor opção. O item usa o processo facilitado para reunir e aprimorar as ideias. O resultado desejado é que os membros do grupo tenham determinado quais critérios serão usados.

- **Item 5 da discussão (60 minutos) — Pesar as várias opções.** A finalidade deste item é selecionar as principais opções, com base em como os números se somam através dos critérios pesados na discussão anterior. Esse item é facilitado e o resultado desejado é determinar se a opção é funcional, consegue os objetivos do programa e funciona para os funcionários.

- **Item 6 da discussão (intervalo de 15 minutos) — Testar e confirmar.** Durante este intervalo na reunião, os participantes relaxam, recuam, refletem e têm perspectiva para que possam ver a decisão final com uma mente fresca. Os participantes decidirão se estão fazendo uma escolha que podem apoiar. Um modo de conduzir essa parte da reunião é um passeio, onde os participantes deixam a sala de reunião e, se o tempo permitir, saem para a natureza.

- **Item 7 da discussão (30 minutos) — Reunir novamente para confirmar ou discutir as dúvidas e preocupações.** Os participantes revisam o que foi feito até o momento. Então, os membros combinam o que aprenderam na reunião junto com seu instinto para chegarem a uma conclusão.

Figura 17-1: Uma estrutura de reunião no formato de tabela.

Tempo	Item da Discussão	Finalidade	Formato	Resultados	Próximo...
10 min.	Boas-vindas aos participantes, rever material secundário e explicar o objetivo geral da iniciativa.	Refrescar as memórias sobre o que aconteceu até então e geral da iniciativa.	Pequena apresentação do presidente ou facilitador, acompanhada geral da iniciativa.	As pessoas saberão quais resultados são esperados de seu tempo dos materiais (por ex., que acontece de apoio. Resultado agora. Determinado; Decidir sobre a alocação de orçamento para os funcionários).	Estabelecer a próxima etapa na agenda.
40 min.	Apresentação das informações secundárias relevantes para a decisão, inclusive os dados dos funcionários do RH e as implicações financeiras do Financeiro. Compartilhar o plano de implementação com os grupos de destino prioritários.	Trocar informações para colocar todos na mesma página; especificamente rever o material, discutir as implicações e confirmar as prioridades.	Apresentações de 10 minutos dos Departamentos de RH e Financeiro, seguidas de 20 minutos para esclarecer as perguntas. Quadro branco para capturar os pensamentos, ideias, preocupações.	Conhecimento compartilhado das implicações e cronograma da implementação. Todos têm as informações necessárias para tomar uma decisão.	Rever os critérios.

© John Wiley & Sons, Inc.

Como você pode ver, deixei intervalos para ir ao banheiro, outros interesses e manutenção (almoço, café etc.), portanto, quando você planejar suas reuniões, verifique se deixa um tempo para os intervalos e atividades que preservam a energia e cuidam das necessidades básicas dos participantes.

Eis algumas sugestões para manter os participantes engajados e energizados:

- ✔ **Se você deseja as pessoas acordadas, engaje-as adicionando processos que coloquem as pessoas de pé.** As tarefas acompanhadas de uma diversão e interação tendem a ser mais eficientes. Você encontrará alguns exemplos na seção "Ferramentas para Ajudar a Facilitar e Gerenciar as Reuniões", posteriormente neste capítulo.

  Muitos ambientes comerciais operam sob uma crença rígida de que se você não for sério 100% do tempo, não estará focado nem será produtivo. As empresas bem-sucedidas e produtivas, como a Google, acabaram completamente com essa ideia. Você *pode* ter diversão e estar focado e ser produtivo. Para ter mais ideias sobre como realizar reuniões divertidas e produtivas, verifique o livro *Gamestorming: A Playbook for Innovators, Rulebreakers, and Changemakers*, de Dave Gray, Sunni Brown e James Macanuto (O'Reilly Media). Ele oferece algumas técnicas, além daqueles que compartilho nas seções a seguir.

- ✔ **Mesmo que seja importante seguir um plano de reunião, não seja rígido nem inflexível.** Deixe espaço para a conversa e esteja preparado para se ajustar. Se descobrir que há detalhes que você não antecipou ou que não foram planejados, evite estendê-los para ficar dentro do tempo. Se não tiver outra escolha, busque ideias dos participantes para assegurar que ocorram conversas importantes. Do contrário, quando os resultados da reunião forem implementados, o esforço será apenas sentido pela metade.

- ✔ **Fique superatento a como está usando o tempo, particularmente quando agendar intervalos para as refeições.** Os corpos e as mentes precisam de combustível — ar fresco, água, comida e intervalos — para funcionarem. Cuidar dos participantes permite que você consiga mais com menos tempo.

- ✔ **Se você for aumentar o tempo final, então, verifique se tem permissão do grupo e deixe aqueles que precisam sair que saiam sem culpa nem pressão.** Diverta-se. Faça um ótimo trabalho. Simples.

Realizando uma Reunião Produtiva

O início de qualquer reunião é superimportante. Ele define o tom da reunião e revigora os participantes, fazendo-os querer participar ansiosamente ou produz uma série de resmungos dos participantes quando eles percebem que estão participando de outra reunião chata e banal. Se você iniciar uma reunião e tiver a última resposta, não terá os resultados desejados.

Iniciar bem sua reunião é apenas uma parte da batalha. Então, você tem que mantê-la nos trilhos assegurando que o grupo fique coeso e é de onde vem a dinâmica para o grupo prestar atenção. Nesta seção, informo como atender ambos os desafios diretamente.

Ficando na mesma página com uma visão geral

O melhor modo de iniciar a reunião com o pé direito é assegurar que todos os participantes estejam na mesma página. Dar uma visão geral antes de iniciar a parte comercial real da reunião ajuda a todos saberem o que esperar e oferece a garantia de que eles não terão dificuldades durante a reunião não tendo comida, água ou intervalos para irem ao banheiro. Estas três etapas a seguir fornecem uma estrutura crítica para confirmar o ponto de partida e o que você está visando conseguir no final:

1. **Forneça informações secundárias, se adequado, sobre o que será discutido durante a reunião para que todos saibam quais eventos ocorreram que precisaram de uma reunião.**

    Estas informações deixam os participantes atualizados e assegura que todos tenham as mesmas informações. A seguir está um exemplo de como apresentar informações secundárias em uma reunião sobre a alocação de orçamento para o autodesenvolvimento dos funcionários:

    > Como todos lembram, os funcionários foram enviados para programas de treinamento identificados pela gerência. O retorno nas habilidades técnicas foi significativo, mas na liderança e no desenvolvimento da carreira, erramos o alvo. Para engajar os funcionários em sua aprendizagem e desenvolvimento da carreira, a empresa está trocando do treinamento selecionado pela gerência e desenvolvimento para um treinamento autoidentificado e desenvolvimento. Uma equipe vem pesquisando todas as informações necessárias para decidir sobre um curso de ação para mudar para a aprendizagem autogerenciada.
    >
    > Estamos reunidos hoje para mapear a série de decisões que precisamos tomar e as informações necessárias para tomá-las. A decisão final para a alocação de orçamento tem que ser tomada até o final do mês. A data de implementação do programa é no início do próximo trimestre, portanto, não temos muito tempo.

2. **Forneça uma imagem clara do objetivo da reunião, inclusive o que é esperado da equipe e o que acontecerá depois da reunião.**

    Quando você descreve o resultado, cria um resultado inspirador que captura a imaginação dos participantes. Eis um exemplo do que você diria se estivesse facilitando a reunião para decidir sobre a alocação do orçamento para o programa de autodesenvolvimento dos funcionários:

    > Quando terminarmos, teremos mapeado as microdecisões, reunido as informações necessárias e saberemos quem assumirá cada área de responsabilidade. E mais, saberemos como iremos monitorar a implementação para que possamos fazer ajustes quando necessário.

3. **Explique rapidamente como você espera que a reunião prossiga.**

   Esta não é a Refeição Completa — apenas cubra o que os participantes podem esperar durante as duas primeiras horas. Ninguém lembrará dos detalhes das observações de abertura depois das duas primeiras horas de reunião, portanto, continue atualizando a clareza do grupo sobre o que acontece em seguida quando avançar. Eis um exemplo:

   > Iremos usar uma combinação de apresentação e interação. Começaremos usando a pilha de notas adesivas para mapear o que cada um de nós acha que precisa ser feito. Então, classificaremos os temas (ou as prioridades). Alguma pergunta?

Mantendo a reunião nos trilhos: Lidando com a dinâmica do grupo

Reúna um grupo de pessoas em uma sala de reunião e coisas interessantes podem acontecer. Não há dúvidas de que as reuniões ocorrerão muito mais rapidamente se as pessoas não estiverem envolvidas, mas elas estão! Nesta seção, descrevo os diferentes tipos de dinâmica de grupo e informo do que cuidar para que você possa lidar com qualquer situação de modo que respeite as necessidades de todos e mantenha a agenda da reunião avançando.

Lidando com a dinâmica do grupo 1: Identidade do grupo

Identidade do grupo se refere à experiência psicológica na qual a conformidade e o desejo de consenso ou harmonia fazem com que as opiniões individuais ou objeções sejam reprimidas. Funciona contra a tomada de decisão efetiva porque é no pensamento independente que ocorre o progresso.

Quando você nota que os participantes estão em conformidade com o ponto de vista de uma pessoa, sabe que o grupo está recaindo na identidade do grupo. A identidade do grupo aparece no comportamento da tomada de decisão quando:

- ✔ **Uma opção é racionalizada sem considerar as outras.** Um sinal certo de que a identidade do grupo está ocorrendo é quando as maneiras alternativas de ver a situação são negligenciadas ou quando uma pessoa que tem uma visão oposta é julgada como errada e é afastada ou ignorada.
- ✔ **A equipe adota um senso de pensamento de falso moralismo.** Outro sinal da identidade do grupo é quando a equipe pensa que sozinha tem a resposta certa. É o pensamento de perder-ganhar comum nas hierarquias que deram muito errado.

Corte pela raiz a identidade do grupo para que todo participante possa compartilhar seu ponto de vista único. Lidar com a identidade do grupo requer prática. Faça o seguinte:

1. **Reconheça que a identidade do grupo está ocorrendo.**

    Observe a dinâmica do grupo sem culpa nem julgamento, e note quando a pressão para a conformidade é ativada. Preste atenção se você está seguindo o vento predominante contra a direção de seus sentimentos internos. Se você estiver seguindo, tente fazer uma pergunta corajosa, explicada na Etapa 2.

    Se você estiver facilitando e rejeitar automaticamente uma visão oposta, provavelmente isto refletirá seu próprio desejo de preservar a harmonia. Seu papel é propor a visão oposta para que ela possa ser ouvida e entendida. A falha do projeto ou, no caso das situações de saúde e segurança, danos corporais podem ser evitados simplesmente identificando o que poderia dar errado *como se fosse dar errado*.

2. **Faça uma pergunta corajosa para verificar diplomaticamente se os outros estão testemunhando a dinâmica também.**

    Você pode fazer perguntas corajosas como participante ou facilitador. Por exemplo, diga: "Observo que parecemos estar presos em um caminho seguro. Alguém mais vê isso? Quais ideias não ouvimos ainda?" Esse tipo de declaração aponta um padrão e convida a ideias que não foram ouvidas.

3. **Enfatize que todo participante na reunião é um indivíduo único com um ponto de vista único.**

    Chamar a atenção é mais fácil quando você é o facilitador. Diga aos participantes que não há necessidade de conformidade com o que os outros pensam e que você valoriza o ponto de vista de todos, inclusive as visões divergentes.

Dinâmica do grupo 2: Desequilíbrios de poder

Os desequilíbrios de poder ocorrem quando uma pessoa usa regularmente sua posição de autoridade para minar ou controlar as outras. A pessoa em autoridade pode ainda manter o poder designado sem forçar a obediência. Se você for uma pessoa que sempre precisa estar certa ou no controle, esta é uma oportunidade de descobrir como, soltando o controle, você tem resultados criativos e a capacidade de conseguir o objetivo.

Se você tem um chefe ou membro da equipe que conta com o controle sobre os outros, então, a diplomacia é uma exigência. Quando ocorrer este cenário, experimente o seguinte:

1. **Estabeleça uma conversa em particular antes da reunião para descobrir o que é importante para o participante poderoso e o motivo.**

    Reunir essas informações permite que você enderece suas preocupações no processo da reunião, enquanto mantém simultaneamente o respeito pela participação de todos.

2. **Se você for o facilitador, faça uma pergunta na presença do grupo para mostrar por que o chefe ou o membro da equipe tem uma posição fixa e firme.**

   As perguntas que começam com "Por que" podem ser desafiadoras, portanto, tenha um tom de curiosidade, ao invés de confrontador. Faça de coração. Por exemplo, "Você mencionou este ponto três vezes, portanto, é claramente importante para você. Fale mais". Então, pergunte: "Você pode nos dizer como seu ponto se conecta com o que é importante considerar". Sua intenção é entender os interesses abaixo da posição.

3. **Escolha um processo de facilitação que nivele a estrutura de poder para que alguém que controla habitualmente não consiga fazer isso porque o processo não permite.**

   Ter o participante poderoso participando como um igual (o que requer sua concordância com a organização) tira a pressão dele e distribui a responsabilidade pelos resultados para todos. Um desses processos é o Open Space (www.openspaceworld.org — conteúdo em inglês), que é forte nas discussões auto-organizadas, geração de ideias e estímulo de diálogo com uma mistura de participantes.

Dinâmica do grupo 3: A pessoa dominadora

Esta dinâmica ocorre quando alguém que domina o horário tende a suprimir ou usurpar qualquer outra visão, particularmente as opostas. As pessoas gostam de dominar uma situação porque é um modo de vender sua ideia como vencedor. Como facilitador, sua responsabilidade é assegurar que o horário seja dividido igualmente. Para impedir que alguém domine uma reunião, siga estas etapas:

1. **Inicie a reunião deixando que todos saibam que você está buscando as opiniões de cada pessoa.**

   Diga como preferir (mas sem parecer com o Átila, o Huno). Isto dá à pessoa que normalmente domina o alerta de que você está prestando atenção. Do contrário, você poderia encontrar com a pessoa dominadora em uma cafeteria em outro lugar e economizar o tempo e o esforço de agendar uma reunião com as outras pessoas, que não serão ouvidas de qualquer modo.

2. **Deixe um tempo durante a conversa para qualquer pessoa que não tenha contribuído.**

   Evite perguntar "Alguma outra ideia?" apenas para ir rapidamente para a segunda com "Ótimo! A próxima!". Algumas das melhores ideias vêm daqueles que estão pensando internamente enquanto os outros estão pensando em voz alta. Fornecer espaço para o silêncio dá aos introvertidos tempo para perceberem que eles têm abertura para reunir seus pensamentos e falar. Verifique com frequência as pessoas menos falantes durante a reunião.

Se você souber que uma pessoa dominadora estará na reunião, poderá usar o método estruturado de mesa redonda, que analiso na seção "Mesa redonda estruturada: Uma ferramenta para reunir as perspectivas". Esse método dá a todos uma chance de contribuir.

Dinâmica do grupo 4: Lidando com a tensão emocional

Frustração, raiva, paixão (que pode parecer raiva) e ideias conflitantes podem gerar uma tensão que pode arruinar uma discussão, a menos que essas emoções sejam usadas com sabedoria. Quando você notar uma tensão emocional em uma reunião, experimente o seguinte:

1. **Pense nas emoções como dados.**

   As emoções, como qualquer outro dado, precisam ser processadas e entendidas. Elas têm informações que indicam se um projeto será atendido com apoio ou resistência.

   Não ignore os sentimentos, mesmo quando você tem medo dos seus próprios. Quando as emoções são ignoradas, os projetos falham na implementação e as reuniões ficam automatizadas e inflexíveis. O desengajamento dos funcionários é alto.

2. **Peça um intervalo (uma parada de 10 a 15 minutos) até as coisas esfriarem um pouco.**

   Use a tensão emocional para ter perspectiva, ao invés de incentivar as diferenças opostas. Quando os participantes se acalmarem, peça que eles registrem em particular e compartilhem o que sentiram. Peça que reflitam sobre de onde veio a tensão. Foi de um conflito com valores pessoais? Um conflito com crenças organizacionais? As duas visões opostas eram realmente duas perspectivas diferentes?

   Nas situações supertensas, o intervalo fornece a chance dos participantes respirarem, terem objetividade e deixarem suas emoções se acalmarem e serem processadas para que uma conversa possa ocorrer. Sem um intervalo, as tensões estouram em conflito e é só decadência a partir daí.

3. **Permita cinco ou mais minutos para registrar as observações, então, circule para ouvir o que foi observado e pode ser aprendido.**

   Depois de terem perspectiva e acalmarem-se, os participantes podem oferecer suas reflexões construtivas. Os comentários que focam em quem está certo ou errado são destrutivos e não contribuem para soluções melhores.

A tensão emocional pode ser um enorme obstáculo em qualquer situação, mas quando lidada devidamente, pode mostrar algumas perspectivas interessantes que, do contrário, nunca poderiam ter surgido.

Dinâmica do grupo 5: A discussão se degenera

Em um minuto as coisas estão nos trilhos, no seguinte, 10 coisas estão acontecendo ao mesmo tempo e a discussão, que parecia ser produtiva e avançava, desmorona diante de seus olhos. Este cenário ocorre com todo facilitador de reunião em um ponto ou outro, portanto, o que você pode fazer quando uma discussão sai do caminho? Experimente o seguinte:

1. **Observe que tipo de pensamento estava sendo aplicado antes da discussão se desintegrar.**

   Um problema frequente é que coisas demais estão sendo lidadas simultaneamente. Por exemplo, se uma pessoa propõe uma solução apenas para derrubá-la (em chamas), as etapas para gerar e avaliar estavam ocorrendo simultaneamente.

   Quando coisas demais estiverem sendo feitas simultaneamente, volte para a abordagem passo a passo para restaurar a ordem no caos; por exemplo, primeiro identifique os problemas, então, gere soluções, depois avalie ou selecione uma ou mais opções, e vá para a implementação do plano de ação. Você também pode colocar a discussão de volta nos trilhos esclarecendo onde você está no processo: avaliando as ideias, colocando as possibilidades na mesa etc.

2. **Identifique o que instigou o descarrilamento; pergunte se não tiver certeza.**

   Comece entendendo onde as perspectivas diferem e por que, então, assegure que os problemas tenham sido discutidos o suficiente — mas não tão trabalhados a ponto da conversa ser repetitiva.

   Depois de uma discussão sobre a origem do conflito (persistir nos problemas, não culpar as pessoas), você poderá perguntar se as pessoas estão prontas para avançar. Então, retire o valor do que foi discutido perguntando "Qual ponto ficou mais claro com a discussão que precisa ser apresentado?" para formar a solução.

Ferramentas para Ajudar a Facilitar e Gerenciar as Reuniões

Todo facilitador de reunião tem um kit de ferramentas. Algumas são as capacidades que você desenvolve através da experiência; outras são os processos que ajudam a estruturar a conversa em uma abordagem ordenada para ter maior eficiência. Nesta seção, você encontra as ferramentas de processo que pode usar na segunda-feira pela manhã ao trabalhar com seus colegas ou equipe. Para ver a habilidade interna definida, consulte o Capítulo 4.

Mesa redonda estruturada: Uma ferramenta para reunir as perspectivas

A mesa redonda estruturada é um modo de reunir a entrada, como as perspectivas sobre as decisões, dos participantes nas reuniões. Além de assegurar que você ouviu todos, essa abordagem garante que aqueles que tendem a dominar não dominem porque dá a todos um tempo igual.

Eis como funciona: Você monta um grupo de pessoas que compartilha um objetivo comum e busca entender as visões uns dos outros sobre uma decisão ou situação em mãos. Para fazer uma mesa redonda estruturada, você simplesmente circula, aborda uma pessoa por vez e pede sua opinião.

Parece bem simples, mas antes de iniciar esse tipo de reunião, eis algumas dicas para garantir o sucesso:

- Deixe que os participantes saibam quanto tempo eles têm e explique que ninguém pode interromper o outro para fazer perguntas, acordos orais ou apresentar a "melhor" ideia.

- Se alguém não estiver pronto para compartilhar uma ideia com o grupo, poderá passar a vez, mas volte a essa pessoa depois. Aqueles que passam a vez muito provavelmente precisam de mais tempo para formularem seus pensamentos.

- No final da discussão, abra a mesa a perguntas ou pontos de vista esclarecedores.

Ao facilitar uma discussão de mesa redonda, sua tarefa principal é estabelecer um clima de respeito e curiosidade, ao invés de julgamentos rápidos. Como presidente ou facilitador, você também precisa proteger o espaço para os introvertidos e os extrovertidos. Os extrovertidos gostam de pensar em voz alta. Embora eles possam responder rapidamente porque, de fato, não sabem o que pensam até ouvirem a si mesmos dizendo, dê-lhes um pouco de tempo para explicarem seus pontos porque geralmente eles não estão certos disso até que tenham uma breve exposição. Os introvertidos, por outro lado, precisam processar internamente primeiro antes de compartilharem suas visões. Permita os dois estilos.

Para ler mais sobre a mesa redonda estruturada, verifique o livro *A Facilitators Guide to Participatory Decision-Making* de Sam Kaner (Jossey Bass).

Ferramentas de colaboração visual e de grupo para as reuniões

As estatísticas da 3M e da Zabisco (`http://visual.ly/users/zabisco` — conteúdo em inglês) indicam que 90% das informações enviadas para o cérebro são visuais e os visuais são processados 60.000 vezes mais rapidamente que a impressão. Portanto, um modo de engajar os participantes da reunião é usar ferramentas visuais para criar ambientes altamente participativos. Nestas situações, todos podem ver a imagem inteira de uma só vez porque a estrutura das discussões é colocada em uma parede ou quadro branco. As ideias são mapeadas graficamente, onde todos podem ver o tópico em discussão.

A forma mais simples de uma reunião visual usa diferentes notas adesivas coloridas em uma parede. Como são visuais, as informações são totalmente transparentes, significando que, supondo que haja bastante discussão e troca livre de informações, menos suposições são feitas. Usar auxílios visuais e gráficos nas reuniões agiliza o poder de processamento e permite que todos contribuam e cooperem. Resumindo, as ferramentas visuais podem ser o canal através do qual os participantes criam soluções juntos. Uma colaboração!

O bom de usar formatos visuais é que as informações são visíveis para todos, para que o grupo inteiro possa propor modos melhores de lidar com os problemas, como obstáculos e falta de recursos. O valor básico de um formato visual é que a equipe inteira pode recuar e ter certa distância, permitindo-a ver a situação mais claramente e encontrar soluções que podem não ter conseguido ver de outro modo.

As equipes que trabalham pessoalmente ou online aproveitam os métodos participativos que combinam a discussão necessária com uma estrutura simples que permite a todos adicionar ideias e conteúdo. Duas soluções de software para as reuniões participativas são o Lean Café e um formato de reunião visual usado no gerenciamento de projetos, que cubro nesta seção.

Lean Café

Lean Café é o nome de um formato de reunião sem agenda, porém estruturado, que serve como uma alternativa para uma estrutura de agenda mais formalizada e funciona bem para fazer as tarefas criativamente dentro de um limite de tempo. O Lean Café nasceu do Lean Coffee (http://www.leancoffee.com — conteúdo em inglês) em Seattle e baseia-se nas práticas do Lean/Agile no desenvolvimento de software. Os participantes se reúnem, formam a agenda, então, cumprem essa agenda rapidamente.

Para usar o Lean Café, forneça a cada participante notas adesivas, 2 a 3 pontos e uma caneta, então, crie um modelo Lean Café. Para criar o modelo, faça quatro colunas no topo de um quadro branco ou parede, usando os seguintes cabeçalhos (a Figura 17-2 mostra um modelo Lean Café):

- **Para Discutir:** Usando notas adesivas, os participantes propõem tópicos para a discussão — um tópico por nota — então, colam nesta coluna. Cada tópico tem uma explicação com uma ou duas frases para que as pessoas saibam como escolher suas prioridades. Depois, usando os pontos, os participantes indicam quais tópicos têm prioridade, dado o tempo disponível. Por exemplo, em um a reunião de gerenciamento de projetos, um tópico poderia ser "Orçamento excedido" ou "Rever as opções".

302 Parte V: Aplicando as Habilidades da Tomada de Decisão...

- ✔ **Próximo:** Os principais tópicos da prioridade vão de Para Discutir para esta coluna, que fornece a agenda para a reunião. Então, um tópico é movido para a coluna Discussão.
- ✔ **Discussão:** Esta coluna mantém o tópico atual sendo discutido, facilitando que todos vejam exatamente qual é o tópico. Depois do tópico ter sido discutido e terminado, a nota adesiva vai para a coluna Terminado.
- ✔ **Terminado:** Esta coluna mostra quais tópicos e tarefas foram terminados.

Assim que um tópico for para a categoria Terminado, você voltará para a coluna Próximo para o tópico seguinte e irá passá-lo pelo processo até ter endereçado as prioridades. Se ainda houver tempo disponível, você poderá voltar para a coluna Para Discutir e propor outros tópicos.

Você também pode adicionar uma estimativa geral de quanto tempo precisará para cada tópico, só para assegurar que fará o serviço no tempo permitido. Também existe uma versão modificada do formato Lean Café para as reuniões online e remotas. Verifique em `http://www.trello.com` (conteúdo em inglês).

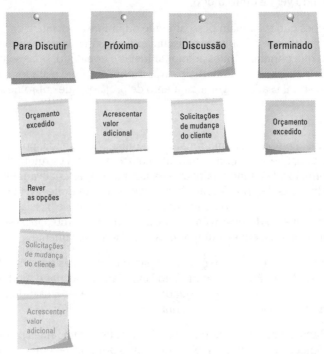

Figura 17-2: Um modelo Lean Café de amostra.

© John Wiley & Sons, Inc.

Usando painéis de visualização para as reuniões do projeto

Sem usar nada além de notas adesivas e uma parede, você tem todos os ingredientes necessários para realizar uma reunião de colaboração com sua equipe de projetos. Para conduzir uma reunião de projetos com um painel de visualização, apenas siga estas etapas:

Capítulo 17: Facilitando as Reuniões Participativas... **303**

1. **Decida sobre os cabeçalhos que você usará e coloque-os na horizontal em uma parede na sala para que as pessoas possam colocar seus pontos embaixo.**

   Cada cabeçalho é específico para o tipo de projeto no qual você está trabalhando. Os projetos de desenvolvimento de software têm pelo menos 12 pontos de verificação (cabeçalhos), por exemplo. Cada cabeçalho é o leque para os tópicos que serão discutidos durante a reunião.

   Depois de você decidir sobre os cabeçalhos, por si só ou após consultar sua equipe, poderá usá-los novamente nas reuniões subsequentes. Chame isto de estrutura, se quiser.

2. **Forneça a cada membro da equipe notas adesivas e uma caneta hidrográfica preta.**

   A caneta hidrográfica preta torna os pontos legíveis à distância, contanto que nenhuma caligrafia de médico ilegível esteja envolvida.

   Use notas adesivas com cores diferentes para sinalizar visualmente coisas diferentes. Por exemplo, use notas vermelhas para marcar os obstáculos em um projeto ou amarelas para indicar os avisos. No mínimo, as áreas problemáticas precisam ser sinalizadas para que possam ser endereçadas mais cedo do que as outras, quando o custo de corrigi-las é muito mais alto.

3. **Peça a cada pessoa para colocar suas atualizações nas notas adesivas e alinhe-as na vertical embaixo dos devidos cabeçalhos.**

   Peça frases completas ou palavras-chave para que a intenção do escritor fique clara.

4. **Peça aos membros da equipe que indiquem as áreas de problema colocando um adesivo com cor diferente no topo da atualização de status descrita na Etapa 3.**

   Você terá muitas colagens na vertical e horizontal, que mostrarão o status do projeto, o que está funcionando e o que precisa de atenção. A Figura 17-3 mostra um painel de visualização usado no gerenciamento de projetos (esta imagem foi adaptada de www.Commitment-thebook.com — conteúdo em inglês, no qual existe uma amostra de desenvolvimento de software mais detalhada). Você pode ver, só de observar, onde o trabalho está distribuído e onde as obstruções ou problemas devem ser resolvidos para estarem no caminho certo — as informações que podem mostrar a decisão sobre o que fazer em seguida.

5. **Discuta abertamente o que o painel de visualização mostra.**

   Por exemplo, você pode querer discutir sobre a distribuição do trabalho, o tempo e o orçamento, satisfação do cliente, qualidade do produto e entrega. Peça aos participantes que expliquem qual é a preocupação e por que precisa ser endereçada. Também pergunte quais necessidades serão endereçadas pela equipe inteira e como os membros poderão ajudar a remover os obstáculos. Você pode precisar de um cavalete para registrar os problemas a serem resolvidos e as soluções que surgirem na discussão.

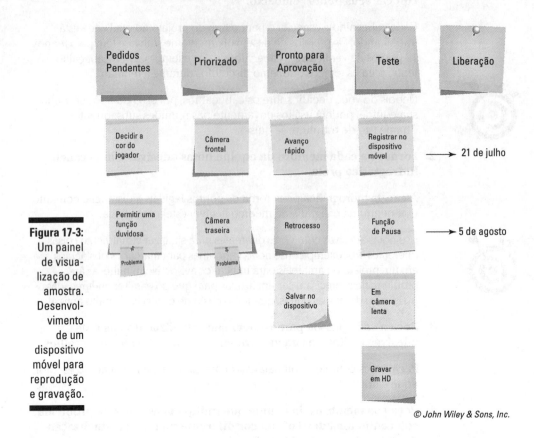

Figura 17-3: Um painel de visualização de amostra. Desenvolvimento de um dispositivo móvel para reprodução e gravação.

© John Wiley & Sons, Inc.

Um painel de visualização coloca todas as partes do projeto em um lugar para que você e sua equipe possam determinar coletivamente o que fazer em seguida. Se as pessoas precisarem ser realocadas ou uma abordagem totalmente diferente precisar ser explorada, então, você terá muito talento criativo em sua equipe que poderá propor ideias. Você não tem que carregar sozinho os grandes problemas.

Nos ambientes de demanda e ritmo rápido, é muito fácil pensar que você não tem tempo para recuar e ter perspectiva. É igualmente fácil correr para tomar uma ação, especialmente nas empresas onde estar ocupado é valorizado acima de trabalhar com inteligência. Todavia, você pode ter perspectiva. Do contrário, poderá achar que perde muita energia correndo em um caminho familiar demais. Observe quais pressões estão atingindo você. Antes de correr para agir, passe um tempo observando e sendo curioso. Você achará sua tomada de decisão mais criativa.

Capítulo 18

Tomando Decisões sobre Parcerias e Joint Ventures

Neste Capítulo
- Escolhendo a estrutura certa para conseguir seus objetivos
- Avaliando a viabilidade e a adequação entre as empresas
- Estabelecendo uma base de confiança para a relação
- Lidando com situações difíceis

Algum dia — talvez hoje —, você poderá acreditar que sua empresa teria vantagens ao estabelecer uma relação com outra empresa. Talvez, você esteja considerando entrar em uma joint venture para ter exposição a um novo mercado. Talvez, uma aliança estratégica fosse mais vantajosa. Talvez, você esteja pensando em alguma outra estrutura. O ponto-chave aqui é que, antes de você entrar em qualquer tipo de relação com outra empresa, deseja verificar se a relação será vantajosa e irá ajudá-lo a conseguir seus objetivos. Resumindo, você precisa da confiança que vem de saber que escolheu o parceiro certo. Neste capítulo, analiso as diferentes estruturas disponíveis, os fatores que orientam as decisões e o que fazer quando as coisas dão errado.

As empresas maiores gostam de joint ventures ou alianças estratégicas porque têm mais sucesso do que comprar uma empresa. Um estudo da KPMG (uma firma de serviços de consultoria, impostos e auditoria, que opera no mundo inteiro) determina que mais da metade das joint ventures atendeu ou excedeu as expectativas, ao passo que menos de 27% das aquisições criam valor. As pequenas empresas adoram as joint ventures porque podem aproveitar seus recursos e conseguir mais com menos tempo e dinheiro.

Compreendendo as Diferentes Estruturas da Parceria

No contexto do negócio, o termo *parcerias* pode referir-se a várias estruturas diferentes: joint ventures, parcerias e alianças estratégicas, para citar alguns. Cada uma dessas estruturas descreve um modo particular no qual as empresas combinam seus pontos fortes para conseguirem um objetivo de benefício mútuo. Nesta seção, cubro as duas opções estruturais mais comuns: parcerias e joint ventures.

Vendo as parcerias

As parcerias têm duas categorias: uma, uma designação legal na qual duas ou mais pessoas se reúnem para iniciar um negócio e duas, uma relação de trabalho cooperativo. Algumas parceiras comerciais mais conhecidas e bem-sucedidas incluem a Warner Bros. Entertainment (irmãos Albert, Sam, Harry e Jack), Ben & Jerry's (Ben Cohen e Jerry Greenfield), Hewlett-Packard (Dave Packard e Bill Hewlett) e Google (Larry Page e Sergey Brin).

A parceria comercial dura até que a parceria ou a empresa se desfaça. Um contrato de parceria específica os detalhes, tais como, como as decisões são tomadas; quanto dinheiro é investido e por quem; o que cada parte traz em termos de contribuição, produto ou especialização; quando e como o dinheiro e os direitos adquiridos são calculados e pagos; o que acontece no caso de morte (ou divórcio, para os parceiros casados) de um dos parceiros; e outras considerações legais importantes.

As parcerias que têm a forma de relações de trabalho têm o objetivo de, por exemplo, melhorar a saúde da comunidade ou são empreendimentos cooperativos de benefício coletivo. Por exemplo, Muhammad Yunus do Grameen Bank se reuniu com Franck Riboud da Danone Foods. Ambos compartilhavam uma preocupação com a desnutrição e a pobreza, e uma visão comum do negócio social. Eles cofundaram a Grameen Danone Foods, Ltd., na Índia. A empresa reembalou os produtos da Danone para se ajustar às economias de escala do vilarejo, então, trabalhou com uma rede de mulheres empreendedoras para distribuir os produtos.

Examinando as joint ventures

Em uma joint venture, duas empresas se reúnem para realizar uma tarefa. Elas iniciam uma nova empresa para produzir um projeto ou trabalham juntas em um projeto específico com uma data de início e fim. Por exemplo, a Ford Motor Company se uniu à Toyota Motor Corporation. O objetivo, motivado por novos regulamentos sobre a economia do combustível que impactou os utilitários esportivos e as pick-ups, era desenvolver um sistema híbrido (especialização da Toyota) que pudesse ser usado nas pick-ups de tamanho normal da Ford.

Em uma escala menor, muitos empreendedores fazem parceria com um concorrente ou um cliente para ganhar uma especialização valiosa. A seguir, estão como as empresas podem usar as joint ventures para fornecer mais serviços ou produtos a um cliente existente:

- **Joint ventures de marketing:** Ideais para empresas de pequeno e médio portes, essas joint ventures levam um produto ou serviço de uma empresa para o mercado da outra. Ambas as empresas ganham com a renda compartilhada da vendas e porque os clientes têm acesso a um valor adicional. Por exemplo, um marqueteiro que tem uma grande lista pode reunir-se a alguém cujo projeto ele respeita. Juntos, eles introduzem o produto, então, compartilham uma porcentagem de vendas.

- **Desenvolvimento de produtos ou projetos:** Duas ou mais empresas combinam especialização e desenvolvem um novo produto para atender um nicho de mercado. Por exemplo, o marqueteiro máster Tom Antion se uniu a Steve Hard da Magic 4 Speaker, um mágico profissional, para criar um produto de vídeo. Steve foi até Tom para ter sua própria especialização; Tom testou o vídeo e colocou no produto sua própria especialização. Ambos venderam o produto sem pagar royalties um ao outro.

- **Licença:** Licença é uma das oportunidades de joint venture mais lucrativas de todas. Depois de você desenvolver um produto ou serviço que tem um alto valor para os clientes, você coloca uma licença para o uso de outras empresas. Então, sempre que o produto é usado ou vendido, você recebe a taxa da licença — definitivamente um ótimo negócio para todos os envolvidos! A Entrepreneur Sohail Khan, uma joint venture e especialista em marketing, entrou em uma joint venture com uma empresa de mala direta que tinha uma enorme lista de mala direta, mas precisava de um novo produto. Depois de produzir e licenciar o produto, a Khan saiu com um acordo de joint venture saudável com sete dígitos em menos de 30 dias e a empresa de mala direta ofereceu um produto valioso a 4,2 milhões de cientes em sua lista!

Dependendo do risco e dos perigos, as joint ventures podem ser formalizadas por um contrato legal, memorando de entendimento (MOU) ou um contrato mais informal de acordo (LOA), que detalha como os lucros e os custos são distribuídos, e como o contrato poderá ser terminado por qualquer uma das partes.

Determinando o Benefício Mútuo

Carl Jung disse: "O encontro de duas personalidades é como o contato de duas substâncias químicas: se houver alguma reação, ambas serão transformadas". Isto é verdadeiro tanto para as empresas que trabalham juntas quanto para os indivíduos. Para a química funcionar, as principais perguntas podem ser reduzidas a estas: Qual é a cola que mantém junto todo o empreendimento? Qual valor cada parte ganha?

Ao determinar o benefício mútuo, veja o motivo para se unir em primeiro lugar e a razão para trabalhar junto. Nesta seção, vejo o pensamento estratégico que entra em sua decisão de fazer uma parceria com outra empresa, assim como os valores que impactam se a relação, mesmo que seja temporária, terá sucesso.

Pensando por meio do potencial da parceria

As parcerias são tão íntimas quanto o casamento, em relação ao negócio. Se você estiver considerando unir-se a um amigo ou colega para transformar uma ideia em um negócio viável, precisará aprofundar-se para dar à parceria a melhor chance de sucesso. Sim, as parcerias são entidades legais, mas isso pode parecer irrelevante quando elas se desfazem. Não deixe que sua parceria comece com boa vontade, mas termine com sentimentos ruins. Fazendo perguntas difíceis durante as negociações, você e seu parceiro em potencial descobrirão o que esperar. A lista a seguir descreve os detalhes que você precisa planejar:

- **Como as decisões serão tomadas:** As decisões serão tomadas em consenso? Quais valores e princípios servirão como guia ao tomar decisões? Uma parceria na qual eu estava, por exemplo, usava o princípio do que chamávamos de "justiça sentida". Se uma decisão não parecesse justa para todas as partes, não prosseguíamos.

- **O que cada parte propõe:** Este item especifica o dinheiro e a contribuição que cada parte investirá. Você, por exemplo, pode trazer sua ideia e especialização ao administrar um negócio; seu parceiro em potencial pode ter caixa para investir. Portanto, você contribui com o trabalho e ele contribui com o capital.

- **O que você espera como retorno para seu investimento ou esforço, e como os lucros serão calculados e compartilhados:** Aqui, você determina o que cada parte espera do empreendimento e o retorno pelo tempo e dinheiro investido, assim como quanto tempo será esperado para ter resultados ou lucro. As despesas de ambas as partes são subtraídas dos lucros? Vocês dividirão os lucros ao meio, por exemplo, ou de alguma outra maneira, dependendo da contribuição? (No caso das joint ventures, que analiso mais na próxima seção, verifique se você considera seus custos para que não sacrifique o lucro líquido.) Você também precisa determinar o que acontecerá se precisar de mais dinheiro — onde conseguirá fundos se um investidor decidir sacar, por exemplo.

Capítulo 18: Tomando Decisões sobre Parcerias e Joint Ventures 309

- ✔ **A estrutura de controle, propriedade e gerenciamento:** Quem será o responsável? Como as operações diárias da parceria serão gerenciadas? Como as responsabilidades serão divididas e como você assegura que os objetivos serão bem definidos?

- ✔ **O que acontece quando eventos inesperados ameaçam a parceria:** Se um dos parceiros morrer ou cair doente, você fará negócio com o cônjuge? Se um parceiro se divorciar, o cônjuge terá direitos legais na parceria? Como vocês lidarão com a sucessão? Saber as respostas para essas perguntas antecipadamente cuida dos interesses de todos no caso da parceria enfrentar uma crise.

- ✔ **Qual será a estratégia de saída no caso da parceria não funcionar:** Endereçar esse problema define as regras básicas sobre a estratégia de saída para cada parceiro ou grupo, caso as coisas não saiam bem. Também determina como a parceria é dissolvida e como os ativos restantes são divididos. Você também precisa determinar as opções para comprar a parte do parceiro. Criar um plano que especifique as responsabilidades de cada parte fornece clareza e reduz a exposição das duas partes ao imprevisível.

- ✔ **A frequência e o momento da comunicação:** Especificando a frequência e o momento da comunicação, você assegura que as atividades sensíveis ao tempo, como tomar decisões-chave que requerem a entrada do proprietário ou do funcionário, serão acordadas.

A confiança é baseada na comunicação aberta, honesta e transparente, e não é algo que você usa em um documento legal para se proteger. Está incorporada na relação. No curso da negociação dos pontos anteriores, você verá o quanto é forte a base da confiança, o elemento não negociável, em sua relação. A confiança é realmente colocada em teste quando as diferenças nos valores ou nos interesses aparece, como será durante a negociação. Verifique se cada parceiro em sua negociação é considerado confiável; do contrário, será melhor sair do negócio.

Mapeando os ganhos e o valor nas joint ventures

Nas parcerias, o que reúne duas ou mais pessoas é a especialização complementar e a paixão por uma ideia. Nas joint ventures, há vários motivos para se unir em um curto período de tempo ou por uma finalidade específica. As joint ventures estão em alta porque o retorno financeiro nas fusões e aquisições tem sido impressionante. E mais, as joint ventures são mais flexíveis e apresentam oportunidades para todos os tamanhos de empresa.

Motivos para buscar uma joint venture

Quando você considera participar de uma joint venture, precisa decidir sobre o que ganhará com seu envolvimento e qual valor adicionado você e sua empresa alcançarão. Em outras palavras, você precisa responder à velha pergunta: O que existe para mim? A seguir, estão três motivos comuns para as empresas entrarem nas joint ventures:

- **Para terem acesso a novos mercados:** As joint ventures podem expandir o alcance de sua empresa, nacional e/ou internacionalmente. Pode ser um modo de entrar em mercados externos em países com economias em crescimento, por exemplo.

  Considere a joint venture bem-sucedida entre o Volkswagen Group e o FAW Group do fabricante de carros chineses para fabricar o Audi e Volkswagens. A Volkswagen conseguiu um acesso bem-sucedido no mercado chinês e a FAW ganhou acesso à especialização da Toyota, tornando a Volkswagen um dos dois maiores fabricantes de carros estranheiros na China. Em 2013, a China se tornou o primeiro mercado a informar 20 milhões em vendas em um ano. Em uma escala diferente, o marqueteiro da internet Tom Antion, que tem a maior lista de oradores públicos e profissionais no mundo (100.000), e Joan Stewart, "O Caçador de Publicidade", colaboraram ao produzir um e-book de $97,00 intitulado *How to Be a KickButt Publicity Hound*. Cada um vendeu o produto e teve renda.

- **Para reduzirem os custos de desenvolver serviços e produtos:** Suponha que sua empresa tenha um produto que atende à clientela de um concorrente. Seu concorrente tem uma grande lista de clientes, mas não oferece o produto nem a especialização que você tem. Vocês dois estão perdendo vendas (você porque não tem acesso aos clientes do concorrente e o concorrente porque não tem um produto para vender), então, planejam uma estrutura para trabalharem juntos. Seu concorrente tem acesso ao seu produto (ou especialização) e você torna seu produto disponível em troca de compartilhamento de lucros e novos clientes.

  O marqueteiro da internet Tom Antion constrói e aumenta sua lista de 100.000 pessoas fazendo uma joint venture onde ele vende um telesseminário que apresenta um orador especialista (Tom fica com o dinheiro); os oradores especialistas dão um conteúdo de alto valor, vendendo seus produtos durante e após o programa, e ficando com a renda.

- **Para terem acesso a financiamento ou experiência intelectual:** Muitas joint ventures combinam a experiência de uma empresa e pontos positivos da outra, particularmente ao entrarem em um mercado externo. Uma empresa também pode apoiar seu acesso à pesquisa e desenvolvimento (P&D) sem ter que estabelecer seu próprio departamento de P&D internamente entrando em uma joint venture com uma empresa que seja forte em P&D, embora não tenha acesso a um mercado. A primeira empresa fornece acesso ao mercado, ao passo que a segunda oferece especialização em P&D — e todos ganham.

Capítulo 18: Tomando Decisões sobre Parcerias e Joint Ventures   311

- ✔ **Para lucrarem com a venda do produto do outro, chamado de *marketing de afiliação*:** Os programas de afiliação fazem parte da estratégia de marketing para as empresas de todos os portes. Com o marketing de afiliação, uma pessoa tem um produto de alto valor e pagará a você uma comissão para vendê-lo. As joint ventures se formam quando você, como marqueteiro ou fã do produto, registra-se como afiliado para que possa ser pago quando compartilhar ou comercializar diretamente o produto e alguém comprar como resultado de sua recomendação. O programa de afiliação do Amazon é provavelmente o exemplo mais conhecido, porém empresas menos conhecidas, mas respeitáveis, como a JVZoo.com oferecem produtos de alta qualidade para os afiliados. Cada programa de marketing de afiliação é estruturado de modo diferente, portanto, pesquise o plano de compensação e o produto com cuidado.

Independentemente do motivo de você querer envolver-se em uma joint venture, explique o que existe para todos. Fazer isso minimiza as surpresas e maximiza os benefícios.

Fazendo perguntas-chave no início

Se você estiver considerando uma joint venture, fazer seu trabalho de casa na extremidade inicial coloca-o em uma posição melhor quando chegar o momento da conversa inicial. Quando você aborda uma joint venture de um ponto de vista informado, tem menos probabilidade de se envolver em algo que não é vantajoso ou que irá fracassar. Quando você estiver explorando uma joint venture, responda às seguintes perguntas:

- ✔ **O que nossa empresa traz que a outra empresa precisa?** Examine como seus pontos fortes básicos trazem valor para os pontos fortes e fracos do parceiro em potencial para descobrir o que você pode oferecer a uma joint venture. Talvez, seja um produto, serviço ou uma lista de clientes.
- ✔ **O que a outra empresa traz para a joint venture que precisamos?** Além de considerar os pontos fortes da outra empresa, examine os pontos fracos de sua empresa. Talvez, o parceiro em potencial tenha um produto melhor ou um produto que você pode adicionar às suas ofertas atuais. Ou talvez o futuro parceiro ofereça um serviço que você não oferece ou tenha uma lista valiosa de clientes.
- ✔ **O que as duas empresas conseguem juntas que não conseguem trabalhando sozinhas?** Quando você cria uma joint venture, a soma é geralmente maior do que as partes. Unindo duas entidades separadas em uma, você aumenta os pontos fortes uma da outra e ambas as partes se beneficiam.

Ter clareza e uma compreensão comum de como uma joint venture pode beneficiar as duas partes dá uma base sólida e racional para decidir se uma joint venture beneficiará a todos.

Avaliando a adequação

Ir a um encontro é uma coisa; seguir juntos é outra bem diferente. Você deseja saber de antemão quais esqueletos estão escondidos no closet de seu parceiro em potencial e como lidará com as coisas quando eventos inesperados acontecerem. Uma joint venture bem-sucedida, ou qualquer outra estrutura de colaboração, realmente depende do nível de confiança na relação, da qualidade de comunicação (você pode ter conversas desconfortáveis?) e da qualidade da interação — francamente, as mesmas qualidades que servem como base de qualquer relação com alto desempenho.

Revendo as características das joint ventures bem-sucedidas

Ao avaliar se a joint venture será uma união feita no céu ou uma parceria destinada a fracassar miseravelmente, explore os seguintes pontos:

- **Uma boa relação:** As partes estão querendo cooperar e enfrentar visões conflitantes e perspectivas com honestidade e respeito. A relação é uma na qual as partes podem expressar abertamente o que não está funcionando para que a relação de trabalho possa ser melhorada.

   Uma boa relação não é aquela que está necessariamente em harmonia com todas as coisas o tempo inteiro; uma boa relação é uma que lida com o conflito, problemas e opiniões diferentes de modo aberto, honesto e respeitoso.

- **Um ambiente de confiança:** Algumas conversas são difíceis porque algo deu muito errado ou porque a chance de má compreensão é alta. Nestas situações, a confiança é o segredo e inclui estes dois componentes:

   - **Ser genuíno e honesto:** Coloque as informações na mesa, fale sobre o que é sagrado e seja direto sobre os pontos fracos e fortes da empresa ou da equipe. Fazer isso ajuda a todas as partes a saberem em que estão envolvendo-se com os olhos bem abertos. Você pode ler mais sobre a comunicação honesta no próximo item nesta lista.

   - **Ser seguro e confiável:** Quando as coisas ficarem difíceis, as outras partes cairão fora e darão adeus quando o barco afundar? Ou aparecerão, assumirão suas responsabilidades e procurarão uma solução criativa? Resumindo: Você pode contar com seu parceiro e seu parceiro pode contar com você?

- **Comunicação honesta:** O desejo de colocar a verdade na mesa sem muito drama é o verdadeiro teste de comunicação sólida. Como as partes estão querendo dizer a verdade? Você saberá quando explorar o que pode dar errado.

Capítulo 18: Tomando Decisões sobre Parcerias e Joint Ventures 313

Para avaliar a qualidade da comunicação entre você e seu parceiro em potencial, ouça a acusação. Encontrar o culpado sempre sinaliza a rejeição da responsabilidade. E quando você ouvir isso em seu parceiro em potencial, olhe no espelho também. Se sua empresa se engaja na descoberta do culpado, provavelmente não está madura o suficiente para entrar em uma joint venture. Mais inteligência emocional é requerida para evitar que a culpa oriente a tomada de decisão.

- **Interações entre os parceiros caracterizadas pela sinceridade e cuidado genuíno:** Qualquer tipo de colaboração demanda uma mentalidade "todos ganhamos ou crescemos", ao invés de uma que foca puramente no autointeresse. Durante o trabalho em conjunto no projeto, é o caráter que determina em grande parte se a relação de trabalho tem sucesso ou fracassa. A qualidade das decisões de gerenciamento do projeto depende do bom caráter em ambas as partes.

Não é o que as pessoas dizem que conta. É o que as pessoas fazem, especialmente quando a tensão ou o conflito faz parte da imagem. Segundo Russ Whitney, empreendedor, veterano em muitas joint ventures e autor do *Inner Voice: Unlock Your Purpose and Passion* (Hay House Inc.), o fator decisivo em qualquer negócio (após estabelecer que o negócio tem um sentido lógico, claro) é o caráter. Você pode descobrir mais sobre o caráter no Capítulo 13.

- **Um motivo sólido para iniciar uma joint venture:** Um motivo sólido para trabalhar junto é a cola da relação, portanto, quando você considerar uma joint venture, verifique se combinar as forças serve para ambas as partes, enquanto também fornece valor à clientela ou aos clientes. Do contrário, a joint venture correrá o risco de fracassar se (ou quando) as coisas não saírem como o planejado.

- **Motivação compartilhada:** Entenda a motivação das duas partes ao contemplar uma joint venture. Em outras palavras, o quanto é forte (ou instável) o comprometimento? O empreendimento é para conseguir um lucro rápido? Se for, e se o lucro grande (e rápido) não se materializar, a parceria continuará ou um parceiro sairá? Uma parte tem motivações ocultas? Quando você sabe a motivação, pode trabalhar para conseguir o objetivo. Por exemplo, algumas joint ventures são usadas para testar os méritos de uma aquisição. Duas empresas que entram em colaboração com esse conhecimento podem manter um olho mais atento na qualidade da interação entre as duas culturas.

As joint ventures entre duas empresas que já se conhecem através da reputação ou da experiência direta tendem a se desenvolver melhor do que as formadas por um "encontro às escuras". Uma boa adequação é resultado de fazer muitas perguntas, verificar a compreensão e permitir um tempo para que as empresas se conheçam. Quando duas empresas combinam as forças, o resultado é maior do que a soma das partes individuais e todos, inclusive os clientes, têm benefícios exponenciais.

Ao avaliar se o empreendimento é uma boa combinação, você pode ficar tentado a focar em todos os pontos nos quais as duas empresas são boas. Porém, uma estratégia melhor é explorar as diferenças, em especial onde os valores estão envolvidos. Fazer isso permite a você ver como as sinergias surgirão.

Um guia passo a passo para verificar uma parceria de joint venture

Avalie os prós e os contras de uma parceria em potencial antes de qualquer acordo formal ser criado. Use as seguintes etapas para determinar se vocês combinam bem:

1. **Determine se sue parceiro em potencial é tão comprometido quanto você ao conseguir algo que funciona para todos.**

   Parte do respeito e do comprometimento é transmitida por quem inicia e termina o processo de negociar uma joint venture. Portanto, preste atenção com quem você está trabalhando no projeto e no processo: São os principais tomadores de decisão ou apenas representantes ou intermediários? Se os principais tomadores de decisão iniciam e ficam durante o processo, você tem uma boa ideia de que a organização está levando o empreendimento com seriedade.

2. **Coloque as principais informações — as informações necessárias para tomar decisões — abertas para que sejam acessíveis a todos.**

   Espere a mesma transparência de seu futuro parceiro. Se a outra parte se recusa a compartilhar informações ou mantém as coisas ocultas, espere surpresas desagradáveis futuramente na relação. Testando o desejo de ser aberto antes de iniciar a joint venture, você pode descobrir se corre o risco de ser pego de surpresa por uma agenda oculta.

3. **Tenha cuidado com as indicações de que a intenção estratégica de seu parceiro em potencial ou motivação está sem sincronia com seus objetivos.**

   As agendas ocultas são uma bandeira vermelha. Se você detectar uma agenda oculta, peça uma total divulgação para que saiba se ela apoia seus objetivos — e talvez, descubra o que mais está sendo ocultado.

   Verifique se você conhece todos os objetivos de seu parceiro em potencial; do contrário, correrá o risco de ter uma surpresa desagradável. Os proprietários de uma empresa, por exemplo, aceitaram um investidor, acreditando que ele ajudaria a empresa a aumentar os rendimentos. Mas assim que o investidor conseguiu ser o sócio majoritário, ele fechou a empresa. Acabou que o objetivo do investidor era ganhar controle de uma empresa que ele poderia usar como uma baixa contábil. Ambos os fundadores da empresa ficaram na rua.

Capítulo 18: Tomando Decisões sobre Parcerias e Joint Ventures 315

Você pode compartilhar valores e visão com um parceiro comercial em potencial, mas se os motivos para entrar no empreendimento não respeitarem suas necessidades, então discuta sobre o problema até que todas as partes possam acordar sobre o que é justo.

4. **Faça com que todas as partes nomeiem seus pontos fortes e fracos.**

   Depois de seu parceiro em potencial revelar seus ativos e desvantagens em potencial, você poderá determinar se (e como) os pontos fortes e fracos de sua empresa podem ajudar ou atrapalhar os objetivos da parceria. Por exemplo, uma parte (talvez um banco) é forte em finanças ou capital de risco? Se os pontos fortes de seu parceiro comercial em potencial complementarem seus pontos fracos, as sinergias entre vocês dois poderá impulsionar ambos.

5. **Fale sobre o que você fará quando mal-entendidos surgirem ou suas ideias não coincidirem com as do seu parceiro em potencial.**

   A melhor maneira de chegar a um acordo sobre como a parceria lidará com tais situações é listar as coisas que poderiam dar errado no projeto, então, lidar com as situações como se realmente acontecessem. Como bônus, você terá critérios sobre como seu parceiro em potencial lidou com as experiências do passado em situações parecidas e produzirá um processo para resolver os futuros problemas.

6. **Discuta sobre como as joint ventures do passado (ou projetos parecidos com o que você está assumindo agora) se desdobraram para você e seu parceiro em potencial.**

   É irreal esperar um histórico de nada, excesso o sucesso. Ao contrário, você deseja entender como o(s) primeiro(s) projeto(s) ocorreu(ram), como os acidentes foram lidados, como a relação se desenvolveu e quais foram os resultados. Não hesite em perguntar a seu parceiro comercial em potencial sobre uma situação que levanta questões em sua mente. Ele deve querer falar sobre o que aprendeu durante o processo. Você também deve. Esteja preparado para compartilhar suas próprias vitórias e derrotas.

7. **Pergunte a si mesmo: "Posso trabalhar com esta pessoa?"**

   As coisas são muito mais fáceis quando você se sente em paz com as pessoas com quem trabalha. O caráter prevê como as coisas serão quando algo der errado, portanto, reserve um tempo para ter uma conversa informal e conhecer alguém pessoalmente para que possa ter confiança de que tem respeito por quem é a outra pessoa.

As chances de um empreendimento bem-sucedido serão muito maiores se você gostar de trabalhar com os membros ou a equipe de seu parceiro. Um indicador-chave de que você terá esta conexão? Se você se sentir confortável em consumar o negócio do antigo modo, com um aperto de mãos.

Finalizando o Acordo

Depois de concluir as viabilidades do negócio, é hora de assinar o acordo. Neste estágio, a confiança entre você e o resto da equipe, e uma consciência de todas as partes do que acontecerá, verá o acordo chegar a uma conclusão bem-sucedida. Eis algumas coisas a considerar:

- **Verifique duas vezes se você endereçou todas as questões importantes.** Antes de assinar na linha pontilhada, verifique se vocês fizeram as perguntas difíceis um ao outro e planejaram quais necessidades precisam existir para que possam conseguir em conjunto os resultados desejados. No caso dos projetos maiores, você precisa concordar sobre como lidar com os erros, mal-entendidos ou desacordos. Também precisam concordar sobre quem toma as decisões em cada nível e quem se envolverá quando as disputas não puderem ser resolvidas.

- **Documente sua discussão.** O objetivo do acordo é finalizar e documentar a compreensão. Uma parte pode assumir a responsabilidade por montar o acordo ou os representantes de ambas as partes podem trabalhar juntos para rascunhar o acordo. Você pode também produzir um memorando de entendimento (MOU), que descreve o que foi acordado, as áreas de responsabilidade e quaisquer protocolos de comunicação ou implementação.

Outra opção, uma que eu tenho usado nos projetos de construção, é fazer com que o grupo inteiro participe da articulação da visão, objetivos e protocolos de conflito e comunicação. Chamado de *carta patente*, essas informações cabem em uma página — uma página longa, preste atenção — do tamanho de um pôster! Como um toque especial, incluímos uma foto de todos que ajudaram a montar o acordo e suas assinaturas. Essa carta patente assinada confirma o compromisso pessoal de cada participante com o acordo e uma duplicada é colocada em cada escritório como um lembrete do compromisso. Uma carta patente é um modo de confirmar o compromisso de todos em gerenciar com cooperação o projeto.

Um documento legal não garantirá nada, exceto altas taxas legais. Se você decidir que advogados escreverão o contrato, lembre-se de que eles focam em proteger seus interesses acima de conseguir um ganho mútuo e se você entrar em um acordo focando na probabilidade de falhas, certamente ocorrerá uma falha. Portanto, procure um advogado que usará o acordo legal para realizar um acordo mais justo para todos. Mesmo que um documento legal seja obrigatório em projetos de maior risco, no final, a relação entre os parceiros será o que fará o projeto funcionar.

Comunicando-se de Modo Produtivo durante o Empreendimento

Em um ponto ou outro, provavelmente você achou que as pessoas racionais pensam como você e o resto é idiota. Todavia, a diversidade é o que faz as equipes funcionarem. Coloque o mesmo tipo de pensadores em uma equipe ou organização e eles ficarão com os padrões familiares e perderão oportunidades de adotar abordagens inovadoras ou ter progressos de desempenho. Na verdade, uma falha é mais provável.

E mais, nos ambientes multiculturais — os ambientes exatos nos quais muitas empresas que buscam entrar em novos mercados se encontram — as normais culturais em relação a conflitos, negociações e parcerias podem diferir entre os diferentes participantes. Saber essas diferenças ajuda a evitar suposições e leva-o a fazer perguntas que podem melhorar a probabilidade de sucesso. Nesta seção, exploro o que contribui com a quebra da confiança, e como enfrentar e endereçar os conflitos pode fortalecer a relação.

Focando na confiança

As joint ventures ou parcerias sem confiança são caras para os objetivos do projeto, relações de trabalho e produtividade. Os especialistas estimam que mais de 50% das colaborações falham por causa de sobrecargas nas relações de trabalho. Imagine as consequências quando seu parceiro comercial descobre que você não pode ser confiável! Nesta seção, explico como estabelecer a confiança e se algo acontecer para prejudicá-la, como reconquistar.

Estabelecendo a confiança

É muito importante estabelecer a confiança com seu parceiro comercial logo no início. Infelizmente, muitas pessoas falham em perceber que elas podem estar minando a confiança. Reconstruir a confiança é muito mais difícil do que se comportar com consistência de um modo confiável. A Tabela 18-1 mostra alguns criadores e quebradores de confiança.

Tabela 18-1   Criadores e Quebradores de Confiança

Criador de Confiança	Quebrador de Confiança
Confrontar com coragem um problema quando as coisas não vão de acordo com o plano, particularmente onde muito está em risco	Encobrir os erros; culpando os funcionários ou subordinados
Ser claro no que você diz, se as coisas mudam, explicar o que aconteceu, porque aconteceu e o que significa para o projeto	Mudar o que você diz, dependendo das circunstâncias ou de quem está ouvindo

(continua)

Tabela 18-1 *(continuação)*	
Criador de Confiança	**Quebrador de Confiança**
Fazer perguntas para esclarecer as suposições	Fazer suposições, então, ficar com raiva quando elas derem errado
Compartilhar informações abertamente com seu parceiro, fornecedores e clientes	Segurar as informações, presumivelmente para ter mais influência ou manipular os resultados
Ter integridade e conhecer seus valores, o que você representa e o que não irá tolerar	Mudar o que você representa, dependendo da situação na qual está; comportar-se de um modo que mina a integridade

Recuperar a confiança depois dela ser perdida

Você pode ter ouvido a máxima de que requer um ato para quebrar a confiança e sete ações bem-sucedidas sucessivamente para construí-la. Obviamente, ganhar e manter a confiança é muito mais fácil do que recuperá-la depois de ser quebrada. E mais, coisas ruins podem acontecer com pessoas boas e você pode ficar em uma situação na qual quebrou a confiança de um parceiro comercial ou ele quebrou a confiança com você. Nessas situações, recuperar a confiança de todas as partes é importante. Para recuperar a confiança, faça o seguinte:

- **Explore as percepções.** Descubra o que aconteceu: Foi uma má comunicação (como na falha em se expressar com clareza) ou uma má compreensão (uma má interpretação do que você disse). Chegar ao centro do problema permite endereçar a questão, assim levando a uma melhor compreensão e a uma relação mais forte.

- **Convide todas as partes afetadas para uma reunião para descobrir o que aconteceu e o que pode ser aprendido com a situação.** Recomendo ter essa reunião facilitada profissionalmente, usando um facilitador que ambas as partes aceitem. Independentemente da relação sobreviver à crise na confiança, a experiência leva ao aprendizado e tem valor.

- **Reveja o que você tem como certo ou presume ser verdadeiro.** Visto com uma mentalidade diferente, o que você acredita ser verdadeiro pode não ser nada verdadeiro. Rever as suposições que podem ter levado à desconfiança é particularmente relevante nos países estrangeiros, onde você tem diferenças culturais como uma cobertura. Por exemplo, na China, a harmonia é valorizada e baseada na dignidade e no autorrespeito. Na América do Sul, o conflito é uma parte importante do processo. Veja o Capítulo 7 para obter informações sobre como fortalecer sua própria competência ao trabalhar com visões divergentes.

As empresas que ignoram as sobrecargas da relação como excessivamente emocionais e pouco profissionais estão em desvantagem. Os níveis mais altos de inteligências emocional e social podem economizar muito tempo e dinheiro para a empresa enquanto reduzem o risco.

Capítulo 18: Tomando Decisões sobre Parcerias e Joint Ventures   319

O processo de reconstruir a confiança é feito com uma tentativa por vez. A boa notícia é que uma relação de trabalho que se quebra pode servir como um catalisador para reiniciar a relação, assim tornando-a mais forte ou terminar o negócio, que, embora seja um desapontamento, pode ser melhor a longo prazo.

Usando o conflito a seu favor

As sobrecargas da relação de trabalho, combinadas com um pensamento ruim dos modelos comerciais, causam a maioria das colaborações fracassadas. Quando os conflitos surgem, é necessária uma comunicação. Quando as coisas dão errado nas joint ventures e nas alianças estratégicas, o culpado é geralmente uma desconexão entre o que é esperado e o que é oferecido. Ser claro sobre as expectativas para que todos compartilhem a mesma compreensão é um modo simples de eliminar a confusão.

Você pode endereçar esse problema tomando estas ações:

- **Acompanhe o acordo para que os membros da equipe de ambas as partes possam esclarecer as expectativas e os riscos antes de iniciarem o projeto.** Para a cooperação ocorrer, ambas as partes devem estar cientes do que esperar. Fazer isso permite que elas contem com as relações estabelecidas, ao invés das legalidades do contrato, para lidar com os problemas.

  Algumas vezes, os riscos redirecionam para uma parte em um acordo contratual — uma situação típica nos contratos entre o serviço público e os empreiteiros privados, por exemplo (quando o Governo joga o risco para o empreiteiro para que ele tenha que absorver o custo). Quando os empreiteiros privados são solicitados a suportar a carga, eles elevam a taxa, que, no final, custa mais aos contribuintes. Acompanhar o acordo contratual para esclarecer a linguagem cheia de riscos antes do negócio ser assinado, ou depois se não houver outra opção, permite que ambas as partes gerenciem em cooperação o risco, independentemente do que diz o contrato.

- **Mapeie como as decisões operacionais serão tomadas, quais procedimentos serão seguidos para as atualizações do projeto ou conversas difíceis e como o conflito será lidado.** Quando você cuidar da tarefa abertamente, todos terão as mesmas diretrizes com as quais trabalhar.

  Um elemento básico no acordo deve estabelecer claramente a cadeia de decisão, do básico até os níveis mais altos, para evitar qualquer confusão. Identifique e registre o gatilho que move a decisão para a próxima autoridade mais alta (no caso das hierarquias) ou reúne as pessoas com a especialização ou visão para lidar com o que acontece em seguida.

- **Quando necessário, lide com as decisões operacionais durante o projeto.** Assim que as expectativas não são atendidas, coloque as pessoas na sala (física ou virtual) para descobrir o que aconteceu e o motivo. Então, acorde sobre como vocês colocarão as coisas de volta nos trilhos.

O principal ingrediente para restabelecer a confiança é comunicar, comunicar, comunicar. A comunicação é muito mais inteligente e barata do que especular, acusar ou culpar. A comunicação ocorre com mais frequência em reuniões e a maioria das empresas designa um cronograma específico e finalidade para cada reunião. As reuniões semanais, mensais ou improvisadas são usadas para propor assuntos, verificar o status e resolver as preocupações. Verifique o Capítulo 17 sobre como realizar uma reunião efetiva para tomar decisões.

Um modo eficiente de resolver os problemas é fazer alguém seguir o problema do ponto onde ele surgiu até o ponto onde é resolvido. Nos projetos de pequena escala, é mais fácil saber com quem falar e os tomadores de decisão são mais acessíveis. Contudo, nos projetos grandes e complexos, você pode precisar designar alguém para acompanhar o problema desde a tomada de decisão até a resolução. Fazer isso fornece continuidade — e reduz a tendência de uma boa mentira ficar melhor quando se afasta mais do que realmente aconteceu.

Testando a Confiança, Coragem e Cooperação Quando as Coisas Ficam Difíceis

Comunicar quando as coisas vão bem é fácil. Quando as coisas ficam completamente fora do caminho, a verdadeira liderança avança e todos os mecanismos colocados podem guiar a ação. Resgatar o valor de uma situação embaraçosa requer qualidades de liderança e coragem criativa para enfrentar os erros que foram cometidos. Quando as coisas não saem segundo o plano, o segredo é fazer o seguinte:

- **Aceitar a responsabilidade.** Depois de admitir que há um problema, vá diretamente para encontrar uma solução que funcione.
- **Evitar o jogo de culpa.** O jogo de culpa parece identificar o responsável para que a pessoa possa ser culpada, ao invés de identificar o que pode ser feito para lidar com a situação atual. Aprender com o passado tem um valor enorme; culpar alguém pelo que aconteceu não faz nada para avançar as habilidades de tomada de decisão. Portanto, olhe adiante e seja criativo.

  Se você ficar pensando que "ele (ou ela) deve ter..." ou "ele (ou ela) poderia ter...", reconheça que você caiu na armadilha da culpa.
- **Reconhecer que o sucesso do projeto é baseado no sucesso de *todas* as pessoas envolvidas.** Todos vencem quando as coisas ficam difíceis e todos cooperam para salvar a situação.

Se você entra em uma parceria, uma joint venture ou uma aliança estratégica, as qualidades da confiança, liderança e a capacidade de ver de outra perspectiva ajudam a criar relações de trabalho funcionais.

Capítulo 19
Definindo Padrões Éticos

Neste Capítulo
- Compreendendo o que constitui uma condução comercial ética
- Revelando as pressões que levam a decisões antiéticas
- Estabelecendo diretrizes éticas formais
- Criando uma cultura comercial ética
- Endereçando a ética na saúde e na segurança, e em sua cadeia de fornecimento

A ética é um tópico controverso — e por um bom motivo. As brechas na ética podem prejudicar o sustento das pessoas, qualidade de vida e saúde; elas podem aumentar o custo dos produtos para os clientes enquanto reduz a prosperidade financeira de todos; e podem danificar as reputações e fechar empresas. Para piorar as coisas, os desdobramentos podem atingir o setor inteiro e podem ir além das empresas, indústrias ou funcionários envolvidos.

Da perspectiva de um investidor, as empresas que se engajam no comportamento antiético são de alto risco, ficando piores porque o risco aumenta com cada decisão antiética. Felizmente, como um tomador de decisão, você pode decidir seguir uma rota diferente. Neste capítulo, mostro como definir padrões éticos, informo como você pode reduzir a probabilidade de tomar decisões antiéticas e explico como pode aumentar a cultura ética de sua empresa para reduzir seu risco de exposição. Isso pode parecer muito trabalhoso, mas lembre-se: as empresas éticas ganham mais dinheiro, duram mais e são locais de trabalho melhores.

Definindo a Ética Comercial

O termo *ética* se refere aos princípios que governam o comportamento de uma pessoa ou de um grupo. Um modo simples de entender o comportamento ético é pensar nele como um modo de se relacionar com as outras pessoas que melhora o bem-estar individual e coletivo. Nesta seção, analiso as características das decisões comerciais éticas e descrevo as práticas antiéticas às quais os negócios sucumbem.

Vendo a ética no negócio

A ética é importante no negócio. Os negócios gostam de trabalhar com empresas éticas e os clientes gostam de comprar produtos e serviços de negócios éticos. A ética comercial incorpora os seguintes princípios:

- **Fazer o melhor produto ou causar o menor dano, com o objetivo geral sendo o equilíbrio do bom acima do dano:** Esta é uma visão prática da ética. No contexto do negócio, significa que as empresas operam de um modo que conseguem o melhor produto e o menor dano para os funcionários, comunidades, ambiente, envolvidos e clientes.

- **Proteger e respeitar os direitos individuais e coletivos:** Para tanto, os negócios éticos mostram comportamentos como os descritos na Tabela 19-1.

   Sem nenhuma surpresa, determinar o que constitui um direito, como e quando tal direito se aplica é uma área infinita de controvérsia. Você pode encontrar algumas informações interessantes sobre direitos neste website: `http://www.scu.edu/ethics/practicing/focusareas/business/introduction.html` (conteúdo em inglês).

- **Tratar as pessoas com justiça:** Um tratamento justo inclui tratar a todos igualmente, a menos que um motivo convincente justifique o tratamento desigual — acomodar as pessoas com deficiências removendo barreiras, por exemplo. ***Nota:*** As condições do local de trabalho são uma força importante por trás dos funcionários tomando decisões éticas ou antiéticas. Para descobrir mais sobre como você pode assegurar que sua empresa promova uma tomada de decisão ética, vá para a seção "Definindo Padrões Formais e Informais".

O que é um motivo convincente? Bem, não é idade, sexo, formato do corpo, raça, religião, o quanto você gosta (ou desgosta) de uma pessoa nem qualquer outro motivo. Na verdade, um corpo inteiro de jurisprudência luta com esta exata questão e a Suprema Corte dos Estados Unidos tem pesado várias vezes.

Tabela 19-1	Exemplos de Comportamentos Éticos e Antiéticos	
Direito	*Comportamento Ético*	*Comportamento Antiético*
O direito de consentimento informado	Dizer a verdade e dar informações que permitam às pessoas fazerem escolhas informadas e não serem colocadas em risco de lesões sem seu consentimento	Manter informações vitais em segredo ou engajar de propósito em práticas que arriscam a saúde e a segurança de uma pessoa
O direito de ser tratado com dignidade	Respeitar a dignidade humana e valorizar a vida, não apenas o humano	Estabelecer condições de trabalho insalubres, usar o trabalho infantil, engajar ou tolerar ambientes do local de trabalho degradantes

Tabela 19-1 Exemplos de Comportamentos Éticos e Antiéticos

Direito	Comportamento Ético	Comportamento Antiético
O direito à privacidade	Respeitar os clientes ou a privacidade dos clientes e proteger as informações pessoais	Monitorar informações privadas sem autorização ou fofocar sobre informações confidenciais do paciente
O direito de autodeterminação	Agir de um modo que promova a qualidade de vida dos indivíduos e das comunidades, e proteger o bem-estar ambiental e social engajando-se em comportamentos que sejam socialmente responsáveis e melhorem, ao invés de prejudicar, as comunidades	Engajar em práticas ambientais irresponsáveis; suprimir o direito da comunidade de se tornar melhor

Caindo em desgraça: Práticas antiéticas do negócio

Provavelmente, você pode citar pelo menos uma empresa antiética. As chances são de que esteve no jornal ou provocou um escândalo porque se engajou em uma das práticas que descrevo nesta seção.

Ética, moral, leis: Por que não são a mesma coisa

Agora que você tem uma boa ideia do que constitui a ética e um comportamento ético, reserve um minuto para explorar o que não é à ética. A ética não é o mesmo que:

- **Sentimentos ou emoções:** Alguém pode fazer coisas ruins e sentir-se bem com isso, e muitas vezes, fazer a coisa certa pode ser desconfortável. Pegunte a qualquer informante ou pessoa que fala a verdade contra quem se voltaram os ventos predominantes da decepção.

- **Crenças religiosas:** A ética são os princípios que governam o comportamento. Embora possam incorporar princípios morais ou religiosos, não são o mesmo que crenças religiosas. A ética se aplica igualmente a todos.

- **Seguir a lei:** Algumas leis fazem pouco sentido e podem afastar-se do que é certo ou errado. Terceirizar a fabricação de roupas para empresas estrangeiras onde as condições do local de trabalho são deploráveis é legal, mas é ético? Pagar um salário mínimo é legal, mas quando os funcionários de período integral não conseguem atender as despesas básicas para viver, é ético?

Para ver a lista das empresas multinacionais mais antiéticas do mundo, vá para http://www.huffingtonpost.com/2010/01/28/the-least-ethical-compani_n_440073.html (conteúdo em inglês). Em uma ampla faixa de setores, as empresas na lista deste ano estão querendo aumentar o risco em curto, médio e longo prazos para terem uma recompensa instantânea.

Fundos mal usados

A apropriação indébita de fundos ocorre quando um funcionário (ou qualquer pessoa, desde o executivo até o contador) utiliza mal ou frauda os fundos, rouba bens ou suprimentos. Ganância ou racionalização ("Eles me pertencem", "Ninguém será prejudicado" ou "É bom para a empresa porque nos permite atender às metas das vendas") apoia a decisão.

Não mostrar informações relacionadas à saúde e à segurança públicas

Algumas empresas retêm deliberadamente informações pertinentes à saúde e à segurança públicas. As indústrias farmacêuticas que manipulam os estudos para minimizarem os riscos é um exemplo familiar, mas as empresas que falham em fornecer treinamento adequado para os novos contratos, particularmente os jovens, que operam um maquinário de risco também são culpadas. Ganância (buscar maximizar os lucros ou evitar alterações caras) e tomada de decisão imediatista (falhar em ver além do objetivo imediato para pesar as consequências) apoiam essas decisões.

Mentir para o público

Algumas empresas fornecem informações equivocadas. Há tantos exemplos deste comportamento que é difícil limitar a lista. Aqui estão dois exemplos, um destacando uma indústria inteira que enganou os clientes e outro destacando um antigo CEO que mentiu em seu currículo:

- Por anos, a indústria de tabaco contratava especialistas médicos para promover a ideia de que os cigarros eram seguros, apesar dos documentos internos mostrando a ligação entre o uso do tabaco e o câncer de pulmão, e outros resultados adversos à saúde.
- O antigo CEO do Yahoo, Scott Thompson, foi despedido de seu emprego depois de ser revelado que ele teria mentido em seu currículo (ele declarou ter graduação em Ciência da Computação, que realmente não tinha).

Pegar atalhos perigosos ou imprudentes

Os atalhos, geralmente o resultado de uma pressão excessiva para atender as metas de lucros ou produção, invariavelmente levam a um risco aumentado de tomada de decisão antiética. Embora sejam convenientes, os atalhos são caros quando atender as cotas financeiras de curto prazo ou cotas de produção substitui um julgamento acertado. Para evitar essa armadilha, você deve ficar em alerta quanto ao estresse: O que você está sendo pressionado para conseguir e a que custo?

Capítulo 19: Definindo Padrões Éticos

O estresse instiga uma tomada de decisão ruim. As decisões antiéticas que resultam da pressão para atender às metas são geralmente resultados de métricas pensadas de modo ruim, objetivos de contrato com avaliação de desempenho irracionais e pensamentos de curto prazo — tudo tendo um custo de desempenho mais alto. Para descobrir como você pode assegurar que está usando a métrica certa, vá para o Capítulo 9.

Falhar em considerar o impacto de suas operações nas comunidades, sociedade ou ambiente

Ignorar os impactos sociais e ambientais constitui uma brecha ética fundamental da confiança pública, em particular nas comunidades onde as empresas fazem negócios. Os danos ambientais e sociais causados pelas decisões comerciais antiéticas são subprodutos de uma crença histórica de que a humanidade está separada da natureza (uma suposição muito cara!), a ideia de que os recursos são ilimitados (eles não são) e a preferência dos negócios por cálculos simples (se a decisão comercial e suas consequências não são fáceis de contar, elas não contam).

Um relatório não publicado das Nações Unidas de 2010 mostra que as empresas causam $2,2 trilhões de danos ambientais estimados a cada ano. Até o momento, as empresas não foram responsabilizadas financeiramente pelo dano. Ao contrário, os contribuintes — e em uma escala maior, a civilização em si — pagam pelas decisões antiéticas que agridem o ambiente e prejudicam as comunidades.

As expectativas estão mudando sobre como as empresas devem comportar-se quando os efeitos da mudança climática e uma mudança na iniciativa social colocar as práticas antiquadas na mira. As empresas que não se comportarem de maneiras responsáveis social e ambientalmente irão fracassar quando as empresas progressivas que incorporam respeito e cuidado pelos recursos naturais e pelas pessoas em seu DNA cultural continuarem a superarem-nas.

Compreendendo as Pressões que Levam a Decisões Antiéticas

Como regra, as decisões antiéticas não são resultado de indivíduos planejando intencionalmente cometer uma fraude. Em geral, as pessoas não acordam pela manhã, olham no espelho e declaram: "Hoje, serei antiético!" Ao contrário, outras forças impactam o comportamento e conduzem as decisões antiéticas. As pressões — sociais, pessoais e profissionais — podem levar a condução para perto ou longe do comportamento ético. Nesta seção, mostro quais são essas pressões e o que você e sua empresa podem fazer para evitá-las.

Pressões externas: A natureza inconstante do negócio

O mundo está mudando e o negócio deve mudar. O negócio não é mais visto como simplesmente o mecanismo do crescimento econômico; espera-se que ele adote valores de responsabilidades social e ambiental. As empresas de hoje são julgadas não apenas por seus resultados, mas também por como respeitam a integridade de todas as pessoas, assumem a administração do ambiente e devolvem de modos significativos.

As empresas estão sob pressão para se adaptarem a essas condições comerciais que mudam, embora não saibam como. Adaptar-se é especialmente difícil para as empresas cujos tomadores de decisão sentem-se confiantes que estão no controle, têm uma baixa tolerância pela incerteza ou contam com estratégias familiares para ter o trabalho pronto. O indicador principal de que as pressões estão ficando sem reconhecimento são os níveis ridiculamente altos de desengajamento dos funcionários e o desengajamento emocional. Ir além do papel comercial tradicional como um mecanismo econômico e adotar o papel de liderança mais alto cria tensão. Essa tensão pode ser lidada de duas maneiras: resistindo a ela ou usando-a para propor soluções melhores.

As empresas que falham em reconhecer que o ambiente comercial de tomada de decisão mudou tendem a resistir e, ao fazerem isso, colocam a pressão diretamente nos funcionários, o que cria condições para uma tomada de decisão antiética. (Também aumenta os custos de doenças relacionadas ao estresse e desengaja os funcionários.) As empresas podem passar a pressão das condições do mercado que mudam para os funcionários de várias maneiras:

- **Focando em ganhar dinheiro a qualquer custo, independentemente das consequências para o bem-estar do funcionário:** Esta repercussão é que os funcionários desonestos raciocinam que também podem ganhar dinheiro a qualquer custo para a empresa. Do ponto de vista dos funcionários, por que não? A empresa está modelando o comportamento que ela tolera. Considere que um terço das falhas comerciais é devido ao roubo interno.

- **Estabelecendo métricas ou contratos de desempenho que colocam pressão para pegar atalhos sem ganhar eficiência nem integridade:** Os atalhos arriscados ocorrem quando a intenção atende aos objetivos internos e afastam-se de apoiar o desempenho do funcionário ou fortalecer as relações com o cliente e a comunidade. Considere o funcionário que é encorajado a mentir para que seu chefe possa conseguir seu bônus por desempenho. Ou o gerente que ignora os objetivos de longo prazo da empresa e o serviço ao cliente para que possa atender a objetivos internos arbitrários.

- **Cortando os custos, ao invés de pegar as oportunidades:** Ao invés de ser criativo nos momentos econômicos difíceis, os tomadores de decisão comerciais geralmente recorrem a cortar os custos como a única solução: eles descartam a equipe, eliminam o treinamento ou diminuem o serviço ao cliente. Todavia, cortar os custos sem considerar as consequências pode realmente resultar em custos aumentados. A desvantagem de cortar o serviço ao cliente no varejo, por exemplo, é que os clientes atendem a si mesmos, ajudando a si mesmos com os produtos quando ninguém está por perto para notar ou levam seu negócio para uma empresa que forneça um serviço melhor. Nesse ínterim, as soluções criativas que poderiam levar a economias potenciais são deixadas na mesa.

Os gerentes são ensinados a delegar, o que é uma boa ideia, mas delegar sem questionar as consequências aumenta o estresse. Delegar sem avaliar a situação é uma prática guiada por duas suposições falhas: uma, que trabalhar mais acabará com a pressão (não acaba) e dois, que os funcionários podem lidar com o trabalho extra (eles não podem). Para endereçar a fonte do problema, você deve notar como as condições do mercado que mudam, valores sociais e outros fatores (todos descritos no Capítulo 1) impactam direta e indiretamente seus funcionários. Armado com esse conhecimento, você pode implementar estratégias para se adaptar às mudanças, ao invés de intensificar inconscientemente as condições para a falha.

Pressões internas: Condições de trabalho e relações

As condições de trabalho ruins, falta de respeito, falta de confiança nos colegas e falta de confiança no gerenciamento — especialmente quando colocadas em uma mistura poderosa — podem levar ao comportamento antiético. O potencial do comportamento antiético é aumentado nos ambientes de trabalho que mostram as seguintes condições:

- ✓ **Os funcionários se sentem tratados com injustiça.** Quando a oportunidade e a tentação entrarem em choque, os funcionários irão raciocinar como seu comportamento antiético compensa terem sido tratados com injustiça e provavelmente não aceitarão a culpa pessoal por suas ações.

    Os chefes que têm o crédito pelas ideias dos funcionários criam condições para as decisões antiéticas no pior caso e baixa moral, no melhor.

- ✓ **O tratamento desrespeitoso ou humilhante é a norma no ambiente de trabalho.** As condições humilhantes, nas quais os gerentes ridicularizam os funcionários pelos erros ou nas quais o trabalho em si é humilhante, contribuem para o roubo e outras ações antiéticas.

    Você pode estar recompensando o comportamento antiético sem perceber. Você pode dizer — e seu manual de políticas e procedimentos determina — por exemplo, que o bullying não será tolerado, mas olha para outro lado quando um funcionário valioso engaja no comportamento. Esse tipo de padrão duplo envia a mensagem de que alguns funcionários são mais valiosos que outros, e os mais valiosos têm permissão para desempenhar papéis diferentes.

- ✓ **As necessidades individuais não estão sendo atendidas pelo ambiente de trabalho ou em casa, nem pelas condições do emprego.** As necessidades incluem adquirir dinheiro, status social e reconhecimento, ou resolver um problema pessoal estressante.

Meu córtex pré-frontal estava funcionando mal!

As condições de trabalho de alta pressão resultam em funcionários exaustos. Os trabalhadores cansados têm mais probabilidade de tomar decisões antiéticas por um único motivo biológico simples: eles precisam dormir! O autocontrole é uma função do córtex pré-frontal do seu cérebro. O córtex pré-frontal usa a glicose (açúcar) como combustível. Quando você está cansado e tenta exercer o autocontrole, esgota os níveis já limitados de glicose (pense nisso como retirar de uma linha de crédito limitada). É por isso que quando você não dorme, sua calma diminui, você não consegue concentrar-se e provavelmente fica sem coordenação. (Alguma vez já ficou surpreso ao cair andando em um piso plano? É desconcertante.) Sua capacidade de autocontrole também fica comprometida. Imagine usar isto como uma desculpa: "Meu córtex pré-frontal me fez fazer isto!"

Ter as necessidades não atendidas apenas é um indicador de decisões antiéticas. Algumas as pessoas mais pobres na sociedade lutam para atender suas necessidades básicas, mas não agem de modo antiético. Algumas das mais ricas agem.

Eliminando as condições que levam a brechas na ética

As condições de trabalho e as relações entre os funcionários e gerenciamento que levam ao comportamento antiético podem acabar com seu negócio. Aqui estão algumas maneiras de evitar criar essas condições:

- **Modele o comportamento que você deseja ver.** Se sua empresa seleciona uma causa, como amenizar a pobreza local, então, trabalha ativamente com a comunidade para ajudar os jovens, por exemplo, você está modelando o tipo de comportamento que gostaria de ver. Identifique os valores essenciais que os funcionários compartilham e use-os como a base para a tomada de decisão.

- **Seja consistente.** Se você diz que se importa com o ambiente, mas descarta o lixo, ao invés de encontrar maneiras de reutilizar ou trocar, está enviando mensagens misturadas. Se você diz que se importa com os funcionários — contanto que eles não façam perguntas e não desafiem suas decisões —, então, está reforçando que dizer uma coisa e fazer outra é certo.

- **Encontre uma finalidade maior, uma contribuição que sua empresa pode fazer que vai além do lucro.** O Credo do Capitalismo Consciente diz: "Acreditamos que o negócio é bom porque cria valor, é ético porque é baseado na troca voluntária, é nobre porque pode eleva nossa existência e é heroico porque tira as pessoas da pobreza e cria prosperidade".

- **Examine as consequências de suas métricas.** A métrica que foca no curto prazo e não contribui direta ou indiretamente com os objetivos gerais da empresa é problemática. Verifique se a métrica usada tem em mente a visão de longo prazo de sua empresa e vai além dos resultados do próximo trimestre.

Capítulo 19: Definindo Padrões Éticos

Muita manipulação e comportamento antiético são conduzidos para atender a métricas mal construídas. Por exemplo, ligar os objetivos do desempenho pessoal à realização da equipe parece uma boa ideia, mas falha quando a empresa sobrecarrega a unidade e espera resultados sobre-humanos. A métrica neste caso está completamente desconectada do que está acontecendo em um nível amplo dos sistemas. Ao contrário, ligue a métrica à realização dos objetivos comerciais maiores para que os funcionários possam ver a relação entre sua contribuição e o sucesso da empresa.

A métrica faz com que o trabalho e o comprometimento estáveis sejam corretos porque estão carregados de consequências não pretendidas. É importante monitorar como a métrica cria comportamentos e resultados que você pode (ou não) querer. Você pode encontrar mais sobre a métrica no Capítulo 9.

- **Use os contratos de desempenho com sabedoria.** Se você precisar deles, verifique se controlam a contribuição de um funcionário para conseguir a missão da empresa. Cada vez mais as empresas focam no desempenho para conseguirem os objetivos comerciais, ao invés de controlarem o desempenho individual. Em outras palavras, o foco está no desempenho coletivo (baseado em confiança), ao invés de fiscalizar o desempenho individual (baseado no controle). Quando você recompensa o desempenho individual acima da realização coletiva, o autointeresse é recompensado e você tem menos probabilidade de ver uma unidade sem muito a oferecer para ajudar àquela que está sobrecarregada. Quando o desempenho foca em conseguir os objetivos comerciais, o trabalho em equipe é recompensado.

- **Peça aos funcionários para identificarem as oportunidades para melhorar a eficiência, então, reconheça e dê crédito por sua contribuição.** As empresas que pedem aos funcionários para ajudar, mas então dão todo o crédito ao gerenciamento modelam o comportamento antiético. As empresas que realmente valorizam seus funcionários obtêm ajuda quando precisam porque os funcionários sabem que estão contribuindo com algo maior que eles mesmos.

As eficiências podem ser conseguidas reduzindo os custos enquanto mantêm ou ganham produtividade. Instituir medidas de segurança (que têm um custo) enquanto diminui o tempo do projeto é um exemplo. A Novo Nordisk, uma indústria farmacêutica global, engajou seus funcionários em descobrir economias de custo no uso da energia. As economias financiaram a implementação do objetivo da pegada ecológica zero da empresa.

- **Alivie o estresse implementando um modo de lidar com a carga de trabalho como uma equipe.** Gerenciando a situação coletivamente, os funcionários têm controle sobre como eles fazem seu trabalho e podem propor maneiras de atender suas necessidades pessoais e objetivos da empresa.

- **Apoie as relações de trabalho saudáveis.** Centralizar as relações de trabalho em valores compartilhados, como o serviço ao cliente, é um modo de concentrar efetivamente um esforço coletivo para conseguir um objetivo maior.

- **Reconheça os funcionários amigos por seus esforços e ideias.** Tente fazer isso de modo informal, em uma interação diária pessoal.

> ✔ **Trate as pessoas com justiça e respeito.** O que constitui justiça varia de um ambiente de trabalho para outro, mas geralmente significa aplicar as mesmas regras a todos, mantendo as pessoas nos mesmos padrões, não tendo favoritos (distribuir os bons trabalhos para aqueles que você gosta e os trabalhos ruins para os outros, por exemplo) nem tolerando o comportamento de bullying de *ninguém*.

O caráter da empresa e o caráter pessoal desempenham um grande papel em um local de trabalho ético. A empresa é confiável e dá apoio? Ela inspira lealdade? Algum funcionário está se esforçando pessoalmente e se estiver, a empresa e os colegas estão lá para ajudar? Se a resposta for "Não" para estas perguntas, seu local de trabalho tem ausência de uma comunidade leal e que dá apoio — é um terreno fértil para o comportamento egoísta ou de autoproteção. (Para ver uma história sobre o papel importante que um chefe desempenha para remediar esse tipo de situação, leia a abordagem de Andy Allen ao ajudar a equipe, que descrevo no Capítulo 12.)

Definindo Padrões Formais e Informais

Embora as empresas em setores específicos (aquelas, como varejo, que tendem a contar com trabalhadores de meio período e transitórios que não veem o trabalho como uma carreira, portanto, não têm lealdade no negócio) devam estabelecer padrões formais para endereçar a ética dentro de seus negócios, a maioria das empresas pode melhorar a qualidade das condições do local de trabalho estabelecendo maneiras informais, porém eficientes, de dar apoio às escolhas éticas. Nas seções a seguir, mostro como você pode reforçar a tomada de decisão ética e os comportamentos formal e informalmente.

Estas soluções — como criar um local de trabalho saudável e instalar controles — endereçam os comportamentos individuais e de grupo dentro de sua empresa. Porém, algumas brechas éticas são muito maiores — elas ameaçam uma indústria (como as ações fraudulentas de instituições financeiras que levaram à crise econômica de 2008) ou violam as leis estaduais e federais (informações privilegiadas, por exemplo) — e devem ser lidadas por agências reguladoras e tribunais.

Segundo o 25º Annual Retail Theft Survey, realizado pelo Hayes Internacional (`http://hayesinternational.com/news/annual-retail-theft-survey/` — conteúdo em inglês), mais de 1,2 milhão de ladrões de lojas e funcionários desonestos foram pegos e mais de $199 milhões em produtos recuperados em 2013. E mais, os funcionários desonestos roubam cerca de 5,5 vezes mais que os clientes desonestos.

Desenvolvendo um código de ética formal

Até as condições do local de trabalho, habilidades de gerenciamento e autorresponsabilidade melhorarem, negócios de todos os tipos e tamanhos são suscetíveis ao roubo de funcionários e a outras decisões antiéticas. Estabelecer medidas formais pode ajudar a resolver o problema.

Capítulo 19: Definindo Padrões Éticos

Criando diretrizes para sua empresa

Ter um código formal lembra os funcionários que o comportamento ético é esperado de todos na empresa. Para instalar um código de ética formal, siga estas etapas:

1. **Monte uma lista de problemas nos quais os funcionários gostariam de ter orientação.**

    Recrute a ajuda de sua equipe ou funcionários para compilar a lista, que pode incluir qualquer coisa desde o uso da Internet até a comunicação interpessoal.

2. **Para cada problema identificado na Etapa 1, escreva as diretrizes que endereçam as expectativas e as consequências em potencial do comportamento ruim.**

    Aqui estão alguns problemas comuns e o tipo de informação que suas diretrizes muito provavelmente incluirão:

    - **Uso da internet:** Esta diretriz especifica qual tipo de uso da Internet é permitido nos computadores da empresa — proibindo o uso dos computadores da empresa para buscar sites pornográficos ou baixar informações ilegais, por exemplo.

    - **Políticas antissuborno:** Esta diretriz proíbe os funcionários de oferecer algo de valor a funcionários públicos, por exemplo, em troca de favor.

    - **Políticas para receber presentes:** Esta diretriz proibiria aceitar presentes de revendedores e fornecedores com a intenção de influenciar o receptor de seus produtos ou serviços. Isto se aplica aos presentes dados para influenciar o processo de tomada de decisão sendo diferentes dos presentes dados para expressar gratidão ou apreço do cliente pela relação comercial ou lealdade.

    - **Saúde e segurança:** Esta diretriz define os padrões da empresa em relação à saúde e à segurança, e descreve quais comportamentos constituem uma violação desses padrões.

    - **Políticas da empresa em relação aos benefícios dos funcionários e compensação.** Verifique se sua empresa tem uma diretriz para este problema importante. As violações, como negar recompensas ou ignorar regras de horas extras, são ilegais.

    Preparar essas diretrizes provavelmente envolverá os líderes formais da empresa (as pessoas que têm níveis designados de autoridade) e os líderes informais (funcionários que têm níveis altos de respeito e/ou influência sobre os colegas).

3. **Comunique as regras e viva segundo elas.**

    Verifique se sua equipe tem consciência das diretrizes da empresa e podem viver segundo elas — sem exceção. As empresas públicas nos Estados Unidos precisam obedecer à Lei Sarbanes-Oxley para tornar a comunicação do código de ética uma prioridade e as empresas, públicas ou não, que encorajam o diálogo acima das questões éticas reforçam uma cultura ética e a má conduta vai embora.

Reforçando seu comprometimento com as diretrizes

Ter regras codificadas não é tudo que você pode fazer para promover uma cultura de comportamento ético. Siga estas sugestões para enfatizar seu comprometimento com as diretrizes:

- **Institua controles.** Ter um sistema de controles elimina qualquer pessoa tendo um controle não monitorado sobre funções vitais. Você pode ter um encarregado contábil e um contador, cada um de empresas diferentes. É um modo de assegurar que os fundos estejam sendo lidados devidamente quando cada um pode verificar o trabalho do outro.

- **Torne seguro informar a má conduta.** Forneça proteção aos informantes no local de trabalho. Eles estão salvando sua reputação e da empresa, e a viabilidade. Verifique se os supervisores agem segundo os relatórios de delitos e se eles relatam suas descobertas de modo privado para o informante e funcionários de modo geral. Fazer isso fortalece a confiança dos funcionários de que sua empresa leva a sério a má conduta ética.

Quando você apoia dizer a verdade, introduz níveis mais altos de confiança no local de trabalho. Você deseja que as ações de sua empresa, em relação à delação, sejam transparentes e encoraja dizer a verdade, não punir. Sem essa proteção, seu código é puramente decorativo.

O Conselho de Saúde e Segurança Ocupacional Nacional dos Estados Unidos relata que dar aos trabalhadores proteção para a delação ajuda a evitar danos e mortes. Todavia, o 2013 National Business Ethics Survey da Força de Trabalho americana informa que um entre três pessoas que observam a má conduta em ação falha em informá-la. Por quê? Infelizmente, 21% dos trabalhadores — seis milhões de trabalhadores nas empresas americanas no setor privado — que informam um delito sofreram alguma forma de retaliação dos superiores. Para piorar as coisas, 60% das acusações de má conduta foram apontadas para as pessoas em posições gerenciais (supervisor e altos executivos). Até a proteção do informante ser estabelecida, as empresas antiéticas usam ameaças e a intimidação para evitar endereçar os riscos de segurança.

- **Apoie seus códigos de ética formais com um código informal.** Vá para a próxima seção para descobrir como encorajar a ética e criar uma ótima cultura do local de trabalho.

Estabelecendo um código informal

Você estabelece um código de conduta informal e ética através da cultura de sua empresa, que apoia, como ideal, o profissionalismo e o comportamento ético, constrói fortes relações de trabalho e encoraja um ambiente de confiança. Uma cultura que se ajusta a essa definição tem um alto nível de integridade e é um local de trabalho melhor.

Falha em prevenir

O proprietário de uma empresa de pintura comercial enviou uma proposta para pintar o telhado do prédio de uma grande fábrica. A propriedade tinha cerca de 40 anos e foi construída em grande parte com chapas de aço galvanizada e ondulada. O telhado estava uma más condições e os painéis de fibra de vidro semitransparente estavam cobertos de líquen e pó, dificultando ver claramente os painéis.

Ao preparar a licitação, o proprietário acreditou na palavra do dono de que o telhado estava desgastado e precisava de pintura. Ele realizou apenas uma inspeção superficial do local. Ele fez uma inspeção visual no telhado do chão e não entrou no prédio nem examinou se o telhado tinha claraboias, apesar de saber com experiência como tais prédios costumavam ser construídos.

Ao vencer a licitação, o dono montou uma equipe de trabalho amadora. Quando ele enviou sua equipe para trabalhar no telhado, não levantou a possibilidade de haver claraboias, não mencionou que elas ficavam quebradiças com o tempo nem avisou que as claraboias não deveriam ser erguidas sob nenhuma circunstância. Dentro de 15 minutos de iniciado o trabalho, um trabalhador de 17 anos de idade caiu da claraboia e morreu.

Esta história real mostra como as suposições e as falhas de comunicação colocam os funcionários em risco. Aqui, custou a vida de um jovem e o dono perdeu sua empresa (ele teve sorte de não ir para a cadeia). O dono falhou em considerar o risco e as consequências em potencial inerentes à situação, nem tomou providências para informar a seus funcionários sobre o perigo em potencial. No tribunal, ele declarou que supôs que os funcionários veriam as claraboias. Todavia, os trabalhadores inexperientes ou amadores não sabem quais perguntas fazer para evitar o risco pessoal. E os trabalhadores mais experientes não têm confiança ou têm medo de perder seus trabalhos, caso informem os riscos de segurança no local de trabalho. Resultado: com uma tomada de decisão negligente, o dono preparou de antemão uma morte evitável.

Nesta seção, descrevo algumas maneiras de você construir uma cultura que promove uma tomada de decisão e comportamento éticos. (Para ler mais sobre a influência da cultura do local de trabalho na tomada de decisão, vá para o Capítulo 3; os Capítulos 4 e 5 cobrem a relação entre uma tomada de decisão melhor e os crescimentos pessoal e organizacional.)

Encorajando uma comunicação aberta e honesta

As conversas ou as decisões difíceis surgem quando fazer o que é certo não é fácil. Informar sobre os riscos à saúde e à segurança é um exemplo de conversa difícil; uma discussão honesta sobre uma decisão que falhou ou sobre resultados ruins é outro.

Quando a gerência se comunica aberta e honestamente, e é transparente sobre o que está acontecendo, um ímpeto mais forte para aceitar a responsabilidade pessoal pelas decisões desenvolve-se, levando a operações mais éticas. Do mesmo modo, os funcionários que sentem que podem influenciar a direção da empresa e contribuem com uma finalidade significativa têm um maior senso de lealdade e ficam mais comprometidos em operar eticamente. O resultado é que as ações da empresa, que são uma expressão coletiva das decisões de cada funcionário, ganham a confiança dos clientes, dos investidores e da comunidade.

A diversidade de perspectiva é um recurso para uma empresa, embora a incapacidade de adotar diferentes visões possa resultar em conflitos não produtivos. Superar a inclinação e o preconceito quanto às diferenças é mais bem lidado fazendo as pessoas trabalharem junto para que seu foco esteja em conseguir um objetivo. Assim, todos aprendem. Se o bullying for um problema, vá para o Capítulo 13 para descobrir como fortalecer as habilidades de liderança confrontando o comportamento de bullying.

Reduzindo a pressão para se comprometer com os padrões

As pressões do trabalho e outras fontes de estresse podem levar as pessoas a comprometerem os padrões e tomarem decisões antiéticas. Esses compromissos e decisões — como economizar na saúde e na segurança, escolher peças abaixo do padrão para manter as despesas baixas ou pegar atalhos perigosos para atender uma cota da produção — resumem-se a acreditar que os fins justificam os meios.

Sua empresa é vítima desse tipo de pensamento? Se "Eu não me importo com como você faz isso — apenas faça!" é uma repetição comum, é vítima sim. A seguir, estão algumas maneiras de você reduzir esses tipos de pressões:

- **Com a ajuda da equipe, identifique as áreas onde melhorar as condições ajudará a remover o estresse do local de trabalho.** São coisas simples, tais como, permitir que as pessoas vão ao banheiro sem pedir permissão nem precisar de uma nota do médico dizendo que você está doente. Distribuir em cooperação a carga de trabalho na unidade e entre as unidades da empresa é outra maneira de compensar o estresse. O estresse não é reduzido tomando uma ação. Ele é reduzido recuando para observar quais ações estão sendo tomadas, então, escolhendo uma abordagem diferente para como o trabalho é feito e por quem.

- **Forneça apoio para lidar com as pressões da vida diária.** Fornecer serviços locais, tais como, ioga, massagem, exercício, meditação, atenção e cuidados diários podem reduzir o estresse e melhorar a tomada de decisão.

- **Torne *como* as coisas são feitas tão importantes quanto o resultado.** As empresas geralmente recompensam o alcance dos resultados, mas não prestam atenção em como você faz o trabalho. Os atalhos, como comprometer os padrões ambientais ou a saúde e a segurança do local de trabalho, são uma consequência. Alinhar a tomada de decisão com os valores é um modo de assegurar que o processo usado e as relações construídas sejam considerados parte do resultado, ao invés de um tipo de abordagem "faça o que precisar a qualquer custo".

- Realize uma pesquisa de valores para isolar onde a empresa está tomando decisões a partir do medo. O Barrett Values Centre fez um excelente trabalho ao ajudar as empresas a alinharem suas culturas com seus valores básicos. Para identificar se sua empresa está usando bem sua energia ou gastando-a em conflitos inúteis, vá para o website do Centre para encontrar ferramentas de transformação culturais: http://www.valuescentre.com/products_services/?sec=cultura_transformation_tools_ (ctt) (conteúdo em inglês). Uma pesquisa pode apontar a ação e orientar as decisões.

Erradicando os estilos de gerenciamentos coercivos

Quando a alta gerência conta com a coerção, ela define o tom da organização inteira. O estilo coercivo envolve dizer às pessoas o que fazer, então, criticar cada movimento delas. As pessoas se sentem minimizadas ou humilhadas, a confiança fica baixa e a produtividade e criatividade sofrem ou desaparecem. Ficar seguro forma a base da tomada de decisão, consequentemente restringir o crescimento e as brechas éticas são encorajados porque os funcionários cuidam de seus próprios interesses, sabendo que a empresa não cuidará.

Para endereçar as fontes fundamentais de comportamento intimidador e coercivo nos gerentes individuais e executivos, considere as seguintes sugestões:

- ✔ **Forneça oportunidades de liderança, desenvolvimento pessoal ou instruções para a vida.** A estagnação da carreira em qualquer nível, inclusive na camada gerencial, pode ser remediada com oportunidades para o crescimento e o desenvolvimento. Todos se beneficiam, especialmente a pessoa envolvida.

- ✔ **Aplique as regras com consistência em toda a organização.** Desde o trabalhador na linha de frente até os níveis mais altos de gerenciamento, o que for aplicado com justiça será bem seguido.

- ✔ **Forneça orientação para lidar com as situações nas quais fazer a coisa certa é mais difícil do que ignorar.** Fale sobre situações éticas que você enfrentou e dê exemplos reais. Explore modos de melhorar coletivamente as respostas às situações que seus funcionários estão observando.

- ✔ **Dê aos gerentes uma janela para o mundo dos funcionários.** Reveze o gerenciamento na linha de frente e outras posições por um dia para que os gerentes possam aprender e ganhar critérios com o que seus funcionários enfrentam diariamente. Ter consciência das situações típicas que os funcionários enfrentam ao atender o público, clientes ou pessoas internas podem iluminar as pressões subjacentes por trás de qualquer problema.

Focar no talento da equipe ao conseguir um objetivo enquanto reforça a confiança provavelmente será mais produtivo do que dizer aos funcionários que eles são ruins no que você está pagando para ser feito.

Preocupações Comuns: Lidando com Cadeias de Fornecimento, Saúde e Segurança

Melhorar as condições do local de trabalho e reduzir a exposição ao risco na cadeia de fornecimento são duas áreas prioritárias para as empresas fortalecerem sua reputação, reduzirem os custos operacionais, manterem os funcionários habilidosos e conquistarem os clientes. Como os consumidores e os clientes baseiam cada vez mais suas decisões de compra em uma transparência aberta na cadeia de fornecimento e importam-se com as pessoas que fazem o trabalho, as empresas que prestam atenção na ética têm uma vantagem. Nesta seção, mostro como tomar decisões melhores sobre a saúde e a segurança no local de trabalho, dadas as prioridades da concorrência, e como as empresas estão elevando os padrões em sua cadeia de fornecimento.

Reduzindo os perigos do local de trabalho

Os tomadores de decisão nas empresas onde a saúde e a segurança de sua força de trabalho são preocupações diárias — construção, indústrias que operam maquinário pesado, produção, serviços químicos ou de remoção de resíduos perigosos, negócios no setor de transportes etc. — podem fazer sua parte para promover decisões que protejam a segurança dos funcionários e o lucro final. Os trabalhadores também podem.

Como um proprietário de negócio, você pode fazer o seguinte:

- **Assegurar que o equipamento de segurança seja mantido segundo o padrão e planos de emergência existam.** Manter o equipamento de segurança atualizado permite reduzir os custos e o risco de ferimentos ou morte. As empresas que ignoram a manutenção regular acabam pagando altos custos do seguro, pagando indenizações e possivelmente respondendo a uma ação judicial.

   Para ver como você realmente se sente em relação à qualidade das condições do local de trabalho e dos padrões de sua empresa para a saúde e segurança, pergunte a si mesmo se você deixaria seu filho trabalhar na empresa.

- **Elimine os procedimentos que são inerentemente inseguros.** Em 2010, seis trabalhadores morreram limpando as tubulações de gás natural em uma fábrica de energia nos Estados Unidos. A prática foi considerada insegura posteriormente. Se um procedimento é inerentemente inseguro, encontre outra maneira mais segura de realizar a mesma tarefa, antes que as pessoas morram ou fiquem machucadas.

- **Considere as consequências do risco com antecedência.** Eis uma pergunta ética a fazer com antecedência: As informações retidas em relação ao risco à segurança ou saúde prejudicarão mais do que ajudarão? Pegar o atalho aumentará o risco para a segurança dos funcionários? Fazer perguntas para mostrar o que não está sendo levado em conta ajuda a evitar o risco de danos permanentes e fatalidades.

Como funcionário, você pode fazer perguntas relacionadas aos riscos de segurança para que não fique despreparado. Muitos danos ou fatalidades resultam quando um funcionário tem medo de questionar uma decisão por medo de perder seu trabalho. No final, você deve ser claro sobre o que é importante para você: seu trabalho, potencial de morte ou perda de um membro. Aqui estão algumas sugestões:

- **Se você está procurando um trabalho, busque empresas que estejam comprometidas com a saúde e a segurança do funcionário:** Pesquise o histórico de segurança de uma empresa como parte de seu processo de busca de emprego. Embora não haja nenhuma proteção para os informantes, grande parte das piores empresas tem observações contra elas para as infrações de segurança, facilitando eliminar de sua lista de possibilidades. Outras podem requerer mais pesquisa.

✔ **Selecione uma empresa que tenha um histórico de cuidados com seus funcionários.** Use websites, como o http://www.greatplacetowork.com (conteúdo em inglês), que listam empresas em todo o mundo nas quais os trabalhadores são tratados com justiça e respeito, sentem orgulho de seu trabalho e gostam das pessoas com quem trabalham.

Construindo a cadeia de fornecimento para padrões éticos

A reputação de uma empresa e sua exposição ao risco estão diretamente ligadas à saúde ética de seus fornecedores. O sucesso de seu negócio depende do sucesso da comunidade inteira de relações associadas ao produzir seu produto ou serviço, e você pode usar o poder de compra de sua empresa e sua relação com os fornecedores para construir valor através de sua cadeia de aquisição e acabar com as práticas antiéticas nas operações de seus fornecedores.

As reputações de várias empresas grandes foram prejudicadas quando seus rótulos foram encontrados nas ruínas carbonizadas de um desmoronamento de fábrica em 2013 em Bangladesh, que foi causado por condições de trabalho sem segurança. Depois do incêndio, mais de 100 empresas assinaram o Acordo de Incêndio e Segurança Predial em Bangladesh. Algumas das maiores empresas de vestuário no mundo — a Primark da Inglaterra, Inditex da Espanha (Zara), a C&A da Holanda, H&M da Suécia e a Tommy Hilfiger e Calvin Klein dos EUA — concordaram em cobrir os custos melhorando a segurança e as condições de trabalho, e elas mantiveram a opção de parar de negociar com os proprietários de empresa que se recusarem a cooperar com seus esforços. (Veja o Acordo em http://www.bangladeshaccord.org — conteúdo em inglês.) Resumindo, elas usaram a influência por trás de seu próprio poder de compra para iniciar práticas éticas nas empresas que as apoiam. Os fornecedores que seguem um trabalho sério, práticas ambientais e de segurança reduzem sua exposição ao risco e aumentam suas chances de estarem na lista de aquisições.

Trabalhar com a cadeia de fornecimento para aumentar as eficiências e promover a integridade ética é um modo de você tomar decisões que são boas para o planeta, boas para as pessoas e boas para o negócio. Eis uma pequena lista de algumas outras maneiras das empresas aumentarem as eficiências e a ética em sua cadeia de fornecimento:

✔ **Encontrar eficiências:** As empresas estão procurando eficiências de custo com o uso de energia, o uso da água e outros recursos. Essas empresas buscam incorporar sustentabilidade nas reputações de suas marcas e engajam seus funcionários a descobrirem economias com o custo de energia.

Oferecendo o envio neutro de carbono e usando uma nova tecnologia de funcionamento, a UPS economiza 6,3 milhões de galões de combustível. A empresa está cortando sua pegada de carbono enquanto economiza dinheiro.

- **Participar em iniciativas de colaboração:** As empresas que participam de iniciativas de colaboração ganham habilidades de liderança e atualizam os processos internos de tomada de decisão para trabalharem em colaboração.

  O Sustainable Food Lab (http://www.sustainablefoodlab.org — conteúdo em inglês) é uma parceria da maioria das empresas grandes e sem fins lucrativos. Seu papel é incubar e, algumas vezes, gerenciar projetos de origem sustentável. A equipe do Sustainable Food Lab fornece serviços sob medida para as organizações, iniciativas da cadeia de fornecimento e reuniões de vários interessados em torno de desafios específicos para a aquisição sustentável. Por exemplo, o Sustainable Food Lab ajuda a Unilever a medir o impacto nos pequenos fazendeiros nos países em desenvolvimento em todo o mundo, coordena uma colaboração do Cinturão do Milho/Soja de muitas organizações melhorando a qualidade da água no Meio-Oeste dos Estados Unidos e gerencia o desenvolvimento da Aliança de Fazendas em Locais Frios para reduzir as emissões de gases de estufas e outros impactos da agricultura.

- **Comprar diretamente do fornecedor e aperfeiçoar o sistema de distribuição:** Em algumas indústrias, a cadeia de fornecimento ficou cheia de atravessadores, aumentando o custo do preço sem adicionar valor. Algumas vezes, como no caso da comida, a compra local coloca o dinheiro diretamente no bolso do produtor.

Nenhuma solução isolada se aplica a toda situação. Em alguns casos, por exemplo, o atacadista adiciona um prêmio por pouco mais que lidar com os produtos; em outros, os atacadistas protegem o comprador dos mercados voláteis e, assim, adicionam valor. Portanto, veja com atenção sua cadeia de fornecimento, suas fontes e o efeito de sua compra no produtor antes de determinar como pode ter eficiência enquanto ainda beneficia os produtores em uma troca justa para todos.

Veja o café, por exemplo, e a Third Wave (http://imbibemagazine.com/Coffee-s-Third-Wave — conteúdo em inglês). A visão do movimento da Third Wave é tratar o café como um trabalho artesanal, ao invés de uma mercadoria. As pequenas empresas de café — como a Wrecking Gall Roasters (http://www.wreckingball-coffee.com/index.shtml — conteúdo em inglês) nos Estados Unidos e a Drop Coffee (http://www.dropcoffee.com — conteúdo em inglês) na Suécia — são dedicadas a fornecer um produto de alta qualidade para os clientes. Inserindo melhorias em cada aspecto da produção para ajudar os produtores a fornecerem grãos de alta qualidade (promovendo condições de crescimento corretas ambientalmente e desenvolvendo relações de trabalho diretas com os produtores, por exemplo), essas empresas geram um produto com mais qualidade para você com menos pontos negativos. E mais, como essas empresas compram diretamente do produtor — uma ética que agrada a muitos especialistas em café — mais dinheiro acaba nos bolsos dos produtores.

Parte VI
A Parte dos Dez

Nesta parte...

- Aprenda a trabalhar com a incerteza para melhorar a tomada de decisão
- Descubra modos de usar o inesperado para a vantagem de sua empresa
- Aprofunde-se nos segredos por trás da tomada de decisão ética

Capítulo 20

Dez Dicas para a Tomada de Decisão em Situações Incertas

....

Neste Capítulo

▶ Eliminando os pontos cegos que estreitam seu pensamento
▶ Aplicando suas habilidades analíticas e intuitivas
▶ Trabalhando criativamente com o imprevisto e o risco

....

Os pensadores concretos no mundo atual estão sob pressão. Como mostrado neste livro, ver o mundo através de uma lente preta e branca é uma ilusão e sua tomada de decisão sofre, especialmente em um mundo onde as condições do mercado mudam rapidamente e você tem que navegar por situações ambíguas. Eis as 10 dicas para ajudar a sair do pensamento preto e branco e guiá-lo em sua tomada de decisão.

Verifique as Suposições

As suposições e as crenças não examinadas podem limitar sua compreensão de uma situação. As suposições não verificadas aumentam a incerteza porque levam a falsas conclusões e limitam suas opções. Provavelmente você está fazendo suposições se tende a pensar em termos de absolutos — "O negócio existe *puramente* para ser o motor econômico", "Nosso produto é aplicável *apenas* ao Cliente A", "Essa mudança funciona bem para a Empresa B, mas *nunca* funcionaria aqui", por exemplo — e se pensa que já sabe tudo que é necessário saber.

Portanto, você deseja verificar suas suposições de vez em quando. Faça perguntas antes de chegar a conclusões ou pular para a ação. Pergunte coisas como: "Por que estamos fazendo isto?", "O que estamos tomando como certo?", "Por que acredito que isto seja verdade?" e "Este é o único modo?" Fazer isso ajuda-o a ver o que está desfocando sua visão da situação.

Estenda Sua Zona de Conforto

As pessoas são como elásticos — só crescem quando esticam. Se você não investir em seus crescimentos pessoal e profissional, irá colocar-se sob muita pressão. As decisões tomadas sem desafiar os limites ou tentar algo novo criam os mesmos resultados repetidos, mesmo quando você deseja que algo diferente ocorra. O bom de ser um elástico é que pode lidar com quanto você estende seu pensamento, sua imaginação ou sua vulnerabilidade — tudo levando a uma melhor tomada de decisão.

O pensamento fixo atrapalha a tomada de decisão por alguns motivos. Primeiro, se você for um pensador fixo, fará com que todos os seus projetos confirmem as habilidades que você já tem — um modo infalível de parar o crescimento e acabar com a inovação. Segundo, você tenta manter a realidade sob seu controle e influência, que a) é impossível e b) cria todos os tipos de pressão, não apenas sobre você, mas também sobre seus funcionários.

Expandir sua zona de conforto é uma habilidade valiosa para os tomadores de decisão e, de fato, qualquer ser humano. Portanto, estenda seu pensamento: expanda o que você vê e o que faz para ganhar flexibilidade. Construa a verdade em si mesmo estendendo sua zona de conforto, um passo por vez, até ficar fácil. O Capítulo 4 tem detalhes para ajudá-lo a crescer como um tomador de decisão.

Faça Perguntas Profundas

A qualidade das decisões que você toma reflete a qualidade das perguntas feitas. As perguntas profundas iluminam a dinâmica invisível subjacente que podem inspirar um novo modo de trabalhar ou pensar sobre a situação. As ótimas perguntas não parecem profundas no momento, mas elas inspiram respostas iluminadas.

Quantas vezes você entrou em uma situação incerta e sentiu que havia mais na situação do que os olhos viam? Quando você não está certo sobre o que aconteceu em uma situação e precisa fazer um pequeno interrogatório de reflexão, use perguntas exploratórias características do jornalismo: O quê? Como? Quando? Onde? Fazendo essas perguntas, você descobre o que está acontecendo abaixo da superfície e utiliza ideias criativas. Considere estes exemplos:

- **"Como eu/você se sente?"** Se você não expuser as emoções, os fatos ficarão confusos. Esta pergunta dá a todos os envolvidos uma chance de descobrir qual efeito a situação está tendo.

- **"O que aconteceu?"** As respostas para esta pergunta expõem as informações, junto com as percepções do que ocorreu.
- **"O que eu ou minha empresa aprendeu (ou pode aprender)?"** Esta pergunta muda sua perspectiva para a observação e a reflexão, permitindo a você retirar valor da experiência.

As perguntas profundas podem também produzir avanços no pensamento, reinvenções da empresa etc. Para descobrir o impossível, você tem que fazer uma pergunta que sua mente não pode responder, por exemplo, "Como podemos transportar as pessoas sem usar carros?" É quando o inconcebível se transforma em um salto criativo.

Aprenda com o Passado

Algumas pessoas temem a incerteza. No centro do medo está a crença de que, contanto que elas continuem fazendo o que fizeram no passado, tudo sairá bem. Mas os tempos mudaram e tudo mais, especialmente quando os mercados ficaram globais, os negócios ficaram online e os clientes esperam mais do que comprar um produto. Portanto, ao invés de ficar preso no passado, aprenda com ele. As experiências passadas podem ensinar muito; elas também pode confirmar se você tem criatividade, confiança e caráter para entrar no desconhecido e ter sucesso.

A resistência aparece quando a confiança se perde ou quando os problemas são assustadores — como se preparar para a mudança climática, por exemplo. Mas se você vir a história humana, descobrirá que muita coisa foi conseguida apesar dos medos do que poderia acontecer. Quando o carro foi inventado pela primeira vez, por exemplo, as pessoas temiam que o corpo humano não pudesse lidar com as velocidades de 60 km/h; elas se preocupavam com os rostos dos viajantes ficando sem a pele e seus lábios ficando caídos como de um cachorro, com sua cabeça fora da janela. Para superar a resistência, lembre-se que o que foi feito no passado não acrescenta nem uma fração do que os humanos são capazes de conseguir. Portanto, quando a resistência aparecer porque você não sabe o que pode acontecer em seguida, use essa energia para dar passos maiores para uma mudança positiva e real.

Criar novas soluções para grandes desafios requer certeza e incerteza. A incerteza abre a porta para explorar novas fronteiras de realização e a certeza fornece um sentimento de segurança e estabilidade.

Ouça Profundamente

Ouvir profundamente é mais difícil do que parece por causa da tendência de não prestar realmente atenção no que a outra pessoa está dizendo. Muitas pessoas, mesmo quando parecem estar ouvindo, realmente estão indo à frente de suas mentes para o que dirão em resposta e muitas outras simplesmente cortam para redirecionar a conversa ou inserir suas próprias opiniões.

Você ganha critérios e exercita seus músculos empáticos quando ouve profundamente o que tem sentimento e significado para alguém, sem sobrepor suas próprias ideias sobre se a pessoa está certa ou errada, é fraca ou forte, boba ou inteligente — ou se você concorda. Para ouvir profundamente, faça o seguinte:

- **Não diga nem pense em nada.** Quero dizer, nada. Acalme sua mente, mantenha-a aberta e não faça nenhum comentário. Apenas ouça.
- **Não tenha pressa.** Ouça atentamente por 10 minutos ou 30, se conseguir. Se você chegar a um momento de silêncio, espere. Não preencha o silêncio.

Quando alguém se restabelecer do choque de ter sua atenção não dividida, você saberá o que significa ouvir profundamente. As palavras não transmitem significado. A conexão com o que importa para a pessoa diante de você é o que significa ouvir profundamente.

Se parecer certo, pergunte como a outra pessoa sentiu a conversa. Use as perguntas que dou na seção anterior "Faça Perguntas Profundas" para descobrir como ela se sentiu e descobrir o que vocês aprenderam. Essa abordagem é uma que você pode aplicar em muitas situações. Você pode até experimentar em si mesmo quando ficar confuso.

Mude as Perspectivas

A percepção define o que você vê em uma situação e a capacidade de mudar a perspectiva dá acesso a soluções melhores em mais situações. Por quê? Porque as decisões são melhores quando diversas visões convergem para as abordagens ou soluções que podem ser mantidas em cooperação por mais pessoas.

Para desenvolver a capacidade de mudar a perspectiva, experimente este exercício: Imagine seu quintal. Agora, imagine-o através dos olhos de um rato, uma criatura que vive no chão e vê os detalhes — como a teia de aranha presa embaixo no arbusto — que você tende a não ver. Agora, mude para o ponto de vista de um falcão ou águia voando acima. Quando passar pela vizinhança, tente ver os itens de pontos de vista diferentes: das raízes de uma árvore, olhos de seu cachorro, mente do gato, topo da árvore e das grandes distâncias dos cosmos. Divertido, certo? Agora, repita o exercício, mas desta vez pense em um problema complicado que está enfrentado ou uma decisão difícil que está tomando. Então, pense da perspectiva do trabalhador da linha de montagem, cliente, equipe de manutenção etc. Como o problema fica a partir de cada uma dessas perspectivas?

Sempre que você enfrentar uma tomada de decisão difícil, explore as diferentes perspectivas. Você tomará decisões melhores se for flexível sobre como vê, pensa e aborda a decisão.

Vá da Inércia para a Ação

Ir da inércia para a ação refere-se a pegar o que você aprendeu ou as ideias em sua cabeça e colocá-las em ação. Depois de colocar uma ideia ou compreensão em ação, você poderá refletir sobre o que aprendeu. Integrando o que você sabe e a experiência em suas futuras decisões, irá melhorar essas decisões.

O que não é familiar parece assustador para a maioria das pessoas em primeiro lugar. Mas não deixe isso impedi-lo de tomar uma ação.

Preste Atenção no que Seu Coração Diz

Tentar fazer algo sem colocar seu coração é como puxar uma corda montanha acima. É difícil, mas não impossível. Prestar atenção se seu coração está na decisão é o modo mais simples de testar seu comprometimento com um curso de ação e finalizar qual opção você finalmente escolherá. Você pode tentar, se insistir, usar sua vontade mental para anular seus sentimentos sobre uma decisão. Você pode se dar bem por um tempo, porém, mais cedo ou mais tarde, sentirá uma fadiga ou se sentirá abatido.

Como seu coração traz uma forma poderosa de inteligência para a tomada de decisão, você pode também usá-lo. Portanto, teste as opções ou decisões que está tomando ouvindo seu coração. Você se sente engajado, indiferente ou paralisado? Como explico no Capítulo 5, seu coração é inteligente; você deve ouvi-lo.

Adote o Imprevisível

O futuro do mundo é incerto e imprevisível. Portanto, por que não adotar essa incerteza inerente como uma oportunidade para ser criativo? Ao invés de se esconder com medo do que não é conhecido, foque suas energias e sua tomada de decisão em descobrir possibilidades criativas. Mesmo os pensadores muito lineares e analíticos podem ser criativos e pensar rapidamente.

Trabalhe com o Risco de Modo Diferente

Os humanos tendem a descontar a probabilidade dos futuros eventos. Se um risco não for imediato, tendemos a ignorá-lo. Resultado? Acabamos despreparados. Portanto, adote uma abordagem diferente para o risco. Ao invés de vê-lo como uma possibilidade do futuro que provavelmente não acontecerá, veja o possível risco como se estivesse lidando com ele hoje. Torne-o real. Então, planeje.

Quando você encontrar essas situações, pense nos prováveis impactos ou consequências de suas decisões e planeje-se para elas também. Tire o leve risco do tipo 'pode ou não acontecer' das nuvens e mova-o para seu processo de tomada de decisão.

Capítulo 21

Dez Maneiras de Melhorar a Tomada de Decisão

Neste Capítulo
- Focando nas qualidades internas que facilitam a tomada de decisão
- Explorando maneiras de encorajar a criatividade e a inovação
- Aprendendo com os sucessos e os fracassos dos outros
- Criando um local de trabalho que apoia a tomada de decisão acertada

*V*ocê sabe o que deseja conseguir, todavia os resultados não estão aparecendo. Por quê? Talvez você não esteja obtendo os resultados que procura porque suas decisões não estão levando-o aonde deseja ir. Neste capítulo, oferece 10 sugestões que podem ajudá-lo a tomar decisões melhores.

Encontre a Calma Interna

O estresse emocional interfere em como você processa as informações ao seu redor; se você estiver em pânico ou estressado, suas inteligências intelectual e intuitiva ficarão prejudicadas. Suas emoções destroem sua tomada de decisão e você acaba no modo de controle prejudicado, tentando corrigir as consequências negativas das decisões concebidas de modo ruim. Portanto, o modo número um de melhorar sua tomada de decisão é regular suas emoções.

Para restaurar sua calma interna, você precisa encontrar seu local de felicidade. Você pode usar técnicas de respiração profunda ou outros métodos, como a Técnica de Coerência Rápida do HeartMath Institute, que descrevo no Capítulo 5. Tais técnicas ajudam a manter a calma necessária para sua mente e seu coração trabalharem juntos.

A respiração profunda acalma seu sistema nervoso inteiro e clareia sua mente para que você possa ouvir seu pensamento. Neste estado, seu coração e mente podem trabalhar juntos e o resultado será uma decisão melhor. Use esse método quando estiver no meio do caos, seu mundo estiver caindo à sua volta ou qualquer momento durante o dia.

Saiba Quando Seguir os Planos e Quando Criar em Conjunto

Nas emergências, os planos são essenciais para coordenar a especialização e o esforço para que todos saibam o que fazer no caos. Mas quando o trabalho é constantemente caótico, os planos podem ser perigosos. Por quê? Simplesmente porque, nessas condições, você precisa ser criativo, ao invés de rígido.

Os planos funcionam nas situações em que as circunstâncias são previsíveis. Por exemplo, durante um desastre natural, como um furacão de Categoria 4, o que é requerido é bem previsível. As pessoas precisam de água potável, abrigo e comida. Mas tente seguir um plano fixo quando as coisas estão fora de controle e, bem, estará paralisando sua capacidade de reagir como o necessário para mudar constantemente as informações.

Nos negócios, o segredo é aplicar a abordagem certa à circunstância. As condições previsíveis do mercado favorecem os planos. As condições imprevisíveis do mercado favorecem à criação em conjunto. Eis algumas diretrizes:

- Quando você estiver em um território novo, desejará criar em conjunto novas abordagens para como as coisas são feitas. Também desejará criar em conjunto se o gerenciamento ou se medidas de controle excessivas impedirem que as coisas sejam feitas ou quando a desordem prevalecer. A criação em conjunto permite que você e sua equipe inventem abordagens originais para resolver problemas familiares.
- Siga um plano quando precisar restaurar a ordem antes que qualquer outra coisa aconteça.

Mantenha Sua Mente Ágil

Como você pensa informa as ações que toma. Os pensadores concretos preferem lidar com o tangível e considerar as ideias e os conceitos como não sendo práticos. Os pensadores conceituais trabalham com ideias e conceitos, mas tendem a negligenciar os detalhes. Misture os dois e terá uma combinação adorável. Com qual(is) modo(s) de pensamento você conta? Você está usando o mesmo pensamento para tomar toda decisão? Tipos diferentes de pensamento se aplicam a diferentes tipos de circunstâncias e você não pode ir da tomada de decisão bem-sucedida operacional para a estratégica ou de nível sênior sem ajustar seu pensamento e processos de tomada de decisão.

Na próxima vez em que você enfrentar uma tarefa de tomada de decisão, experimente um pensamento flexível para chegar a uma solução viável. Ser flexível permite basear-se em diversos pontos fortes dos membros da equipe e expandir seu próprio pensamento para que possa escolher seletivamente uma ação adequada para obter melhores resultados.

Foque na Missão

Na tomada de decisão, o foco dita para onde vai sua atenção. Se você prestar atenção nas coisas erradas, tomará decisões ruins. Por exemplo, se você focar em atender o orçamento unicamente instituindo medidas para cortar os custos e ignorando seus clientes, logo não terá nenhum rendimento (os clientes são opcionais, afinal!). Portanto, fique atento em que você está prestando atenção. Fazer isso ajuda a ficar centrado no que é importante para conseguir seus objetivos gerais e assegura que você pensou nas consequências de suas decisões.

Inove pela Ruptura

Use surpresas para reinventar a empresa. Por exemplo, quando os rendimentos estiverem caindo, o desengajamento dos funcionários for alto e nada do que você estiver fazendo ou acreditava anteriormente funciona, não resista à mudança nem negue as verdades inconvenientes — uma estratégia que pode tirá-lo completamente do jogo. Ao contrário, reconheça que uma mudança iminente no mercado ou nas condições comerciais está ocorrendo e use a lacuna entre o que você pensa que deve acontecer e o que realmente está acontecendo para fazer as coisas de modo diferente.

As rupturas podem ser radicais, tais como, quando sua empresa está para falir por causa de um evento imprevisto e repentino, ou elas podem agir com o tempo quando as condições mudam, mas sua abordagem não muda. Nesses momentos, faça as coisas de modo diferente: pegue uma ideia que não está de acordo com a norma ou engaje em uma decisão arriscada que pode ser benéfica. O risco de não fazer nada é maior do que o risco de fazer um movimento corajoso.

É preciso apenas uma ideia para injetar novidade nas atitudes rotineiras e elevar os resultados a um nível mais alto de realização. Aja com um sentimento de calma de que é hora de adotar uma abordagem totalmente diferente.

Utilize Sua Intuição

Uma tomada de decisão instantânea ocorre em milissegundos e inspira, sem sua consciência, uma grande quantidade de soluções, decisões e experiências que você construiu com o tempo. O melhor modo de fortalecer a faixa de soluções que seu cérebro usa subconscientemente é tomar muitas decisões. Se você se sentir confiante em sua posição atual, ótimo! Então, mude para um ambiente diferente para que possa desenvolver experiências em um novo cenário.

Todos têm uma inteligência intuitiva, mas nem todos confinam nela nem sabem como funciona. Você pode melhorar o acesso à sua intuição regulando suas emoções (veja a seção anterior "Encontre a Calma Interna"), ganhando experiência (com sucessos e fracassos) com sua tomada de decisão e prestando atenção em sua voz interna (é a única que, algumas vezes, argumenta com sua mente racional). Tomar mais decisões, com elas funcionando ou não, fortalece a biblioteca do seu subconsciente com possíveis e prováveis soluções. Para descobrir mais sobre como a intuição funciona, veja o Capítulo 7.

Aprenda com os Erros

Verifique os jornais e encontrará histórias que mostram muitos modos das empresas poderem cometer erros. É o melhor modo de ver, sem ter que cometer você mesmo o erro, como as decisões podem falhar em considerar as consequências ou avaliar o risco.

A Ryanair, uma companhia aérea irlandesa, é bem conhecida por suas passagens baratas, tratamento grosseiro dos clientes e multas exorbitantes cobradas pela bagagem. Para manter os custos baixos, a Ryanair cortou o serviço ao cliente e multou os clientes por infrações de bagagem além do que era percebido como sendo justo. Os clientes começaram a evitar a linha aérea, acreditando que as passagens baixas não justificavam o tratamento desrespeitoso. O erro da empresa? Colocar os objetivos internos (manter os custos baixos) à frente de sua própria reputação e de manter a lealdade do cliente. Em resposta, em 2014, a Ryanair reconheceu que sua "cultura rude" tinha prejudicado sua reputação e decidiu comunicar-se com mais respeito com os clientes e ser mais benevolente com as multas das bagagens.

Ao estudar os erros, tente aprender com o que aconteceu: Onde, no processo de tomada de decisão, o erro ocorreu e por que ele ocorreu? Estude os sucessos e os fracassos de outras empresas para observar o que elas omitiram no processo de tomada de decisão. Quando você aprende com os erros — envolvendo seus próprios infortúnios, os infortúnios de sua empresa e das outras —, pode aplicar as lições em sua própria tomada de decisão.

Mantenha a Mente Aberta

Manter uma mente aberta permite incorporar, ao invés de rejeitar, novas informações porque são pouco familiares ou parecem irrelevantes. Estar aberto a novas informações permite ficar atual e tomar decisões melhores porque você não está ignorando como seus clientes ou funcionários se sentem ou o que eles precisam.

Eu sei, eu sei. Ter uma mente fechada é muito mais fácil. Se você realmente deseja ficar no escuro, aqui estão algumas maneiras irônicas de manter sua mente trancada como uma caixa:

- Aceite apenas as informações que você já conhece e rotule qualquer coisa que não entende — Física quântica, empresas auto-organizadas, a popularidade de Justin Bieber — como pseudoconsciência, esotérico ou woo-woo.
- Rejeite a ideia de que as emoções dos funcionários ou qualquer pessoa impactada pela decisão sejam relevantes para a tomada de decisão — até você precisar culpá-los por serem resistentes quando as iniciativas explodirem na sua cara.
- Recuse a tomar uma decisão; se houver uma caixa de areia na vizinhança, enfie sua cabeça nela.
- Trate tudo como sendo absoluto — isto ou aquilo, preto ou branco — porque ver como todas as peças se encaixam é uma habilidade exagerada favorecida pelos anarquistas.

Equilibre a Intuição com o Racional

A intuição é escorregadia, é conhecida por falhar e não pode ser medida. Não é de admirar que os tomadores de decisão prefiram confiar em algo mais específico e preciso, como o pensamento racional. Mas eis um pequeno segredo: a tomada de decisão racional realmente não é tão racional. Coisas diferentes da lógica entram em praticamente toda decisão tomada, com você sabendo ou não. (Pense na quantidade de tomadores de decisão sênior que tomam decisões que atendem ao ganho pessoal acima dos objetivos da empresa.)

Sua inteligência intuitiva antecipa os eventos antes deles ocorrerem. Quando você a utiliza, pode processar volumes de informações em um nanossegundo, simultaneamente mantendo o curto e longo prazos na mente sem queimar nenhum fusível do cérebro. Os processos intuitivos e racionais trazem capacidades únicas para o processo de tomada de decisão.

Conheça a linguagem que sua intuição utiliza. Diferencie-a do vozerio mental e das emoções. Tranquilize a mente para que possa ouvir o que sua inteligência profunda tem a dizer. As respostas serão valiosas. Você conseguirá discernir o quanto a decisão está alinhada com suas aspirações. O Capítulo 7 tem os detalhes sobre o papel da intuição na tomada de decisão.

Preste Atenção no Local de Trabalho

As relações interpessoais e a regras não escritas no local de trabalho combinam-se com as circunstâncias dadas para produzirem as condições para a tomada de decisão. Como as coisas são feitas, o grau de autonomia que os funcionários têm, seu comprometimento com os colegas, a responsabilidade que as pessoas têm pelas decisões tomadas etc., tudo impacta a resiliência e a durabilidade dos resultados da decisão.

O design do local de trabalho faz parte da fórmula para um tempo de resposta mais rápido e decisões mais precisas. Remover as barreiras para a troca de informações em tempo real acelera respostas rápidas e mais precisas. Criar locais de trabalho e relações de trabalho que apoiem os funcionários melhora sua capacidade de fazer julgamentos acertados e tomar boas decisões.

Revise seu local de trabalho para assegurar que ele apoia a saúde e o bem-estar de seus funcionários. Oferecer locais para descansar e refletir pode revitalizar o local de trabalho, reduzir o estresse, reduzir os custos e aumentar a retenção do funcionário. O Capítulo 2 tem mais informações e sugestões para criar um ambiente de tomada de decisão saudável.

Capítulo 22
Dez Segredos por trás da Tomada de Decisão Ética

Neste Capítulo
- Eliminando os obstáculos para a tomada de decisão ética
- Revelando as expectativas e os comportamentos que encorajam das brechas éticas
- Construindo um ambiente do local de trabalho que modela e apoia as decisões éticas

Desenvolver um código formal de ética é um modo óbvio de comunicar claramente o que é aceitável e o que não é. Todavia, palavras são uma coisa e ações são outra! O estilo de gerenciamento, caráter, procedimentos e processos enviam mensagens sobre o que será e não será tolerado. Neste capítulo, dou 10 sinais sutis que você pode procurar para determinar se as mensagens não faladas em seu local de trabalho estão levando os tomadores de decisão a decisões éticas ou antiéticas.

Os Funcionários se Sentem Respeitados e Felizes

Nunca subestime o poder do respeito, felicidade e alto valor pessoal como indicadores do comportamento ético. Os funcionários que se sentem respeitados, valorizados e felizes tendem a selecionar a ética acima do autointeresse. O poder do reconhecimento entre os iguais constrói respeito e responsabilidade compartilhados. O apreço informal expressado como parte das relações de trabalho diárias transmite o quanto alguém é valorizado para a equipe e para a empresa, e a felicidade é feita de um trabalho significativo — sentir que você está tendo um impacto positivo e contribuindo para uma missão maior.

Independentemente do papel desempenhado, todos que trabalham na empresa são pessoas em primeiro lugar, depois funcionários. Um local de trabalho que encoraja o respeito desempenha um papel importante ao apoiar o bem-estar das pessoas. O bem-estar e um senso de responsabilidade compartilhada entre os colegas e a gerência insere um código de ética que opera naturalmente.

As Relações São Baseadas em Confiança

Quando as coisas ficam difíceis, o que acontece em sua empresa? Você é duro com os funcionários ou foca nas soluções? Se você respondeu que foca nas soluções, está no caminho certo. Quando circunstâncias difíceis são enfrentadas focando nas soluções, ao invés de colocar a culpa, você desenvolve relações mais confiáveis. Tais relações estimulam a criatividade e encorajam os funcionários a pegarem as oportunidades para encontrar soluções.

Quando os funcionários não sabem em que confiar, eles cuidam de seu próprio autointeresse, basicamente negando a você o benefício de seu critério e criatividade porque compartilhar essas coisas é arriscado demais. Os ambientes de baixa confiança apresentam um alto risco para as seguranças emocional e social. Tomar a iniciativa ou ser criativo muito provavelmente será um movimento limitador de carreira. A conformidade é recompensada.

Quando as relações são construídas na confiança, o foco muda de contar com o processo e os procedimentos para fazer as coisas confiando no talento da equipe, que, quando a finalidade da decisão é clara, focará seus esforços de acordo. Ao invés do gerenciamento ser responsável pelos resultados, a responsabilidade e o respeito pelas decisões e a implementação são compartilhados. Maior autonomia e confiança são iguais a um engajamento maior.

O Foco Está na Realização Coletiva

A tomada de decisão ética está profundamente conectada em aceitar a responsabilidade total pelas decisões, ações e consequências. Portanto, se você deseja saber o que uma empresa realmente valoriza, preste atenção se a tomada de decisão foca no autointeresse — lucro às custas dos funcionários, clientes, comunidade local, ambiente etc. — ou em adicionar valor a longo prazo e prazo maior. Em uma empresa ética, a contribuição da empresa estende-se ao bem-estar de seus funcionários, clientes e comunidades que ela atende ou nas quais opera. Quando todos têm sucesso ou cuidam, nenhuma tentação lógica ou emocional existe para comprometer a ética.

As Coisas Certas São Recompensadas

Na maioria dos casos, uma empresa cria suas próprias brechas éticas recompensando as coisas erradas. As empresas que pressionam os funcionários para fazerem as coisas a qualquer custo, punem os informantes ou qualquer pessoa que informa uma má conduta ou comportamento ilegal, e ignoram o valor das pessoas e do planeta está simplesmente pedindo para ter brechas éticas.

Minha aposta é que você deseja clientes leais e pagantes mais engajados e funcionários felizes. Para descobrir se você está medindo as coisas que promovem a lealdade, clientes e funcionários felizes — provavelmente a medida final do sucesso de sua empresa —, pergunte: "Qual é a missão da empresa?" e "Como saberemos que conseguimos?" Depois de identificar os modos de medir se você conseguiu sua missão, avalie se a felicidade é levada em conta ou se a lealdade do cliente é um fator. Se não, você não está medindo as coisas que o aproximarão de conseguir esses objetivos.

A Mínima Conformidade Não É Suficiente

Fazer apenas o bastante para sobreviver aos olhos dos reguladores implica em indiferença. Ser indiferente com os problemas de uma natureza ética pode invadir o pensamento até que fazer o mínimo possível substitui uma ação corajosa. A liderança, bem feita, requer coragem para seguir com ousadia por onde a maioria das empresas não ousa pisar. As empresas que se aventuram com coragem em métodos originais de gerenciamento e conduzem a si mesmas sem que sejam informadas sobre o que fazer pela agência reguladora ou demandas sociais são líderes naturais e seus resultados são altamente recompensados. Elas atendem e excedem os regulamentos.

Mude a conversa interna do que uma empresa ou um funcionário deve fazer para o que é certo ou a coisa inteligente a fazer. Aplicada na tomada de decisão, a decisão ética pode não ser o caminho fácil, mas será o melhor a longo prazo.

Um Bom Caráter É Importante

A pergunta que você deve responder com cada decisão de alto risco é: "Quem eu me tornei como resultado desta decisão?" Quando a resposta balança entre uma pessoa de bom caráter e alguém que está indo para o lado escuro, a escolha define a carreira. O caráter e a integridade trabalham lado a lado. Quando você soma o caráter pessoal de cada funcionário, essa soma indica o caráter geral de uma empresa.

O super-homem tem superpoderes e com grande poder vem uma grande responsabilidade (junto com uma capa). Cada pessoa tem superpoderes (embora nem todos recebam uma capa — eu tenho uma camiseta!). Quando chega o momento de tomar decisões éticas, o caminho de menor resistência raramente constrói o caráter necessário para os altos níveis de liderança. Escolher construir um bom caráter requer que você seja capaz de pegar o caminho mais alto, mais corajoso, aquele que leva a níveis mais altos de respeito e sabedoria.

Todos Lideram

Nas empresas nas quais todos lideram, todos são responsáveis individual e coletivamente, e respondem pela obtenção dos resultados. Não há nenhuma separação entre o superior e o inferior, ou entre o chefe, líder e funcionário, embora rótulos possam ainda ser usados.

Os estilos de gerenciamento com comando e controle têm uma tendência, exceto nas emergências, de transferir a responsabilidade para as pessoas em autoridade. Contudo, onde a autonomia está infundida no DNA cultural da empresa inteira, os colegas são responsáveis e respondem pelos iguais, assim como pelos gerentes. Um comprometimento geral com um código de ética, escrito ou implícito, está impresso na integridade da empresa.

Se você apoia uma estrutura de auto-organização ou uma que é mais convencional, quando os iguais são responsáveis e respondem por seus iguais quanto às decisões, as expectativas são claras.

Os Princípios e os Valores Guiam a Ação

Os princípios e os valores podem guiar a tomada de decisão ética quando elas são declaradas e compartilhadas. Quais princípios e valores você usa para guiar e direcionar as decisões em sua empresa? Colocar a ética em ação demonstra o comprometimento da empresa com seus princípios e valores. (Os *princípios* são portáteis, servindo para esclarecer a confusão sempre que ela existir ou ajuda a um tomador de decisão confuso a ter clareza. Os *valores* especificam o que é importante para a empresa — o que ela representa e não representa.)

Veja o Manifesto Agile desenvolvido em 2001 pelos profissionais da metodologia de programação do software Agile, por exemplo. Esses princípios podem informar e influenciar o local de trabalho e a cultura da empresa, assim como indicar as prioridades:

- Indivíduos e interações acima dos processos e ferramentas
- Trabalhar no software acima da documentação completa
- Colaboração do cliente acima da negociação de contratos
- Responder à mudança acima de seguir um plano

A Atenção É Dada à Cultura do Local de Trabalho

Como geralmente acontece, você pode aprender uma coisa estudando outra. As culturas comerciais são assim. Se você quiser saber quais crenças profundamente enraizadas e subjacentes guiam sua empresa, preste atenção nas ações e no comportamento de seus funcionários. Estudar os padrões de rotina na superfície dá critérios sobre as crenças básicas de sua empresa, um tópico que aprofundo mais nos Capítulos 2 e 3.

De um ponto de vista imparcial e objetivo, veja as atividades, ações e as decisões que seus funcionários tomam. Particularmente, observe as decisões que têm um ciclo. Aparecendo como algo sem valor. Finalmente, você verá padrões de repetição. Perguntar "Por quê?" geralmente é o bastante e você identificará a crença de origem. Então, poderá decidir se é útil ou não. A saúde do local de trabalho depende de uma cultura composta de crenças atualizadas e úteis.

A Confiança É o Valor Fundamental

A confiança é o contexto para uma tomada de decisão altamente ética. A confiança dá aos funcionários segurança para recuarem, verem a imagem geral, darem saltos corajosos de criatividade e trabalharem efetivamente com o conflito. Quando a confiança é endêmica, seus funcionários não gastam sua energia e concentração em se protegerem do risco de perigo.

Use cada crise, cada decisão e cada falha para estender a confiança, compaixão e cuidado no ambiente de tomada de decisão. Finalmente, você acabará construindo confiança e um ambiente de tomada de decisão ético por natureza.

Índice

• A •

abordagem unilateral, 253
ação
    decidir contra, 126–128
    ir da inércia para, 345
    orientar via ética, 355–357
Adams, Peter, 175
adiamento, prestar atenção em, 103
agentes de mudança. *Veja* mudança, agentes
alto desempenho, locais de trabalho, 38–43
ambientais, estatística de danos, 325
análise. *Veja também* informações
    ansiedade, prestar atenção em, 103
    big data, 142
    conduzir, 142–143
    fazer suposições, 144–145
    mapear consequências, 143
    relevância para tomada de decisão, 143
antiéticas, decisões, 326–327
antiéticas, práticas, 324–325. *Veja também* comercial, ética
aprender. *Veja também* reflexiva, aprendizagem
    com erros, 350–351
    com o passado, 343
    cultivar, 14
    cultura de aprendizagem, Toyota como, 233
    ouvir, 344–345

aprovação, autoridade, 129–130
aquisição, superar problemas, 88–89
atitudes positivas versus negativas, 156–157
autoestima, 54
autoexame, 230–231
autogerenciamento, 13, 74–75, 244
autoridade
    abordagem autêntica, 253
    definição, 129
    modelo de comando e controle, 252
    organizações hierárquicas, 130
    versus liderança, 234–236
    versus poder, 184

• B •

bem-estar, melhorar, 200–202
big data, 142
bloggers, desenvolver relações com, 208

• C •

calma
    caixa, fluxo, 176
    encontrar internamente, 347–348
    ganhar sob pressão, 78
    valorizar, 176
caráter
    autoexame, 230–231
    construir, 91–93, 231–232
    definir via crise, 232
    implicações éticas, 355–356

cargas de trabalho, gerenciar com eficiência, 329
cenário, previsão, 152
CEO, acessar pesquisas, 203
CEOs, traços psicopatas de, 52
cérebro. *Veja também* mente
    córtex pré-frontal, 328
    função na tomada de decisão, 71–72
certeza, vício em, 37
ceticismo versus pensamento crítico, 144
cliente, personalizar serviço ao, 206
clientes. *Veja também* comprador, comportamento
    como agentes de mudança, 11
    como agentes para mudar, 203–204
    conectar-se a, 205–206
    endereçar necessidades de, 209
    estabelecer intenção, 210–211
    ganhar lealdade de, 200–201
    localizar, 205
    mapear empatia, 207–208
    notar tendências, 203
    ouvir retorno de, 84
    promover comunicação, 210–214
    receber informações de, 204
    reunir informações de, 211
código de ética. *Veja também* ética; gerenciamento, estilo
    comprometer-se com, 332
    comunicação, 333–334
    criar diretrizes, 331
    desenvolver, 330–335
    estilos de gerenciamento, 335
    falhas em informar, 333
    seguir padrões, 334
colaboração, economia, 203
colaboração, espaços de trabalho de, 41. *Veja também* trabalho, espaços decolaboração, usar ferramentas em reuniões, 300–304
comando e controle, modelo, 126, 128, 131–132, 252
comerciais, decisões. *Veja também* decisões
    estratégicas, 168–172
    éticas, 15–18
    financeiras, 175–177
    integridade, 15–18
    operacionais, 172–174
    resolver problemas, 177–179
    visionárias, 167–168
comerciais, práticas antiéticas, 323–325
comerciais. *Veja também* empresas; empreendedores; organizações
    ciclos da vida, 264
    fechar, 264–266
    lucro versus serviço, 10
    mudar papel de, 9
    pensamento ou/ou, 10
    vender, 264–266
comercial, desempenho, 9
comercial, ética. *Veja também* ética; antiéticas, práticas
    equilibrar boas e prejudiciais, 322
    proteger direitos, 322
    tratamento justo, 322
comercial, subestimar desenvolvimento, 177
comportamentos
    estabelecer expectativas para, 240–241
    éticos e antiéticos, 322–323
    modelar, 328

comprador, mudanças futuras no comportamento, 204–205. *Veja também* clientes
compradores, melhores práticas, 88–89
comprometimento
    avaliar, 124–126
    dinâmica da equipe, 124–125
    dinâmica organizacional, 124–125
comunicação
    calcular benefícios de, 212
    promover com clientes, 210–214
    promover com funcionários, 210–214
comunicação, habilidades, 31
comunicar
    decisões, 157–158
    expectativas, 254
comunidade, engajar-se com, 141, 211, 217
confiança
    construir, 212
    construir em si mesmo e nas equipes, 246–247
    construir com funcionários, 141
    construir relações sobre, 354
    criar, 157
    estabelecer em joint ventures, 317–318
    e tomada de decisão ética, 357
    restabelecer em joint ventures, 320
confiar em funcionários, 25
conflito
    aceitar pessoas, 64
    benefícios, 188
    centrar-se, 65
    colaboração, 65–66
    como bom sinal, 66
    comprometer resultados, 65
    construir caráter a partir de, 231–232
    evitar, 64
    forçar decisões, 65
    gerenciar, 32
    ouvir com atenção, 66
    respostas para, 64–65
    usar para vantagem, 62–64
conforto, estender zona de, 342
conhecer a si mesmo, 31
consenso, modelo
    aceitação, 133
    estilo de liderança, 250–251
    exigências, 187
    gerenciamento do tempo, 133
    introdução, 189
    perspectiva e opinião, 132–133
    prós e contras, 187–188
    valor do conflito, 188
consequências, visualizar, 196
consumidores, ver como agentes de mudança, 10
contar a verdade, aumentar, 13
contestadoras, instigar tecnologias, 23
contratar, inclinações no processo para, 62
contratempos, 269–272
contribuição, inspirar, 35
controle, avaliar necessidade de, 249
coração
    e funcionamento cognitivo, 72–73
    e funcionamento intuitivo, 72–73
    ligação com cabeça, 71–73
    ouvir, 73, 345
credibilidade, fonte de, 158
crenças
    função de, 8
    limitadores nas opões, 57–59

criatividade, usar para gerar opções, 150–151
crise, gerenciamento
    mostrar compaixão, 233
    planejar antecipadamente, 232
    tomar ação, 232
crise. *Veja também* trauma
    aprender com, 233
    gerenciamento por, 75
critério, estabelecer, 145–148
critérios
    agir em, 47
    em sonhos, 48
    perceber, 60
    ser aberto a, 25
cultura da empresa
    curva de inovação, 23–24
    duas mentes de, 34
    e tomada de decisão ética, 357
    impacto na eficiência, 174
    inspirar contribuição, 35
    padrões da tomada de decisão, 35
    recompensar esforços, 35
    valorizar inovação, 24–25
    vícios, 37–38
cultura da empresa. *Veja* empresa, cultura
curiosidade
    cultivar, 14
    manter, 139
curto prazo, foco, 38–39, 121

• D •

dados
    analisar, 142–143
    avaliar criticamente, 143–144

decisão, estilos de tomada, 22
decisão, melhores práticas no ambiente de tomada de, 17–18
decisão, métodos de tomada. *Veja também* participativa, tomada de decisão
    comando e controle, 131–132
    modelo de consenso, 132–134, 187–189
    negociação, 186–187
decisão, processos de tomada, 68–70
decisão, tipos, 20–21
decisão, tomada. *Veja também* organizacionais, estruturas; estratégicas, decisões; táticas, decisões
    acordar no processo. 29
    baseada em valores, 14
    centralizada, 262
    centralizar, 27
    conhecer a si mesmo, 31
    de cima para baixo, 131–132
    delegar, 27
    descentralizada, 262
    descentralizar, 29
    descentralizar poder, 244
    design inteligente, 39–41
    ética, 30
    função do cérebro, 71–72
    insistir em correção, 32
    melhorar, 31–32, 212
    mudar abordagens para, 22
    obstruções, 31–32
    padrões, 35
    participativa, 134
    processo racional, 143

decisão, tomadores
    ambiente de trabalho, 128–129
    autoridade, 129–130
    determinar, 128–130
    estilo de gerenciamento, 128–129
    organizações em rede, 129
    organizações hierárquicas, 128–129
    responsabilidade, 129–130
decisivo, estilo, 22
decisões acertadas, identificar finalidade, 116–117. *Veja também* decisões
decisões. *Veja também* comerciais, decisões; acertadas, decisões;
    antiéticas, 16–17
    comunicar efetivamente, 157–158
    conectar aspectos de, 83–84
    credibilidade, 158
    de cima para baixo, 131–132
    esclarecer finalidades de, 135–137
    estratégicas, decisões; táticas, decisões
    evitar retrocessos, 158
    explorar prós e contras, 83
    forçar em conflitos, 65
    impacto na reputação, 83
    implementar, 158–163
    intuir futuro, 83
    ligar a valores, 16
    mapear cenários, 83
    motivos para efeitos contrários, 156
    prever efeitos acidentais, 83–84
    testar comprometimentos com, 275
    tomar, 156–157
    urgência, 122–123
delegar tarefas, consequências de, 327
democrático, estilo de liderança, 250
desastres, aprender com 80–81

desempenho, avaliar problemas, 74
desempenho, usar contratos com sabedoria, 329
design, 40–41
difíceis, cuidar de problemas, 241
direção, esclarecer, 272–277
direitos
    autodeterminação, 323
    consentimento informado, 322
    privacidade, 323
    tratamento com dignidade, 322
    website, 322
doença, estresse relacionado a, 30, 77
dormir, impacto na tomada de decisão, 328
dúvidas
    monitorar, 272
    superar, 157

• E •

eficiências
    impacto da cultura da empresa em, 174
    melhorar, 173
ego
    basear decisões, 281
    categorias, 54
    controlar, 55
ego, lados escuro e claro, 282
emocionais, respostas, 56–57
emocional, gerenciar estado, 73
emocional, segurança, 238–239
emoções
    como dados, 298
    regular, 78

empatia. *Veja também* mentais, mapas
    construir, 241
    e maior consciência, 189
    expandir, 78
    mapear, 206–208
    praticar, 229
    ter, 53
empreendedores. *Veja também* negócios
    comunidades virtuais, 261
    crenças básicas, 258–259
    delegar tarefas, 260
    descrição, 255
    determinar status do negócio, 265–266
    empresas de médio porte, 261
    estabelecer sistemas, 259–264
    fazer pesquisa de mercado, 263
    ficar sem caixa, 262
    fundamentos filosóficos, 257–259
    gerenciar dinheiro, 263
    grandes empresas, 261
    habilidades de gerenciamento, 263
    listar funções do trabalho, 260
    mentalidade do crescimento, 256
    multitarefas para construção da equipe, 260
    negócios em família, 261
    objetivos comerciais, 264–265
    organizações horizontais, 261
    organizar trabalho, 261–262
    pequenos negócios, 261
    preso à empresa, 263
    preso ao modelo comercial, 263
    preso às ideias, 263
    processos de tomada de decisão, 262–264
    qualidades, 256
    risco, 259
    valores, 257–259
    vender negócios, 264
empresa, avaliar mentalidade, 36–37
empresa, considerar tamanho, 26–27
    compaixãoter, 53
    mostrar durante crise, 233
empresa, esclarecer finalidade, 47
empresas auto–organizadas, 129
empresas. *Veja também* negócios; organizações
    alto desempenho, 36–37
    desespero, 36–37
    em transição, 36
    lucratividade, 8
    papel na sociedade, 10
engajamento, estatísticas, 200
Enxuta/Ágil, abordagem para mudar, 14
equipe, dinâmica
    negligenciar, 249
    observar, 124–125
equipe, estilo de liderança baseado em, 250–251
equipe. *Veja* funcionários
equipes. *Veja também* funcionários
    exigências da reunião, 247
    pedir ideias, 87
erros, aprender com, 80–81
erros. *Veja também* reflexiva, aprendizagem
    aprender com, 350–351
    punir, 25
escuro e claro, lados do ego, 282
espaço de trabalho, força do espírito, 277
espaços de trabalho, design inteligente, 39–41. *Veja também* colaboração, espaços de trabalho

especialização versus generalização, 228–229
especulação, endereçar, 140
espírito. *Veja* pessoal, espírito
estratégica, adotar abordagem, 136–137
estratégicas, decisões. *Veja também* decisões
    ações de curto prazo, 223
    ajustar, 172
    alto nível, 169–170
    desafio, 170
    determinar resultado desejado, 171
    direção de longo prazo, 223
    exemplo de marketing, 169–170
    falha, 169
    finalidade, 168, 170
    objetivos de baixo nível, 170–181
    pensar conceitualmente, 223–224
    tarefas e ações, 171
    tecnologia da informação, 170
    tomar, 20, 170, 224
estratégico, desenvolver pensamento, 224–225
estresse, doença relacionada a, 30
estresse, impacto na tomada de decisão, 325
estresse, redução
    comédia, 77
    e gerenciamento da carga de trabalho, 329
    fazer intervalos, 77
    fazer reuniões com caminhadas, 329
    impacto na doença, 77
    inserir diversão no fluxo de trabalho, 76–77
    mediação e ioga, 77

ética, eliminar condições de brechas liderar para, 328–330
ética, tomada de decisão
    bom caráter, 355
    confiança como valor subjacente, 357
    considerações da conformidade, 355
    cultura do local de trabalho, 357
    fazer recompensas apropriadas, 355
    impacto nos funcionários, 353–354
    princípios orientando ação, 356
    realização coletiva, 354
    relações construídas na confiança, 354
    todos lideram, 356
    valores orientando ação, 356
ética. *Veja também* comercial, ética; código de ética
    aumentar, 15–18
    cadeias de fornecimento, 335–338
    considerar riscos, 336
    da tomada de decisão, 30
    definição, 321
    saúde e segurança, 335–338
    versus crenças religiosas, 323
    versus morais e leis, 323
    versus sentimentos e emoções, 323
expectativas
    estabelecer para comportamentos, 241
    fornecer detalhes, 254
    não atendidas, 253–254
    transmitir, 254

• **F** •

facilitar reuniões, 284–285
falhas, aprender com, 25

fatiga, impacto na tomada de decisão, 328
finalidade
   de decisões, 136–137
   esclarecer, 272–277
   falhar em definir claramente, 117
   ter senso de, 272
   identificar, 116–117
financeiras, decisões
   assegurar financiamento, 175
   aumentar empresas, 175
   evitar erros, 176–177
   expandir em mercados, 175
   impostos, 177
   iniciar empresas, 175
   manter fluxo de caixa, 176
   operar empresas, 175
flexível, estilo, 22
foco, grupos, 215
formal, consulta
   conversas pessoais, 216
   de qualidade, 215
   de quantidade, 215
   entrevistas pessoais, 216
   facilitada, 216
   grupos de foco, 215
   pesquisas, 215
   reuniões públicas, 216
fornecedor, relações entre cliente e, 212
fornecedores, ouvir retorno de, 84
fornecimento, cadeia, 337–338
funcionário, apoiar engajamento, 247–249
funcionários. *Veja também* equipes
   como agentes de mudança, 11
   confiar, 25
   construir confiança com, 141
   consultar sobre design inteligente, 41
   engajar, 39, 200–201, 211, 329
   estabelecer valor, 210–211
   impacto da tomada de decisão ética em, 353–354
   mudar interação com, 12
   obter deias com, 172–174
   percepção de, 9
   promover comunicação, 210–214
   reconhecer esforços e ideias, 329
   repressão de talento, 9
   tratamento justo, 337
   tratar com justiça, 330
   tratar com respeito, 330
fundos, opções de recursos para, 175
futuro, percepções do, 83, 155

• G •

gerenciamento, estilo. *Veja também*, código de ética
   adaptar, 246–249
   adaptar ao local de trabalho, 237–238
   apoiar engajamento do funcionário, 247–249
   comando e controle, 126, 128
   evitar interferência, 248
   melhorar, 228
   reconhecer necessidade de controlar, 249
   satisfação pessoal, 246
gerenciamento. *Veja também* inovador, gerenciamento
   distribuir, 244
   pela crise, 75
gerentes
   autogerenciamento, 74–75

  como agentes de mudança, 244–245
  gerenciar, 75–76
grupo, dinâmica do, 295–298
grupo, perigo da identidade de, 235

• **H** •

HeartMath Institute
  forças intuitivas, 105
  sabedoria precognitiva, 103
HeartMath, Técnica de Coerência
  Rápida, 78
hesitação, risco e impacto, 126–128
hierárquicas, organizações, 245
hierárquico, estilo, 22
HootSuite, 168, 218
horizontais, estruturas, 244
horizontal, abordagem organizacional, 28

• **I** •

ideias
  implementar com sabedoria, 85–86
  obter com funcionários na linha de
    frente, 172–174
  visualizar, 196
impostos, incluir nas decisões
  financeiras, 177
imprevisibilidade, lidar com, 12
impulso versus intuição, 101–102
incerteza
  lidar com, 12, 155
  usar para engajar criatividade, 281
inclinação
  reconhecer, 60–62
  superar, 157
informações, métodos para reunir,
  214–218

informações. *Veja também* análise
  compartilhar abertamente, 211
  determinar volume de, 141–142
  em conflito, 139
  engajar com comunidade, 141
  fato versus especulação, 140
  fazer perguntas, 141
  fontes, 139
  ignorar, 25
  manter nas hierarquias, 42
  manter objetividade, 138–139
  pesquisar, 137–138
  reunir, 86
  sentimentos como, 140–141
  temas sociais e emocionais, 142
  tendências, 142
  transparência, 157
inovação
  através da ruptura, 349–350
  risco como acelerador, 47
inovador, recursos do gerenciamento, 13.
  Veja também gerenciamento
inovadores, fonte de, 28
inspirar contribuição, 35
instintiva, tomada de decisão, 68
instinto definido, 101
instruir estilo de liderança, 250
integração, estilo, 22
integridade, aumentar, 13, 15–18
inteligência
  aprofundar, 71–73
  versus força, 8
inteligente, design, 40–41
intenção, estabelecer, 210–211
interações
  assegurar alta qualidade de, 239–240
  definir objetivos para, 213–214

intuição
    aplicar em tomada de decisão, 164–166
    benefícios para tomada de decisão, 102
    definir, 98
    eficiência, 166
    equilibrar com razão, 111–113, 351–352
    explicação, 164
    interferência procedural, 110
    mente consciente, 104
    mente subconsciente, 104
    mitos versus fatos, 98–100
    padrões e dicas, 104–105
    papel do coração em, 72
    perceber, 60
    processar dados de entrada, 103–104
    ser aberto a, 25
    utilizar, 350
    versus impulso e medo, 100–102
    versus impulso, 101–102
intuitiva, melhorar inteligência, 108–109
intuitivas, forças, 105–108

• J •

joint venture, tomar decisões, 180–181
joint ventures. *Veja também* parceria, estruturas de
    ambiente de confiança, 312
    avaliar adequação, 312–315
    características do sucesso, 312–313
    comunicação, 312–313
    desenvolvimento de produtos, 307
    desenvolvimento de projetos, 307
    estabelecer confiança, 317–318
    explicação, 306–307
    fazer perguntas no início, 311
    finalizar acordos, 316
    ganhos e valor, 309–311
    interação entre parceiros, 313
    licenciar, 307
    LOA (contrato de acordo), 307
    marketing, 307
    motivação compartilhada, 313
    motivos para comprar, 310–311
    MOU (memorando de entendimento), 307, 316
    raciocínio para, 313
    reconstruir confiança, 318–320
    relações, 312
    ter clareza, 311
    testar cooperação, 320
    testar coragem, 320
    usar conflito a favor, 319–320
    verificar parceiros, 314–315

• K •

Kaizen Solutions, pesquisa, 277
Kodak, falha, 169

• L •

liderança. *Veja também* pessoal, crescimento
    desafiar comportamento ruim, 240
    estilos, 250–251
    fazer perguntas difíceis, 235–236
    modelar, 240–241
    qualidades, 235
    todos lideram, 356
    versus autoridade, 234–236
    vida como lição em, 281

vulnerabilidade, 53
websites, 203
livre debate, 151
locais de trabalho. *Veja também* saúde e segurança no local de trabalho
    adaptar estilos de gerenciamento, 237–238
    alto desempenho, 38–43
    custos do gerenciamento ruim, 74
    estabilidade emocional, 72
    melhorar qualidade de, 238–240
    prestar atenção, 352
    segurança e estabilidade, 236–241
local de trabalho, gerenciar pressões, 16
local de trabalho, reduzir perigos, 336–337
local de trabalho, saúde
    avaliar, 30
    doença relacionada ao estresse, 30
    tomada de decisão ética, 30
    paz e harmonia, 32
longo prazo, foco, 39, 121
lucro versus serviço, 10

• M •

mapas mentais. *Veja também* empatia
    criar, 196
    recursos, 198
    usar, 156
    usar na tomada de decisão, 198
medida e gerenciamento, 74
medos
    enfrentar, 101
    ganhar perspectiva, 101
    identificar fontes, 101
    monitorar, 272

    versus intuição, 100–102
mente. *Veja também* cérebro
    consciente versus subconsciente, 104
    manter ágil, 348–349
    manter aberta, 351
métrica, examinar consequências da, 328–329
microgerenciamento, 226–228
Milênio, geração, 204
missão, focar em, 349
moderação, armadilhas, 90
mudança, agentes
    clientes como, 11, 203–204
    funcionários como, 11
    gerentes como, 244–245
    inclusão da força de trabalho, 45

• N •

não pretendidas, consequências, 154–155
negatividade, rejeitar, 241
negociação, 186–187
Novo Nordisk, 8, 258

• O •

objetivos
    construir relações, 213
    esclarecer, 213–214
    Graduações do Acordo, ferramenta, 190–193
opções
    ampliar, 150–151
    gerar, 150–153
    livre debate, 151
    pensamento de medo, 150
    pensamento limitado, 150
    prever cenário, 152

selecionar, 152
    utilizar na criatividade, 150–151
operacionais, decisões, 21, 172–174
opiniões
    medir via votação de ponto, 193–196
    pontuar, 148
orçamentárias, endereçar exigências, 176
organizacionais, estruturas
    abordagem horizontal, 28
    autogerenciamento, 27
    baseadas na autoridade hierárquica, 245
    centralizar tomada de decisão, 27
    implementar, 26–27
    melhores práticas, 28
    para crescimento rápido, 28
organizacional, observar dinâmica, 124–125
organizações. *Veja também* negócios; empresas
    encorajar curiosidade, 14
    endereçar erros, 14
    flexibilidade, 14

● *P* ●

parceria, estruturas. *Veja também* joint ventures
    ativos, 308
    benefício mútuo, 308–309
    comunicação, 309
    controle, 309
    designação legal, 306
    estratégia de saída, 309
    eventos inesperados, 309
    finalizar acordos, 316
    gerenciamento, 309
    lucros, 308
    perfeição, vício, 37
    propriedade, 309
    relação de trabalho cooperativa, 306
    retorno no investimento, 308
    testar confiança, 320
    testar cooperação, 320
    testar coragem, 320
    tomada de decisão, 308
parceria, tomar decisões, 180–181
participativa, tomada de decisão. *Veja também* tomada de decisão, métodos
    construir equipe para, 134
    ferramenta Graduações do Acordo, 190–193
    mapeamento da mente, 196
    votação de ponto, 193–196
pensar conceitualmente, 223
perguntas
    fazer em nível profundo, 342–343
    fazer para obter informações, 141
perigos no local de trabalho, reduzir, 336–337
perspectivas
    efeito na solução de problemas, 178
    incorporar, 140
    mudar, 244–245
    prestar atenção em, 139–140
    reunir em reuniões, 300
pesquisa, fazer, 137–138
pesquisas, 215
pessoais, conduzir entrevistas, 216
pessoal, crescimento. *Veja também* liderança
    compaixão pelo ego, 54–55
    conectar a tomada de decisão, 51

Índice   371

investir em, 15
pessoal, determinar satisfação para
 gerentes, 246
pessoal, espírito
 avaliar estado, 277–281
 formulário de autoavaliação, 279–280
 lados escuro e claro, 282
 pilares, 278–279
 iniciativa, 278–279
 visão de mundo, 278–279
planejar como processo contínuo, 14
planos, seguir versus criar em conjunto, 238
poder
 descentralizar, 244
 desequilíbrios em reuniões, 296–297
 determinar visão de, 230–231
 melhores práticas, 185
 usar para o bem, 235
 versus autoridade, 184
político, avaliar ambiente, 125
ponto, votação, 194–196
pontos cegos, identificar, 80
pontos finais, 118
pontos fortes das empresas, determinar, 39
positiva, refletir atitude, 156–157
práticas, avaliar, 39
preconceito, 60–62, 157
pressentimentos, reconhecer, 100–102
previsibilidade, 37, 346
princípios, relação com ética, 356
prioridade, determinar tempo, 121
problema, decisões para resolver, 177–179
problemas, determinar claramente, 86
problemas. *Veja também* soluções

inventar soluções criativas, 179
 relação com sucesso, 48
procedimentos, excesso de, 25
processos
 excesso, 25
 perder finalidade, 120
profissionais, aumento de redes, 9. *Veja também* redes
profissional, investir em crescimento, 15
progresso, medir via votação de ponto, 193–196
psicopatas, traços de, 52
públicas, reuniões, 216
Pugh, usar Matriz, 148

• Q •

quebras, incorporar 75–77, 155

• R •

R.J. Allen Construction, exemplo, 201–202
razão, equilibrar com intuição, 111–113, 351–352
recompensar esforços, 35
redes, participar de, 217. *Veja também* profissionais, redes
reflexiva, aprendizagem. *Veja também* aprendizagem; erros
 com erros e desastres, 80–81
 identificar pontos cegos, 80
reguladores, custos para incluir em decisões financeiras, 177
relação, ganhar igualdade, 211
relações. *Veja também* trabalho, relações
 construir 213
 pessoais versus no trabalho, 202

promover positivamente, 202
visualizar, 196
rendimentos
superestimar, 176
versus fluxo de caixa, 176
resiliência, avaliar espírito pessoal, 277–281
responsabilidade
crescimento, 222
definição, 129
empresas horizontais, 129
organizações hierárquicas, 130
retorno
obter via mídia social, 208–209
ouvir, 84
reunir, 211
reunir informações informais, 217–218
reunião, planos, 289–293
reuniões. *Veja também* visuais, reuniões
alocar recursos, 287
degenerar discussão, 299
desequilíbrios de poder, 296–297
dinâmica do grupo, 295–299
esclarecer papel em, 283–286
estabelecer finalidade de, 286
estrutura formal, 288
estrutura informal, 288
facilitar, 284–285
ferramentas de colaboração, 300–304
identidade do grupo, 295–296
identificar motivos para, 287
ineficiência, 283
mesa redonda estruturada, 300
moderar, 285
pessoa dominadora, 297–298
planejar recursos, 287
planejar, 287–288
presidir, 285
produtividade, 293–299
reunir perspectivas, 300
rever decisões, 287
soltar os resultados, 286
tensão emocional, 298
tomar decisões, 287
trocar informações, 287
visão geral, 294–295
risco, avaliação
caminho de menor resistência, 45
importância, 82
percepções de, 44
perdas versus ganhos, 44
projeção futura, 45
reconstruir confiança, 45
relacionada à segurança e à ética, 336
tolerância para, 44
risco, melhorar gerenciamento, 12
risco, ser avesso a, 46
riscos
agir nos critérios, 47
consequências não pretendidas, 154–155
identificar, 153–154
mudar abordagens para, 346
possibilidade e probabilidade, 153
princípio para movimentos corajosos, 46–47
respostas para, 154–155
sequência para pensar, planejar, fazer, 155
tangíveis versus teóricos, 154
roubo, estatísticas, 330
ruim, desafiar comportamento, 240

• S •

saúde e segurança no local de trabalho, 336–337. *Veja também* locais de trabalho
segurança física, assegurar no local de trabalho, 239
segurança, manter padrões de equipamento, 336
sentimentos, incluir como informações, 140–141
serviço versus lucro, 10
significado, criar, 117
Skype, mentalidade empreendedora, 257
social, mídia
    aumento de, 10–11
    monitorar comentários, 208
    tendências, 205
    Twitter, 206
    usar para obter retorno, 208–209
    vantagens e desvantagens, 209
soluções. *Veja também* problemas
    inventar, 179
    maximizar sucesso, 212
sonhos, critérios apresentados em, 48
subconsciente, tomada de decisão, 68–69
sucesso
    aspirações da carreira, 31–32
    da empresa, 31–32
    inspiração com problemas, 48
    métrica para julgar, 17
supervisor, mudar papel, 11
suposições
    ajustar, 145
    fazer, 17
    usar, 144–145
    verificar, 341

• T •

tarefas
    entender, 75
    priorizar, 76
táticas, tomar decisões, 21, 136–137, 224. *Veja também* decisões; estratégicas, decisões
tecnologia, monitorar tendências em, 203
tempo, 120–123
tendências
    monitorar surgimento de, 212
    na mídia social, 205
    na tecnologia, 203
    notar, 203
    tendências na informação, 142
Thompson, Scott, 324
Tolle, Eckhart, 281
tomada de decisão de cima para baixo, 131–132
trabalhadores. *Veja* funcionários
trabalho em equipe, remover barreiras para, 247–248
trabalho, designar títulos, 27
trabalho, relações. *Veja também* relações
    melhorar e cultivar, 329
    prestar atenção, 42–43
trauma, ocorrência de, 236. *Veja também* crise
três pilares
    iniciativa, 278–279
    senso de controle, 278–279
    visão de mundo, 278–279
Twitter, exemplo da Air France, 206

• V •

valores
　aplicar em ações diretas, 258
　estabelecer, 210–211
　ligar decisões a, 16
valores, tomar decisão baseada em, 70–71
valorizar, 24–25
Values Center, website, 47
vermelhas, reconhecer bandeiras, 101
visão
　criar para empresa, 47
　perceber, 60
visão, painel
　criar, 273–274
　interpretar, 274
　usar para ter clareza, 272–274
visionárias, decisões, 167–168
visionário, estilo de liderança, 250
visuais, reuniões, 301–302. *Veja também* reuniões
visualização, usar painéis para reuniões de projeto, 302–304
visualizar
　consequências, 196–198
　decisões, 275
　ideias, 196–198
　relações, 196–198
votar, 194–196
vulnerabilidade, 53

• W •

Walker, Madame C.J., 48
websites
　agência de marketing Quirk, 218
　aplicativo Buycott, 10, 204
　aplicativo Hppy, 217
　avaliação do espírito pessoal, 278
　B–Lab, 8
　Barrett Values Centre, 278
　Canon, 8
　Cocoon Projects na Itália, 13, 38
　comédia, 77
　conferências, 203
　conselho de design, 41
　direitos, 322
　echobravo, 206
　economia de colaboração, 203
　empresas multinacionais antiéticas, 324
　escritório de trabalho em colaboração, 40
　estatísticas da 3M, 300
　estatísticas do Hayes Internacional, 330
　estatísticas Zabisco, 300
　Folha de Cola, 4
　formato de reunião do Lean Café, 301
　fundos da start-up, 175
　HeartMath Institute, 105
　Hubspot, 36
　iMindmap de Tony Buzan, 198
　jogo de empatia Know Me, 241
　liderança, 203
　mapa de empatia XPLANE, 206
　mapas mentais, 198
　mapas mentais da FreeMind, 198
　material de bônus, 4
　Morning Star, 27, 28
　movimento Third Wave, 338
　Novo Nordisk, 8
　OneSmartWorld, 278

painel de visualização, 303
pesquisa da Kaizen Solutions, 277
pesquisas do CEO, 203
processo Open Space, 297
Self-Management, Institute, 13
software de análise de dados, 142
SurveyMonkey, 215
Sustainable Food Lab, 141, 338
Técnica de Coerência Rápida do HeartMath, 78
tendências, 203
tendências da mídia social, 205
tomada de decisão centralizada, 262
tomada de decisão descentralizada, 262
tratamento justo dos trabalhadores, 337
Turn the Ship Around!, 45
Unilever, 8
Value Centre, 47, 71
votação de ponto, 194

● X ●

XPLANE, mapa de empatia, 206–207

● Z ●

Zabisco, estatística, 300
Zennström, Miklas, 257

Conheça outros livros da série PARA LEIGOS

ALTA BOOKS
E D I T O R A

- Idiomas
- Culinária
- Informática
- Negócios
- Guias de Viagem
- Interesse Geral

Todas as imagens são meramente ilustrativas

Visite também nosso site para conhecer lançamentos e futuras publicações!

www.altabooks.com.br

 /altabooks   /altabooks

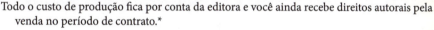

Seja autor da Alta Books

Todo o custo de produção fica por conta da editora e você ainda recebe direitos autorais pela venda no período de contrato.*

Envie a sua proposta para autoria@altabooks.com.br ou encaminhe o seu texto** para:
Rua Viúva Cláudio 291 - CEP: 20970-031 Rio de Janeiro

*Caso o projeto seja aprovado pelo Conselho Editorial.

**Qualquer material encaminhado à editora não será devolvido.

Impressão e acabamento:

Grupo SmartPrinter
Soluções em impressão